Handbuch der Land-Bau-Kunst,

vorzüglich in Rücksicht auf die Construction der Wohn- und Wirthschafts-Gebäude für angehende Cameral-Baumeister und Oekonomen

von

D. Gilly,

Königl. Geh. Ober-Bau-Rath;

nach dessen Tode herausgegeben von

D. G. Friderici,

Königl. Regierungs-Bau-Rath zu Berlin.

Dritten Theils zweite Abtheilung.

Mit Kupfern.

Halle 1811.

Im Verlage der Rengerschen Buchhandlung.

Dritter Abschnitt.

Von Anlage und Construction solcher Gebäude, welche nur eine ganz einfache, ihrem Zwecke gemäße innere Abtheilung und Bodenraum erfordern, als, Federviehställe, Schweineställe, Rindviehställe und Pferdeställe.

A. Federvieh-Ställe.

§. 133.

Das Federvieh des Landmanns besteht gemeinhin in Gänsen, Enten, Puten, Hünern und Tauben.

Ob und wie viel, oder von welcher Sorte mehr oder weniger auf einem Landgute zu halten zweckmäßig sey, muß der Oekonom aus guten Gründen bestimmen, und es kommt dabei vorzüglich darauf an, ob durch die Nähe einer Stadt rc. der Verkauf des Federviehes die

Fütterung belohnt, oder ob durch die Nähe von Seen und Teichen die Unterhaltung, vorzüglich der Gänse und Enten, erleichtert wird.

Anm. Herr Riem sagt im 5ten Stück der ökonomisch-veterinärischen Hefte:

„Wir müssen aufrichtig bekennen, daß wir allemahl von „einer gewissen Unruhe ergriffen werden, wenn wir an „den Artikel Federviehzucht im Kleinen kommen. „Der Grund von dieser Unruhe liegt darin, daß wir „bei öfters angestellten Versuchen noch nie einen wesent„lichen Vortheil für die Landwirthschaft haben finden „können. Wir werden daher auch nie in die Lobreden „mit einstimmen, welche man diesem Viehe hält, und „dem Landwirthe die Zucht desselben nie anders, als „unter gewissen Bedingungen empfehlen. Gern lassen „wir auch hierin einen jeden seiner Ueberzeugung folgen; „allein uns scheint es, daß der kleine Landwirth von „dem Federvieh mehr Schaden als Nutzen habe, und „er es mehrentheils nur zum Vortheil der Städter er„ziehe. Denn wenn man die Zeit und das Futter erst „berechnet, welches zum Aufziehen des jungen Feder„viehes erfordert wird, und dann die niedrigen Preise „bedenkt, zu welchen es in den Städten verkauft wird, „die mit jenem Aufwande in gar keinem Verhältniß ste„hen; so muß man von unserer Behauptung sehr leicht „überzeugt werden.“

Ferner sagt Herr von Eckard in seiner Experimental-Oekonomie, wo er insbesondere von der Taubenzucht spricht, und dabei anführt, daß ein Paar Tauben jährlich 2 Scheffel Gerste zur Fütterung gebrauchen: „Diese Rechnung sollte man den Taubenliebhabern, „welche nicht wissen, was die Tauben jährlich verzeh„ren, unter den Spiegel hängen, damit selbige ökono„mische Augen bekommen möchten.

Obwohl diese Gründe nicht unwichtig sind, so ist jedoch auch nothwendig, daß der Landwirth so viel Federvieh sich selbst zuzieht, als er in seiner Wirthschaft zur eigenen Consumtion an Fleisch, Eiern und Federn desselben gebraucht. Hiernach würde also als landwirthschaftliche Regel anzunehmen seyn, entweder nur so kleine Federvieh-Zuchten zu halten, als zur Wirthschaft selbst nöthig sind, oder sie in eigentlichen Poularderien als einen Erwerbszweig im Großen zu betreiben.

Am schädlichsten für die Landwirthschaft sind unter allem Federvieh die Tauben, indem sie während der Saatzeit entweder im Stalle gefüttert werden müssen, oder der Saat dadurch einen unendlichen Schaden zufügen, daß sie nicht nur die, oberhalb liegenden Samenkörner nehmen, sondern solche sogar aus der Erde hervorholen. Herr Riem sagt daher in dem erwähnten Hefte wohl mit Recht: „Man sollte die Tauben „zu vermindern suchen, und die Krähen hingegen „schonen und vermehren, da die letztern vieles Ungezie„fer und Unrath aus der Welt schaffen, und in so fern „sehr nützlich sind.“ Dem sey indeß, wie ihm wolle, immer bleibt es die Sache des Landwirths, aus welchem Gesichtspunct die Wirthschaft am vortheilhaftesten zu betreiben ist, und des Baumeisters Sache ist, **gute und zweckmäßige Federvieh-Ställe, wenn sie verlangt werden, anordnen und erbauen zu können.**

§. 134.

Lage der Federvieh-Ställe.

Bei kleinen Wirthschaften können die Federvieh-Ställe in andern Gebäuden, z. B. in Remisen und Rindvieh-Ställen, über Pferde- und Schweinestall-Gebäuden ꝛc. ihren Platz finden; allein nie müssen sie unmittelbar in denselben liegen, sondern mit dichten Wänden davon abgesondert seyn, weil die Federn, wenn solche zufällig in das Futter kommen, den Pferden und auch andern Thieren höchst schädlich sind. In größern Wirthschaften ist es daher besser, besondere Federvieh Ställe mit Abtheilungen für jede Art, auch dabei heitzbare Brütestuben anzubringen.

Anm. Herr Cointeraux meint in einer, von ihm unter dem Titel la Ferme (das Vorwerk) herausgegebenen Schrift, welche im Jahre 1789 von der Akademie des Ackerbaues zu Paris den Preis erhalten hat: daß das Federvieh am schicklichsten in der Nähe der Schweineställe unterzubringen ist, weil die Schweine durch ihr beständiges Grunzen die Raubthiere verscheuchen.

Die Lage der Federvieh-Ställe muß ebenfalls trocken, warm und wo möglich mit den Fenstern und Ausgängen gegen Mittag seyn.

Da die Enten und Gänse auf platter Erde, das andere Geflügel aber, als Puten, Hüner, Tauben, über der Erde ihre Ställe, und dahin eine Aufflugtreppe von außen erhalten können; so richtet sich in abgesondert belegenen Federviehställen gemeiniglich die Größe der Ställe der letztern, nach dem Raume, den die erstern erfordern.

Die Taubenschläge finden ihre Stelle gemeiniglich auf den Giebeln des Wohnhauses oder anderer Gebäude. Nur ist hierbei der Unterschied zu machen, daß große Tauben, als Kröpfer ꝛc. ihre Ställe nicht so hoch, als die übrigen Feldflüchter erhalten müssen, weil erstere nicht gern so hoch als letztere fliegen. Die Taubenschläge werden auch zuweilen mitten im Gehöfte erbauet. Der Raum unter selbigen bleibt dann entweder frei, oder wird zu den übrigen Federvieh-Ställen und zum Käse-Trockenboden, auch wohl zum Spritzenhause gebraucht.

Bei den Federvieh-Ställen überhaupt ist vorzüglich dahin zu sehen, daß weder Fuchs, Marder, Iltis,

Katzen, noch Ratzen und Mäuse, besonders letztere in die Brüteställe, eindringen können. Zu dem Ende werden außer den Glasfenstern auch noch enge Drathgitter in die Fensteröffnungen gesetzt, und bei den frei stehenden Taubenschlägen werden die Ecken und Absätze, woran etwa dergleichen Raubthiere hinauf klettern könnten, mit verzinntem Eisenblech beschlagen.

Anm. In einem Blatte, betitelt: Acht gemeinnützige, von einem Gutsbesitzer durch vieljährige Erfahrung erprobte, Recepte, wird im sechsten Recept gesagt: „Franzosenöhl außerhalb, auch unter- „und oberhalb des Schlags an die äußern Wände ge„strichen, verscheucht die Katzen und Marder; nur in „den Schlag selbst darf nichts davon kommen, sonst zie„hen die Tauben aus."

Ich meinerseits gebe hierbei bloß zu bedenken, wie lange der Geruch von dergleichen empireumatischen Oehlen sich conserviren kann. (Der Herausgeber.)

§. 135.

Einrichtung und Construction der Federvieh-Ställe.

Aus dem bisher gesagten ergiebt sich schon, daß die Anlage und Einrichtung der Federviehställe bei kleinen Wirthschaften, gegen die, bei größern Federvieh-Ständen, oder Mastungen in manchen Stücken verschieden ist. Kann ein Federvieh-Stall eine warme Lage erhalten, so wird dieß für das Brüten und Eierlegen von vielem Nutzen seyn. Legt man daher ein Gebäude, nach Fig. 141, etwa mitten im Hofe an, welches von allen Seiten von den kalten Winden bestrichen werden kann, und worin in der ersten Etage A 4 Ställe für Gänse, Enten, Puten, Hüner, in der zweiten Etage B ein Boden, um Käse zu trocknen, und in der dritten Etage (siehe Aufriß C) der Taubenschlag sich befindet; so werden, besonders von den Hünern, im Herbste und

Winter nicht nur wenig Eier gelegt werden, sondern man wird auch genöthigt, zur Brütezeit diese Thiere in besondere, ruhige und der Wohnstube nahe liegende oder vielmehr warme Kammern zu bringen, weil die Brütung in kalten Ställen nicht gut von statten gehen kann. Wer daher etwas anwenden, und von seiner Federvieh-Wirthschaft den möglichst größten Nutzen ziehen will, der lege die Ställe dazu nach Fig. 142 so an, daß in der ersten Etage A ein Ofen befindlich ist, mittelst dessen in sehr kalten Wintertagen sämmtliche Ställe zugleich erwärmt werden können. Es ist nähmlich h ein kleiner Flur, welcher zur Ofenfeuerung führt; a ist ein Gänsestall, g der Putenstall, c der Entenstall, weil diese Ställe unten auf der Erde liegen müssen. Der Stall b kann zum Brüten gebraucht werden, weil er der wärmste seyn dürfte. In der zweiten Etage B sind d und e Hünerställe, welche beide durch Oeffnungen im Fußboden von dem darunter stehenden Ofen erwärmt werden. Von dem Flur h aus führt eine schmale, jedoch hinlänglich bequeme Treppe nach dem Käseboden f und nach den Hünerställen e, d, und eine andere Treppe nach dem Taubenboden unterm Dache. Für eine noch größere Federvieh-Zucht kann diese Anlage wenigstens den Nutzen gewähren, daß diese heizbaren Ställe zu Brüteställen gebraucht, und die übrigen Federvieh-Ställe in andern Gebäuden angebracht werden, in welchen man der Feuersicherheit wegen nicht gern eine Feuerung anlegen möchte.

Anm. Herr Cointeraux in der vorgedachten Schrift la Ferme schlägt vor, die Hünerställe mit dem Backofen zu verbinden, welches aber bei der Heizung desselben im Sommer den Thieren wohl sehr unerträglich seyn würde.

Die Höhe der Federvieh-Ställe braucht, wie natürlich, nur so zu seyn, daß ein Mensch bequem hinein gehen kann. Die Höhe derselben in Fig. 142, so wie auch die Höhe des Käsebodens, ist daher mit Inbegriff der 8 bis 9 Zoll starken Balken, ungefähr zu $7\frac{1}{2}$ Fuß anzunehmen, welches auch für die Hüner noch eine bequeme Höhe ist, um vermittelst einer so genannten Hünersteige in die zweite Etage gelangen zu können.

Wer an der Federvieh-Zucht ein besonderes Wohlgefallen findet, für den mag das, aus dem fünften Stücke der erwähnten Oekonomisch-veterinärischen Hefte entlehnte Beispiel Fig. 143 zu einer Stallanlage dienen. Es sind a b c und d Gänse-, Enten-, Puten- und Hünerställe. Im Boden über diesen Ställen sind die Tauben unterzubringen. Die Räume e f g sind als Höfe zu betrachten, in welchen das Vieh frei herumgehen kann; h sind Tränktröge. Die Umfassungen dieser letzten Höfe bestehen aus dicht geflochtenen Drathgittern, und der Fußboden besteht aus einem Lehmschlag. Dergleichen Federvieh-Liebhaber halten aber mehrentheils Fasanen, für welche dann, so wie für die Hüner, die heizbaren Ställe c und b bestimmt werden können. Die Tauben im Dachboden können von der Heizung der untern Ställe profitiren, wenn noch die Sparren unterhalb mit Brettern dicht verschalt, und über dem Ofen, in der Decke der untern Ställe, Oeffnungen angelegt sind.

Die Räume o i k l werden mit einem so genannten Pultdache überbauet, und über den Räumen l k m n kann ein Gitterwerk oder auch ein einseitiges Bretterdach angelegt werden. Im letztern Falle muß die Linie l k den Dachforst angeben, und das Dach nach m n und o i ablaufen.

Die Taubenhäuser mitten im Gehöfte werden auf einer oder mehrern Säulen ruhend, oder, wie in den bisherigen Beispielen gezeigt worden, so angelegt, daß unter denselben noch andere nutzbare Räume und Stallungen vorhanden sind. Die, auf einer einzelnen Säule stehenden Taubenhäuser sollen besonders den Zweck befördern, daß Iltisse, Marder und Katzen nicht leicht hinan klettern können; sie haben aber keinen festen Stand, oder erfordern doch, um solchen zu erhalten, umständlichere, und für die Folge wenig dauerhafte Vorrichtungen; auch können sie dann nur sehr klein werden. Am dauerhaftesten sind diejenigen der Taubenhäuser, (unter welchen der Raum nicht zu andern Stallungen benutzt wird,) wenn selbige auf vier Säulen stehend, nach Fig. 144, angelegt werden. Die innere Einrichtung derselben ist aus Herrn Riems und Reuters vorgedachtem Werke entlehnt. A ist der Grundriß, B der Aufriß und C der Durchschnitt desselben. Vermittelst einer Leiter steigt man zur Thüre a Fig. A, und an dem andern Ende kann ein Glasfenster b befindlich seyn. Innerhalb, an beiden langen Seiten sind die abgesonderten Zellen c für jedes Taubenpaar, wornach also in diesem Raume 60 Paar Platz finden. Jede Zelle c ist etwa 18 Zoll breit, 18 Zoll hoch, 2 bis $2\frac{1}{4}$ Fuß tief, und hat eine 6 Zoll im Quadrat große Oeffnung, so wohl bei f als bei d. Vor jeder der äußern Oeffnungen d ist ein kleines Ausflug-Brettchen e. Die innern Oeffnungen f bleiben beständig offen, die äußern d aber werden durch einen Schieber h in Fig. B, welcher an seiner obern und untern Kante in Leisten läuft, verschlossen. In einem solchen Schieber sind eben solche 6 Zoll im Quadrat große Oeffnungen, auf die erstern genau passend, eingeschnitten, und so können mit einem jeden Schieber h sämmtliche Oeffnungen in einer Reihe mit einem Mahle verschlossen, oder geöffnet werden. In jeder Zelle befindet sich ein Nest, und wenn man von innen eine oder die andere Taube vom Neste ergreifen will; so wird mit dem gedachten Schieber beinahe die ganze äußere Oeffnung d geschlossen, doch so, daß man noch etwas Tageslicht behält. Nur zu diesem Behuf und bei sehr kalten Tagen oder Nächten werden die äußern Oeffnungen mit dem Schieber verschlossen.

Weil aber, wie gedacht, die Tauben zuweilen bei starkem Froste, oder auch wohl während der Saatzeit im Schlage gehalten und gefüttert werden; so muß der innere, freie Raum g Fig. A auch groß genug seyn, um sämmtliche Tauben darauf füttern, und die daselbst nöthigen Verrichtungen vornehmen zu können. Auch dieses wird in solchen Taubenschlägen, welche nur auf Einem Stiele stehen, indem dieser alsdann bis ins Dach hinauf gehen muß, zum Theil verhindert.

Eine Hauptregel in der ökonomischen Baukunst ist, so viel Räume, als nur nützlich werden können, über einander anzulegen, weil dadurch an Dächern und Fundamenten erspart wird. Dieserhalb verdienen diejenigen Taubenhäuser, unter welchen ein, für die Landwirthschaft nöthiger Käse=Trockenboden und Ställe angebracht sind, einen Vorzug. Auch die, bei einem Vorwerk nöthige Feuerspritze findet (z. B. in Fig. 141 A daselbst, anstatt der Ställe, besonders wenn das Häuschen mitten im Gehöfte ganz frei steht) einen sehr zweckmäßigen Platz.

Die Einrichtung des Taubenhauses mit Schiebern läßt sich in einem Bodenraum über Wohngebäuden nicht füglich anbringen, wenigstens nicht für mehr Paar, als allenfalls an dem Giebel allein Platz finden können. Es ist aber auch nicht nöthig, daß jedes Paar Tauben sein eigenes Ausflugbrett erhält, sondern es ist hinlänglich, und aus folgenden Ursachen sogar besser, wenn nur eine oder allenfalls zwei gemeinschaftliche Ausflug=Oeffnungen (wie in Fig. 142 C) angelegt werden.

Erstlich sind dann nicht so viele Zuglöcher im Taubenschlage, und die Seitenwände können mit Brettern fest verschlagen, oder dicht ausgemauert werden, wodurch die Thiere wärmer und besser wohnen. Zweitens sind weniger Oeffnungen zu verschließen, welches bequemer ist. Drittens kann man vor einer gemeinschaftlichen Ausflug-Oeffnung einen ordentlichen Fangkorb anlegen, und dadurch die neu angekauften Tauben, ehe sie sich ordentlich zu dem Schlage gewöhnt haben, bequemer einfangen. Viertens aber und hauptsächlich ist die Fig. 144 gezeigte Anlage (welche von außen ganz mit Brettern gut bekleidet seyn muß, um die Schieber ordentlich anbringen zu können) nicht nur zu wenig dauerhaft an sich selbst, sondern die Schieber nebst den Leisten, worin diese laufen, verwerfen sich auch zu bald, da Regen und Sonnenschein fortwährend darauf wirken; und da solche außerhalb lauter vorspringende Kanten und Fugen geben, auf welchen der Regen stehen bleibt; so wird das Holz noch früher als sonst zur Fäulniß gebracht. Die innere Einrichtung der Taubenhäuser mit abgesonderten, aus Brettern zusammen gesetzten Zellen für jedes Taubenpaar, wie vorher beschrieben worden, bleibt aber immer eine vorzügliche Einrichtung, und kann auch bei gehöriger Erleuchtung mit Fenstern da angebracht werden, wo nur Ein Ausflugloch statt findet.

Wenn ein solches, gemeinschaftliches Ausflugloch auf einem Wohngebäude angebracht wird, wo alsdann zuweilen die Katzen ꝛc. über das Dach hinweg gehen, auf das Ausflugbrett springen, und in den Taubenboden kommen; so kann zur Vorsicht vor dem Ausflugloch ein, etwa 4 bis 5 Fuß langer Trichter von Brettern, außerhalb ganz mit Blech beschlagen mit der größern Oeffnung gegen den Giebel und mit der kleinern Oeffnung abwärts, herausgebaut und vor demselben nur ein kleines Ausflugbrett angelegt werden.

Wo man die einzelnen Zellen nicht anlegen will, oder solches zu kostspielig findet, da können die Nester auf leichte Gerüste fest und so schräge über einander gestellt werden, daß der Koth aus einem Neste nicht in das andere unten stehende fällt, weil sonst die im Schmutze sitzenden Tauben ihre Nester zu verlassen bewogen werden.

Was die übrige Einrichtung der Gänse-, Enten-, Puten- und Hünerställe betrifft, so ist zuvörderst zu bemerken, daß solche mit ordentlichen Glasfenstern, und zu mehrerer Sicherheit noch mit Drathgittern versehen seyn müssen, damit zu den Geschäften im Stalle gehöriges Licht vorhanden ist, auch die Ställe nicht dumpfig werden, wodurch das Federvieh Läuse bekommt. Um die Luft in allen Orten dieser Ställe rein und gesund zu erhalten, ist das oftmahlige Ausweißen sehr nothwendig, und um die Reinigung der Federvieh-Ställe recht gut zu bewirken, muß oft und viel Sand hinein gestreuet werden. Vorzüglich sind Fenster in Brüte- und Maftställen zur oftmahligen Reinigung der Luft erforderlich; welche aber Fensterladen erhalten, weil Finsterniß dem Brüten und Mästen zuträglich seyn soll. Die Thüren werden nur so klein gemacht, als zum Ein- und Ausgehen durchaus nothwendig ist, auch müssen sie sehr dicht schließen, und wegen des Durchfressens der Ratzen allenfalls inwendig an den untern Kanten herum mit Blech beschlagen werden. Aus eben dieser Ursach, damit Ratzen und Mäuse nicht in die Ställe dringen, und besonders unter dem jungen Federvieh Schaden anrichten, müssen auch die Umfassungsmauern entweder massiv, oder von ausgemauertem Fachwerk, am wenigsten aber von dünnem, ausgestacktem und gelehmtem Fachwerk seyn.

Der Fußboden braucht nur aus gestampfter Erde zu bestehen. Auch hält man dieß besonders in Ställen für junges Federvieh für besser, damit sie sich durch das Aufpicken des Futters mit den weichen Schnäbeln keine Schmerzen verursachen und krumme Schnäbel bekommen, welche ihnen in der Folge sehr hinderlich sind. Wo aber das Unterwühlen des Fundaments durch Ratzen und Mäuse zu befürchten seyn sollte, da ist ein Mauerstein-Pflaster, auf der flachen Seite gelegt, besser, in welchem Falle dann dem ganz jungen Vieh das Futter auf einem ausgebreiteten Tuche im Stalle vorgeworfen wird. Wenn es irgend die Witterung erlaubt, oder das Vieh nicht zur Mast eingesperrt sitzt, geschieht die Futterung allemahl außerhalb der Ställe, um nicht durch das Futter selbst die Ratzen und Mäuse in die Ställe zu locken.

Die Größe der Gänse- und Entenställe kann nach dem Quadratinhalte der Grundfläche ungefähr berechnet, und es kann dazu für eine Gans $2\frac{1}{2}$ Quadratfuß, und für eine Ente $1\frac{1}{2}$ Quadratfuß angenommen werden, weil diese Art Thiere nur neben einander auf dem Boden ihren Platz nimmt, der deshalb mit hinlänglichem Streustroh versehen werden muß. Aus demselben Grunde muß auch der Fußboden des Stalles von der Hoffläche nicht zu hoch liegen, und wenn diese Höhe bis einen Fuß beträgt, (um doch auch die Ställe recht trocken zu erhalten); so muß eine Appareille vor der Thüre angelegt werden.

Wo die Gänse etwa nicht auf die Hütung getrieben werden, sondern mit den Enten gemeinschaftlich im Gehöfte, oder in der Nähe desselben, auf einem Wasser mehrentheils sich aufhalten, da würde das jedesmahlige Eintreiben des Abends umständlich und sehr mühsam seyn. Deshalb mache man in jedem Stalle zwei Thüren hinter einander, die äußere wie gewöhnlich von Brettern zum festen Verschlusse, die innere aber von Gitterwerk mit einem Klappthürchen darin, welche letztere der Größe der Thiere angemessen ist, und die sie sich nach innen hinein selbst aufstoßen können, indem diese Fallthüre nur von oben mit Bändern angeschlagen ist. Den Tag über läßt man beide Thüren offen, damit die Gänse und Enten aus- und eingehen können; gegen Abend macht man zuerst die Gitterthüre mit den Fallthürchen zu. Eine solche kleine und sehr leicht gearbeitete Fallthüre kann auch neben der eigentlichen Stallthüre angelegt werden. Zum nächtlichen Verschlusse muß dann aber auch diese eine feste Thüre von außen erhalten.

Die Puten und Hüner sitzen in ihren Ställen auf Gerüsten von verhältnißmäßig starken Stangen über einander. Diese Gerüste müssen vom Fußboden gegen die Wände so schräg stehen, daß die oben sitzenden die untern nicht beschmutzen können. Aus diesem Grunde läßt sich die Größe eines Puten- und Hünerstalles auch ungefähr nach dem Quadrat-Flächeninhalt bestimmen, wenn man für jede Pute etwa 3 Quadratfuß, und auf jedes Huhn etwa $1\frac{1}{4}$ Quadratfuß annimmt. Außer diesen Gerüsten müssen aber auch noch aus Stroh geflochtene Nester an den Wänden umher, und zwar fest und so angebracht werden, daß ebenfalls kein Beschmutzen der untern Nester von den obern herab möglich ist. Statt der geflochtenen Nester kann man auch rings umher Brettstellagen machen, und darauf die Nester von Stroh anbringen. Liegen die Ställe hoch, so werden so genannte Hühnersteigen, deren Sprossen verhältnißmäßig stark, und besonders für Puter nicht mehr als 6 bis 8 Zoll weit aus einander stehen, angelegt.

Bei der geringen Höhe der, in Fig. 141 und 142 gezeichneten, massiven Ställe sind die Thüren und Fenster nicht füglich unterhalb der Mauerlatte zu überwölben, sondern es muß mit der Mauerlatte in der Waage ein starkes Latteholz über jede Thüre und jedes Fenster gelegt werden. Auf dasselbe müssen die Balken eingekämmt, und dann muß über die Balken hinweg, bis zur Brüstung der Fenster der zweiten Etage, ein Bogen auf dem Latteholze ausgemauert werden. Wo übrigens gute Materialien und fleißige Arbeiter vorhanden sind, da können über die sehr schmalen Fenster und Thüröffnungen auch fast ganz scheiderechte Bögen gewölbt werden.

Bei Fig. 142 ist vorzüglich dahin gesehen worden, daß die Feuerung und Röhre genau in die Mitte zu stehen kommt, damit solche im Dache aus der Mitte des Forstes geführt werden kann. Daß die Scheidewände in Fig. A, wenn nicht ganz, doch wenigstens nahe am Ofen herum massiv seyn müssen, versteht sich von selbst.

In Betreff der Balkenlagen ist folgendes zu bemerken. Wenn das Gebäude ein Quadrat bildet, und dabei nur klein ist, und der Boden nicht gebraucht wird, wie in Fig. 141 angenommen worden; so sucht man gern die, leicht schadhaft werdenden, freien Giebel zu vermeiden, und überall Walme zu machen. Zu diesem Behuf muß die Dach-Balkenlage nach Fig. D angelegt, und die vier Gradsparren müssen in der Spitze zusammen gestoßen, die übrigen Sparren aber gegen diese angeschiftet werden. Die untern Balkenlagen in dergleichen quadratischen Gebäuden legt man gern so, daß z. B. über der ersten Etage die Balken nach der Länge, über der zweiten in die Quere, über der dritten Etage wiederum nach der Länge zu liegen kommen, wenn nähmlich nach Maßgabe der Lage der Treppe nicht zweckmäßiger befunden wird, die Balken nach einer und derselben Richtung zu legen. In Fig. 141 und 142 z. B., wo die Treppen in den Etagen übereinander nach einerlei Richtung des Gebäudes liegen, müssen auch die Balken, um keine Auswechselungen machen zu dürfen, sämmtlich nach derselben Richtung liegen. In Fig. 141 ist darauf zu sehen, daß die Treppe, welche zum Boden führt, in der Mitte des Dachs austritt, weil man sonst durch die Sparren gehindert werden würde, von ihr Gebrauch zu machen.

§. 163.

Federvieh=Mastställe.

Die Eingangs erwähnten Mastungen oder Poularderien, in welchen kastrirte Gänse, Puten, Enten, Hüner und Tauben fett gefüttert werden, erfordern, je nachdem solche im großen oder kleinen getrieben werden, einige Bauanlagen. Bei einer Poularderie im Großen, welche man gern in der Nähe eines Waldes und Wassers anlegt, sind außer den Ställen, eine eigene Wohnung für den Poularden=Meister nebst Gesinde, heizbare Mast= und Brüteställe, Futtergelaß, Keller und Küche mit Kesseln ꝛc. erforderlich. Ferner gehört dazu eine hinreichende Anzahl Kühe, um die zur Fütterung des Federviehes erforderliche Quantität Milch rein und unverfälscht zu erhalten. Um nur einen allgemeinen Begriff von einer solchen Anlage zu geben, will ich dasjenige entlehnen, was Herr von Eckardt in seiner Experimental=Oekonomie darüber angiebt:

„Um jährlich 1283 Stück fettes Geflügel nach „und nach in 313 Tagen abliefern zu können, müssen „täglich 41 Stück mageres Geflügel, wovon die meisten „kastrirt sind, in der Mastung ersetzt werden; weil die „Zeit zum Fettmachen bei Tauben, Kapaunen, Enten „und Hünern 16 Tage, bei Puten und Gänsen 24 Tage

„beträgt. Das in solcher Menge auf der Mast sitzende „Federvieh gebraucht täglich 107 Kannen Milch, 103 „Pfund Hirse, 13⅜ Pfund Butter ꝛc. Um diese Quan„tität Milch täglich selbst zu gewinnen, sind 14 Stück „junge, frisch milchende Kühe erforderlich, und um die „Menge junges, mageres Federvieh zuzuziehen, müssen „außer den Mastställen oder Stuben auch die gehörige „Anzahl Zuchtställe angelegt werden. Zu einer solchen „Anlage ist also ein geräumiger Platz mit gehörigen „Wohnungen, Kammern, Kellern, Böden, Ställen „und gehöriger Wiesewachs erforderlich. — Ins be„sondere aber ist eine große Maststube von 36 Fuß lang, „28 Fuß breit, 14 Fuß hoch, mit drei Fenstern, wel„che 8 Fuß von der Erde hoch stehen, ferner ein Kachel„ofen in einer Ecke und oben an der Decke zwei Luft„züge von 8 Zoll ins Gevierte groß, welche beständig „offen bleiben, nöthig, und der Fußboden in dieser „Stube muß von Mauersteinen gepflastert seyn. Rings„um an den Wänden dieser Stube müssen die Einstal„lungen für dieses Mastgeflügel befestigt werden, und „zwar so" (wie nachher bei Fig. 145 näher beschrieben werden wird), „daß die untersten weit vor, die „obern aber immer näher der Wand zugerückt wer„den; damit nicht allein vorne zu den Sauftrögen Platz „bleibt, sondern hauptsächlich auch darum, damit der „Unrath von einer jeden Stallung auf die Erde fällt, „alle Tage dreimahl hervorgeholt, und der Platz sauber „gekehrt werden kann. Endlich muß sich in dieser „Stube eine, von starken Brettern zusammen gefügte „Tafel befinden, 8 Fuß lang, 4 Fuß breit, worauf das „Futter zubereitet, und die abgeschlachteten Stücke ge„reinigt werden können."

Anm. Es möchte wohl zweckmäßiger seyn, anstatt einer so großen und tiefen Stube, lieber zwei kleinere, mit einem

gemein-

gemeinschaftlichen Ofen in der Scheidewand, anzulegen, welche zusammen dieselbe Grösse enthielten, und zugleich noch mehrere Wandflächen gewährten.

„Nebenher wird noch eine geräumige Kammer er„fordert, die etliche große Kasten mit Deckeln erhält, „in welchen beständig einige Centner gemahlner Hirse „vorräthig gehalten, auch einige Fäßchen Butter ge„stellt werden können. Hiernächst muß in dieser Kam„mer ein hoher, breiter Schrank mit etlichen 40 eiser„nen Haken befindlich seyn, an welchen das abgeschlach„tete und rein geputzte Geflügel so lange, bis alles ab„geliefert wird, gehangen und gegen Fliegen und Unge„ziefer mit Gazeleinewandsthüren gesichert werden „kann.“

„Ein geräumiger Hof für einige hundert Stück „Geflügel zur Zuzucht, nebst den Zuchtställen an dessen „Seiten, und einem Wasser in der Mitte für die Gänse „und Enten, ein Getreideboden für etwa 20 bis 30 „Wispel Gerste ꝛc. sind dazu gleichfalls nöthig.“ ꝛc.

Die oben gedachten Einstallungen für das Mastgeflügel werden längs an den Wänden der Maststuben nach Fig. 145 von Brettern erbauet, und zwar ist jede Zelle von unten, von oben, von beiden Seiten und von hinten mit einer Brettwand versehen. Nur die vordere Seite der Zelle bleibt ganz offen, und jedes Stück Vieh wird nur mit einem Stocke, welcher oben und unten vor der Mitte der Zelle in Löchern fest steckt, eingesperrt. Um so viel, als zur Anbringung des Lochs, worin der gedachte Stock steckt, erforderlich ist, muß also das obere Brett jeder Zelle von den Seitenbrettern vorstehen; und auf demselben wird zugleich vor jeder darüber belegenen Zelle ein Trinktrog von glasurter Töpferwaare oder von ausgepichtem Holze, 6 Zoll lang, 2 Zoll breit, $1\frac{1}{2}$ Zoll tief, befestigt, oder versenkt eingelassen. Hintenin jeder Zelle fehlt ein Stück vom Fußboden = Brette, oder vielmehr es steht solches von dem hintern Wandbrette um 3 bis 4 Zoll zurück, durch welche Lücke jedes Stück misten kann; und damit der Mist von jeder Zelle auf den Fußboden der Stube falle, sind die Zellenreihen über einander nach hinten zurück gebauet.

Für Kapaunen und Masthüner wird eine jede Zelle 9 bis 10 Zoll breit und hoch, und etwa 16 bis 18 Zoll lang gemacht. Für Puten und Gänse müssen sie verhältnißmäßig größer, doch immer nur so groß seyn, daß das Thier sich nicht darin umdrehen kann. Gewöhnlich macht man die Zellen für Gänse und Puten unten, und für Kapaunen, Hüner und Tauben oben. Die Taubenstallungen können auch viereckige Gitterkörbe seyn. Man macht sie 2 Fuß lang, 2 Fuß breit, und 8 Zoll hoch, und läßt oben in der Mitte nur eine kleine Fallthüre von 6 Zoll ins Gevierte, durch welche man die Tauben, deren mehrere in einen solchen Korb kommen, einsetzen und herausnehmen kann. Auch zur Einstallung junger Hüner kann man dergleichen Körbe gebrauchen.

Diese kurze Beschreibung dürfte wohl hinreichend seyn, um von den Gebäuden und Einrichtungen der Mastställe und Poularderien einen ungefähren Begriff zu erhalten. Wer indessen eine Federvieh = Mästung im Kleinen versuchen will, der kann solches auch vermittelst einer Anlage nach Fig. 142, oder auch so bewirken, daß die Brütung und Mästung in einer Kammer neben oder über der Gesindestube gewählt wird, wo denn die übrigen Federvieh = Ställe in andern Gebäuden im Gehöfte sich befinden. Die Anlage der Mastzellen bleibt aber auch in solchen Fällen nothwendig.

B. Von Schweineställen.

§. 137.

Zur zweckmäßigen Anlage der Schweineställe muß dem angehenden Baumeister von der Schweinezucht überhaupt wenigstens folgendes bekannt seyn.

Die Benennungen der verschiedenen Sorten Schweine sind: ganz junge oder Ferkel; ein Jahr alte, oder kleine Faselschweine (Kleinfasel); zwei Jahr alte, oder große Faselschweine (Großfasel). Ehe die Schweine nicht 2 Jahr, oder besser bis 2½ Jahr alt sind, müssen sie nicht zur Begattung oder Zucht gelassen werden, weil sonst sie so wohl, als ihre Jungen von elender, kleiner Race bleiben. Wenn sie aber zur Zucht gelassen worden sind, heißen die weiblichen, Zuchtsäue, und die männlichen, Stammschweine (Beyer, Hacksch, Keiler, Eber oder Kempen). Die zwei- bis dreijährigen Schweine, welche kastrirt und zum Fettmachen aufgestallt sind, werden Mastschweine genannt.

Schon im ersten Jahre zeigen die Schweine den Begattungstrieb, daher nicht nur die einjährigen von den zweijährigen und Ferkeln abgesondert, sondern auch, besonders diejenigen männlichen Geschlechts, welche nicht als Stammschweine aufgezogen und zur Zucht gelassen werden sollen, bei Zeiten kastrirt werden müssen, damit sie die Race nicht verschwächen.

Auf 10 bis 12 Zuchtsauen ist ein gesunder Kempe zur Fortpflanzung hinlänglich. Eine Zuchtsau wirft jedesmahl 1 bis zu 10 Junge, gewöhnlich aber mehr als eins, und dieß in einem Jahre zwei Mahl. Man nimmt daher für jeden Wurf in der Regel 6 Stück, also von einer Sau in einem Jahre wenigstens 12 Stück an, weil so wohl einige der jungen Ferkel sterben, als auch gleich nach dem Absetzen als Spanferkel verkauft werden.

Die Schweine haben nicht so wie die mehrsten andern Thiere eine gewisse Zeit im Jahre mit ihren Begattungstrieben, sondern sie sind fast immer, so lange, bis sie ordentlich belegt sind, hitzig oder brünstig. Aus dieser Ursach werden die Kempen nur zu gewissen Zeiten unter die Zuchtschweine gelassen, und übrigens abgesondert gehalten.

Anm. Wenn die Schweinezucht regelmäßig betrieben werden soll; so dürfen die Kempen nur allemahl Anfangs October und Ausgangs März zu den Zuchtsäuen gelassen werden. Da nun eine Sau 16 bis 18 Wochen trächtig geht, so bringt sie alsdann allemahl im August und im März die Ferkel, welche 5 bis 6 Wochen gesäugt und dann nach 14tägiger Entwöhnung nebst den Mutterschweinen noch bei guter Jahreszeit auf die Weide getrieben werden. Ist aber nicht hinlängliche Winterfütterung vorhanden; so ist es besser, die Sauen nur einmahl im Jahre ferkeln zu lassen. In diesem Falle wird die Sau erst in der Mitte Decembers belegt, wo sie dann ihre Jungen im Mai bringt, und letztere noch in demselben Jahre auf der Weide gehörig aufgefüttert werden.

Auf Wiesen und andere gute Weideplätze müssen die Schweine nicht getrieben werden, weil das andere Vieh, und besonders die Pferde durch den Schweinemist eine Abneigung vor solcher Weide erhalten. Nur in Wälder und Büsche gehören die Schweine, um außer der Eichel- und Buchmast die Wurzeln und Insecten daselbst zu genießen; eben so auch nur auf die Brach- oder Stoppelfelder. Wer seinen Schweineviehstand nach der Brach- und Stoppelhütung bestimmen muß, der kann auf jeden Morgen Ackerland nicht mehr als Ein Stück rechnen, und muß außerdem noch, wo möglich, mit Trank und Spülig aus der Brandtweinbrennerei zu Hülfe kommen. Wo die Schweine von saurer Milch, Wadicke und dem Abgange von der Milch nebenber oder vorzüglich gefüttert werden, da rechne man den Abgang von der Milch von 10 bis 15 Kühen auf eine Sau und 15 Ferkel oder Faselschweine. Wenn man, bei nicht ganz hinlänglichem Winterfutter die Sau zweimahl im Jahre werfen läßt; so sind nur diejenigen Ferkel, welche im Frühjahr geworfen werden, die besten zur Zucht, indem solche mit Hülfe der Weide sich besser auslegen. Ein Kempe, welcher jährlich 10 bis 12 Sauen zweimahl zu belegen hat, kann bei der besten Constitution nicht viel über 4 bis 5 Jahr gebraucht werden; auch würde es nicht rathsam seyn, weil dann das Fleisch desselben zu hart und weniger genießbar werden würde. Es muß also für jeden alten Kempen immer ein junger zugezogen werden; der alte wird hiernächst kastrirt und fett gemacht. Aus den sämmtlichen, in einem Jahre geworfenen Ferkeln werden die zur Zucht brauchbarsten Mutterschweine, und die gedachten wenigen jungen Kempen ausgewählt, und die übrigen zur Mast oder zum Verkauf sämmtlich kastrirt.

§. 138.

Von der Absonderung, Lage und Größe der Schweineställe.

Aus dem bisher gesagten ergiebt sich nun, daß die Schweine schon ihrer Natur nach abgesondert werden müssen. Es ist dies aber auch ihrer verschiedenen Größe wegen nothwendig, und zwar geschieht solches auf folgende Art.

1. Die abgesetzten Ferkel in einem Stalle, weil solche von den größern Schweinen beschädigt und verdrängt werden würden.

2. Ein Stall für die Kleinfasel-Schweine aus eben dem Grunde. In kleinen Wirthschaften werden diese genannten beide Sorten auch wohl nur durch Einsetzewände von Brettern, wovon weiter hin die Rede seyn wird, einstweilen, und bis die kleinen Ferkel etwas herangewachsen sind, abgetheilt.

3. Ein Stall für die Großfasel-Schweine. In diesen Stall kommen nicht nur die größern kastrirten

Schweine beiderlei Geschlechts, und die zur Zucht aufzuziehenden Mutterschweine, sondern auch die Zuchtsauen, sobald sie geworfen haben, und die Ferkel abgesetzt sind.

4. Saukothen oder kleine Ställe, in welchen jede Zuchtsau, besonders kurz vor dem Ferkeln und bis die Jungen abgesetzt sind, gestallet wird, weil eine Sau, wenn sie Junge hat, bei der Annäherung eines andern Schweins sehr böse wird.

5. Mastställe, in welchen die kastrirten Großfasel-Schweine, die nicht zur Zucht gebraucht werden, auch die unbrauchbar gewordenen Kempen und Zuchtsauen, nachdem solche beiderseits kastrirt sind, fett gefüttert werden.

6. Ein Stall für kranke Schweine, damit solche abgesondert von den übrigen gefüttert, und ruhiger gehalten werden können.

7. Wo die Schweine zu Mästen in Eich- und Buchwälder getrieben werden, da müssen im Walde ebenfalls Ställe und Krippen, und entweder ein See, oder fließendes Wasser, oder eine Pumpe, vorhanden seyn. In solchen Stall werden die Schweine zur Nacht eingetrieben.

8. Wo die Schweinezucht sehr im Großen betrieben wird, thut man wohl, noch mehrere Unterabtheilungen zu machen, und zwar die zur Zucht bestimmten Schweine (wohin vorzüglich die zur rechten Zeit geworfenen Ferkel gehören) aus allen vorgedachten Klassen eine jede von denen, welche zum Verkauf oder zum Mästen aufgezogen werden, besonders zu stallen, und sie besonders gut zu füttern.

In kleinen Wirthschaften wird der Schweinestall gewöhnlich an einem Giebel des Kuhstalles angelegt, weil die jungen Ferkel nach dem Absetzen am besten mit saurer Milch und Wadicke, und nur nebenher mit anderm

Futter gefüttert, und so nach und nach entwöhnt werden. Besser aber, vorzüglich in großen Wirthschaften, werden die Schweineställe in besondern Gebäuden angelegt. Ist eine Brau- und Brennerei beim Gehöfte, so finden die Mastställe neben der Brennerei ihren schicklichsten Ort. Die Kempenställe können ganz besonders im Gehöfte, oder auch neben den Mastschweineställen, angelegt werden. Die letztere Lage dürfte deshalb wohl die beste seyn, weil die Kempen der Zucht wegen sehr gut genährt werden müssen. Wo keine Brau- und Brennerei auf dem Gehöfte ist, da finden die Mastställe am besten neben der Molkerei ihren Platz.

Anm. Zuweilen wird auch als Regel angegeben, den Schweinestall möglichst vom Pferdestalle entfernt, anzulegen, weil der Geruch von den Schweinen den Pferden sehr unangenehm, und ihr beständiges Grunzen den Pferden beunruhigend sey. Der verdienstvolle und alles sorgfältig beobachtende Oekonom, Herr Staatsrath Thaer, hat jedoch den Schweinestall dicht beim Pferdestalle, und bemerkt nicht, daß die Pferde dadurch sich weniger wohl befinden, oder beunruhigt werden; vielmehr findet derselbe, daß die Vermengung des Pferde- und Schweine-Mistes sehr vortheilhaft sey.

Da die Sonne den Schweinen überhaupt, und besonders den jungen Ferkeln sehr zuträglich ist; so muß der Schweinestall im Gehöfte wo möglich mit der Fronte gegen Mittag liegen. Uebrigens muß die Lage und der Boden trocken und etwas erhöht seyn, wovon weiterhin ein mehreres vorkommen wird.

Ein hinlänglicher Raum in den Ställen ist immer jeder Creatur sehr zuträglich. Zu viel Raum sowohl in der Länge, Breite und Höhe, verursacht aber auch, außer den überflüssigen Baukosten, daß solche Ställe im Winter zu kalt sind. Ueber folgende Maße stimmen die mehesten Schriftsteller und erfahrnen Oekonomen überein, als:

zum Ferkelstall, für jedes Stück 5 bis 6 Quadratfuß;

zum Kleinfaselschweine-Stall, für jedes Stück 8 Quadratfuß;

zum Stall für Großfasel oder erwachsene Schweine, für jedes Stück 10 Quadratfuß.

Diese Größen gelten jedoch nur für große Schweinezuchten, wo jede dieser Sorten in einem besondern Stalle gehalten wird. Wenn aber bei kleinern Schweinezuchten in einem Stalle, zur Absonderung der gedachten Klassen, oder gar in dem Großfaselstalle, für die Saukothen noch besondere Abtheilungen, durch Brettwände gemacht werden sollen, da muß der Stall verhältnißmäßig größer angelegt werden.

Eine Saukothe muß hinlänglich groß, und zwar wenigstens 5 Fuß breit und 7 bis 8 Fuß lang gemacht werden, weil nicht nur eine Sau mit zuweilen 8 bis 10 Ferkeln Platz darin finden muß, sondern auch weil, wenn wegen Mangel an hinlänglichem Raum die Sau ihre Ferkel drückt oder tödtet, sie solche zuweilen frißt, und sich so das Fressen ihrer eigenen Jungen angewöhnt.

Ein Kempenstall muß die Größe einer Saukothe erhalten, weil diese Thiere oft groß und dabei sehr unruhig sind.

Die Mastställe werden am besten jedesmahl für 2 Schweine abgetheilt. Jede solche Abtheilung muß wenigstens 24 Quadratfuß enthalten, jedoch nicht weniger, weil diese Thiere sehr üppig sind und vielen Futterneid besitzen, daher besser, besonders da, wo der Schlag der Schweine groß ist, 35 bis 40 Quadratfuß zu rechnen sind. Wenn mehrere in einem Stalle beisammen gemästet werden müssen; so sind für jedes Mastschwein 12 bis 16 Quadratfuß hinlänglich.

Ueber die Größe des Stalles für kranke Schweine, welcher nur bei großen Schweinezuchten nothwendig ist, und dann von den übrigen Schweineställen abgesondert angelegt wird, läßt sich natürlich nichts bestimmen.

Der Größe eines Stalles in Eich- und Buchwäldern richtet sich nach der Zahl der daselbst weidenden Mastschweine. Die Ställe werden überhaupt sehr leicht und nur eigentlich als Schuppen gebauet.

Wenn die Zuchtsauen, Großfasel-, Kleinfasel-Schweine und Ferkel auch bei nicht großen Schweinezuchten, in einzelnen Abtheilungen des Stallgebäudes stehen; so versteht sich jedoch von selbst, daß die Sauen mit ihren Ferkeln nicht mit den übrigen Schweinen auf einer und derselben Futtertenne gefüttert werden dürfen. Auf einer Tenne werden die sämmtlichen Ferkel, Klein- und Großfasel-Schweine, besonders wenn sie Abends von der Weide kommen, gemeinschaftlich gefüttert, und damit die kleinern von den größern nicht verdrängt, auch die Tröge gehörig gestellt werden können; so muß diese Futtertenne so groß seyn, als die Großfasel-, Kleinfasel- und Ferkelställe zusammen genommen an Größe betragen. Auch müssen die Ställe um diese Futtertenne herum liegen und ihre Zugänge von derselben aus erhalten. Nach dem Futtern wird eine jede Sorte in den Stall getrieben, wobei der Hirt sich unter den Haufen begiebt, und oft mit vieler Mühe die Absonderung der Schweine vorzunehmen hat.

Die zweite, von dieser ganz abgesonderten Futtertenne für die Zuchtsauen, muß ebenfalls so liegen, daß die Saukothen dieselbe umschließen und ihre Zugänge von derselben erhalten. Die Fütterung der Sauen mit ihren

Ferkeln auf diesem Platze geschieht so, daß Anfangs eine jede Sau mit ihren Jungen allein, hernach mehrere Sauen mit ihren Jungen, und endlich wegen der Entwöhnung, die Ferkel allein und die Säue allein, herausgelassen und abgefüttert werden. Liegen nun die Saukothen um dem Futterplatze herum, so können die Tröge füglich nicht anders als in der Mitte desselben stehen, und müssen deren so viele vorhanden seyn, daß die Thiere, ohne sich drängen zu dürfen, vor denselben stehen und fressen können. Aus diesem Grunde muß bei wenigen Saukothen um einen Futterplatz, letzterer die Größe der Saukothen zusammen genommen enthalten, bei vielen Saukothen hingegen braucht derselbe allenfalls nur für jede Saukothe 30 Quadratfuß gerechnet, im Ganzen groß zu seyn.

Anm. In England werden die Schweine gewöhnlich in den Hof gelassen, um gefüttert zu werden.

Von andern ist vorgeschlagen worden, anstatt der vorgedachten Futtertennen, einzelne separirte Futterhöfe vor den Schweineställen anzulegen, welchem Vorschlage auch Herr Manger in seiner ökonomischen Bauwissenschaft beipflichtet. Die mehreste Erfahrung scheint aber für die Futtertennen zu seyn, welche auch zu jeder Jahreszeit und Witterung mit gleicher Bequemlichkeit benutzt werden können.

Zur Einrichtung großer Schweineställe gehört auch eine besondere Küche, welche zugleich die Futterkammer ist. In dieser Küche müssen die Stampftröge stehen, und ein oder mehrere eingemauerte Kessel angelegt seyn. Kann man unter oder neben der Küche auch noch einen gewölbten Keller, zur Aufbewahrung der zum Schweinefutter bestimmten Gewächse, anbringen; so giebt dies noch mehrere Bequemlichkeit. Eine solche Küche muß entweder ganz nahe beim Schweinestall, oder besser in dem Stallgebäude selbst befindlich seyn, und aus folgenden Ursachen mit den Saukothen und übrigen Schweineställen vermittelst bequemer Gänge in Verbindung stehen. Sobald nähmlich eine Sau ihre Ferkel geworfen hat, muß derselben von Kleie und Schrot, oder von grobem Mehle ein milchwarmes Getränk, oder Oehlkuchen mit Wasser, vollauf, täglich 3 bis 4 Mahl, und zwar 4 Wochen lang, verabreicht werden, damit sie den Ferkeln genugsame Milch geben kann. Nach 4 Wochen giebt man der Mutter, damit sich die Milch verringere, etwas geringeres Futter, auch Gras oder Klee, und gewöhnt die Ferkel selbst zum Fressen an, indem man die Sau allein in den Hof läßt, und während der Zeit den Jungen entweder Mehlgetränke, oder mit der Zeit etwas Schrot von Gerste, oder Hafer, oder Körner von Gerste oder Hafer, *) welche aber vorher gekocht und wieder kalt geworden seyn müssen, oder aber am besten, sauere Milch mit etwas gekochten Körnern, auf der Futtertenne verabreicht.

*) Den jungen Ferkeln viel Körnerfutter gleich Anfangs zu geben, hat den Nachtheil, daß sie leicht den bösen Grind, oder einen ähnlichen Ausschlag bekommen.

Wenn die Ferkel nach 5 bis 6 Wochen abgesetzt werden, dann muß man mit der vorgedachten Fütterung noch einige Wochen fortfahren, und sie nach und nach erst auf die Weide schicken, auch demnächst in den allgemeinen Ferkelstall bringen. Hieraus geht also hervor, daß da, wo viel Ferkel gezogen werden, auch ein besonderer kleiner Stall für die Absetzferkel von vielem Nutzen ist. Dieser Ferkelstall kann auch in dem allgemeinen Ferkelstalle durch Einsetzbretter abgeschlagen werden.

Die übrigen Faselschweine und größern Ferkel werden mit gekochten Kartoffeln, gestampften Rüben oder Kohl, auch wohl mit Brandtwein- und anderm Spühlig gefüttert. *) Zu allem diesem Behuf ist die vorgedachte Küche, Keller ꝛc., so wie auch eine ausgemauerte Grube für den Spühlig erforderlich.

*) Den Säue, welche ferkeln sollen, muß kein Spühlig aus der Brandtweinbrennerei gegeben werden, weil solche mehrentheils dann verwerfen.

Daß das gekochte Futter den Schweinen in Trögen verabreicht werden muß, versteht sich von selbst; alles übrige trockene oder blos gestämpfte Futter, als Rüben, Kohl ꝛc., wird ihnen aber blos auf die Futtertennen vorgeworfen, und die Tröge alsdann voll Wasser gegossen, weil es den Schweinen ihrer hitzigen Natur wegen nie an Wasser fehlen darf.

Die Anlage der Mastställe, welche, wie schon gedacht, am zweckmäßigsten der Brandtweinbrennerei (wo solche vorhanden ist) nahe liegen, unterscheidet sich von den so eben erwähnten übrigen Schweineställen dadurch, daß solche keine Futtertennen erhalten, sondern die Tröge dergestalt gegen die Ställe anliegen, daß die Schweine, ohne aus dem Stalle gelassen werden zu dürfen, daraus fressen können, wie weiterhin umständlicher beschrieben werden wird. Längs vor diesen Trögen muß aber ein, wenigstens 4 bis 5 Fuß breiter Gang vorhanden seyn, auf welchem die Stampftröge, Einbrühbottige stehen, und das vorräthig zubereitete Futter, (welches den Mastschweinen am Ende der Mästung jedesmahl wenig, aber recht oft verabreicht wird,) aufbewahrt werden kann. Auf eine Futterkammer neben den Mastställen, zur Aufbewahrung und Zubereitung des Schrotes ꝛc. und auf eine Sei- und Tränkgrube, letztere entweder in der Brenn- oder Brauerei selbst, oder in dem Maststalle, muß gleichfalls Rücksicht genommen werden.

§. 139.

Was in Absicht der Reinhaltung der Schweine beim Bau der Ställe für selbige zu beobachten ist.

Es ist ein sehr einfältiges Vorurtheil, wenn man glaubt, daß ein Schwein von Natur ein unreinliches Thier sey, und in einem unreinlichen Stalle am besten gedeihe. So wie Reinlichkeit allen übrigen Thieren vorzüglich zuträglich und gedeihlich ist, eben so ist sie es auch den Schweinen. Daß aber ein Schwein sich oft und gern im Kothe und Unflath wälzt, rührt von seiner hitzigen Natur her, und man muß daraus nicht einen Hang, sich absichtlich zu beschmutzen, herleiten, sondern auf die Nothwendigkeit zur Abkühlung und Schwemme, folglich auf eigene Gesunderhaltung dieser Thiere schließen. Eine Schwemme ist ihnen, wegen des durch ihre Ausdünstungen auf der Haut sich sammelnden Schmutzes, je fetter sie werden, je mehr nothwendig. Aus dieser Ursach ist es sehr vortheilhaft, wenn im Gehöfte ein reines Gewässer befindlich ist, in welchem die Schweine überhaupt, und vorzüglich die Mastschweine, gebadet werden können. Ist ein solches Wasser nicht vorhanden, so müssen sie auf dem Hofe oftmahls mit Wasser begossen werden. Man kann also annehmen, daß Reinlichkeit in den Ställen, außer einer guten trockenen Streu, *) auch für die Schweine ein Hauptbedürfniß ist, und um dies zu bewirken, gehören dazu vorzüglich zweckmäßig angelegte Fußböden.

*) In den Saukothen zu viel Streu zu geben, kann, besonders wenn die Ferkel noch sehr jung sind, auch wieder den Nachtheil bewirken, daß diese kleinen Thiere sich darunter verstecken, von der Mutter nicht gesehen, und folglich leicht erdrückt werden. Eben dies kann auch dann eintreten, wenn etwa der Mist in den Saukothen sich anhäuft.

Einige Oekonomen sind der Meinung, daß ausgehohlte, oder mit Holz belegte Fußböden, den

Schweinen wärmer, und folglich zuträglicher als gepflasterte sind. Daß sie wärmer sind, (wenn anders die Wärme den Schweinen aus vorgedachen Ursachen, nicht sogar im Sommer nachtheilig wird,) hat seine Richtigkeit; allein daß sie mühsamer als gepflasterte Fußböden zu reinigen sind, und was wohl das schlimmste ist, daß der Urin die Bohlen ganz durchzieht, und dann das Vieh beständig in diesen nachtheiligen Ausdünstungen liegen müsse, ist wohl eben so wenig zu leugnen.

Wenn man dennoch die Fußböden von Bohlen macht; so ist zu merken, daß solche einen hinlänglichen Abfall von der Krippe nach hinten zu erhalten, mit Löchern durchbohrt seyn, oder mit breiten Fugen zwischen den Bohlen versehen, oder (da sich beides bald mit Mist verstopft) noch besser so gemacht werden müssen, daß der Fußboden von der hintern Mauer um ungefähr 2 Zoll absteht, durch welchen Zwischenraum der Urin nach unten abfließen kann. Wenn der Urin auf diese Art unter den Fußboden läuft, so muß derselbe hohl gelegt, und das darunter befindliche Terrain, wenigstens mit Feldsteinen, gepflastert und mit Abzügen versehen werden.

Um einen stets reinlichen Fußboden zu erhalten, haben einige vorgeschlagen, runde Stangen mit geringen Zwischenräumen neben einander, oder auch ein enges Gitterwerk als Fußboden zu legen, und unter demselben, wie vorgedacht, einen hohlen Raum zu lassen, damit der Urin durch die Stangen einen leichten Abfluß erhalte. Liegen aber die Stangen so nahe an einander, daß ein Schwein mit seinen Füßen nicht durchgleiten kann; so werden die Zwischenräume sehr bald von Mist und Streu verstopft seyn, und kein Abfluß dazwischen übrig bleiben. Uebrigens will man bemerkt haben, daß sich diese Thiere bald an einen solchen Fußboden gewöhnen.

Die mit Feldsteinen gepflasterten Fußböden sind in Schweineställen die gebräuchlichsten: wenn man aber streng auf Reinlichkeit und Gesundheit der Thiere sieht; so läßt sich dagegen einwenden, daß der Urin größtentheils von der Pflastererde eingezogen, und aller Reinlichkeit ungeachtet ein nachtheiliger Geruch erhalten wird. Die mit Klinkern auf der hohen Kante, oder mit Fliesen gepflasterten Fußböden, sind daher meiner Meinung nach in Schweineställen die reinlichsten und besten, und zwar, wenn solche, (wie es jedesmahl geschehen sollte,) von den Seitenwänden ab nach der Mitte und zugleich von der Krippe ab nach hinten, mit einem starken Gefälle von beinahe 1 Zoll auf den laufenden Fuß gepflastert und von solchem gemeinschaftlich tiefsten Punkte aus durch die Frontmauern mit Löchern oder Ausflüssen von 4 bis 5 Zoll ins Gevierte groß versehen werden. Dergleichen gepflasterte Fußböden sind durch das Bespühlen mit Wasser sehr gut zu reinigen, und von allem Geruch zu befreien; und da, vorzüglich im Winter, alle Abend trockene Streu gegeben wird; so werden solche Fußböden für das Wohlseyn und für die Gesundheit der Schweine immer die besten bleiben. Selbst bei weniger Streu sind sie für Mastställe ganz vorzüglich geeignet, weil diese überhaupt, wegen der Feistigkeit der Thiere, noch kühler als die übrigen Schweineställe gehalten werden müssen.

Die Fußböden in den Futtertennen werden (es mögen übrigens die Ställe selbst gepflastert oder gebohlt ꝛc. seyn) allemahl, entweder mit Feldsteinen oder besser gleichfalls mit Klinkern auf die hohe Kante in Kalk gepflastert, und mit eben solchem, jedoch von den Ställen abwärts gekehrten, Gefälle und Abfluß, wie vorher gedacht, versehen, weil solche täglich wenigstens einmahl sehr rein abgewaschen oder eigentlich gescheuert werden müssen.

Anm. In dem Journal, l'Esprit des Journaux, Tom. V, Mai 1791, S. 375, wird in Betreff der Reinlichkeit der Schweine Folgendes angeführt: „Es ist wesentlicher, als „man denken sollte, in einem Schweinestalle einen freien „Ständer oder Pfahl aufzustellen, an welchem die „Schweine sich reiben oder scheuern können. Herr „Marschall hatte Gelegenheit, die Nützlichkeit davon „zu bemerken, als er ein paar Schweine in einen Stall „brachte, in welchem von ungefähr ein solcher Pfahl „befindlich war. Als die Schweine in diesen Stall ka„men, waren sie unrein, ihr Haar strupig, und ihr An„sehen schlecht und träge. In wenigen Tagen reinigten „sich die Schweine vollkommen, ihre Borsten waren sehr „gleich und glänzend; man bemerkte auch an der Mun„terkeit der Schweine, daß sie sich sehr wohl befänden. „Es ist nicht zweifelhaft, daß diejenigen Thiere, welche „kein Wohlbehagen finden, auch nicht zunehmen. Die „Wiesengärtner (Herbagers) unterlassen es niemahls, „einige Bäume oder Pfähle stehen zu lassen, damit ihr „Vieh sich daran reiben könne; und demungeachtet hat „vielleicht noch niemand daran gedacht, in einem Schwei„nestalle in eben der Absicht einen Pfahl zu errichten, „obgleich diese Creaturen es eben so nöthig haben, sich „zu reiben, um gesund zu seyn, als anderes Vieh ꝛc.

J. B. B., Eigenthümer u. Ackersmann zu J....

§. 140.

Von der Höhe, der Decke, den Luftzügen und dem Bodenraum in Schweineställen.

Zur Gesundhaltung der Schweine gehört ferner eine angemessene Höhe der Ställe. Die bekanntesten Schriftsteller hierüber geben solche sehr verschieden an, und indem jeder seine Angabe mit Gründen zu unterstützen sucht, wird bald die Höhe der Mastställe größer, als die der übrigen, bald umgekehrt verlangt.

langt. Meine Meinung hierüber ist: daß, wenn die Mastställe kühler als die übrigen seyn sollen, sie auch höher als die übrigen Schweineställe seyn können. Letzteres wird zuweilen unvermeidlich, wenn z. B. selbige in andern höhern Gebäuden angelegt werden. Die Mastställe aber absichtlich höher als die übrigen Schweineställe zu bauen, wäre meines Dafürhaltens eine unnöthige Verschwendung, da die übrigen Schweineställe schon eine, der gesunden Luft und der Bequemlichkeit angemessene, Höhe erhalten müssen. Will man außerdem noch die Mastställe kühler als die übrigen halten; so benetze oder scheuere man den Fußboden darin vorzüglich im Sommer recht oft mit reinem Wasser, welches zugleich die Luft reinigt und den Schweinen sehr zuträglich ist. Ueberhaupt ist zu bemerken, daß jeder Stall nur mit der darin gehörigen Anzahl Thiere, für die er bestimmt ist, angefüllt seyn sollte, um letztern einen gesunden Aufenthalt zu gewähren; denn sind zu viel Schweine in einem Stalle, so wird selbst in einem sehr hohen Stalle ihnen die Hitze darin schaden, und sind zu wenig, nach Maaßgabe der Größe des Stalles darin, so wird ihnen im Winter selbst ein sehr niedriger Stall noch zu kalt seyn.

In Hinsicht auf die Größe der Schweine selbst würde eine Höhe von 6 Fuß schon hinreichend seyn. Da aber ihre starke Ausdünstung die Luft sehr leicht verdirbt, und auch damit man bequem im Stalle handthieren kann, würde ich bei hinreichenden Luftzügen die Höhe für alle Arten von Schweineställen auf 8 Fuß im Lichten festsetzen.

Die Decke muß so wohl wegen der nöthigen Wärme des Stalles im Winter, als auch damit die Dünste nicht in den Bodenraum dringen, sehr fest seyn. Die mehr gedachten gestreckten Windeldecken sind daher auch hier die besten und wohlfeilsten.

Der Bodenraum, zu welchem eine bequeme Treppe führen muß, kann zur Streu, und als Kaffboden, sonst aber auch, wenn die Decke, wie gedacht, fest und gut gemacht ist, zu jedem andern beliebigen Behuf benutzt werden. Wenn Streu und dergleichen für die Schweinezucht gehörige Gewächse auf dem Boden aufbewahrt werden; so ist es sehr bequem, wenn über jede Futtertenne eine Oeffnung in der Decke angebracht ist, um die Streu rc. sogleich herunter werfen zu können.

Da die Schweineställe nach voriger Angabe nur niedrige Gebäude sind, und wenn gestreckte Windeldecken gewählt werden, ihre Höhe von 8 Fuß sogar mit Inbegriff des Balkens angenommen werden kann; so eignet sich, wie schon vorher gedacht, ein Theil des Bodenraums auch sehr gut für die Hünerställe, welche daselbst einen warmen Platz finden.

Die Luft in einem Schweinestalle muß immer kühl seyn, und die Schweine niemahls in Schweiß kommen, weil sonst, wenn sie plötzlich frische Luft erhalten, es ihnen so nachtheilig als vielen andern Thieren ist. Jedoch darf auch eben so wenig Kälte oder eine empfindliche Zugluft die Schweine treffen, weshalb die Luftzüge (so wie schon vorher bei den Schafställen gesagt worden) so nahe als möglich an der Decke in den Umfassungswänden anzulegen sind. So gedeihlich es für die Schweine ist, wenn ihnen ihre Ställe eine angemessene Wärme gewähren, eben so nachtheilig ist es, die Ställe durch Verstopfung oder Verschließung der Luftzüge, zu warm zu halten.

Anm. Herr von Eckardt führt in seiner Experimental-Oekonomie folgendes Beispiel an: „In einem „Maststalle, worin zusammen 60 Schweine lagen, wa-

„ren 2 Luftlöcher in den Umfassungsmauern, jedes 14 „Zoll ins Gevierte befindlich, von dem Brennerknechte „aber einstmahls im Winter das eine ganz, das andere „zur Hälfte mit Stroh, aus guter Meinung verstopft „worden. Ungefähr eine Stunde hernach war schon eine „so große Hitze im Stalle entstanden, daß, als man „zufällig den Stall öffnete, die Schweine kaum noch „athmen konnten, durch einander taumelten und der „Schweiß ihnen wie Wasser vom Leibe lief.“

Damit aber die in den Umfassungswänden angelegten Luftzüge auch mit einander korrespondiren, und die beabsichtigte Wirkung leisten können; so müssen die innern Wände, zur Abtheilung der verschiedenen Ställe im Gebäude, nicht bis zur Decke hinauf reichen. Die Abtheilungswände zu den Saukothen werden daher gewöhnlich nur 5 bis 6 Fuß hoch gemacht. In den hiernächst folgenden Beispielen wird hierüber noch mehreres gesagt werden.

Gewöhnlich werden die Luftzüge nur als Kreuzlöcher gestaltet. Da aber durch selbige Schnee und Regen in den Stall treiben kann; so ist es auch hier besser, solche durch theilweise Weglassung des Balkenstirn-Brettes zu verschaffen. Es müssen aber einestheils deren nie zu wenig gemacht, anderntheils auch, damit alsdann die Kälte im Winter nicht zu stark eindringe, innerhalb Klappthüren vor selbige angebracht werden.

Da bekanntlich auch das Tageslicht zur Reinigung der Luft vieles beiträgt; so wird es zur Gesundheit der Schweine gereichen, wenn in den Ställen einige Fenster angebracht werden, wodurch man zugleich das erforderliche Licht bei Wartung, Pflege und Reinhaltung derselben erhält

§. 141.

Von der Anlage und Einrichtung der Schweineställe.

Um so wohl das Gesagte durch Beispiele zu erläutern, als auch um die Construction der Schweineställe näher zu zeigen, ist bei der Anlage Fig. 146 angenommen worden, daß der gesammte Schweinestall 13 Zuchtsauen, 78 Ferkel, 65 kleine und 45 große Faselschweine nebst Futterkammer 2c. enthalten, der Kempenstall aber besonders liegen soll.

Das ganze Gebäude ist massiv, 129 Fuß 4 Zoll lang, 38 Fuß tief, und die Abtheilungen darin (siehe Fig. A) folgende:

a 13 Zuchtsauställe, jeder ungefähr 5 Fuß mit Inbegriff der Scheidewände breit und 8 Fuß lang;

b der Futterplatz dazu enthält 388⅔ Quadratfuß, welches beinahe 30 Quadratfuß auf jede Sau beträgt.

Damit aber die kleinen Ferkel, welche so eben erst abgesetzt worden, besonders gepflegt, und besser als die übrigen gestreuet werden können; so ist allenfalls

c ein Stall für dergleichen kleine Ferkel von 229⅓ Quadratfuß groß, welcher jedoch auch in nöthigen Fällen als Krankenstall, oder auch zu Futtervorräthen gebraucht werden kann. Hiernächst kommen sämmtliche Ferkel in den Stall,

d, welcher daher für 78 Ferkel, 430 Quadratfuß groß ist, folglich für jedes Stück ungefähr 5½ Quadratfuß beträgt.

e ist ein Stall für 65 Stück Kleinfaselschweine, 525 Quadratfuß, ohne den Einschnitt für den Abtritt, groß, welches für jedes Stück reichlich 8 Quadratfuß beträgt. Der Stall f ist für 45 Stück Großfaselschweine 450⅞ Quadratfuß groß, folglich für jedes Stück reichlich 10 Quadratfuß.

g der gemeinschaftliche Futterplatz enthält 1235¼ Quadratfuß, folglich ist derselbe nur 170 Quadratfuß kleiner als der Flächeninhalt der Ställe d, e und f zusammen genommen; indeß kann, wenn wirklich derselbe nicht groß genug seyn sollte, einigen Schweinen das Futter in ihrem Stalle vorgeworfen werden.

h die Futterkammer ist 16 Fuß breit und 19 Fuß 8 Zoll tief; sie hat einen Feuerherd mit zwei eingemauerten Kesseln, in welchen das Kochfutter präparirt wird. Auch ist noch Raum darin vorhanden, um die Stampftröge und allenfalls eine Schlemmptiene oder Grube darin anzubringen, welche indeß hier, wo keine Mastställe angebracht sind, nicht eigentlich nöthig ist. Die Treppe in der Futterkammer von 3 Fuß 3 Zoll breit und 14 Stufen hoch, führt nach dem Boden, woselbst die Streu ꝛc. aufbewahrt, und durch Oeffnungen in der Decke, in die Futterplätze b und g herunter geworfen wird. Die Futterkammer liegt zugleich so, daß man aus derselben sehr bequem nach beiden Futterplätzen, und auch nach dem Stalle c für die ganz jungen Ferkel gelangen kann.

i ist ein Abtritt von zwei Sitzen für das Gesinde, welcher hier seinen besten Platz findet; dessen Grube aber, so wie der ganze Abtritt, sehr fest und mit Mauern von dem Stalle abgesondert werden muß.

In Fig. 147 ist ein Gebäude von Fachwerk 36 Fuß tief und dabei angenommen, daß keine Brenn- und Brauerei sich im Gehöfte befindet; daher die Mastkoben und Keilerställe mit dem allgemeinen Stalle verbunden sind, und zwar sind:

a zehn einzelne Ställe für Zuchtsauen; desgleichen

b ein Stall für einen Keiler. Jeder dieser Ställe ist beinahe 5 Fuß mit Inbegriff der Scheidewände breit, und 8 Fuß lang. Die Futtertenne

c ist 10 Fuß breit und $346\frac{2}{3}$ Quadratfuß groß, welches wiederum ungefähr 34 Quadratfuß für jede Sau beträgt.

d sind 5 Mastställe, wovon die erstern viere jeder für 2 Schweine à 6 Fuß im Lichten lang und breit ist, der fünfte aber ist 14 Fuß 8 Zoll lang und 6 Fuß breit für 5 bis 6 Schweine. Diese Mastställe nebst dem Kempenstalle sind von den übrigen Schweineställen durch Wände, die bis an die Decke hinauf gehen, mit Thüren darin, getrennt.

e ist ein Futtergang vor den Mastställen, weil die Mastschweine und Kempen im Stalle selbst gefüttert werden, weshalb die Tröge auch unmittelbar an jedem Stalle angebracht sind.

f ist eine große Futterkammer, deren Lage die Fütterung sämmtlicher Schweine sehr erleichtert; g ist eine in der Ecke gemauerte Tränk- und Schlemmp-Grube, in welche, vermittelst eines an der Fronte vorstehenden Gossensteins, aller Spühlig ꝛc. aus der Hausküche sogleich eingegossen werden kann. Uebrigens dient diese Senkgrube auch dazu, um das in Vorrath für einen Tag gekochte Futter gehörig abkühlen zu lassen. Die übrigen einzelnen Ställe in diesem Gebäude sind eben so wie in Fig. 146 zu ordnen.

Wenn nicht so langes Balkenholz, als zu den beschriebenen beiden Anlagen erforderlich ist, zu erhalten wäre, oder andere Umstände es verhindern sollten, so tief zu bauen; so kann die Einrichtung nach Fig. 148 gemacht werden. Dieses Gebäude ist auf 10 Zuchtsauen in den Ställen a a ꝛc., einen Kempenstall b, einen Stall c für 40 Großfaselschweine, einen Stall d für 50 Kleinfaselschweine, und einen Stall e für 60 Ferkel eingerichtet; f f ꝛc. sind Futterplätze von der Größe der daran stoßenden Ställe; g g sind zwei Futterkammern, und h ein Abtritt. Dies ganze Gebäude ist nur 21 Fuß 4 Zoll tief, dagegen aber 178 Fuß 6 Zoll lang. Eine Bequemlichkeit mehr, als in den vorigen Einrichtungen ist hierbei, daß nähmlich jede Sorte Schweine ganz ihren eigenen Futterplatz hat, welches wegen des Eintreibens in die Ställe, nach dem Futtern, sehr bequem ist. Die Mittelwände in diesen Ställen dienen blos zur Unterstützung der Balken, können aber auch zu noch mehrerer Separation der Schweine, wie in c, d und e angedeutet worden, vortheilhaft benutzt werden

Anm. Wenn, wie vorhin gedacht worden, die Fütterung in dazu besonders abgesonderten Höfen vor den Ställen geschehen sollte; so würden hier nicht nur die sämmtlichen Futtertennen wegfallen, sondern auch nur eine Futterkammer nöthig seyn, wodurch das Gebäude ungefähr 64 Fuß weniger an Länge bedürfte.

Die in den Futterplätzen in allen drei Einrichtungen befindlichen Unterzugsständer haben zugleich den Vortheil, daß sich die Schweine daran scheuern können, wie in der Anmerkung Seite 32 erwähnt worden ist.

Für kleine Schweinezuchten kann die in Fig. 149 vorgestellte Einrichtung dienen. Es sind darin: a a a die Saukothen, b b Ferkelställe, c der Stall für grö=

fere Schweine, und d der Futterplatz. Eine Futterkammer ist hierbei nicht befindlich, weil bei so kleinen Schweinezuchten das Futter gewöhnlich in der Wirthschaftsküche zubereitet wird.

Wenn die Lage der Schweineställe, wie schon früher gedacht, gegen Mittag seyn soll, weil die Sonne den Schweinen sehr wohlthätig ist; so würde dies in Fig. 146 und 147 so zu verstehen seyn, daß die Hinterfronte x y, in welcher die Ställe liegen, gegen Mittag, die andere Fronte aber, gegen das Gehöfte zu liegen käme. Zugleich entsteht hieraus noch der Vortheil, daß die rauhen Nordwinde wegen der übrigen Gebäude im Gehöfte die Hofseite der Stallgebäude nicht so heftig treffen können, die Futterkammern aber eine kühle Lage erhalten. Die Disposition der Thüren und Fenster ist aus den Zeichnungen zu ersehen, und nur noch zu bemerken, daß, um den Gang e in Fig. 147 A gehörig zu erleuchten, die Thüren der Mastställe und Saukothen nur 5 Fuß hoch gemacht werden, wo dann durch die offenen Räume über den Thüren, hinlänglich Licht nach dem Gange einfallen kann, und die Luftzüge überall Communication erhalten.

Um einen gehörigen Luftzug durch den ganzen Stall, vermittelst der in beiden Fronten an mehrern Orten fehlenden Balkenstirnbretter zu erhalten, sollten alle nach der Länge des Gebäudes laufende Wände, in den Saukothen so wohl als in den übrigen Schweineställen, nur 5 Fuß hoch seyn. Dieß kann man dadurch erhalten, daß nähmlich in den hölzernen Wänden die obern Fächer nicht ausgemauert, und in den massiven Wänden nahe an der Decke möglichst viele und große Oeffnungen gelassen und überwölbt werden.

Die Haupteingangsthüre i Fig. 146 A nach dem großen Futterplatze muß wenigstens 5 Fuß breit und zweiflüglicht seyn, weil durch diese Thür die mehresten Schweine ein- und ausgetrieben werden. Die Thür k, so wie sämmtliche übrige Thüren, welche von dem großen Futterplatze und der Futterkammer nach den verschiedenen Orten ausgehen, können 3 Fuß breit seyn. Die Thüren nach den einzelnen Mastställen werden 2½ Fuß breit, und die Thüren nach den Saukothen nur 2 Fuß breit gemacht.

§. 142.

Construction der Schweineställe.

Die Schweineställe sollen warm, das heißt, die Umfassungswände dicht und dauerhaft seyn, damit Kälte und rauhe Winde nicht in die Ställe dringen können. Aus diesem Grunde, und weil auch die Schweine sehr gern ihre Ställe ruiniren, sind massive Ställe die besten. Wegen der geringen Höhe im Lichten, sind die Fronten und Hauptscheidemauern in Fig. 146, ungeachtet der Tiefe von 38 Fuß, nur 1½ Stein, und die Mittelwände nur 1 Stein stark, wobei aber gute Materialien und fleißige Arbeit vorausgesetzt werden.

Die Hauptthürschwellen in Schweineställen dürfen nur sehr niedrig liegen, weil sonst die trächtigen Schweine sich sehr leicht Schaden zufügen. Deswegen wird eine Appareille vor den Thüren angelegt. Von der Höhe der Thürschwelle, z. B. von i in dem Futterplatze g, läuft das innere Klinker-Pflaster bis zur Mittelwand, mit beinahe 1 Zoll Steigung auf jeden laufenden Fuß in die Höhe, und wenn bei der Mittelwand die Höhe des Stalles im Lichten 8 Fuß betragen soll; so bestimmt sich hiernach und nach der Tiefe des Stalles die Höhe der Frontmauern.

Es ist schon Seite 32 erwähnt worden, daß der nöthigen Reinlichkeit wegen, das Klinkerpflaster so wohl in den Ställen als in den Futterplätzen sehr oft mit Wasser bespühlt und gescheuert werden, auch das Wasser überall durch die Frontmauern einen schnellen Abzug finden muß. Da nun der Futterplatz g Fig. 146 sehr lang ist, so müssen mehrere dergleichen Ausflüsse in der Vorderfronte und darnach das Pflaster angeordnet werden. Kann in den Saukothen a a rc., welche am Giebel liegen, der Abfluß vielleicht nicht zunächst durch die Giebelmauern geleitet werden; so ist solcher, längs hinter den Kothen innerhalb derselben, und zwar auf der Hälfte der Tiefe des Gebäudes, mit dem Gefälle nach vorne, und mit der andern Hälfte nach hinten hinaus, niemahls aber über den Futterplatz hinweg, anzulegen.

Sollen die Fußböden in den Ställen von Holz gemacht werden, so giebt Fig. 150 die Construction eines guten Fußbodens von Bohlen, und Fig. 151 eines Fußbodens von Gitterwerk an. Hierbei ist folgendes zu bemerken: In Fig. 150 B liegt der Bohlen-Fußboden von b bis a abhängig, und die Bohlen stoßen dicht und scharf an einander, damit der Urin und das Wasser nur durch die schon früher erwähnte zwei Zoll breite Fuge a abfließen kann. Bei einem Gitterwerk Fig. 151 B ist der Abhang nicht nöthig, und liegen daher die Unterlagen c im erstern Falle schräg, im letztern aber horizontal. Um die Bohlen in Fig. 150 B zuweilen aufnehmen, und die Unreinigkeiten unterhalb wegschaffen zu können, müssen solche nicht auf die Unterlagen genagelt, sondern nur hinter der letzten Bohle in dem Raume a etwa ein eiserner Stift, oder hölzerner Absatz auf die Unterlagen befestigt werden, damit auch durch kein Verschieben der Bohlen der Raum a zugeschoben werde. Das Gitterwerk in Fig. 151 B ist in den Unterlagen eingelassen, und braucht gleichfalls nicht (wenigstens nicht sämmtliche Stäbe) auf die Unterlager genagelt zu werden.

Diejenigen Unterlager, auf welchen die hölzernen Scheidewände zur Abtheilung der einzelnen Saukothen stehen, müssen breiter als die darauf stehenden Wände seyn, damit die Fußboden=Bohlen ꝛc. auf denselben noch Auflager erhalten. Sollte aber z. B. in den Mastställen d in Fig. 147 A auch noch in der Mitte eines jeden Stalles ein Unterlager nöthig seyn, weil die Ställe 6 Fuß breit sind; so brauchen dergleichen Unterlager wegen ihrer geringen Länge nicht mehr als 5 bis 6 Zoll im Quadrat stark zu seyn. Um auch die sämmtlichen Unterlager, wenn solche verfault sind, leicht herausnehmen zu können, werden selbige nirgends eingemauert, sondern nur auf einzelne vorspringende Pfeiler f in Fig. 150 und 151 B gelegt.

Wenn auch das ganze Gebäude, wie in Fig. 147 angenommen worden, von Fachwerk erbauet werden sollte; so muß dessen ungeachtet das massive Fundament oder die Plinte unter den Umfassungs= und Hauptscheidewänden, so hoch über den Fußboden der Ställe reichen, daß das Wasser und der Urin die Schwellen nicht erreichen und zu geschwind verstocken kann. Es ist daher, zwar in der ersten Anschaffung theuer, jedoch für die Folge sehr vortheilhaft, die Schwellen der hölzernen Schweineställe von Sandstein zu machen. Da ferner die Schweine ihre Ställe auch sehr leicht ruiniren, so müssen in sämmtlichen Wänden entweder die Stiele, zwischen welche die Fächer ausgemauert werden, gut ausgehöhlt seyn, (wie bereits im ersten Theile S. 452 bei den Thürzargen erinnert worden), oder besser, in die untersten Fächer ein Riegel auf den andern zwischen die Stiele gelegt, folglich nicht ausgemauert, sondern eigentlich ausgeblöckt, oder, was bei den Umfassungs=

oder Hauptscheidewänden immer vorzüglicher, und dauerhafter bleibt, die Untermauerung unter den Schwellen wenigstens 2 Fuß über die innern Fußböden hoch gemacht werden, damit die Schweine die ausgemauerten Fächer nicht erreichen können. Bei sehr unruhigen und großen Schweinen kann es sogar nothwendig werden, selbst die massive Mauer noch mit Bohlen oder starken Brettern zu bekleiden, um sie gegen das Abscheuern zu schützen. Diejenigen kleinern Scheidewände, als z. B. an und zwischen den Saukothen und Mastställen, welche keine massive Untermauerung haben, sondern nur auf den vorgedachten Unterlagern stehen, werden entweder um 2 bis 3 Fuß vom Fußboden herauf auf beiden Seiten mit Brettern benagelt (siehe Fig. 150 B bei e) und die obern Fächer mit Lehmstaken ausgefüllt; oder es werden wie in Fig. 151 B und A zwischen den Stielen, welche auf beiden Seiten Falze haben, die Fächer mit Planken oder starken Bohlen von unten bis 5 Fuß hinauf, ausgesetzt. Alle übrige Fronten und Hauptscheidewände, wenn nähmlich die massive Untermauerung der Fachwerkswände nicht hoch genug über den Fußboden aufgeführt ist, müssen innerhalb der Ställe gegen die ausgemauerten Fächer mit Brettern bekleidet werden, welches besonders in den Kempen- und Mastställen nothwendig wird, weil diese Thiere sehr üppig sind, und daher die festesten Ställe erfordern.

So wie die mit Planken oder starken Bohlen auszusetzenden Wände eben beschrieben worden, können auch diejenigen interimistischen Wände gemacht werden, welche man bei kleinern Schweinezuchten innerhalb der großen Ställe zu besondern Abtheilungen anlegt.

Wenn ein Schweinestall in seinen Umfassungs- und Hauptscheidemauern von Lehmpatzen, Luftsteinen, oder Piséesteinen erbauet werden sollte; so treten die oben gedachten Vorsichtsmaßregeln wegen der leichtern Auflösbarkeit und Zerstörbarkeit des Materials um so mehr ein, und muß alsdann allemahl eine massive Untermauerung von 3 Fuß über die innern Fußböden hoch gemacht werden.

Die Tröge oder Krippen für die Schweine werden entweder aus Holz oder aus Sandstein gearbeitet. Von Holz werden sie gewöhnlich aus einem vollen Stamme gehauen, und deshalb nicht gern aus Bohlen zusammen gesetzt, weil ein rund gehöhlter Boden sich leichter reinigen läßt, und dies besonders, wenn das Vieh mit gekochtem Futter ꝛc. gefüttert wird, von vorzüglicher Nothwendigkeit ist, indem sonst die Krippen zu bald versauern. Sandsteinerne Krippen sind zwar dauerhafter, jedoch muß sehr fester Stein dazu genommen werden, weil sonst die ordentliche Reinigung derselben nicht gut möglich ist, indem weicher Stein die Feuchtigkeiten sehr leicht in sich aufnimmt und gleichfalls versäuert. Krippen aus kienenem Holz werden von Schweinen sehr bald zerfressen, und Eichenholz lauget wiederum aus, besonders bei warmer Fütterung, daher Büchenholz das beste ist. Eiserne Krippen würden hier die besten seyn, jedoch weil sie eigentlich in langen Enden in einem Stück gegossen oder zusammen gesetzt werden müßten, so hat man meines Wissens bis jetzt noch nicht Gebrauch davon gemacht.

Die Breite der Krippen für erwachsene Schweine, ist im Lichten 12 bis 16 Zoll, ihre Tiefe ungefähr 12 Zoll. Für ganz junge Ferkel darf aber die Krippe nicht ganz so hoch oder tief seyn, weil sie sonst entweder nicht heran reichen, oder, wenn die Krippe um etwas in den Fußboden versenkt stände, darin sehr leicht ertrinken könnten. Aus diesem Grunde werden die Krippen b Fig. 146 A, für die Zuchtsauen mit ihren Ferkeln, nur etwa 6 Zoll im Lichten tief, dabei aber wo möglich 18 und mehrere Zoll breit gemacht. Wer dergleichen Krippen etwa 8 bis 9 Zoll tief machen will, der muß solche doch um 5 bis 6 Zoll in das Pflaster einsenken, damit sie für die ganz kleinen Ferkel immer noch niedrig genug bleiben. Das Versenken der Krippen hat, wenn solche von Holz sind, den Vortheil, daß sie fester stehen, und nicht von den Säuen verschoben werden können, welches sonst durch eingepflasterte Pfähle, oder Steine, welche aus dem Pflaster hervorstehen, verhindert werden muß. Aus eben dem Grunde werden die an den Wänden stehenden Krippen um den Futterplätzen g Fig. 146, wenn solche nicht von Stein, sondern von Holz sind, mit eisernen Haken an den Wänden befestigt.

Die vorgedachten sehr breiten Krippen würden, wenn selbige von Holz ausgehauen werden sollten, sehr starkes Bauholz erfordern, daher müssen dann solche aus Bohlen gemacht und nach Fig. 152 in den untern Ecken dreikantige Leisten scharf eingepaßt, festgenagelt und gut verpicht werden, um zu verhindern, daß sich kein Futter in die Winkel ansetzen kann. Auch können die Krippen, wenn sie in die Erde versenkt stehen, gemauert werden. Um die Reinigung der Krippen, welche über der Erde stehen, mehr zu erleichtern, macht man an einem Ende derselben ein Zapfloch, durch welches das Ausspühlwasser auslaufen kann, sie müssen dann etwas, jedoch nicht sehr abhängig stehen, weil sonst wiederum das nasse Futter nicht gleichförmig vertheilt werden könnte. Bei den vorhin gedachten in die Erde gesenkten Krippen geht dies nicht an, ist aber auch wegen ihrer großen Breite und geringern Tiefe, wodurch die Reinigung schon sehr erleichtert wird, nicht so nöthig.

Gewöhnlich werden die Krippen auf Unterlager, und zwar für erwachsene Schweine die Oberkante der Krippe nicht höher als ungefähr $1\frac{1}{2}$ Fuß, und für die größten Schweine nicht mehr als $1\frac{3}{4}$ Fuß hoch gesetzt. So stehen z. B. die Krippen für Mastschweine in Fig. 150 B mit ihrem innern Rande 1 Fuß 9 Zoll hoch. Die hintere Seite dieser Krippe ist aber noch um einige Zoll höher, damit die Klappe g (welche oben an dem Wandriegel mit Bändern beweglich befestigt ist, und auf der hintern Seite der Krippe aufruht, auch daselbst bei h mit einem Ueberwurf und Vorstecker verschlossen wird) die Schweine nicht verhindere, mit dem Kopfe in die Krippe zu reichen. Zu diesem Zweck muß dann der Wandriegel, woran die Klappe oberhalb mit ihren Bändern befestigt ist, $1\frac{1}{2}$ bis 2 Fuß über die Vorderkante der Krippe liegen.

Auch werden die Krippen nach Fig. 151 B und A halb in und halb außer dem Stalle gestellt, und die Klappen bei k dergestalt mit Bändern befestigt, daß solche in die Stellung k m zum Futtergeben und hiernächst in die Stellung k l zum bequemen Fressen für die Schweine und zum Verschluß des Stalles, gerichtet werden kann, wobei die Klappe jedesmahl mit hölzernem Riegel, oder mit Ueberwurf und Kramme festgestellt wird.

Weniger gut ist die Methode, wo die Krippe ganz in dem Stalle, und nur ein kleiner Theil derselben vorne vor dem Stalle vorsteht, um darein das Futter schütten zu können. Wenigstens ist es auf diese Art mühsamer, die Krippen zu reinigen, weil man dazu jedesmahl in den Stall gehen muß; auch kann nicht verhindert werden, daß die Schweine in die Krippe steigen.

Wenn die Krippen, wie in Fig. 150 B, vor dem Stalle stehen, und solche durch die nach außen vorschlagende Klappe g verschlossen werden; so drängen die Schweine fast unaufhörlich gegen die Klappe, und wenn der Ueberwurf nebst Vorstecker h nicht recht fest steckt, steigen sie auch wohl gar aus dem Stalle heraus. Wenn daher der Trog nach Fig. 151 halb in und halb außer dem Stalle steht, so gewinnt man hierbei nicht nur an Platz im Futtergange, sondern die Schweine können auch die Klappe nicht öffnen, indem sie solche eher zu- als aufdrücken.

Weil aber auch die Schweine sehr oft ganz in die Krippe hinein steigen, dadurch das Futter verderben und verschwenden; so kann, um solches zu verhindern, z. B. bei den Mastställen nach Fig. 150 A und B, worin nur zwei Schweine sich befinden, ein schwacher Mittelstiel i vor der Mitte der Krippe angebracht werden, wo dann nur so viel Raum für jedes Schwein übrig bleibt, um bequem zur Krippe gelangen zu können. Wenn aber die Tröge ganz in die Ställe hinein liegen, oder wenn die Krippen längs den Wänden stehen, (wie z. B. in Fig. 146 A bei p in dem Futterplatze g,) da muß eine Art von Raufe, in welcher die Zwischenweiten wenigstens 1 Fuß betragen, oder (nach dem Vorschlage Anderer) ein Brett mit Löchern, schräg von der Vorderkante der Krippe bis gegen die Wand, über den Trog gestellt, befindlich seyn, und ebenfalls so befestigt werden, daß die Raufe oder das Brett, während der Reinigung der Tröge, nach oben hinauf in einzelnen Theilen gegen die Wand gelehnt werden kann. Für ganz frei stehende Krippen, wie z. B. die in dem Futterplatze b Fig. 146 A, wo für die Zuchtsauen solche Veranstaltung ebenfalls nothwendig ist, wird am einfachsten eine Art von Leiter flach über die Krippe gelegt, oder längs an beiden Seiten eine dergleichen aufrecht stehende Raufe angebracht.

Anm.

Anm. Der französische Baumeister Herr Cointeraux macht in der schon früher angeführten Schrift, betitelt: la Ferme, folgenden Vorschlag: „Da die Schweine gierig „sind, und sie, um geschwinder zu fressen, mit den Fü„ßen, ja wohl ganz und gar in den Futtertrog hinein „steigen; so dürfte es gut seyn, an einem aufgestellten „Stocke oder Axe ein bewegliches Gitterwerk über die „Tröge zu machen, durch dessen Fächer die Schweine „nur die Schnautze stecken könnten, um zu fressen.“

Die Thüröffnungen innerhalb vor dem Futterplatze nach den einzelnen Schweineställen können so hoch seyn, als die früher angegebene innere Höhe des Stalles es erlaubt. Die Thüren darin selbst aber sind mit 5 bis 6 Fuß hoch genug, wobei man dann zugleich die Bequemlichkeit erhält, in die Ställe hineinsehen zu können, ohne die Stallthür aufmachen zu dürfen. In Rücksicht des Beschlags dieser Thüren ist zu merken, daß solche, zwei Riegel und zwar den einen in gewöhnlicher Höhe von $3\frac{1}{2}$ Fuß, und den zweiten unten in einer Höhe von etwa 1 Fuß vom Fußboden, erhalten müssen, damit die Thüren von den Schweinen nicht unterhalb abgebogen und zerbrochen werden können, weil nähmlich, um die Ställe selbst nicht zu beschränken, diese Thüren in die Futtertenne hinein aufschlagen.

„Warum, sagt Herr Cointeraux in der vorgedachten Schrift, will man 11 Livres und 10 Sous „für den Beschlag an einer Schweinestallthür verwen„den? „Es bedarf eine solche Thür vielmehr nur eines „sehr einfachen Beschlags, z. B. nur eines einzigen „Zapfens; allein er muß nicht so wie gewöhnlich an der „Seite der Thür, sondern beinahe in der Mitte dersel„ben befestigt werden. Ein eiserner Zapfen also unten, „und einer oben, wenn man letztern nicht von Holz „machen will: das ist der ganze nöthige Beschlag an

„einer solchen Thür, welche zugleich sich bei dem gering„sten Anstoß auf, und von selbst zu bewegt.

„Die Schweine, deren Instinkt von dem des grö„ßern Hofviehes sehr unterschieden ist, werden eine sol„che Thür den Tag über hundertmahl auf- und zuma„chen, wobei jedesmahl die Thür von selbst zufallen wird. „Die Schweine sind nähmlich viel reinlicher, als man „es denken sollte, und diejenigen, welche Obacht gege„ben haben, werden wissen, daß diese Creaturen sich „niemahls in ihren Ställen verunreinigen. Will man „aber den Schweinen das Aus- und Eingehen verweh„ren; so kann solches an derselben Thür sehr leicht ver„mittelst eines hölzernen Riegels geschehen."

Hiernach würde eine solche Schweinestallthür auf die Fig. 153 A und B vorgestellte Art anzufertigen seyn; die Oeffnung der Thür geschieht nach denjenigen Richtungen, wie die bezeichneten Pfeile in Fig. B angeben. Damit nun jede Hälfte der Thür Breite genug gewährt, so muß die ganze Breite derselben etwa 4 Fuß betragen, und um die Oeffnung der Thür von innen und außen zu bewirken, muß solche nur an einer einzigen Seite e a Fig. A, sonst nirgend einen Falz haben, woselbst der Riegel f außerhalb angebracht werden kann. So viel läßt sich wohl aus der bloßen Beschreibung des Herrn Cointeraux entnehmen; allein wodurch die Thür die Neigung erhalten soll, von selbst jedesmähl wieder zuzufallen, dies wird nicht angegeben. Es läßt sich aber auf folgende Art bewerkstelligen. Der obere Zapfen b, welcher in dem Wandriegel läuft, wird genau auf die Mittellinie der Thür befestigt; der untere Zapfen d aber, welcher in der Schwelle läuft, wird ungefähr $1\frac{1}{2}$ bis 2 Zoll, je nachdem die Thür hoch ist, außer der der Mittellinie der Thür nach derjenigen Seite hin befestigt, an welcher der vorgedachte äußere Falz zum Anschlagen der Thür sich nicht befindet. Hierdurch erhält die Thür jedesmahl bei ihrer Eröffnung eine schräge Stellung, (wie die Linie b d angiebt,) und durch das Uebergewicht der größern Hälfte der Thür b e a d die Neigung, wiederum zuzuschlagen. Um auch die Oeffnung der Thür möglichst zu erleichtern, müssen die beiden Zapfen locker gehen, der untere aber wo möglich in einer eisernen Pfanne laufen, und die Thür möglichst niedrig seyn.

Eine andere Einrichtung erhalten die Thüren von den Saukothen, welche sich nähmlich auf die S. 25 beschriebene Fütterung der Säue und Ferkel bezieht. Diese Thüren sind nähmlich 2 Fuß breit, und indem sie niedriger als die Thüröffnungen sind, lassen sie oberhalb eine Oeffnung, durch welche man in jeden Stall hinein sehen kann, ohne die Thüren öffnen zu dürfen; außerdem muß noch jede Thür aus zwei einzelnen Theilen über einander bestehen, und zwar der untere $1\frac{1}{2}$ Fuß hoch, damit die Sau, wenn sie ohne die Ferkel heraus gelassen werden soll, über diese niedrige Thür hinaus springen kann; gegentheils aber, wenn die Ferkel ohne die Sau aus dem Stalle gehen sollen, so geschieht dies durch Eröffnung der untern kleinen Thür. Daß eine jede der zwei Thüren über einander ihren eigenen festen Beschlag und Riegel haben müsse, versteht sich von selbst. Herr Borheck in seiner mehr erwähnten Landbaukunst meint, daß die gedachte kleine Thür zum Ausgange der Ferkel 2 Fuß hoch, 1 Fuß breit, neben der größern Thür angebracht werden könnte, wo denn die größere Thür im Ganzen verbliebe. Wie können aber dann die Ferkel im Stalle zurück gehalten werden, wenn die Sau allein, und zwar durch die größere Thür, heraus gelassen werden soll? Meiner Meinung nach wird die Absicht dann nur halb erreicht, welches auch der Fall seyn würde, wenn nach dem Vorschlage Anderer blos ein Schieber unten in die große Thür gemacht würde.

Endlich ist noch anzumerken, daß, wenn die Decke in einem Schweinestalle nicht recht dicht und fest ist, dann nicht allein wie gedacht das im Dachboden etwa befindliche Futter verderben, sondern auch, gemachten Erfahrungen zufolge, ein Ziegeldach von den scharfen Ausdünstungen der Schweine früher als bei andern Ställen zerstöhrt wird; daher ein gutes Lehmschindeldach, außer seinen übrigen Vortheilen, in diesem Falle sogar einen Vorzug vor einem Ziegeldache verdient.

C. Von den Rindviehställen.

§. 143.

Bei der Anlage und Einrichtung der Rindviehställe kommen zuvörderst die Klassen des Rindviehes, dann die Eintheilung und Absonderung, und endlich die Stellung desselben in Betrachtung. Eine Rindviehherde kann nähmlich bestehen: aus milchenden Kühen, Zuchtstieren oder Bullen, güsten Kühen, *) sogenanntem Jungvieh von zwei bis drei Jahren, Kälbern, Zugochsen und Mastochsen.

*) Erwachsene junge Kühe, welche nicht milchend noch tragend sind.

In großen Wirthschaften wird die Absonderung dieser verschiedenen Klassen des Rindviehes theils durch die Art der Fütterung, theils dadurch, ob solches von weiblichem, oder von männlichem Gesinde bedient wird, nothwendig, wo dann Zugochsen und Mastochsen von dem übrigen Rindvieh getrennt werden und jede dieser drei Klassen ihre besondern, ganz von einander getrennten Ställe erhält. In kleinen Wirthschaften kann dies oft nicht geschehen, und auch schon deshalb füglich unterbleiben, weil da die verschiedene Fütterung dessen ungeachtet genug übersehen werden kann.

Anm. In England wird (wie schon vorher von den Schafen erinnert worden) auch das Rindvieh mehrentheils im Freien gehalten, wenigstens im Sommer im Freien gefüttert, und ihnen viel Stroh daselbst untergestreuet.

Wenn wir daher einen großen Viehstand annehmen, so muß zuerst für tragende und milchende Kühe und für Bullen deshalb ein besonderer Stall angeordnet werden, weil diese Klasse des Rindviehes entweder warmes Brühfutter, oder doch wenigstens besseres Futter, als die übrigen erhält.

Anm. Die Stallung und Wartung des Viehstandes für Bauern oder dergleichen kleine Wirthschaften, welche mehr oder weniger mit den Wohngebäuden verbunden werden, wird in der Folge angewiesen.

Das Güste-Vieh kann mit in den Kuhstall untergebracht werden, sonst aber auch dasselbe, so wie die Zugochsen, jede Sorte ihren besondern Stall erhalten, weil gewöhnlich die Wartung der erstern durch weibliches, und die der letztern durch männliches Gesinde geschieht. Die Mastochsen werden am besten in der Nähe der Brau- und Brandtweinbrennerei gestallet.

Das Jungvieh und die abgesetzten Kälber, wenn deren eine bedeutende Anzahl vorhanden ist, werden jede Klasse in besondere Ställe vertheilt, und zwar das Jungvieh deshalb, weil es sonst von dem erwachsenen Viehe gestoßen werden könnte, und die abgesetzten Kälbei, eines Theils deshalb, weil sie frei herum laufen sollen, andern Theils aber weil ihnen zuweilen von dem Mädchen Milch gereicht und der Wirthschaft entzogen wird, wenn sie in einer Abtheilung im Kuhstalle stånden.

Wollte man aber alle dergleichen kleinere Besorgnisse durch mehrere abgesonderte Stallgebåude zu beseitigen suchen; so dürften eine zu große Anzahl Ställe, und dadurch auf der andern Seite noch größere Inconvenienzen und mehrere Reparatur-Kosten entstehen: daher auch in den mehresten Fällen, oder wo die kleine Anzahl des Jungviehes und der Kälber keine besondern Ställe belohnt, im Kuhstalle für das Jungvieh und für die abgesetzten Kälber nur ganz einfache Abtheilungen angelegt werden.

§. 144.

Von der Stellung oder Anordnung der Reihen des Rindviehes in einem Stalle.

Sehr verschieden ist die Meinung der Oekonomen in Absicht der Stellung des Viehes in einem Stalle. Einige wollen die Reihen des Viehes in die Quere oder nach der Tiefe des Gebäudes angelegt wissen. Sie unterstützen diese ihre Meinung mit nicht unbedeutenden Gründen, nähmlich, man erhalte dadurch sowohl für die verschiedenen Klassen des Rindviehes, als auch bei etwanigen Krankheiten in der Herde *) mehrere vortheilhafte Abtheilungen. Ferner wären alsdann mehrere Thüren vorhanden, durch welche bei entstehendem Feuer das Vieh sehr leicht und ohne sich zu schaden, herausgetrieben werden könne. Auch lasse sich der Abfluß des Urins aus dem Stalle besser bewirken; und endlich erhalte das Gebäude durch die Querwände mehrere Festigkeit.

*) Bei wirklich ansteckenden Krankheiten in der Herde dürften solche Abtheilungen wohl nicht hinlänglich, sondern gerathener seyn, eigene Krankenställe, entfernt vom Gehöfte, allenfalls in der Heide ꝛc. anzulegen.

Diese Gründe sind allerdings nicht unwichtig, und wenn es nur allein auf die Festigkeit des Gebäudes ankäme, so wäre besonders der letztere nicht leicht zu widerlegen. Allein da hierdurch die Bequemlichkeit der gemeinschaftlichen Fütterung eines großen Viehstandes nicht hinlänglich erhalten wird, welches doch bei großen Wirthschaften von vieler Bedeutung ist; so sind viele andere Oekonomen für die Stellung des Rindviehes in Reihen nach der Länge des Gebäudes, indem vermittelst der Futterkammern am Ende oder an der Seite des Stalles, die Fütterung und Uebersicht des ganzen Viehstandes sehr erleichtert wird, und dieses einen täglichen, ja stündlichen Vortheil gewährt, dagegen Feuersgefahr und Krankheit in der Rindviehherde glücklicherweise zu den seltnern Ereignissen gehören. Bei der Stellung der Reihen nach der Tiefe des Gebäudes muß die Fütterung in jedem Gange besonders geschehen; auch können bequem liegende Futterkammern, nicht ohne Platzverschwendung angeordnet werden: daher bei sorgfältiger Abwägung aller erwähnten Vortheile und Nachtheile, die Stellung der Viehreihen nach der Länge des Gebäudes für einen großen Viehstand vorzüglich zu seyn scheint; und was die Festigkeit des Gebäudes anlangt, so kann solche im letztern Falle dennoch hinlänglich erhalten werden.

In der Erfahrung scheint dies auch dadurch bestätigt zu werden, daß man in der Regel in Bruchgegenden, oder wo die Rindviehzucht eine Hauptsache ausmacht, das Vieh in Reihen nach der Länge, dagegen auf der Höhe, wo ein geringerer Rindviehstand aus

Mangel an Wiesen gehalten wird, die Reihen nach der Tiefe des Gebäudes angelegt findet. In so fern sämmtliches zu einem Stalle gehöriges Rindvieh in zwei, höchstens vier Reihen nach der Tiefe des Gebäudes untergebracht werden kann, ist es in Absicht der Bequemlichkeit bei der Wartung desselben ziemlich gleichgültig, ob solches in Reihen nach der Länge oder Tiefe gestellt wird; und wo dasselbe nicht auf Stallfütterung gehalten, sondern täglich auf die Weide getrieben wird, ist letzteres der mehrern Ausgänge wegen wohl sogar besser. Wir sehen also hieraus, daß die Anzahl des Viehstandes einen Unterschied hierin begründet. Ferner muß zugegeben werden, daß, wenn der Raum im Gehöfte zum Bau eines Kuhstalles nur eine so geringe Länge vorschriebe, daß derselbe beinahe quadratisch seyn, und das Vieh vielleicht in vier kurzen Reihen nach der Länge des Gebäudes gestellt werden müßte, auch dann die Stellung in Querreihen, der mehrern Zugänge wegen, vorzüglicher seyn würde.

Diese und andere dergleichen Rücksichten müssen also nach jeder besondern Localität in Betrachtung gezogen, und darnach die Anlage des Stalles geordnet werden. Vorzüglich machen die kleinen Wirthschaften eines Bauern oder Kossathen hierin eine wesentliche Ausnahme nothwendig, wo oft mehrere Behältnisse und Ställe in einem und demselben Gebäude, ja sogar oft unmittelbar im Wohngebäude angelegt werden; daher das Nöthige über letztere kleinere Ställe erst in der Folge vorkömmt und hier nur von größern Ställen die Rede ist.

Anm. Diejenigen, welche für die Querställe ganz besonders eingenommen sind, machen denen, welche das Vieh nach der Länge gestellt haben, auch oft den schelsüchtigen Vorwurf, daß letztere mit ihrem Viehstande prahlen wollen. Ist aber die Anlage aus andern guten Gründen so gewählt werden, so gestehen sie den letztern Ställen zugleich einen Vortheil mehr zu, den die Querställe nicht besitzen.

Zur bequemen Wartung und Pflege des Rindviehes gehört ferner, daß solches nicht an Krippen, welche an den Umfassungswänden auf gewöhnliche Art befestigt sind, gestellt wird, indem es unbequem und zugleich gefährlich ist, zwischen den bewaffneten Köpfen dieser Thiere sich überall durchzudrängen, um ihnen das Futter zu reichen. Auch würde es gar nicht ökonomisch seyn, indem alsdann, weil es der Natur dieser Thiere entgegen ist, sich das Futter von einer Höhe herunter zu ziehen, vieles Futter in den Mist getreten wird. Die Anbringung der Krippen und Raufen unmittelbar an den Wänden, würde also in Rindviehställen nur da zu entschuldigen seyn, wo die Zahl des Rindviehes sehr geringe ist, und sehr weitläufig gestellt werden kann.

Daß außer den Ständen für die Bullen *) (deren man auf 30 bis 40 Kühe einen rechnet) keine Absonderung unter einer und derselben Klasse, durch Lattierbäume oder Brettwände, statt findet, ist bekannt; dessen ungeachtet muß der Standraum für die in einem Stalle unterzubringende Anzahl Rindvieh eben so genau vorher berechnet, und nie zu wenig, sondern eher etwas mehr Raum auf jedes Stück angenommen werden, als wenn wirklich allemahl zwischen zwei Stück eine Absonderung statt finden sollte. Ist letzteres beobachtet, so können bei einer Anlage der Raufen, wovon hernach die Rede seyn wird, allenfalls wenn es erforderlich wäre, auch einige Stück mehr, als gerechnet worden, untergebracht werden. Sind aber die Raufen für jedes Stück besonders abgetheilt, so ist es um so nöthiger, bei Eintheilung und Berechnung der Stände auf die Größe und Anzahl des Viehes sorgfältige Rücksicht zu nehmen.

1*) Die Zuchtstiere oder Bullen werden gewöhnlich an die Enden der einzelnen Reihen gestellt. Stehen sie nun an einem Durchgange im Stalle, so wird der Stand an beiden Seiten, oder doch wenigstens an der des Durchgangs, mit einer 4 Fuß hohen Brettwand, wie ein Pferdestand, verschlagen.

Das wenigste, was an Standraum für das Rindvieh gerechnet werden sollte, ist ungefähr folgendes.

Für eine hiesige kleine Landkuh 3 Fuß Breite und 6½ Fuß Länge ohne die Krippe ꝛc.

Für eine größere Kuh 3½ Fuß Breite und 7 Fuß Länge ohne Krippe ꝛc.

Für einen hiesigen Landochsen 4 Fuß Breit 7½ bis 8 Fuß Länge.

Für einen größern Ochsen 4½ Fuß Breite und 8 Fuß Länge u. s. f.

Für ein Stück Jungvieh hiesiger kleiner Sorte 3 Fuß Breite und 6 Fuß Länge.

Für Kälber ungefähr dasselbe, weil diese noch nicht angebunden werden, sondern frei im Stalle herum laufen.

Ferner, die Breite eines erhöheten Futterganges mit Inbegriff der Krippe und Raufe, wie weiterhin vorkommen wird, muß wenigstens 6 Fuß betragen.

Die Breite eines Ganges hinter den Viehreihen, wenigstens 4 Fuß.

Endlich, mehr als 15 bis höchstens 20 Stück Rindvieh sollten nie in einer Reihe neben einander zwischen zwei Quer- oder Ausgängen stehen, so wohl damit bei entstehender Feuersgefahr das Vieh desto schneller heraus getrieben werden kann, als auch weil ein Mädchen gewöhnlich nicht mehr als 20 Kühe zu besorgen hat.

Nehmen wir nun vorstehende Dimensionen als Grundsätze an, so findet sich aus den folgenden Entwürfen, daß, wenn eine große Anzahl Vieh in Reihen nach der Tiefe des Gebäudes gestellt wird, mehr Raum erforderlich ist, als wenn solches in Reihen nach der Länge des Gebäudes gestellt wird, welches also gleichfalls für die Stellung der Reihen nach der Länge des Gebäudes spricht, da der mehr oder minder zu bebauen nöthige Raum bei Landgebäuden nicht unwichtig ist, indem es hierbei auf mehrern oder mindern Kostenaufwand zum Bau und zur Erhaltung der Dächer und des ganzen Gebäudes sehr ankömmt.

Wollte man aber nun sogleich auf alle Fälle für die sehr tiefen Ställe, in denen wenigstens 3 oder gar 4 Reihen nach der Länge stehen, entscheiden, welche freilich sogar auch die wenigsten Umfassungswände bedürfen; so würde man wiederum eine bedeutende Rücksicht in Betrachtung zu ziehen unterlassen, nähmlich, daß das lange und starke Bauholz nicht überall, und daher sehr theuer, dagegen kürzeres Holz vielleicht aus den nächsten Forsten und wohlfeiler erhalten werden kann.

Diejenigen Ställe, wo nur 2 Reihen nach der Länge an einem gemeinschaftlichen Futtergange stehen, haben anscheinend die Unbequemlichkeit, daß der Mist nicht so leicht mit Wagen (wo solches gebräuchlich ist) heraus geschafft werden kann, und auch bei drei Reihen wird dies an der einen Seite derselbe Fall seyn. Vier Reihen erfordern aber eine ungeheure Tiefe von 51 Fuß im Lichten.

Ist langes Bauholz vorhanden, so gewinnt die Bequemlichkeit der Wartung und Pflege eines großen Viehstandes dadurch sehr, wenn die Futter- und Schlafkammer ꝛc. längs einer Fronte, und an der andern oder der Hoffronte ein 3 bis 4 Fuß vorstehender Ueberbau des Dachs angelegt werden.

So hat also jede dieser Anlagen ihre Vortheile und Nachtheile, welche der Baumeister vorher nach den Lokalumständen reiflich in Ueberlegung nehmen muß, ehe er den Ideen des Landwirths mit Gründen begegnen kann.

§. 145.

Von Anlage der Futtergänge, Krippen, Raufen und des Futtergelasses rc.

Das Rindvieh wird entweder im Sommer auf die Weide getrieben, und nur im Winter im Stalle mit geschnittenem Weitzen- oder Gerstenstroh und Heu gefüttert; oder es ist die von den mehresten Landwirthen als weit vortheilhafter anerkannte Stallfütterung eingeführt, welche besonders da am besten statt findet, wo ein guter Heuschlag oder genugsame Fettweide und Gras in Menge vorhanden ist, oder wo viele Futterkräuter gebaut werden, indem es vortheilhafter ist, das Gras (vorausgesetzt, daß die Weideplätze nicht zu weit entlegen sind) nach dem Stalle zu bringen, als vieles davon auf der Weide zertreten, und durch den Urin des Viehes verderben, auch zugleich den Mist verschleppen zu lassen.

Anm. Um bei dieser Gelegenheit von den nöthigen Räumen und Anstalten Behufs der Fütterung einen vorläufigen Begriff zu machen, dient folgendes. Herr Riem sagt in Bezug auf die Stallfütterung im zweiten Stück der ökonomisch-veterinairischen Hefte: Unter allen Futterkräutern hat der spanische, auch holländische Klee, Esparsette, Luzernklee und dergleichen den Vorzug. Außer dem Klee, welcher entweder in beständigen Koppeln oder auf den Brachfeldern, oder unter der Gerste, gebauet wird, kann man aber noch mit andern Gewächsen füttern, als Wicken, Weitzenschrot, Runkelrüben, Kohl, Kartoffeln, und besonders von den letztern die Blätter und das Kraut im Sommer als Brühfutter gebrauchen. Auch wird der Klee auf der Hexelbank geschnitten und mit Hexel vermischt.

Am besten ist es, wenn man mit Heuvorräthen von natürlichen oder künstlichen Wiesen so versehen ist, daß man den ganzen Winter hindurch damit füttern kann. Ist man aber nicht hinreichend mit Heu versehen, so muß der Mangel desselben mit Stroh ersetzt werden. Das lange Stroh vom Rocken wird zu Hexel für die Pferde geschnitten, allenfalls auch für das Rindvieh. Das Sommerstroh ist aber selbigem vorzuziehen, doch kann ersteres auch mit Heu vermischt werden. Bei Bier- oder Brandtweinbrennereien sind die Träber und der Brandtweinspühligt ein gutes Futter für die Kühe. Wo die Winterfütterung meistens mit Stroh geschieht, da muß der Hexel, den man mit kurz geschnittenem Heu oder mit Kleie oder Schrot vermischt, angebrühet und nach dem Abkühlen verfüttert werden.

Die Fütterung muß regelmäßig dreimahl des Tages, nähmlich Morgens, Mittags und Abends geschehen, und dabei auf Reinlichkeit und Säuberung der Krippen sorgfältig gesehen werden. Die üble Gewohnheit, nur zwei mahl des Tages zu füttern, ist für das Vieh von sehr nachtheiligen Folgen.

Ferner gehört zur guten Pflege des Viehes reines gutes Wasser. Man tränkt entweder im Stalle oder auf dem Hofe an Tränktrögen. Im letztern Falle muß das Vieh jedesmahl nach dem Futtern auf den Hof getrieben werden.

Obgleich die erhöheten so genannten Futtergänge mit ihren Krippen und Raufen größtentheils als eine für nützlich und nöthig anerkannte Einrichtung in Rindviehställen gelten; so giebt es doch Gegenden, z. B. im Mecklenburgischen und andern Orten in Niederdeutschland, wo dem Rindvieh das trockene Futter auf gleicher Erde vorgeworfen wird. Man sucht solches damit zu rechtfertigen, daß das Vieh das Futter in den Krippen zu bald warm hauche, und dann die Eßlust verliere. Eines Urtheils darüber enthalte ich mich, und schreite vielmehr zur Beschreibung der gewöhnlichen Futtergänge.

Die Krippen in den Futtergängen der Rindviehställe müssen nach der Meinung der mehresten Oekonomen 16 bis 18 Zoll breit und 9 bis 12 Zoll tief seyn. Die Anfertigung derselben ist folgendermaßen verschieden.

In den Figuren 154 bis 157 sind hh hölzerne Stiele oder Säulen, welche auf Schwellen, die auf erhöhete Fundamente gestreckt sind, in Entfernungen von ungefähr 15 Fuß aus einander stehen. Zwischen diesen Schwellen befindet sich der eigentliche Futtergang nebst den Krippen. Die Krippen werden gewöhnlich von Holz oder Steinen gemacht, wovon letzteres das vorzüglichste ist. Hölzerne Krippen verfaulen, wegen der abwechselnden Nässe sehr leicht, und die aus einem starken Stamm gehauenen, sind überdem eine große Holzverschwendung; daher letztere auch bei Königlichen Domainen-Bauten gänzlich untersagt, und allenfalls nur Krippen aus Bohlen erlaubt sind.

Das Fundament, worauf die vorgedachten Schwellen liegen, muß so breit seyn, daß auch die Krippen, sie mögen von Holz oder Steinen gemacht werden, darauf ruhen können. Zuweilen wird, wenn der Futtergang nur schmal ist, der ganze Raum a Fig. 155 voll ausgemauert, sonst aber gewöhnlich nur mit Erde ausgeschüttet (Fig. 154), und oben mit Klinkern oder mit Feldsteinen gepflastert, auch wohl nur mit einem Lehmschlag geebnet.

Da die Krippen nicht schmäler als vorgedacht und der Gang dazwischen so wohl sicher gegen das Vieh, als auch bequem genug seyn sollen; so muß hiernach die dem ganzen Futtergange zu geben nöthige Breite ausgemittelt werden.

Anm. Es kann demnach keine Nachahmung verdienen, für zwei Viehreihen eine gemeinschaftliche Krippe nach Fig. 155

anzulegen, wie von einigen vorgeschlagen worden ist; denn es kann das Vieh entweder solche nicht rein ausleeren, oder wenn sie nur schmal ist, so kann sich das Vieh gegenseitig beschädigen; auch ist es sehr unreinlich, durch die Krippe selbst, wenn zuweilen naß darin gefüttert wird, gehen zu müssen.

Sind die Krippen nach Fig. 154 von Bohlen gemacht, so müssen selbige, da sie ohne Abtheilung in einem fortlaufen, hie und da einige Spreitzhölzer b c oben zwischen den Seitenwangen erhalten, damit solche von der im Futtergange befindlichen Erde nicht zusammen gedrückt werden. Da aber dergleichen Spreitzhölzer, wovon bei gerade aufrecht stehenden Seiten der Krippe, deren mehrere seyn müssen, zuweilen hinderlich sind; so werden, um weniger Spreitzhölzer zu bedürfen, die Seiten der Krippen lieber nach Fig. 157 schräg eingesetzt, welches auch dem Rindvieh bequemer ist.

Zu den mit Ziegeln gemauerten Krippen sind sehr fest gebrannte gute Steine, so wie ein fleißiges Zuhauen und Zusammenfügen derselben mit gutem Kalkmörtel, vorzüglich nöthig, wenn sie ihrem Zwecke ganz entsprechen sollen; die Fugen müssen scharf und glatt ausgestrichen, und ebenfalls ein Cementmörtel dazu genommen werden, damit die Reinigung der Krippen leicht und gut geschehen kann. Auch müssen selbige nicht zu früh nach ihrer Anfertigung gebraucht werden.

Anm. In Ermangelung des eigentlichen Traß-Cements kann eine Mischung von Kalk, Ziegelmehl und Ochsenblut dazu genommen werden. Von dieser Mischung muß aber jedesmahl nicht mehr gemacht werden, als in einem, oder noch besser, in einem halben Tage verbraucht wird.

Die Construction der mit Steinen gemauerten Krippen ist nach Fig. 155 und 156 B in der Art verschieden, daß in Fig. 155 die Steine p auf der flachen Seite und in einem Falze der Schwelle liegen, wogegen in Fig. 156

B die Steine p auf die hohe Kante unter der Schwelle gestellt sind. Obgleich nun die Krippe Fig. 155 mehrere gemauerte Tiefe erhält, so wird jedoch dadurch die Schwelle verschwächt und die Krippe selbst nicht so dauerhaft, als nach Fig. 156, wo die Steine sämmtlich auf der hohen Kante vermauert werden.

Anm. Die nach dem Wunsche einiger Oekonomen nach Fig. 158 anzulegenden gemauerten Krippen können weder von dem Vieh ganz ausgeleert, und gut gereinigt werden.

In Fig. 156 A und B ist die Construction eines ganzen Futterganges deutlich vorgestelt. Die Steine in den Krippen sind sämmtlich auf der hohen Kante stehend neben einander vermauert, und zwischen beiden Krippen der Gang mit Mauersteinen auf der flachen Seite gepflastert. Letzteres kann, wie gedacht, zur Ersparung auch blos mit einem Lehmschlag geschehen, indeß ist solches theils an sich nicht recht dauerhaft, theils werden die Steine, womit die Krippen gemauert sind, nicht so fest zusammen gehalten, als wenn der Gang mit Mauersteinen in Kalk gepflastert ist. Die Breite des Ganges an sich ist 3 Fuß 1 Zoll, daher der Ganze Futtergang mit Inbegriff der Schwellen 7 Fuß 5 Zoll breit. In solcher Art ist der Kuhstall in drei Reihen nach der Länge des Gebäudes, bei einer Tiefe des (massiven) Gebäudes von 40 Fuß, auf dem Landguthe Sr. Majestät des Königs, Paretz genannt, erbauet.

Wie hoch der Futtergang über den Fußboden des Kuhstandes liegen muß, richtet sich so wohl nach der Größe des Viehes, wie bei den Pferdeställen, als auch vielfältig darnach, ob der Mist oft aus dem Stalle geschaft wird, oder ob derselbe (bei allerdings zu tadelnder Methode) den Winter über in dem Stalle liegen bleibt, wodurch sich der Fußboden des Standes eine Zeit lang nach und nach erhöhet. In der Regel soll die Oberkante der Schwelle am Futtergange nicht höher als 2 bis 2½ Fuß, nach der Größe des Viehes, von dem Fußboden desselben liegen. Der Futtergang muß alsdann da, wo derselbe gegen einen Quergang im Stalle frei endet, eine Querschwelle (welche in Fig. 156 in Aufriß C und im Grundriß A mit a bezeichnet ist, und ein Geschlinge genannt wird) erhalten. Die Querschwelle wird unter die langen Schwellen gelegt, mit denselben zum Theil überschnitten, und dient daselbst zur Befestigung der gemauerten Krippen. Um aber auf den erhöheten Fußgang kommen zu können, wird, wie in Fig. 156 A in c gezeichnet ist, eine gemauerte oder hölzerne Treppe vorgelegt.

Einige haben versucht, die Krippen aus Sandstein, entweder aus ganzen Stücken gehauen, oder aus Platten zusammen gesetzt, zu machen. Da indessen der Sandstein mehr als die gut gebrannten Mauersteine die Feuchtigkeit in sich aufnimmt; so will man gefunden haben, daß die sandsteinernen Krippen sich nicht gut reinigen lassen, dadurch sehr bald versauern und der Eßlust des Viehes schaden, auch daß sich das Vieh die Zähne daran abscheure. Andere erfahrene Oekonomen sind dagegen der Meinung, daß die aus ganzen Stücken ausgehauenen sandsteinernen Krippen, wo sie nur zu mäßigen Kosten zu erhalten sind, ohne Bedenken angewendet werden könnten. Die Krippen in dergleichen Futtergängen laufen da, wo das Vieh in Reihen nach der Länge des Gebäudes steht, zuweilen in so großen Längen ununterbrochen fort, daß 15 bis 20 Stück daran Platz finden, und können daher sehr bequem gereinigt werden, wenn zugleich, wie oben erwähnt, das Material selbst, woraus die Krippen gearbeitet sind, solches nicht verhindert. Einige Oekonomen wollen zu noch mehrerer Beförderung der Reinlichkeit sowohl, als auch wenn sie mit Brühfutter füttern, daß den Krippen von einem Ende bis zum andern ein mäßiger Abhang oder Gefälle gegeben werde. Zur nassen Fütterung kann solches nicht tauglich seyn, weil, wenn die Flüssigkeit ihre Oberfläche in die horizontal Linie gesetzt hat, das Vieh an einem Ende viel, am andern Ende wenig oder gar keine Brühe behalten würde. Was aber die Beförderung der Reinigung der Krippen hierbei angeht; so lehrt leider die Erfahrung nur zu oft, daß wenn ein Geschäft zu leicht gemacht wird, solches gerade dann am nachlässigsten geschieht. Daher giebt Herr Riem in dem vorgedachten ökonomisch-veterinairischen Hefte sogar thönerne Töpfe oder hölzerne Tubben an, welnach Fig. 159 AB in einem Kuhstalle angebracht werden sollen, wobei jedes Stück Vieh seinen eigenen Topf oder Tubbe erhält, und erstere an Ort und Stelle gereinigt, letztere aber heraus genommen und nach der Reinigung oben im Futtergerüste zum Ablaufen aufgestellt werden können.

Der erhöhete Futtergang bleibt auf letzt erwähnte Art ganz weg, dagegen bekommen jedesmahl zwei Stück Vieh ein Gerüste, wie aus Fig. 159 A zu ersehen ist. Die obere Fläche a b dieser so genannten Futterbank Fig. B kann mit Bohlen belegt seyn, in welchen durch runde Oeffnungen die Töpfe oder Tubben eingesetzt und heraus genommen werden. Die Stäbe c sollen dazu dienen, damit das Vieh, indem es frißt, separirt ist, und sich nicht schaden kann. Wenn aber denn doch die einzelnen Krippen für rathsam befunden werden, so dürften gewöhnliche gegossene Pferdekrippen (welche an ihrem Orte näher beschrieben werden sollen) in einem gewöhnlichen erhöheten Futtergange versenkt eingemauert, wohl noch besser und zugleich dauerhafter als die Töpfe oder Tubben seyn. Daß aber das Füttern und

Tränken in den vor jedem Stück Vieh einzeln befindlichen Krippen, so wie das Reinigen derselben, sehr zeitverschwendeud seyn müsse, leidet wohl keinen Zweifel; daher ich den gut gemauerten und in einem fort laufenden Krippen Fig. 156 den Vorzug gebe, welche Art auch überall sich als die beste bestätigt.

An die in einem fort laufenden Krippen kann allenfalls in nöthigen Fällen mehr oder weniger Vieh, je nachdem der Raum solches gestattet, gestellt werden, wenn entweder die Sprossen in den so genannten Raufen gleich weit von einander entfernt stehen, oder gar keine Sprossen darin vorhanden sind. In beiden Fällen aber kann sich das Vieh während des Fressens leicht einander schaden, und im letztern sogar nicht einmahl auf die nachher zu beschreibende vortheilhafte Art angebunden werden. Es ist daher besser, die Sprossen oder so genannten Kuhstaken in folgender Art anzubringen, dabei aber, wie auch schon früher erinnert worden, den Standraum für das Vieh nach Verhältniß seiner Größe genau zu bestimmen.

Allemahl um den vierten, höchstens fünften Viehstand steht ein Stiel h Fig. 156 A, B, C und D auf der vor der Krippe befindlichen Schwelle, und zwar genau auf der Grenze zwischen zwei Ständen. In denjenigen Ställen, wo die Futtergänge nach der Länge des Gebäudes liegen, dienen diese Stiele zugleich als Unterzugsständer, um das Gebälke zu tragen. In den Ställen aber, wo die Futtergänge nach der Tiefe des Gebäudes liegen, stehen diese Stiele blos in den Balken oder in Wechseln zwischen selbigen, und vielleicht nur einige davon dienen als Unterzugsständer.

Die Riegel d Fig. 156 C und D von 5 Zoll im Quadrat starkem Kreuzholze, sind an einem Ende e Fig. D mit einem gewöhnlichen, doch locker liegenden

Zapfen, an andern Ende k aber mit einem so genannten Schleifzapfen in den Stiel eingesetzt, und wird am letztern Orte das Aufheben des Riegels aus dem Schleifloche vermittelst eines hölzernen Nagels m verhindert. Ein solcher Schleifzapfen wird nach den Linien mkn und das Schleifzapfen-Loch nach den Linien nkl gestaltet, damit der Riegel d leicht aus dem Schleifloche gehoben werden kann.

Die Stäbe oder so genannten Kuhstaken ff müssen so gestellt werden, daß sie auf der Mitte eines jeden Viehstandes (siehe Fig. 156 A und C) eine Oeffnung von ungefähr $2\frac{1}{2}$ Fuß weit lassen, wo denn von einer solchen Oeffnung bis zur nächst folgenden ein Raum von ungefähr 1 bis $1\frac{1}{2}$ Fuß verbleibt. Der Riegel d liegt mit seiner Unterkante über der Oberkante der Schwelle ungfähr $2\frac{1}{2}$ Fuß hoch.

Anm. Daß diese Dimensionen für stark behörnte Ochsen und Zuchtstiere nach Verhältniß größer angelegt werden müssen, versteht sich von selbst; so wie auch für das junge oder kleinere Vieh die Krippen und Raufen verhältnißmäßig niedriger stehen müssen, als vorhin gedacht worden. Für die Kälber werden gar keine Futtergänge und Raufen angelegt, sondern nur hölzerne Krippen hier und da einzeln in ihrem Behältnisse aufgestellt.

Die Stäbe ff sind ungefähr 2 Zoll dick, von zähem Holze, weil daran das Vieh befestigt wird, und stehen sowohl oben im Riegel, als unten in der Schwelle mit einem runden Zapfen, jedoch dergestalt, daß wenn der Riegel aufgehoben wird, sie in demselben fest bleiben, aus der Schwelle aber sich leicht herausziehen lassen. Ferner werden um einen oder beide Stäbe in jedem Viehstande weidene Ringe geflochten, und an diese Ringe das Vieh mit Ketten oder Leinen befestigt *). Wenn nun bei entstehendem Feuer, oder aus andern Ursachen das Vieh eiligst aus dem Stalle getrieben werden soll; so darf nur der Nagel an dem Schleifzapfen-Loche heraus gezogen und der Riegel aufgehoben werden, und indem dieses geschieht, fallen die Weidenringe mit den Befestigunsleinen herunter auf die Schwelle, wodurch alsdann 4 bis 5 Stück Vieh mit einem Mahle losgemacht sind.

*) Es ist fast unbegreiflich, daß in England, wo man den Hausthieren die Freiheit, wie wir bereits gesehen haben, so gern aneignet, die Kühe dennoch an einigen Orten mit den Köpfen zwischen zwei Pfählen am Futtergange eingezwängt werden, wo sich also das Vieh selbst nicht einmahl das Ungeziefer verjagen kann.

§. 146.

Von den Fußböden in Rindviehställen.

Der Fußboden in einem Rindviehstalle muß trocken, und so gepflastert seyn, daß der Urin gehörig ablaufen kann. Es ist jeder Creatur schädlich, in den Ausdünstungen ihrer Excremete zu wohnen, und gesunde reine Luft ist ihr eben so nöthig als Nahrungsmittel. Dieserhalb wird das (meiner Meinung nach) nie eine gute Bewirthschaftung genannt zu werden verdienen, wo der Mist eine geraume Zeit hindurch im Kuhstalle bleibt und sich durch tägliche Streu anhäuft. Dem sey indeß wie ihm wolle, da die Anhäufung des Mistes im Stalle oft mit dem Mangel an Gesinde entschuldigt, in Ansehung der Güte des Mistes vortheilhaft gefunden, und daher, wenn das Vieh nur beständig trocken steht, wohl gar eine gute Wirthschaft genannt wird, wobei das Vieh nicht leide; so muß doch der Fußboden des Stalles auf irgend eine Art befestigt seyn; denn sonst könnte der Mist nicht anders als mit einem Theil der Erde in demselben, rein heraus geschafft werden, und da hierdurch der etwa noch vorhandene Abfluß gänzlich verloren ginge, so würde sich in jedem Viehstande sehr bald ein Morast bilden.

Das Ausbohlen der Kuhställe ist Holz-verschwenderisch, ob zwar, wenn die Bohlen dicht gelegt, und die Stände immer sehr rein von Dünger gehalten werden, ein solcher Fußboden in Kuhställen dauerhafter als in Pferdeställen seyn würde. Da ferner die Stände neben einander nicht abgetheilt sind, und das Rindvieh mit seinem weichern Hufe nicht so wie die Pferde die Bohlen stellenweise ruinirt; so könnten die Bohlen in ihren ganzen Längen quer in die Stände auf Unterlager gelegt und mit hölzernen Nägeln aufgenagelt werden. Hinter den Ständen müßte der Gang, und in denselben eine Abflußrinne von Klinkern oder Feldsteinen mit dem erforderlichen Gefälle gepflastert werden.

Bei dem Pflastern der Kuhställe mit Feldsteinen, welches das zweckmäßigste und wohlfeilste ist, ist darauf zu sehen, daß die Pflastersteine möglichst von gleicher und geringer Größe, und zwar die größten ungefähr 5 bis 6 Zoll, und eher noch weniger im Durchmesser, gewählt werden. Muß man aber größere Steine mit anwenden, so werden solche mit ihren größten Flächen nach oben gelegt, anstatt man bei Pflasterung der Fahrdämme allemahl den Stein (wie man sich ausdrückt) auf den Kopf oder auf die hohe Kante setzt. Mit kleinern Pflastersteinen läßt sich ein sehr ebenes, und wenn sie nicht gar zu klein sind, auch ein zu diesem Behuf sehr dauerhaftes Pflaster machen.

Des guten Abflusses wegen giebt man den Rinnen je mehr Gefälle, je lieber, indeß, wenn das Vieh in sehr langen Reihen neben einander steht (wodurch dann wegen des Gefälles der Rinne hinter den Ständen die Stände am Ende der Rinne zu tief gegen die Krippe zu liegen kämen); so thut man besser, die Rinnen wo möglich in kurzen Distanzen aus dem Stalle zu leiten, oder denselben weniger und allenfalls nur $\frac{1}{3}$ bis $\frac{1}{4}$ Zoll Gefälle auf die laufende Ruthe zu geben. Da dies aber auch das geringste, einer solchen Rinne zu gebende, Gefälle ist, und der gewöhnlich mit Dünger vermischte Urin ohnehin nicht gut abfließt; so kann man dem Abflusse dadurch zu Hülfe kommen, daß man das sogenannte Bette der Rinne mit Klinkern aussetzt, wenn auch das übrige Pflaster nur mit Feldsteinen gemacht wird.

Der Stand selbst bedarf, von der Krippe bis hinten zur Abflußrinne in Kuhställen, wenig oder gar keinen Abfall, weil diese Thiere ihre Excremente sämmtlich hinter sich nach der Rinne fallen lassen. In den Ochsenställen dagegen wird es nöthig, denselben von der Krippe bis zum Rinnstein, auf die 7 bis 8 Fuß Länge, wenn solche mit Feldsteinen gepflastert werden, ungefähr 3 Zoll Gefälle zu geben.

Aus den oben gedachten Gründen, nach welchen in Kuhställen den Ständen kein Gefälle gegeben zu werden braucht, haben einige Oekonomen die Anlage Fig. 160 eingeführt, bei welcher die Kühe ungefähr sechs Zoll höher als der hinter ihnen befindliche Gang zu stehen kommen.

Der Stand a ist blos mit Sande ausgefüllt, und diese Ausfüllung wird durch einen an Pfählen befestigten Flechtzaun c erhalten; dabei ist diese Erhöhung für hiesige kleine Kühe ungefähr 6 Fuß, oder nur so lang, daß die Kühe nicht anders als über den Stand hinweg in die Rinne b misten können. Der Gang und die Rinne hinter den Kühen ist mit kleinen Feldsteinen gepflastert.

Der Sand giebt den Kühen ein sehr weiches Lager, und wenn derselbe dennoch zufällig vom Dünger verunreinigt werden sollte; so wird solcher heraus, und wieder frischer Sand hinein geschafft. Im letztern Falle dürfte es gut seyn, wenn dann auch unter dem Sande hinweg, in der Höhe des hintern Ganges, ein Pflaster von Feldsteinen sich befände, um bei etwaniger Herausschaffung des Verunreinigten, nicht etwa zu viel Erde herauszustechen. Daß hierbei das Vieh vorzüglich reinlich gehalten werden kann, ist sehr einleuchtend; auch werden diese Thiere den etwas genirten Stand (da sie nähmlich nicht zurück treten können, wenn solcher nur in angemessener Länge angelegt ist) sehr bald gewohnt. Daß dagegen die Krippe um so viel erhöhet werden muß, versteht sich von selbst.

Anm. In einigen Gegenden in Niederdeutschland, wo die Stallfütterung noch weniger als in hiesiger Gegend eingeführt ist, werden oftmahls die Kuhställe den Herbst über als Scheunen für das Wintersaat-Getraide benutzt; und und da solches auch darin ausgedroschen wird, so erhält einer der Räume, welchen zwei Viehreihen mit dem dazwischen befindlichen, nicht erhöheten Futtergange einnehmen, einen festgeschlagenen Dreschtennenboden.

§. 147.

Von der innern Höhe und von den Decken in Rindviehställen, auch Futterboden rc.

Mit den Decken und der Höhe in Rindviehställen hat es gleiche Bewandtniß, welche §. 126 bei den Schafställen erwähnt worden. Es wird nähmlich ebenfalls gefordert, daß der Stall im Winter warm sey, und daß die Ausdünstungen vom Vieh nicht durch die Decke in das auf dem Boden befindliche Futter steigen, weshalb sich die, einem Kuhstalle zu gebende, Höhe gleichfalls nach der Anzahl der Häupter, und zugleich darnach richten sollte, ob viel oder wenig Zugluft, durch mehr oder weniger Thüren in den Stall einströmt. Hier scheint die Meinung einiger Schriftsteller und Oekonomen mit sich selbst in Widerspruch zu treten. Gewöhnlich wird nähmlich die Höhe eines Kuhstalles für eine kleine Anzahl zu 9 Fuß, für größere zu 10 Fuß und für noch größere Herden zu 11 Fuß, und von ꝛc. Manger sogar auf 12 Fuß in der Regel angegeben. Wird nun selbst den kleinen Ställen die größte dieser Höhen gegeben; so rechnet man gewöhnlich darauf, daß der Mist einige Zeit lang im Stalle bleiben soll: wird aber für größere Ställe eine Höhe von 10 bis 12 Fuß, und dann des mehrern Futtergelasses wegen ein (wenigstens 3 Fuß unter den Hauptbalken liegendes) Senkgebälke angenommen; so widerspricht dies offenbar der vorgedachten Regel, indem dann der Stall selbst doch nur 7 bis 8 Fuß hoch wird. Soll also ein dicht geschlossenes Senkgebälke angelegt werden; so muß der Stall seine ihm angemessene Höhe noch unter dem Senkgebälke erhalten.

Ueber die zweckmäßige Anfertigung der Senkgebälke ist bereits im zweiten Theile dieses Werks §. 8 Anweisung gegeben worden. Eigentlich aber sind und bleiben die Senkgebälke eine Construction, welche sich nicht mit den strengen Regeln der Zimmermannskunst ganz verträgt, vorzüglich wenn die Fronten aus Stiel- und Riegelwerk bestehen. Sind die Fronten massiv und werden Behufs der Unterstützung der Senkbalken nicht etwa besondere Stiele mit einem Unterzuge darauf gegen die Mauer gestellt; so ist es eigentlich eine zweite niedrige Etage, welche dann ihre Mauerlatten in den Mauern vollständig erhalten muß. Warum aber bauet man bei hölzernen Fronten nicht eben so? Eine Fronte von der Höhe des Stalles selbst, mit Rähmen und Balken versehen, darauf eine Saumschwelle gestreckt, und die niedrige zweite Etage mit ihren ausgewechselten Balken darauf gestellt, würde unstreitig eine regelmäßigere Bauart seyn.

Rechnet man die Consumtion an Heu zu Winterfutter (denn im Sommer wird gewöhnlich mit grünen Kräutern gefüttert) auf jede Kuh 20 Centner, außer dem erforderlichen Stroh, und jeden Centner Heu zu 15 Kubikfuß Bodenraum; so findet sich, daß ein großer Viehstand in einem Stalle, und wenn der Stall nicht eine zu geringe Tiefe hat, allemal in dem gewöhnlichen Dachboden über dem Stalle hinlänglichen Raum zur Aufbewahrung der Winterfütterung besitzt. Für große Ställe also, glaube ich, sind Senkgebälke ganz entbehrlich, wenn nähmlich der Bodenraum nur für das unter demselben im Stalle stehende Rindvieh zum Heu- und Strohvorrathe dienen soll. Der Bauer aber hat ein Senkgebälke im Stalle eines Theils deshalb sehr gern, weil er den Bodenraum auch zu seinem Getraide-Vorrathe und zu andern nöthigen Bedürfnissen bei seinen überhaupt nur sehr eingeschränkten Gebäuden braucht; andern Theils ist er zuweilen dazu genöthigt, wenn er z. B. die Scheune und die Ställe, die doch von sehr verschiedener Höhe sind, unter ein Dach bringen will.

Ferner ist zu bemerken, daß wenn einem, 30 Fuß tiefen und einem 40 Fuß tiefen, Gebäude, beiden z. B. die halbe Tiefe zur Höhe des Dachs gegeben wird, der Bodenraum des letztern beinahe doppelt so groß als der des erstern ist; woraus denn folgt, daß allenfalls bei Gebäuden von sehr geringer Tiefe, des Futtergelasses wegen, ein sogenanntes Senkgebälke für nöthig erachtet werden könnte, und daß man dagegen bei tiefern Ställen, wegen des nicht erforderlichen Senkgebälkes, an Holz erspart.

Aber auch selbst bei Gebäuden von geringerer Tiefe ist, vermittelst eines hohen und steilen Bohlendachs, der erforderliche Futterraum im Dachboden zu bewirken; und was die zu Gunsten der Senkgebälke gerühmte Bequemlichkeit betrifft, daß nähmlich vermittelst der Luken in den Fronten über dem Senkgebälke das Heu sogleich von außen in den Bodenraum gesteckt werden könne, folglich keine Heuluken erforderlich wären, so verweise ich auf die §. 125 Fig. 131 bei den Schafställen angegebenen Luken, welche diese Bequemlichkeit auch ohne ein Senkgebälke ersetzen.

Noch einen Hauptvortheil will man von den gesenkten Balken nach Fig. 161 A*) und B herleiten, nähmlich, daß das grüne Futter, wenn solches durch die Luken e e auf das Senkgebälke gebracht ist, durch die Räume i i unmittelbar in den Futtergang herunter und dem Viehe vorgeworfen werden kann. Daß auf diese Art ein einzelner Mensch im Stande sey, (wie behauptet wird,) 100 Stück Vieh zu füttern, welches, wenn das grüne Futter in Futterkammern oder in Kellern darunter aufbewahrt wird, nicht so leicht möglich sey, mag ich zwar nicht in Abrede stellen; allein ob das grüne Futter auf den gesenkten Böden k in Fig. 161 (ungeachtet der, Behufs eines guten Luftzugs verlangten, in den Oeffnungen e e anzubringenden Jalousien) sich eben so gut in Kellern oder Futterkammern conserviren wird, möchte ich wohl bezweifeln. Indeß da angenommen wird, daß das grüne Futter, ganz dünne ausgebreitet, nur einen bis einen und einen halben Tag daselbst aufbewahrt bleibe; so sey es in dieser Hinsicht den Herren Landwirthen anheim gestellt.

*) Siehe Bergens Viehzucht, herausgegeben von dem Herrn rc. Thaer.

Das grüne Futter, vorzüglich Klee, soll, wie gedacht, allemahl, und zwar auf Rösten, ausgebreitet liegen. Hierzu möchte auf dem Boden allerdings mehr Raum als in den Futterkammern vorhanden seyn; auch wenn das Stroh auf dem Boden zu Hexel zerschnitten, und mit dem grünen Futter vermischt wird, so ist es dort freilich bequemer, beides zu meliren. Wenn man aber die gewöhnliche gebrechliche Construction der gesenkten Böden betrachtet; so wäre in baulicher Hinsicht zu wünschen, daß dergleichen erschütternde Beschäftigungen, als das Hezelschneiden ist, daselbst nicht vorgenommen würden; und wenn gestampftes oder Bruchfutter gegeben wird, muß solches ohnehin in den untern Räumen zubereitet werden.

Wenn die gesenkten Balken nach Fig. 161 A angelegt, und die Oeffnungen i i aus vorgedachter Ursache offen gelassen werden; so ist die Frage: schaden nicht dem im Boden aufzubewahrenden Futter die Ausdünstungen vom Vieh, und wird letzteres, bei so offener Decke den Winter über nicht zu kalt stehen? Es wird zwar angenommen, daß der nöthigen Wärme wegen, im Winter der Boden mit Streustroh aufgefüllt, und dadurch alle Oeffnungen in der Decke verstopft werden sollen; allein dann würde auch das Senkgebälk gehörig stark construirt werden müssen. Soll aber das Senkgebälke nur ein leichtes, mit Brettern belegtes Gerüst, zur Aufbewahrung des grünen Futters auf einen bis einen und einen halben Tag, betrachtet werden; so dürfte sich der nöthigen Wärme im Winter wegen, und um die Ausdünstungen von dem im Boden befindlichen Heu und Stroh abzuhalten, die in Fig. 161 B angegebene Construction besser hierzu eignen. Die Oeffnungen i i bleiben daselbst gleichfalls offen, und es ist nicht nöthig, das Senkgebälke zu staken und zu lehmen, sondern es braucht (wie auch eigentlich vorgeschlagen wird) nur gedielt zu werden. Sollte aber ein Senkgebälke mit einem gelehmten, dichten Boden versehen werden; so gehört, wegen der großen Last, dazu eine sorgfältige Unterstützung; und da diese, wenigstens an den hölzernen Fronten, selten statt findet; so zeigt die Erfahrung, daß die mehresten Senkgebälke sich versacken.

Indem ich meinerseits von dem schon mehr erwähnten Grundsatze ausgehe, daß es jeder Creatur nachtheilig ist, in ihren eigenen Ausdünstungen zu wohnen, und daß jeder Stall im Sommer kühl und im Winter warm seyn müsse, bin ich der Meinung, daß dem Stalle, nach Maßgabe der Menge Viehes in demselben, eine der vorgedachten Höhen von 9 bis 12 Fuß gegeben, eine dichte Decke gemacht, der Mist täglich heraus geschafft, dagegen aber, der Anhäufung des Mistes wegen, nicht etwa eine überflüssige mehrere Höhe gegeben, noch weniger in großen Ställen die erforderliche Höhe durch ein Senkgebälke verringert werden müsse.

In Absicht der Balkenlagen und der Anfertigung der Decken selbst beziehe ich mich auf das, was §. 126 bei den Schafställen hiervon gesagt worden ist.

Die daselbst beschriebenen gestreckten Windeldecken gewähren unterhalb hinlänglich glatte Flächen, die gehörig geweißt werden können, welches letztere zur Reinlichkeit und gesunden Luft nothwendig ist und oftmahls geschehen muß. Indeß können, bei hinlänglich starken Balken, die Decken auch auf folgende Art construirt werden. Man lasse nach Vorschrift des zweiten Theils §. 17 wie zu einem halben Windelboden, 3 Zoll von der Oberfläche der Balken herunter, die Staken legen. Anstatt aber daß bei halben Windelböden das Lehmstroh nur über die Staken gebreitet und damit bis zur Oberfläche der Balken angefüllt wird, so lasse man hier die Staken, wie zu einem ganzen Windelboden, mit Strohlehm umwinden, von unten glatt streichen, und oberhalb bis zur Oberfläche der Balken damit ausfüllen; so erhält man nach Fig. 162 eine

Decke, welche einen guten Dachfußboden und unten glatte Flächen gewährt, und die, nebst den vorstehenden Balken, ordentlich geweißt, der Decke ein recht gutes Ansehen geben.

Um das Heu vom Boden nach dem Stalle herunter auf die Futtergänge werfen zu können, sind Oeffnungen in der Decke von der Breite eines Balkenfachs und dabei 3 bis 4 Fuß lang, mit Fallthüren versehen, genau über der Mitte der Futtergänge, erforderlich. Zweckmäßig ist es ferner, wenn zugleich diese Oeffnungen sich da in der Decke befinden, wo eben ein Dachfenster steht, weil daselbst das Heu im Boden nicht so voll aufgepanset wird, und man folglich das erforderliche Tageslicht auf diese Oeffnungen in der Decke erhält.

Wenn die gewöhnlichen Heuluken im Dache nicht durch die bei den Schafställen Fig. 131 angeführte bessere Art gänzlich vermieden werden können; so sind solche nach Fig. 83 im zweiten Theile anzufertigen und ungefähr in Entfernungen von 60, höchstens 70 Fuß anzubringen: letzteres, um das Heu an beiden Seiten der Heuluke nicht zu weit (des Aufpansens wegen) tragen zu dürfen. Zwischen jeder Heuluke in solchen Entfernungen ist ein gewöhnliches aus Bohlen nach Anweisung des zweiten Theils Fig. 82 E verfertigtes Dachfenster hinlänglich. Die vorhin erwähnten Heuöffnungen in der Decke des Stalles würden also hiernach ungefähr 30 und einige Fuß aus einander zu liegen kommen.

§. 148.

Von den Futterkammern, Gesinde-Schlafkammern, Kälberställen ꝛc.

Die Futter- und Gesinde-Schlafkammern, so wie die Jungvieh-Kälberställe, findet man gewöhnlich an einem oder an beiden Enden, oder längs an einer der langen Fronten des Stalles, seltener in der Mitte desselben, angebracht. Die Bequemlichkeit der Bedienung des Viehes muß hierin die Wahl der Anlage bestimmen. Wenn nähmlich ein Stall nicht lang und nicht tief ist, dann liegen die genannten Kammern am bequemsten am Ende, und, wenn derselbe bei geringer Tiefe sehr lang werden muß, dann sind außer den Futter- und Schlafkammern an beiden Enden des Stalles auch noch dergleichen in der Mitte desselben erforderlich. Als eine Regel, die aber freilich nicht immer beobachtet werden kann, wäre anzunehmen, daß, da ein Mädchen ungefähr 20 Stück Kühe besorgt, jedesmahl auch, diesen Kühen in der Nähe, sich die Futter- Schlafkammern befinden müßten. Gewissermaßen wird dies dadurch erreicht, wenn von den, Fig. 161 beschriebenen, Senkbalken herunter dem Vieh das Futter vorgeworfen wird, wo dann das Senkgebälke die Stelle der Futterkammern vertritt. Die Stellung der Viehreihen macht es oft schwierig, die Futter- und Schlafkammern so in der Nähe anzulegen, als zu wünschen ist. Werden die Futter- und Gesindekammern längs einer langen Fronte des Stalles angelegt; so können bei einer Tiefe des Gebäudes von 40 und einigen Fußen zwar immer nicht mehr als 2 Reihen, oder, was eben so viel sagen will, nur Ein Futtergang angebracht werden: allein diese Einrichtung wird von vielen Oekonomen wegen bequemer Wartung und besserer Uebersicht des Viehes nicht nur für vorzüglicher gehalten, sondern auch der Baumeister muß in Rücksicht der Construction dieser Anordnung beitreten, weil hierdurch eine gleichförmigere Eintheilung der Unterzüge bewirkt wird, als wo 3 Reihen Vieh an 2 Futtergängen nach der Länge des Gebäudes stehen. Ein mehreres hierüber wird weiterhin vorkommen.

Die Größe der Mägde-Kammern in Kuhställen richtet sich hauptsächlich darnach, daß darin die erforderliche Anzahl Betten, und die Coffres oder Laden der Mägde gestellt werden können, auch außerdem noch hinlänglicher Raum zum Bettmachen und Gehen vorhanden ist. Wenn man nun nach wirthschaftlichen Grundsätzen annimmt, daß für 15 bis 20 Kühe ein Mädchen, und für ein Gespann oder 4 Stück Zugochsen 1 Knecht erforderlich ist; so läßt sich darnach die Größe und Anlage der Gesinde-Schlafkammern leicht angeben.

Anm. Hieraus aber für jede andere Anlage, wie nach einer Formel aus der gegebenen Anzahl Kühe, blos den Flächeninhalt einer Schlafkammer im Stalle bestimmen zu wollen, ohne Rücksicht auf die Form oder Gestalt derselben, würde eine große Unwissenheit in der gemeinen Geometrie verrathen, welche nähmlich lehrt, daß 2 Räume von einerlei Flächeninhalt, der eine lang und sehr schmal, und der andere quadratisch, folglich in dem einen kaum für die Betten und Laden der nöthige Platz seyn kann, wogegen in dem andern noch außerdem ein hinlänglicher Raum zum Gehen wäre. Ferner ist bei Einrichtung solcher Gemächer auf die erforderlichen Fenster und Stellung der Thüren Rücksicht zu nehmen, so daß auch dadurch die Bequemlichkeit bei Ausübung der Geschäfte möglich befördert wird; daher es gut ist, die in einem Gemach erforderlichen Utensilien in den Plan einzuzeichnen, darnach die Stellung der Thüren zu bestimmen, um so die etwanige Bequemlichkeit oder Unbequemlichkeit schon aus der Zeichnung beurtheilen und letzterer noch in Zeiten abhelfen zu können.

Die Mägdekammern können gedielt oder auch gepflastert werden. Sind Gewölbe darunter; so muß, wenn ein Pflaster in den Kammern darüber gewählt wird, solches von Mauersteinen gelegt werden.

Die Futterkammern können nicht leicht zu groß angelegt werden, wenn man erwägt, was vorher in Ansehung

sehung der Fütterung und des Futtervorraths gesagt worden ist, nähmlich daß darin das grüne Futter und der Hexel geschnitten und aufbewahrt werden soll.

Anm. Um Jemanden, der hierbei in zu großer Ungewißheit schweben sollte, einigermaßen zu rathen, kann man annehmen, daß auf jedes Stück Rindvieh 4, 5 bis 6 Quadratfuß (wenn die Kammern gehörig im Stalle vertheilt, und jede derselben nicht zu schmal angelegt wird) hinlänglich sind.

In jeder solcher Futterkammer muß eine Oeffnung in der Decke zum Hinunterwerfen des Strohes und Heues, auch eine Treppe nach dem Boden vorhanden seyn; und werden die Futterkammern, wie es eigentlich seyn sollte, jedesmahl neben den Schlafkammern angelegt, so kann man zugleich den Vortheil erhalten, daß die Schlafkammern, welche ohnehin nicht die Höhe des Stalles bedürfen, unterwölbt, und diese Keller zu Rüben, Kohl, Kartoffeln rc., theils für die Kuhmelkerei, theils für die Wirthschaft selbst gebraucht werden können. Der Theil dieser Keller, welcher zum Kuhstalle gebraucht wird, hat dann seinen Eingang unmittelbar von den Futterkammern, der Theil für die Wirthschaft aber kann seinen Eingang vom Hofe aus erhalten. Diese Keller, so wie die Futterkammern, müssen mit Feld= oder Mauersteinen gepflastert seyn.

Wenn mit Bruchfutter gefüttert werden soll, und es ist nicht unmittelbar oder ganz nahe am Kuhstalle ein sogenanntes Molkenhaus; so muß in einer der Futterkammern ein Feuerherd mit eingemauerten Kesseln angelegt werden. Dergleichen Anlagen erfordern aber, der Feuersicherheit wegen, eine sorgfältige Absonderung von dem übrigen Stallgebäude, allenfalls durch massive, bis in die Spitze reichende Brandgiebel. Eine solche mit einer Feuerung versehene Futterkammer muß daher entweder an einem Giebelende des Stalles, oder zwischen zwei großen Ställen in der Mitte, und auch möglichst unter dem Forst des Daches angelegt werden: letzteres, damit der Schornstein ohne Schleifung gerade aus der Mitte des Dachs geführt werden kann. Sehr zweckmäßig, wiewohl kostspielig, wäre es, der vielen Dämpfe wegen, dergleichen Küchen zu überwölben, und sehr nützlich würde es seyn, wenn die Einrichtung der Kessel, zum Kochen mit Dämpfen, mehr in Anwendung käme. Auch muß eine solche Küche hinlänglich geräumig seyn, um darin etwa eine Grube oder Gefäß, worin das gekochte Futter abgekühlt wird, anbringen, und die Tröge, worin das Futter gestampft wird, stellen zu können.

§. 149.

Von der Lage eines Kuhstalles.

Die Lage eines Kuhstalles muß trocken und von dem umliegenden Terrain um etwas erhöhet seyn. Die Fronte nach dem Gehöfte legt man wo möglich gegen Abend oder Mitternacht, am wenigsten aber gegen Mittag, weil sonst das Vieh im Sommer zu heiß stehen, und vom Ungeziefer auch noch im Stalle zu sehr gequält werden würde. Wenn nun bei solcher Lage die Feldfronte vielleicht gegen Mittag zu liegen kömmt, so können zur Abhaltung des Ungeziefers Gazeflügel in die Fenster und Luftzüge, wenigstens in die Luftzüge allein, (woselbst sie während der warmen Witterung Nacht und Tag verbleiben können,) eingesetzt werden.

Der Kuhstall muß dem Wohn- oder dem Molkenpächterhause nahe seyn, und wenn beide Gebäude nicht unmittelbar an einander gebauet sind, so müssen selbige wenigstens mit einem von Feldsteinen gepflasterten trockenen Fußsteig mit einander verbunden werden. Ein eben solcher gepflasterter, vom Hofe hinlänglich erhöheter Fußsteig muß auch längs der ganzen Fronte des Stalles angelegt werden, und sollte eigentlich um jedes Gebäude, wenigstens 5 Fuß breit, vorhanden seyn, aus dem Grunde, damit man nicht nur einen trockenen Gang um das ganze Gebäude erhält, sondern auch die Dachtraufe dadurch vom Fundamente abgeleitet wird.

Ist an dem Kuhstalle ein Ueberbau an der Hofseite des Daches befindlich, so erleichtert dies vorzüglich die Communication der Ein- und Ausgänge des Stalles.

Eine sehr glückliche Lage verdient es genannt zu werden, wenn der Kuhstall nahe an einem fließenden Wasser sich befindet, wo dann selbst bey eingeführter Stallfütterung das Vieh dann und wann an das nahe gelegene Wasser getrieben werden kann.

Um nicht zu verhindern, daß ein beladener Heuwagen nahe genug gegen den Stall vorfahren kann, muß der eben gedachte gepflasterte Gang vor dem Stalle entweder nicht breiter als 5 Fuß, oder so breit angelegt werden, daß der Wagen auch noch auf dem Pflaster vorfahren kann.

§. 150.

Vom Molkenhause.

Auf den Aemtern und Vorwerken wird gewöhnlich der Kuhstall im Einschlusse des Gehöftes angelegt, und dann mehrentheils die Molkerei in dem allgemeinen Wirthschaftsgebäude getrieben. Liegt aber der Kuhstall entweder entfernt vom Gehöfte,*) oder ist die Molkerei besonders verpachtet, so ein eigenes Molkenhaus nebst Pächterwohnung entweder unmittelbar am Kuhstalle oder ganz in der Nähe erforderlich.

*) In diesem Falle muß auch für den nöthigen Raum zur Aufbewahrung des Streu= und Futterstrohes mittelst einer Scheune gesorgt werden.

Bei dieser Beschreibung eines Molkenhauses muß ich wiederum beiläufig von der Molkerei und dem Buttermachen so viel erwähnen, als dem Baumeister unumgänglich davon zu wissen nöthig ist.

Die Milch muß gleich nach dem Melken*) und ehe sie ganz erkaltet, in die Aesche oder Milchsatten, in welchen sie zum Rahm=Ansetzen aufgestellt wird, geschüttet werden, weil man bemerkt haben will, daß sie dann, und wenn sie nicht durch weites Tragen sehr geschüttelt worden, den mehresten Rahm absetzt. Da nun die Erkaltung der Milch nach Maßgabe der Temperatur der Atmosphäre schnell oder langsam geschieht, so muß schon deshalb das Milchhaus so nahe als möglich am Kuhstalle erbauet werden. Im Sommer, wo die Milch sehr langsam erkaltet, und folglich, um die Milchkammer nicht noch mehr zu erwärmen, alsdann nicht warm aufgestellt werden darf, muß in der Molkenküche ein so genannter Kühlbacken**) vorhanden seyn, worin selbige in kaltes Wasser gestellt und abgekühlt wird. In der Nähe der Küche, woselbst der Kühlbacken steht, und worin ein oder zwei Kessel=Feuerungen befindlich sind, muß auch ein guter Brunnen vorhanden seyn, um das durch die Milch im Kühlbacken erwärmte Wasser nach Erforderniß mehrmahls ablassen, und durch frisches kühles Wasser ersetzen zu können, auch um das zur oftmahligen Reinigung der Milchgefäße in den Kesseln zu kochende Wasser bei der Hand zu haben.

*) Das Melken muß so oft als das Füttern geschehen; denn wenn zu selten gemolken wird, so werden die Milchgefäße der Kühe nicht hinlänglich gereizt, und anstatt viele und gute Milch zu erhalten, wird der Zufluß eigentlich verhindert.

**) Ein hölzernes oder steinernes viereckiges Gefäß von einem Umfange nach Verhältniß der Anzahl Milchsatten, und etwa 2 Fuß tief.

Um das Wasser aus dem Kühlbacken ablassen zu können, muß derselbe unten am Boden eine Oeffnung haben, und wird daher gewöhnlich über der Erde angelegt; es kann derselbe aber auch in der Erde, mit seiner Oberfläche der Erde gleich, angeordnet werden, (welches wohl noch bequemer für das Hineinsetzen und Herausnehmen der Milcheimer seyn dürfte,) wenn nur dann noch Gefälle genug zum Abfluß des Wassers aus dem Kühlbacken vorhanden ist.

Der Kühlbacken muß also auch wasserdicht, und wenn derselbe in der Erde sich befindet, von sehr festen Steinen und mit Cement gemauert seyn.

Da nun in der Molkenküche für den Kühlbacken, zur Reinigung, Austrocknung und Aufbewahrung sämmtlicher Milchgefäße auf Regale an den Wänden, zu einigen großen Tischen, wo möglich auch für einen Brunnen, an einigen Orten sogar auch zur Zubereitung des Brühfutters, der nöthige Raum vorhanden seyn muß; so läßt sich daraus nach Maßgabe der Größe der Kuhmelkerei die ansehnliche Größe der Küche ermessen.

Wenn die Milch gehörig abgekühlt ist, wird selbige in möglich flachen und weiten Geschirren in das eigentliche Milchbehältniß zur Ansetzung des Rahms aufgestellt.

Anm. Aufmerksame Landwirthe haben gefunden, daß die von einer Kuh jedesmahl zuerst abgemolkene Milch weniger Rahm als die letztere absetzt; aus diesem Grunde, und auch um den Nutzen von jeder einzelnen Kuh zu beobachten, wird die Milch in alle diese besondere Theile separirt, woraus sich die Menge der Milchsatten und der etwa dazu erforderlichen Regale beurtheilen läßt.

Die größt möglichste Reinlichkeit in allen Theilen des Molkenhauses, und vorzüglich da, wo die Milch in den Aeschen oder Satten aufgestellt wird, folglich ein fleißiges Scheuern nicht nur der Milchgefäße, sondern auch der Gemächer, ist ein unerläßliches Erforderniß. Ist das Behältniß, worin die Milch aufgestellt wird, vielleicht im Sommer nicht kühl genug, so wird kaltes Wasser auf den Fußboden ausgegossen, damit die Milch nicht säuere; und ist es im Winter zu kalt darin, wodurch der Rahm zu langsam abgesetzt wird, so muß durch einen Ofen oder mit heiß gemachten Steinen die gehörige Temperatur (welche man ungefähr auf 8 bis 10 Grad Reaumür annimmt) beschafft werden. Ein guter hoher Keller, der tief genug in der Erde liegt und dennoch nicht nur einen hinlänglichen Luftzug, sondern auch in seinem Pflaster einen ordentlichen Abfluß haben kann, (welches letztere freilich selten zu erhalten ist,) würde also ein hierzu vollkommen geeignetes Behältniß seyn.

Anm. Im Anzeiger der Deutschen vom Jahre 1808 wird an einem Orte gesagt: „Wasser von Meerrettig „abgezogen, ist ein vortreffliches Mittel, die Milch „im Sommer süß und frisch zu erhalten. Wenn man „einen Eßlöffel davon unter ein Nößel Milch gießt; so „erhält man sie sich auf diese Art in den Hundstagen „außer dem Keller ohne Bedeckung bei häufigen Ge„wittern, sechs Tage lang unverändert, während dar„neben gestellte Milch schon stinkt und fault.“ Im 193sten Stück dieses Anzeigers von demselben Jahre, wird noch das wesentliche bemerkt, daß dieses Wasser keinesweges das Ansetzen des Rahms verhindert. Von einigen sehr erfahrenen Oekonomen wird jedoch dies als eine Absurdität verworfen.

Da, wie gedacht, in den mehresten Fällen ein unmittelbarer Abfluß aus dem Milchkeller nicht zu erhalten ist, und dennoch so wohl zur Reinigung des Fußbodens und der Regale, als selbst wegen Reinigung der Luft, im Keller Wasser auf den Fußboden ausgegossen werden muß; so wird alsdann das Kellerpflaster schräg, mit dem Gefälle nach einem Punkte hin angelegt, daselbst eine Vertiefung gemauert, und vermittelst einer Handpumpe alle Feuchtigkeit wieder herausgeschaft, wovon aber der Rest, der dennoch einen mehr oder weniger übeln Geruch verursachen, und der Milch, bei nicht hinlänglichen Luftzügen, sehr bald schädlich werden würde, aus der Sammelgrube jedesmahl rein ausgetrocknet werden muß. Die Kellerfenster bilden zugleich die Luftzüge in den Kellern, weshalb selbige, wenn sie nahe der Erde liegen, mit dichten Drathgittern gegen das Einspringen der Kröten, Ratzen und Mäuse zu versehen sind. Daß die Keller so hoch liegen müssen, daß das Pflaster in denselben stets von Grundwasser frei bleibt, versteht sich von selbst. Wo daher alle diese nöthigen Bedingungen wegen des Milchkellers nicht zusammen treffen, da sucht man lieber so bald als die Witterung es nur erlaubt, die Milch in einer Kammer oder in einer hierzu allein bestimmten Stube über der Erde aufzustellen. Wegen des zu verschüttenden vielen Wassers, muß dann eine solche Stube gleichfalls mit einem guten Gefälle und Abfluß nach außen, gepflastert seyn.

Gewöhnlich befinden sich in einem solchen Milchbehältnisse Regale, welche an den Wänden herum stehen, und mehrere niedrige Fächer über einander haben, (wenn nähmlich ein beschränkter Raum dies etwa verlangen sollte,) weil, wie vorgedacht, die Milchsatten nur sehr flach seyn sollen; jedoch ist dies eine sehr unrichtige Verfahrungsart, wie weiter hin vorkommen wird. In dem Milchbehältnisse muß auch ein großer

Tisch stehen, um die Milchsatten dann und wann aus der Hand setzen zu können.

Anm. In einer ohne Jahrzahl bei Baumgärtner in Leipzig erschienenen deutschen Uebersetzung giebt ein Herr Doctor Anderson folgende Beschreibung und Abbildung eines englischen Milchhauses an:

„Das Gebäude muß nach Fig. 163 A aus einer Reihe „kleiner Behältnisse bestehen, wo die kleine Abtheilung „a in der Mitte das eigentlich zu nennende Milchhaus „ist. Die innern Wände dieses Milchhauses müssen von „Ziegeln oder Bruchsteinen rings umher aufgemauert „seyn; jedoch braucht eine solche steinerne Wand nicht „dicker zu seyn, als ein Mauerziegel der Länge nach, „oder, wenn sie von Bruchsteinen gemacht wird, unge„fähr 1 Fuß dick. Außerdem muß die Mauer dieses ei„gentlichen Milchhauses, welche ganzer sechs Fuß dick „werden soll, an der auswendigen Seite mit Rasen be„kleidet, und an der inwendigen mit dicht geschlagenem „Lehm oder Erde überzogen werden.“ (Könnte nicht besser die ganze Mauer von Pisé seyn?) „Die innere „Wand eines solchen Gebäudes kann 7 bis 8 Fuß hoch „seyn, auf diese aber der Dachstuhl gesetzt, und die „Wände können an den Giebeln bis zu der Spitze des „Dachs hinauf gemauert werden. Auf den Dachstuhl „muß ein Dach von Schilf- oder Stroh-Schauben ge„setzt werden, welches nicht weniger als drei Fuß dick „seyn darf, und von oben so weit herunter geführt wer„den muß, bis es das Ganze der Wände an jeder „Seite deckt; jedoch braucht man es hier, wenn Stroh „oder Schilf nicht in solcher Menge zu haben ist, wie „man es wünschen möchte, nicht eben völlig so dick zu „machen. In dem Dache muß gerade über der Mitte „des Gebäudes eine hölzerne Röhre angebracht seyn, „die so lang ist, daß sie um 1 bis 2 Fuß über das Dach „heraus ragt, und gelegentlich dienen kann, Luftzug zu „machen. Das obere Ende dieser Dunströhre muß, da„mit kein Regen dadurch hinein kommen könne, mit „einem kleinen eigenen Obdach, und dieses mit einer „Klappe versehen seyn, welche mittelst einer Schnur

„nach Belieben auf- und zu-gezogen werden kann. „Auch muß auf einer Seite, um Licht zu geben, ein „Fenster angebracht seyn, dessen Structur sich am „besten aus dem Durchschnitte dieses Theils des Gebäu„des, der in Fig. 163 B f g abgebildet ist, erkannt wer„den kann. Jedoch ist hierbei nöthig zu erinnern, daß „die Oeffnung durch zwei Glasfenster, eins an der aus„wendigen Seite bei g, und das andere an der inwen„digen Seite bei f verschlossen seyn muß. Vermuthlich „ist es kaum nöthig, dem Leser noch zu sagen, daß die„ses doppelte Schiebefenster sowohl als die große Dickig„keit der Mauer und der Stroh- oder Schilf-Schrau„ben am Dache, wie auch die Gebäude am Ende dessel„ben, den Zweck haben, die Temperatur dieses Mittel„zimmerchens, in allen Jahreszeiten so gleich wie mög„lich dadurch zu machen, daß dasselbe von aller unmit„telbaren Communication mit der äußerlichen Luft auf „wirksame Art ausgeschlossen werde."

(Vergleiche hiermit §. 118.)

„Das mit b bezeichnete Gemach hat die Bestimmung, „daß es zum Behältniß für die Geräthe des Milch„hauses, und zu dem Platze dienen soll, wo dieselben „gereinigt, und ordentlich aufgestellt werden können, da„mit man sie immer, wenn man sie nöthig hat, in Bereit„schaft und zur Hand habe. Zu dieser Absicht können „an den Wänden rings umher tiefe Regale festgemacht, „auch Tische und andere Bequemlichkeiten, wo sie „nöthig sind, aufgestellt werden. Hier sind die Wände „dünner, als die andern, und können lediglich von „Ziegel- oder Bruchsteinen gebaut seyn; auch ist nicht „nöthig, daß das Strohdach hier so dick sey, wie in „der mittlern Abtheilung. In der Ecke bei h steht ein „Kessel, von einer, dem Milchhause und dem Bedarf „desselben angemessenen Größe, Wasser zum Brühen „der Gefäße warm zu machen, über einem dicht ver„schlossenen Ofen, von dem sich der Zug in einem „Schornsteine endigt, welcher quer über die Thüre im „Giebel geführt ist, über dem er aufrecht steht und da „den Rauch ausführt.

„Das andere Gemach c kann zu einer Art von Vor-„rathskammer gebraucht werden, worin die fertige But-„ter und andere Producte des Milchhauses, nebst vor-„räthigen Geschirren, verschlossen gehalten werden kön-„nen, bis es die Gelegenheit mit sich bringt, sie anders-„wo hinzuschaffen.“

„Wäre die Lage des Milchhauses so nahe bei einer „Stadt, daß darin Eis im Sommer mit Profit verkauft „werden könnte; so ließe sich dieses Gemach c überaus „vortheilhaft zu einem Eismagazin brauchen, welches „in vielen Fällen einen recht gut passenden Anhang des „Milchhauses abgeben würde. Alles, was zu diesem „Zwecke nöthig wäre, würde darin bestehen, daß man „die Wände dazu auf eben die Art bauete und sie eben „so dick machte, wie bei dem Gemache a, so wie es die „punctirten Linien i, k, l, m, andeuten. Das Dach „müßte dann da auch von der nähmlichen Dickigkeit ge-„macht werden. Hätte man diese Absicht, so müßte „der Fußboden mit Schwellen von starkem Holze der-„gestalt belegt werden, daß sie ein frei liegendes Qua-„drat, mit einem offenen Gange rings herum, von „zwei Fuß in der Breite bildeten. Auf die Schwellen müß-„ten geflochtene Hürden von Weiden gelegt seyn, wozu „die Ruthen, aus denen sie gemacht werden, vorher „allesammt geschält, und in warmen Theer getunkt „wären, um sie vor dem Verrotten zu sichern. Inner-„halb dieses Quadrats ist das Behältniß für das Eis. „Das Eishaus wäre dann mit Oeffnung der doppelten „Thüren bei k l anzufüllen, welche darauf sogleich ge-„schlossen werden müßten, und nicht eher wieder geöff-„net werden dürften, als bis das Behältniß von neuem „anzufüllen wäre; und der Raum zwischen den Thüren „müßte mit Stroh fest vollgestopft werden, um den Zu-„gang der Luft zu verhüten. Das Eis, welches ge-„legentlich, so wie man es braucht, herausgehohlt wird, „muß durch das Milchhaus getragen werden.

„Die kleinern Gemächer r und s sind blos in der Dicke „der Theilungswand angebrachte Vertiefungen, die zu „jedem Gebrauche, den man für dienlich befindet, an-„gewandt werden können; wie denn die doppelten Thü-

„ren in diesen Passagen blos den Zweck haben, alle „Communication zwischen der äußern Luft und dem „innern eigentlichen Milchhause abzuschneiden, sobald „große Hitze oder heftige Kälte dieses nöthig machen. „Die Stroh-Schauben über diesen kleinen Gemächern „müssen inwendig um einen Fuß tiefer kommen, als im „Milchhause, damit alle Communication der Luft von „den äußern Gemächern, an der Stelle, wo der Dach-„stuhl aufliegt, desto wirksamer verhindert werde. Wenn „die Luft gemäßigt ist, kann die Thüre bei t gemeinig-„lich offen gelassen werden, um den Aus- und Eingang „aus und zu dem Milchhause bei alltäglichen Gelegen-„heiten zu erleichtern. Alle Thüren öffnen sich in der „Richtung, welche die punctirten Linien andeuten.“

„In einer jeden von diesen Thüren, so wie auch in „den Außen-Thüren, zu den Gemächern b und c, muß „eine Oeffnung von etwa einem Quadratfuß gemacht, „und mit einer eigenen, genau in die Oeffnung passen-„den kleinen Thüre versehen werden, die man nach Be-„lieben auf- und zu machen kann. Ueber die inwendige „Seite einer jeden solchen Oeffnung muß ein Stück „Beuteltuch gespannt, und mit einem Netzwerke von „feinem Drath überzogen werden. Wenn nun die Luft „gemäßigt wäre, und der Wind aus einer angemessenen „Richtung herwehete; so könnte durch Oeffnung dieser „kleinen Thüren ein Luftzug durch alle diese Gemächer „gemacht werden, wodurch sie rein und trocken erhal-„ten würden, ohne daß doch Fliegen oder anderes Un-„geziefer hinein kämen.“

„Alle diese Gemächer müssen auf der inwendigen „Seite der Wände und an der Decke mit Kalk getüncht „werden. Das Gemach a zum wenigsten muß auch mit „flachen Steinen gepflastert, und dieses Pflaster 6 Zoll „höher, als die Grundfläche des Gebäudes, und mit ab-„hängig gemachten Rinnen versehen seyn, wodurch „Wasser oder jede andere Flüssigkeit, die etwa zufälliger „Weise da verschüttet wird, ungehinder abfließen kann: „aber es ist immer eine säuische Milch-Magd, die ihren „Fußboden besudelt. Die Wände müssen rings umher „mit Regalen von hinlänglicher Tiefe versehen seyn, auf

„welche die Aesche (Milchsatten) gesetzt werden können, „und in der Mitte muß ein großer Tisch stehen, der im „Grundrisse mit punctirten Linien angedeutet ist, und „den man, wenn er steinern ist, sauberer und brauchbarer finden wird, als von irgend einem andern Material. Unter demselben muß ein Theil von dem „Pflaster, etwa einen Fuß in der Breite, rings umher „6 Zoll höher, als die Fläche des Bodens ist, dergestalt angelegt seyn, daß er inwendig einen Trog zum „Wasserhalten bildet. Dieses Becken" (welches dazu dient, um die warme Milch abzukühlen) „kann nach „Belieben völlig ausgeleert werden, wenn man ein Loch „öffnet, wodurch das Wasser in die gemeinschaftlichen „Rinnen ablaufen kann."

Die Prüfung der Anwendbarkeit eines solchen englischen Milchhauses muß ich erfahrnen Oekonomen überlassen; nur bemerke ich, daß in England selten eigene Gebäude zu diesem Behuf angelegt werden, sondern die Molkenwirthschaft in der Regel im Wohnhause betrieben wird.

Im zweiten Bande des Jahrgangs 1799 der Sammlungen nützlicher Aufsätze, die Baukunst betreffend, ist eine kurze Beschreibung eines prächtigen Milchsaales zu Riucy unweit Paris enthalten. In diesem ungefähr 36 Fuß langen und 18 Fuß breiten Saale, wird die Kühlung durch, in den vier Ecken angebrachte, Springwasser, und die gemäßigte Temperatur durch ein anstoßendes Orangeriehaus bewirkt. Die Milchgefäße stehen in der Mitte des Saales auf einem sehr großen marmornen Tische.

Im Holzsteinschen, wo in den großen Molkereien die Molken-Wirthschaft unstreitig am musterhaftesten betrieben wird, liegt gewöhnlich der Molkenkeller halb über und halb unter der Erde. In der Höhe des Kellers von 3 bis 4 Fuß über der Erde, geht der Luftzug vermittelst ganz niedriger, aber sehr breiter Fenster hindurch. (Für das nöthige Licht sind über selbigen noch andere Fenster angebracht.) Der Luftzug soll nähmlich in der halben Höhe des Kellers über die, allemahl nur auf dem Fußboden in der Mitte neben einander (ja nicht an den Wänden) stehenden Milchsatten, hinweg streichen. Das über einander Stellen der Milchsatten auf Regale, wird daselbst durchaus nicht gestattet.

Außer diesen für die Milch selbst erforderlichen Behältnissen, ist bei einer eigentlichen Kuhpächterei, in demselben Hause auch die Wohnung des Molkenpächters befindlich. Dazu gehört eine große Wohnstube, in welcher zugleich das Gesinde (welches übrigens im Stalle seine Schlafkammern hat) zum Essen und zu den Abendarbeiten sich versammelt,*) und eine geräumige Schlafkammer für die Familie des Pächters. Nächstdem sind geräumige Keller zur Aufbewahrung der Butter und Gemüse nöthig, welche ihren besondern Eingang, und zwar letztere nicht durch den Milchkeller, haben müssen. Auf einem kleinen Feuerherde in der nahe liegenden Molkenküche kann zugleich das Essen für die Wirthschaft zubereitet werden.

*) Ist eine sehr große Anzahl Gesinde erforderlich, dann ist es schicklicher, eine eigene Stube für selbiges anzulegen. Die Stube des Pächters kann dann verhältnißmäßig kleiner werden.

Die Milchkammer und der Milchkeller sollten, wenn es möglich ist, nicht mit der Wohnung selbst durch Thüren in unmittelbarer Verbindung stehen, weil die menschlichen Ausdünstungen die Luft verderben. Der Zugang zu jenen Räumen kann also von der Molkenküche aus seyn, voraus gesetzt, wenn letztere nicht rauchend ist, sondern einen guten Zug hat, indem der Rauch die Milch sehr leicht verdirbt.

Daß ein solches Molken- und Kuhpächterhaus, wenn es unmittelbar an den Stall gebauet wird, durch einen massiven Brandgiebel von Grund aus bis in die Dachspitze (nach der im zweiten Theile Seite 303 enthaltenen Anweisung) völlig getrennt seyn müsse, und allenfalls allein mit Ziegeln gedeckt werden kann, wenn auch das übrige Stall-Gebäude mit Strohdach versehen wird, ist nicht oft genug zu wiederhohlen.

§. 151.

Beschreibung der Anlage eines Kuhstalles nach Fig. 164.

Um alles, was bisher über die Anlage großer Kuhställe gesagt worden, am kürzesten zusammen zu fassen, will ich die in folgenden Figuren entworfenen verschiedenen Anlagen derselben näher beschreiben, und solche beiläufig mit einander vergleichen.

In Fig. 164 A ist ein Stall für 80 Stück Kühe in zwei Reihen nach der Länge des Gebäudes, und für 20 Stück Jungvieh nach der Tiefe des Gebäudes nebst den nöthigen Kälberställen, Futterkammern, desgleichen eine Kuhpächterwohnung mit Zubehöhr entworfen. Das ganze Gebäude ist 221 Fuß lang, 42 Fuß tief, und in den Hauptwänden massiv. Der Raum, in welchem die 80 Kühe stehen, ist mit einer 10 Fuß breiten Durchfahrt durchschnitten. Die Stände für die 4 Zuchtstiere werden am zweckmäßigsten in i, i, k, k gewählt, weil, wenn solche zunächst der Durchfahrt h h stehen sollten, durch die dazu nöthigen Bretterwände an der Durchfahrt die Passage des Viehes nach den Ständen beengt werden würde. Für jede Kuh ist ein Standraum von $3\frac{1}{2}$ Fuß Breite und 7 Fuß Länge gerechnet, wonach also die Raufen oder Kuhstaken Fig. 164 C eingetheilt sind. Der Futtergang ist mit Inbegriff der Schwellen 6 Fuß breit, und darin gemauerte Krippen. Die Gänge hinter den Ständen sind jeder 4 Fuß breit. Außer dem

Thorwege befinden sich nach der Hofseite noch zwei Thüren, jede zu 4 Fuß breit.

Der Stall für das Jungvieh an dem einen Ende des Kuhstalles ist nach der Tiefe des Gebäudes 38½ Fuß lang, und nach der Länge des Gebäudes 24 Fuß breit Jedes Stück Jungvieh darin hat einen Standraum von 6 Fuß Länge, 3 Fuß Breite, und die Gänge dahinter sind 3 Fuß breit, der Futtergang aber wiederum 6 Fuß breit. Längs der Feldseite des Kuhstalles sind die Kälberställe, Futter= und Gesinde=Schlafkammern angelegt.

Die Kälberställe sollten allemahl so isolirt liegen, daß die Kühe das Blöken der von ihnen abgesetzten Kälber nicht hören, und deshalb sich ängstigen; zugleich aber muß die Aufwartung der Kälber durch zu entfernte Absonderung nicht erschwert werden. In der vorliegenden Einrichtung befinden sich nun zwar die beiden Kälberställe unmittelbar am Kuhstalle (jeder von 27 Fuß Länge, 10½ Fuß Breite); allein es sind selbige durch massive Wände von dem Kuhstalle abgesondert. Wenn nähmlich die Höhe des Kuhstalles in Fig. 164B zu 12 Fuß im Lichten hoch angenommen worden ist, und die Kälberställe an und für sich nicht mehr als 7 Fuß Höhe bedürfen; so kann der darüber verbleibende Raum von 4 Fuß Höhe noch zum Futtergelaß benutzt, dadurch der freie Luftzug quer durch den ganzen Stall beibehalten, und dennoch der Kälberstall dicht abgesondert werden, indem die massive Mauer, welche letztere vom Kuhstalle trennt, über der Decke des Kälberstalles und noch unter der Decke des Kuhlstalles überwölbte große Oeffnung erhält.

Eben so werden auch die Mauern, welche die 24 Fuß langen, 10½ Fuß breiten Futterkammern vom Kuhstalle absondern, nur etwa 6 Fuß hoch voll aus=

gemauert, darauf eine Balkendecke gelegt, und über dieser Höhe die lange Scheidemauer bis unter die Decke mit möglichst großen Oeffnungen überwölbt. Die Absicht der über die Futterkammern besonders zu legenden Balkendecke ist, um nächst der Beibehaltung eines freien Luftzugs quer durch den Stall, dennoch das Futter in den Kammern gegen die Einwirkung der Dünste von dem Viehe, zu sichern. Der Zugang zu diesem Zwischenboden könnte von der Bodentreppe aus genommen werden. Sollte man auf die Verwahrung des Futters in den Kammern gegen die Ausdünstungen vom Vieh weniger Rücksicht nehmen wollen; so kann auch der Zwischenboden über den Futterkammern wegbleiben.

Mit Beibehaltung des Zwischenbodens wird noch der Vortheil erhalten, die §. 125. Fig. 131 bei den Schafställen beschriebenen Heuluken bequem anlegen zu können.

Die Futterkammern haben unmittelbare Communication mit den Kuh- und Kälberställen und mit den entweder überwölbten oder Balkenkellern unter den Schlafkammern, und zwar vermittelst Thüren in a. Das Profil von den Höhen der Keller und Gesinde-Kammern ist Fig. 164 E.

Die beiden Gesinde-Schlafkammern, jede 16 Fuß lang, 10½ Fuß breit, 7 Fuß im Lichten hoch, zusammen für 8 Mägde, liegen so, daß von da aus, bei der Nacht, sowohl der Kuhstall, als auch der Jungviehstall genau observirt werden können, zumahl wenn in die Fenster b b b, in jedes eine brennende Laterne gestellt wird. Aus jeder Schlafkammer führt eine Treppe nach dem Kuhstalle, und eine dergleichen nach der Futterkammer hinunter, weshalb die eine Treppe, welche zugleich

gleich nach dem Boden führt, hiernach genau ihre Länge und Höhe in Hinsicht des Podestes erhalten hat.

Durch die vorhin gedachten überwölbten Oeffnungen in der langen Scheidemauer über den Kälberställen und Futterkammern, fällt nicht nur das Licht von den in der Frontmauer nahe an der Decke befindlichen Glasfenstern in den Stall, sondern auch vermittelst der Luftzug-Oeffnungen, welche entweder zwischen den Fenstern in den Pfeilern nahe unter dem Balken, oder durch theilweise Weglassung des Balkenstirnbrettes, in den Fronten angelegt werden können, (wie bei den Schafställen Fig. 130 beschrieben worden,) kann der Luftzug freien Spielraum nahe unter der Decke durch den ganzen Stall erhalten.

Von den Futtergängen und Krippen ist nichts weiter zu wiederholen, als daß, um den Gang l im Jungviehstalle wegen der beiden Stufen, mittelst welchen die Futtergänge erstiegen werden müßten, nicht zu schmälern, die Querschwellen oder die Geschlinge an den Futtergängen neben den Stielen einwärts zu legen sind, wo dann die nöthigen Stufen innerhalb der Futtergänge angelegt werden können.

Die Rinnen hinter den Kuhständen können hier von k und i nach h zusammen und unter der Thorwegschwelle hinweg nach dem Hofe geleitet werden, in welchem Falle die ersten Stände bei k und i ungefähr um 5 Zoll (nähmlich so viel, als an Gefälle in der Rinne nöthig seyn würde) höher als die letzten Stände bei h zu liegen kommen. Um aber den Unrin so schnell als möglich aus dem Stalle zu leiten, würde es noch besser seyn, die lange Rinne in ihrer Mitte bei g g zu erhöhen, und den Abfluß aus dem Stalle, bei k, h und i, also mit der Hälfte des vorhin gedachten Gefälles, anzulegen. Das Gefälle dieser Rinnen, und besonders das Gefälle der, welche von der Fronte zunächst den Futterkammern nach dem Hofe geleitet werden sollen, bestimmt die hierzu nöthige Höhe des Fußbodens im Stalle gegen die Höhe der Ausflüsse nach dem Hofe, und folglich gegen das äußere Terrain. Um aber bei Anlegung des innern Pflasters und der Rinnsteine dadurch nicht genirt zu werden, nimmt man den Fußboden lieber gegen das äußere Terrain noch etwas höher an.

In Ställen, wo das Vieh in Reihen nach der Länge des Gebäudes steht, richtet sich die Stellung der Unterzugsständer nach der Eintheilung der einzelnen Viehstände dergestalt, daß nur auf der Grenze zwischen zwei Viehständen ein Unterzugsständer, und diese wiederum nicht weiter als 16 bis 17 Fuß aus einander stehen dürfen. In Betreff der Balkenlage gilt alles das, was darüber bei den Schafställen §. 130 angeführt worden. Wie hernach aber auch die Eintheilung der Balken sich ergeben mag, so kann selbige in gleicher Art über den Jungviehstall hinweg getheilt, und die am Futtergange daselbst stehenden Stiele in Wechsel zwische den Balken gezapft werden. Besser ist es freilich, wenn letztgedachte Stiele unmittelbar unter einem Balken selbst eingezapft sind; jedoch muß solches in der Balken-Eintheilung nicht geniren. Nach den Futtergangsstielen, wenn solche, wie hier in dem Kuhstalle, nach der Länge des Gebäudes stehen, richtet sich wie natürlich die Lage der Unterzüge. Da aber in dem Jungviehstalle der Futtergang nach der Tiefe des Gebäudes liegt, so müssen hier die Unterzüge anders als in dem Kuhstalle vertheilt, und deren, nach Maßgabe der Tiefe dieses Gebäudes, zwei, genau über einige nach Eintheilung der Viehstände zutreffende Futtergangs-Stiele gelegt werden. Daß nur nach den Unterzügen, von den Stielen aus, Bänder hinauf gehen, ist schon mehrmahls erinnert worden.

Die Anlage eines Stalles nach der Fig. 164 entworfenen Art, wo nähmlich die Futter- und Gesindekammern längs einer Fronte liegen, hat in Absicht der Construction entschiedene Vortheile: Einmahl treffen (wie aus dem Profile B zu ersehen ist) die Dachstuhlsäulen genau über die Unterzüge. Zweitens, weil die Balken dreimahl unterstützt sind, können solche, wenn auch noch gestreckte Windelböden gemacht werden, von sehr schwachem Holze seyn, ohne im mindesten an der Festigkeit der Decke zu verlieren. Drittens geben die zu den Futterkammern ꝛc. nöthigen Querwände dem ganzen Gebäude eine große Steifigkeit, (wenn dasselbe auch aus Fachwerk bestände,) welche auf eine andere Art, wo nähmlich die Futter- und Gesindekammern an den Enden des Stalles liegen, nicht zu erhalten ist.

Anm. Beiläufig will ich noch des Bodenraums in Absicht des Heugelasses erwähnen. Wenn nach Fig. 164 B das Dach 20 Fuß hoch ist; so giebt der Bodenraum schon bis an die Kehlbalken, und ohne den Boden über dem Molkenhause zu rechnen, einen Raum von 47,500 Kubikfuß, und wenn auf 100 Stück Vieh, welche im Stalle stehen, im Durchschnitt für jedes Stück 20 Centner Heu gerechnet werden; so erfordern solche einen Bodenraum von 36,000 Kubikfuß; mithin ist Raum genug dazu vorhanden.

Zur Molkenpächterei kömmt man vom Hofe zuerst in die 23 Fuß 10 Zoll lange, 18 Fuß 7 Zoll breite und 11 Fuß hohe Molkenküche. In derselben ist n ein 6 Fuß langer, $3\frac{1}{2}$ Fuß breiter Kühlbacken; selbiger steht 1 Fuß über, und nicht viel mehr als 1 Fuß in der Erde, damit das Wasser von dem Böden desselben noch ein Gefälle nach dem Hofe erhalten kann. Im Feuerherde sind zwei Kessel, welche zugleich zum Brühfutter gebraucht, und aus dem Brunnen c in der Küche gefüllt werden können. Auch im Jungviehstalle steht bei m ein Brunnen, welche Lage denselben gegen das Einfrieren sichert. Der Brunnenkessel kann (was der Reperatur wegen auch besser ist) außerhalb dem Gebäude liegen.

Eine Treppe f führt nach der 16 Fuß 2 Zoll langen, 18 Fuß 7 Zoll breiten und 8 Fuß hohen Milchkammer, welche einen Ofen hat, der, so wie der Ofen in der Wohnstube, von der Küche aus in einer Höhe von 3 Fuß über dem Fußboden der Küche geheizt wird. In der Milchkammer sind freie Wände genug, um die Regale für die Milchgefäße stellen zu können, welches in der Küche freilich nicht statt findet, und deshalb ein großer Tisch o dazu nöthig ist. Da der Fußboden der Milchkammer nur 2 Fuß über den Boden der Küche erhaben liegt; so muß Behufs des Kellereingangs d aus der Küche eine schräge Stichkappe hinunter, gewölbt, und solche in der Milkammer mit einem Tische e nutzbar bedeckt werden.

Vermittelst der Treppe, die zugleich nach dem Boden führt, gelangt man, von dem Podeste aus, auf der einen Seite in die Gesinde-Schlafkammer, und auf der andern Seite in die 19 Fuß 8 Zoll lange, 18 Fuß 7 Zoll breite, und 9 Fuß hohe Wohnstube, und aus derselben in die 12½ Fuß lange und 18 Fuß 7 Zoll breite Schlafkammer.

Unter der Wohnstube und Schlafkammer sind gewölbte Keller zur Aufbewahrung der Butter und Gemüse für die Wirthschaft; der Eingang zu diesen Kellern ist bei p unter der Treppe.

Da, wie vorhin gedacht, die Hauptscheidemauer, welche das Molkenhaus von dem Kuhstalle trennt, bis in die Dachspitze als Brandgiebel hinauf geht; so könnte hier eingewendet werden, daß, weil die Bodentreppe im Molkenhause liegt, die beiden Böden eine Communication vermittelst einer hölzernen Thüre im Dachgiebel erhielten. In diesem Falle müßte freilich entweder daselbst eine eiserne Thür oder noch eine Treppe in der darneben belegenen Futterkammer angelegt werden.

Wenn dieser Kuhstall massiv von gebrannten Steinen angenommen wird, so sind die sämmtlichen Umfassungsmauern, bei guten Materialien und fleißiger Arbeit, besonders in Rücksicht der geringen Höhe, aus zwei Steinen oder $1\frac{3}{4}$ Fuß stark genug. Unter nicht ganz so günstigen Umständen aber könnte wenigstens die, auf beträchtlicher Länge frei stehende Hoffronte, so weit die Ställe reichen, wohl $2\frac{1}{2}$ Stein oder $2\frac{1}{6}$ Fuß stark angelegt werden.

Die beiden Hauptscheidewände, weil sie auf ansehnlicher Länge frei stehen, und die Mittelwand im Molkenhause, weil das Gebäude schon 42 Fuß tief ist, sind $1\frac{1}{2}$ Stein stark anzulegen; alle übrige Scheide- und lange Wände aber, weil sie vielfältigen Zusammenhang haben, können 1 Stein stark, auch wohl nur von Fachwerk seyn.

Ist die Höhe des Stalles an der tiefsten Stelle der Pflasters im Lichten 12 Fuß, so muß die äußere Höhe der Frontmauern vom Hopflaster bis unter die Balken $12\frac{1}{2}$ Fuß betragen, um die Rinnen aus dem Stalle desto besser ableiten zu können. Auf diese geringe äußere Höhe von 6 Zoll können kleine Rampen vor die Thüren angeflastert werden.

Soll ein solcher Stall von Lehmpatzen oder Pisé erbauet werden, so müssen die Umfassungsmauern nicht unter 2 Fuß, und so nach Verhältniß auch die übrigen Mauern stärker seyn. Hierbei muß sodann bis zur Oberkante der Plinte, welche zwischen 2 und 3 Fuß

Höhe anzunehmen ist, und da, wo Keller sind, bis zum Fußboden darüber, mit guten gebrannten Mauer- oder Feldsteinen gemauet werden, damit keine Feuchtigkeit weder von außen noch innen den Lehmauern nachtheilig werden kann.

§. 152.

Beschreibung der Anlage eines Kuhstalles nach Fig. 165.

In Fig. 165 steht das Vieh in drei Reihen nach der Länge des Gebäudes. Soll dieser Stall, wie in dem vorigen Beispiele, 80 Stück Kühe und Zuchtstiere, und 18 bis 20 Stück Jungvieh, nebst den dazu gehörigen Kälberställen, Futterkammern und Mägde-Schlafkammern fassen können; so muß der Stall ohne Molkenpächter-Wohnung 168 Fuß lang $44\frac{1}{2}$ Fuß tief seyn. Der Stall Fig. 164 ist, ohne das Molkenhaus, $= 178\frac{5}{12}$ Fuß lang und 42 Fuß tief; folglich ist der Flächenraum fur eine gleiche Anzahl Vieh, nebst den Futter- und Gesindekammern, in beiden Beispielen ganz gleich.

Anm. Der Raum c an beiden Enden des Stalles muß wegen des Zugangs aus den Futterkammern nach dem einfachen Futtergange offen bleiben.

Die Futterkammern befinden sich hier an beiden Enden des Stalles, und wenn man bedenkt, daß in Fig. 164, um aus der Futterkammer nach dem Futtergange zu gelangen, ein kleiner Umweg nöthig ist; so scheinen selbige in Fig. 165 bequemer zu liegen. Die Länge einer jeden der Futterkammern ist 19 Fuß 11 Zoll, und ihre Breite 16 Fuß 8 Zoll.

Auch die Schlafkammern, deren jede 10 Fuß 2 Zoll breit ist, haben in so fern eine vortheilhaftere Lage, daß man unmittelbar vom Hofe dahin kommen kann; unter denselben ist gleichfalls ein Keller, der, wie in dem vorigen Beispiele, mit der Futterkammer in Verbindung steht. Eben so kann auf gleiche Art ein Raum über den Kälberställen zu den Futterkammern mit benutzt werden.

Es mag auch noch in mancher andern Hinsicht diese Einrichtung vor der in Fig. 164 beschriebenen, einige wirthschaftliche Vorzüge haben, allein in Betreff einer solidern und wohlfeilern Construction steht sie derselben sehr nach. Betrachtet man z. B. das Profil Fig. 165 B, so findet sich die Unterstützung der Balken sehr irregulair. Man hat zwar dieserwegen schon den Vorschlag gethan, die Stammenden der Balken sämmtlich nach der am wenigsten unterstützten Seite zu legen; hiermit ist aber noch nicht viel abgeholfen, da dennoch der stehende Dachstuhl daselbst auf eine 19 Fuß frei liegende Länge drückt, und dies ohne einen kostspieligern liegenden Dachstuhl nicht abzuändern ist. In Ställen von vier Reihen nach der Länge tritt der eben erwähnte Fall doppelt ein. Wegen der gleichförmigen Vertheilung der Unterzüge in Fig. 164 können auch die Balken um so sicherer nach Fig. 122 E wechselseitig gestoßen werden, wenn es etwa an so vielem langen Balkenholze mangeln sollte. Ferner stehen in Fig. 165 beide Fronten auf einer 122 Fuß großen Länge ganz ohne Verbindung mit andern Mauern, wodurch, wenn ein solcher Stall von Fachwerk erbauet werden sollte, die Stabilität des ganzen Gebäudes nicht so, als nach Fig. 164 zu erwarten seyn würde.

Wollte man bei diesem Stalle annehmen, daß die Molkenpächter-Wohnung ꝛc. isolirt von demselben stände; so könnte die Anlage der Futter- und Mägdekammern ꝛc. am andern Ende eben so liegen, und wenn dann in e und f geräumige Thüren an beiden Enden gemacht würden, so könnte auch längs durch den ganzen Stall gefahren werden.

§. 153.

Beschreibung der Anlage eines Kuhstalles nach Fig. 166.

Der Stall Fig. 166 ist nur 32 Fuß tief, und von Fachwerk angenommen; es würde derselbe also bei einer, mit den vorigen Beispielen gleichen, Anzahl Vieh nebst dazu gehörigen Kammern, ohne das Molkenhaus, 238 Fuß Länge erhalten müssen.

Schon wegen des größern zu überbaueden Flächenraums, wegen der viel mehrern Umfassungswände und wegen der großen Entfernung der Futterkammern, kann man dieser Anlage wohl keine ökonomischen Vorzüge vor den vorhergehenden einräumen; allein es kommt noch der für den Baumeister nicht außer Acht zu lassende Umstand hinzu, daß nähmlich die Fronten zwischen den an beiden Enden liegenden Futlerkammern in einer sehr großen Länge ganz frei stehen, welches, wenn solche, wie hier angenommen worden, von Fachwerk sind, eigener Vorkehrungen bedarf, um das Gebäude gegen Beschädigungen von Sturmwinden zu sichern.

Dergleichen Vorkehrungen durch Strebewände, wie in Fig. 138 bei den Schafställen angegeben worden, und welche den Verband des Gebäudes nach der Tiefe bewirken sollen, können in Kuhställen nicht statt finden, weil sie daselbst die Passage für das Vieh sehr hindern würden.

Um nun dennoch die erforderlichen Sturmbänder ohne Behinderung für das Vieh anzubringen, können solche nur von den Futtergangsschwellen hinauf bis in die Balken (siehe Fig. 166 B in ab), und zwar auf der Schwelle mit einer Klaue und in den Balken mit einer Versatzung, angebracht werden. Daß zu diesem

Ende die Schwelle vor den Unterzugsständern um einige Zoll vorstehen muß, versteht sich von selbst.

Sollte dies Gebäude ein Bohlendach erhalten, so können die in Fig. 166 C angegebenen Bänder bei a neben dem Unterzugsständer auf der Schwelle stehen, bei d um sehr wenig mit dem Balken überschnitten werden, und bis e hinauf reichen, daselbst mit dem Bohlensparn verbolzt werden, und so zugleich die Festigkeit des Dachs sehr befördern helfen.

Die Schlafkammern sind in Fig. 166 A nicht unterwölbt; dagegen aber das ganze Molkenhaus außer der Küche; weshalb auch von der Wohnstube eine kleine Treppe nach der Schlafkammer hinunter führt. Uebrigens ist die Einrichtung aus der Zeichnung zu ersehen, und nur noch dabei zu erinnern, daß, um das Molkenpächterhaus vom Stalle, der Feuersicherheit wegen, zu trennen, ein massiver Brandgiebel, $1\frac{1}{2}$ Stein stark, von Grund aus bis in die Dachspitze entworfen ist. Neben der Treppe b, welche nach der Wohnstube führt, befindet sich bei c der Eingang nach den Butter- und Gemüsekellern, und um einen hinlänglichen Bodenraum zu erhalten, (weil das Gebäude nur wenig Tiefe hat,) kann ein deutsches Dach um 4 Fuß an der Hofseite übergebauet, oder, so wie in Fig. 166 B angegeben ist, ein Bohlendach errichtet werden.

Anm. Daß der Leuchte-Kamin in der Wohnstube seine besondere Röhre bis zum Dache hinaus erhalten, und nicht in die Rauchsfangsröhre eingeschleift werden muß, um gegen Rauch in der Küche möglichst gesichert zu seyn, versteht sich von selbst.

§. 154.

Beschreibung der Anlage einiger Kuhställe nach Fig. 167 und 168.

In den Entwürfen Fig. 167 und 168 steht das Vieh in Reihen nach der Tiefe des Gebäudes, wovon

Fig. 167 B und 168 wirklich existirende, und in verschiedenen Provinzen als vorzüglich anerkannte, Anlagen sind. Hier zeigt sich nun sowohl die Beschwerlichkeit beim Futtern des Viehes, wegen der einzelnen Futtergänge, als auch daß der ganze Viehstand nicht so genau zu übersehen ist. Eine Separation des Viehes in Krankheitsfällen findet hier auch nicht ganz statt, indem sonst allemahl zwischen zwei Futtergängen eine vollständige Wand gezogen, dadurch eben so oft noch ein Gang durch die tiefe des Gebäudes mehr angelegt, folglich diese Sätlle um mehrere Gänge, jeder 4 Fuß breit, länger hätten werden müssen. Geschieht nun dies nicht, so stehen die Futtergänge in Fig. 167 A wenigstens 18 Fuß von einander entfernt, welches für die freie Lage der Unterzüge schon nicht unbedeutend ist. In Fig. 167 B stehen die Futtergänge zwar nur 15 Fuß aus einander, weil die Länge der Stände nur zu 6 Fuß und die Gänge dazwischen nur zu 3 Fuß angenommen, auch deshalb nur 3 Fuß Breite für jeden Viehstand gerechnet worden sind, welches aber, wenn es gleich nur für einen kleinen Schlag von Vieh gilt, ich dennoch, so oft sich auch solches in der Ausführung finden möchte, für zu beschränkten Standraum halte.

Die Gänge nach der Länge des Gebäudes, die hier in Fig. 167 A längs beiden Fronten und in Fig. 167 B nur längs einer Fronte liegen, können auch in der Mitte durchgehen, welches sich ganz nach dem Wunsche des Oekonomen richtet; allein, wenn der Gang in der Mitte durch die Länge des Gebäudes liegt, mithin die erhöheten Futtergänge an beiden Fronten anstoßen; so ist für die Construction noch der Vortheil zu erhalten, daß die Futtergangsschwellen mit den Fronten verbunden werden können.

In Fig. 168 ist die Einrichtung eines Mecklenburgischen Kuhstalles vorgestellt. In demselben steht das Vieh sowohl in Reihen nach der Länge als in die Quere, und das Gebäude ist 52 Fuß tief. Da für solche Tiefen das Balkenholz schon sehr selten ist, (weshalb auch Ställe für 4 Reihen nach der Länge nicht oft Anwendung finden,) so hat man sich bei dieser (aus der Wirklichlichkeit entnommen) Anlage, durch eine sehr tadelnswerthe sogenannte Anschleppe zu helfen gesucht. Ueberhaupt ergiebt diese Zeichnung, sowohl in der Einrichtung als in der Construction dieses Stalles, mehrere nicht nachahmungswürdige Beispiele, wovon ich nur die auffallendsten hier angeben will. Erstlich: der 14⅔ Fuß breite Gang nach der Länge dient in den dortigen Wirthschaften oftmahls zur Tenne, so wie der ganze Stall zur Scheune für das Wintersaat-Getraide; daher dieser Gang sowohl als die vier Quergänge, wie eine Tenne mit Lehm ausgeschlagen sind, und das Vieh auf derselben ohne Krippe gefüttert wird. Zweitens: würden die beiden Räume a a zu Futterkammern gebraucht, so könnte dies vielleicht als eine bequeme Einrichtung angesehen, und selbst das Senkgebälke noch mit zum Boden benutzt werden; wenn aber diese Räume nicht mit unter den Hauptbalken kommen können, so beweiset die Zeichnung Fig. B, welche mangelhafte Constructton dadurch entsteht. Drittens: so sehr die vielen ausgebundenen Wände und der Dachstuhl von einer außerordentlichen Holzverschwendung zeugen, so spärlich ist die Balkendecke dagegen eingerichter, indem darin die Balken mehrentheils 8 Fuß, ja selbst an einigen Orten 10½ Fuß von einander entfernt liegen. Wenn nun gleich bei einer dreimahligen Unterstützung der Balken eine gute gestreckte Windeldecke die Last des Rauchfutters in dem bedeutend großen Dache auch wohl tragen möchte; so liegt doch im Ganzen eine Disproportion in der Vertheilung der nöthigen und unnöthigen Hölzer, so daß solche nur als Beispiel, wie man nicht construiren sollte, gelten mag.

Da indeß das „ländlich, sittlich" sich immer zu behaupten strebt; so muß in Absicht der Anlage und Einrichtung sich der Baumeister mehrentheils in die Ideen des Oekonomen fügen. In so fern aber letztere sich durch eine bessere Construction ebenfalls erreichen ließen, würde es überall dem Baumeister zum Vorwurf gereichen, wenn er nicht alle Mittel und Gründe angewendet haben sollte, eine regelmäßige, solide Construction einzuführen; und um dem angehenden Baumeister mit dergleichen Gründen nach Möglichkeit an die Hand zu gehen, so ist eben dieserhalb das Nöthige aus der Landwirthschaft selbst beiläufig angeführt worden.

Anm. Die Zugochsen- und Mastochsenställe sind in der Hauptsache von vorigen nicht verschieden. Da indeß die Zugochsen-Ställe mit den Pferdeställen und die Mastochsen-Ställe mit den Brau- und Brennereigebäuden gewöhnlich verbunden werden, so wird ihrer am gehörigen Orte gedacht werden.

D. Von den Pferdeställen.

§. 155.

Die Stallung der Pferde ist aus mancherlei Ursachen und Rücksichten sehr verschieden. Der Bauer oder gemeine Landmann nähmlich richtet seinen Pferdestall so simpel und so wenig kostspielig ein, als es nur möglich ist, und dieses ist nicht nur zweckmäßig, sondern für seine kleinen und ruhigen Ackerpferde auch hinlänglich. Der Beamte oder auch der Städter hingegen, welches schon einen edlern und muthigern Schlag von Wagen- und Reitpferden hat, findet theils sein Vergnügen daran, seine Pferde besser zu stallen, theils erfordert es die Sicherheit der Pferde unter einander, oder die Verhinderung ihrer Selbstbeschädigung, den Stall kostspieliger auszubauen. Herrschaften lassen zuweilen ihre Pferdeställe so proper und kostspielig einrichten und ausbauen, daß sie beinahe einem schönen Wohnzimmer für Menschen ähnlich sehen. Und endlich da, wo Pferdezucht getrieben wird, als nähmlich auf Gestüten, erfordert die Absonderung der Hengste, tragender und anderer Stuten, der Fohlen ꝛc. nicht nur besondere Gebäude oder Abtheilungen, sondern auch besondere Bequemlichkeits- und Sicherheitsvorkehrungen in den Ställen. Mit allen zu diesen verschiedenen Bestimmungen erforderlichen Bauanlagen muß der Baumeister hinlänglich bekannt seyn, um in jedem ihm vorkommenden Falle mit aller der Vorsicht und Kenntniß die Anlage einzurichten, als es der vorgelegte Zweck und Absicht erfordert.

§. 156.

Von dem nöthigen Stallraum der Pferde, und von der Breite der Gänge in Pferdeställen.

Der Raum, welchen ein Pferd im Stalle erfordert, ist sowohl aus obigen Ursachen, als auch wegen der Größe der Pferde, sehr verschieden. Ein hiesiges kleines Ackerpferd braucht im Stalle nicht mehr als einen Raum von 4 Fuß Breite und 7 bis 8 Fuß (ohne Krippe) an Länge; auch werden die Stände solcher Pferde untereinander nicht abgesondert, sondern sie stehen gewöhnlich an einer in einem fort laufenden Krippe und Raufe ohne weitere Abtheilung. Auch werden zuweilen die Zugochsen mit den Ackerpferden neben einander in einen Stall gestellt.

Ein sogenanntes Kutsch- oder Wagenpferd von mittlerer Größe muß einen Raum im Lichten von 5 Fuß Breite, und ohne Krippe wenigstens von 8 bis 9 Fuß Länge haben. Die Stände derselben werden mit so genannten Lattierbäumen von einander geschieden, weil, wie vorher gesagt, diese Klasse von Thieren schon muthiger und geneigter ist, sich einander zu schaden. Die Abtheilungen der Stände mit Bretterwänden ist allerdings besser als mit Lattierbäumen, nur sind solche nicht allein kostspieliger, sondern ein dergleichen Stand erfordert auch mehrere Breite, damit sich ein Pferd darin umdrehen kann. Wenn daher ein Pferdestand mit Lattierbäumen für einen gewissen Schlag Pferde mit 5 Fuß Breite geräumig genug wäre; so muß derselbe mit Bretterwänden 6 Fuß zur Breite haben.

Große Englische, Preußische und Hollsteinische Pferde, müssen einen Standraum zwischen Lattierbäumen von $5\frac{1}{2}$ Fuß, und zwischen Standwänden von 6 bis 7 Fuß Breite haben, und dabei ohne Krippe 10 Fuß Länge erhalten.

Anm. In schmalen Ständen werden die Pferde verhindert, sich bequem zu legen, welches ihrer Gesundheit sehr nachtheilig ist. Pferde, deren Schenkel von vieler Arbeit geschwollen, und die Sehnen gelähmt sind, bessern sich in breiten Ständen aus diesem Grunde oft ohne alle Beihülfe.

Für Hengste oder Beschäler sollten die Stände niemahls mit Lattierbäumen, sondern allemahl mit starken Brettwänden abgetheilt und 7 bis 8 Fuß breit seyn.

Tragende Stuten, wenn sie dem Fohlen nahe sind, müssen einen Standraum von 12 bis 16 Fuß

Breite und wo möglich 12 Fuß Länge erhalten, oder es muß die Abtheilung mit Brettwänden zwischen zwei gewöhnlichen Ständen so gemacht seyn, daß eine Wand heraus genommen werden kann, wo dann während und nach dem Fohlen zwei Stände nur einen Stand ausmachen, damit das Fohlen, so lange es bei der Mutter ist, hinlänglichen Platz hat, ohne von derselben gedrückt oder beschädigt zu werden.

Anm. Mit dem neunten Tage kommen in den Hauptgestüten die Stuten mit ihren Fohlen in Ställe ohne abgesonderte Stände, in welchen sie dann frei herumgehen.

Wenn die Fohlen abgesetzt sind, werden die Stuten wieder in ihre Ställe gebracht, die Fohlen aber bleiben noch in diesen Ställen, welche in Absicht des Raums überhaupt denen für erwachsene Pferde gleich seyn müssen, indem auch dann die Fohlen noch nicht angebunden werden, sondern im Stalle frei herum laufen. Wo man also Pferdezucht treiben will, muß auf die hierzu nöthigen Räume und eigenthümlichen Einrichtungen Rücksicht genommen werden.

Gewöhnlich werden die Krippen und Raufen in den Pferdeställen so angebracht, daß die Pferde mit den Köpfen nach den Umfassungswänden des Stalles stehen. Einige andere wollen, daß die Pferde eben so, wie vorhin bei den Kuhställen gezeigt worden, mit den Köpfen gegen einander an einem gemeinschaftlichen Futtergange, oder an einer dem ähnlichen Einrichtung stehen sollen.

Wenn zwei Reihen Pferde mit den Köpfen gegen die Außenwände in einem Stalle stehen, so ist nur ein Mittelgang, anstatt da, wo die Pferde an einem längs in der Mitte des Stalles befindlichen Futtergange stehen, zwei Gänge hinter den Pferden erforderlich sind; folglich ist für die letzte Art mehr Raum zu bebauen nöthig, welches bei großen Ställen nicht unwichtig ist. In kleinen Ställen auf dem Lande, worin nur wenige, und dabei ruhige Pferde stehen, kann so wohl der Gang hinter einer Reihe Pferde, als auch der gemeinschaftliche Mittelgang zwischen zwei Reihen Pferde allenfalls nur 5 bis 6 Fuß breit seyn, um zwischen den etwa zurücktretenden Pferden noch bequem durchgehen zu können. In herrschaftlichen Ställen dagegen, wo schon mehrere und zugleich muthige und unruhige Pferde neben einander stehen, muß jeder einseitige Gang der Bequemlichkeit und Sicherheit wegen, wenigstens 8 bis 9 Fuß, und wenn etwa die Pferde bei schlechtem Wetter auf demselben herum geführt werden sollen, oder auch bei einem gemeinschaftlichen Mittelgange, 12 bis 16 Fuß breit seyn. In Cavallerie-Pferdeställen können die Gänge nicht leicht zu breit werden, weil nicht nur in diese Ställe hinein geritten, sondern auch darin von den Cavalleristen zu Fuß exercirt wird, um die jungen oder neuen Pferde an das Waffengeräusch zu gewöhnen.

Alles dies scheint in Absicht auf Ersparung beim Bau für diejenige Stellung der Pferde zu sprechen, wo solche in zwei Reihen mit den Köpfen nach den Außenwänden stehen, wozu in großen Cavallerie-Pferdeställen auch noch der Vortheil kommt, daß mehr Pferde mit einem Mahle übersehen, und indem mit dem Futterkarn in dem Mittelgange hinauf gefahren wird, die Pferde auf beiden Seiten schneller abgefüttert werden können.

Dagegen hat diese Stellung der Pferde wiederum das nachtheilige, daß erstlich die Fenster, welche über den Köpfen der Pferde sich befinden, sehr hoch stehen, und nur mit vieler Mühe auf- und zugemacht werden können. Zweitens: wenn die Ställe nicht sehr hoch sind, so können die Fenster, da sie erst über der Raufe anfan-

anfangen, nur sehr niedrig werden, und da die Pferde das Helle lieben (welches ihnen zugleich sehr zuträglich ist, um sich nicht zu scheuen, wenn sie an das Tageslicht kommen; Dunkelheit im Stalle dagegen, außer daß solches den Knechten Gelegenheit giebt, die Pferde nicht ordentlich zu reinigen, auch die Augen der Pferde schwächt, so daß, wenn man sie schnell in das Tageslicht führt, sie krampfhafte Schmerzen in den Augen empfinden, und wohl gar mit der Zeit blind werden); so giebt man den Ställen, besonders wenn eine bedeutende Anzahl Pferde darin steht, schon eine ansehnliche Höhe, und sucht dann die Fenster so hoch als möglich im Lichten zu machen. Solche hohe Fenster verursachen aber wieder, daß die Pferde den ihnen in die Augen fallenden Sonnenstrahlen nicht ausweichen können, wodurch sie ebenfalls sehr leicht blind werden. Vorhänge vor derselben lassen sich wegen der Höhe und wegen der Raufen nicht gut regieren, und verursachen, wenn sie zugemacht sind, wiederum eine nachtheilige Dunkelheit. Drittens aber, was für den Baumeister das Wichtigste ist: es verwittern die Außenmauern, an welchen im Stalle die Krippen und Streuklappen angebracht sind, sehr bald, und zwar dergestalt, daß kein Putz weiter daran haftet, wovon weiterhin ein Mehreres vorkommen wird.

Alles dieses findet da nicht statt, wo die Pferde nicht mit den Köpfen gegen die Außenwände stehen; vielmehr läßt sich dann allen diesen Umständen, dem Zwecke und der Bequemlichkeit gemäß, weit besser begegnen. Freilich wird ein solcher Bau etwas theurer, als nach erst gedachter Art; da aber hier von möglichst besserer Anlage und von guter Construction der Gebäude die Rede seyn soll, so darf ich, der etwa mehrern Baukosten wegen, die bessern Anlagen um so weniger unberührt lassen, als die Anfangs mehr verwendeten Kosten durch eine bessere Conservation des Gebäudes gewiß ersetzt werden.

§. 157.

Lage und Höhe der Pferdeställe.

Die zweckmäßige Lage eines Pferdestalles ist ebenfalls von Wichtigkeit. Sie muß sehr trocken seyn, weil dies nicht allein zur Gesunderhaltung der Pferde nöthig ist, sondern im entgegen gesetzten Falle auch außerdem noch das Seil- oder Lederzeug und das Futter verdirbt. Es soll derselbe ferner dem Wohnhause nahe, und den Weltgegenden nach wo möglich dergestalt liegen, daß der Eingang und die Fenster der Hauptfronten, gegen Norden oder Westen sich befinden, damit das Ungeziefer weniger Neigung finde, in den Stall zu dringen, und auch da noch das Vieh zu beunruhigen; wenigstens muß die Thür und Hauptfronte nicht gegen Mittag liegen. In Städten kann auf diese letztere Rücksicht nicht immer geachtet werden; dann aber ist doch vorzüglich darauf zu sehen, daß, wenn Wohnungen in der Nähe sind, die Abtritte nicht zu nahe bei den Pferdeställen sich befinden.

Auch die Höhe eines Stalles hat auf die gesunde Erhaltung der Pferde einen großen Einfluß. In hohen und geräumigen Ställen können die Ausdünstungen höher steigen, und vermittelst der Dunstzüge vortheilhafter, auch, ohne den Pferden, wenn sie warm sind, eine nachtheilige Zugluft zu verursachen, abgeleitet werden. Es muß aber (besonders bei Ställen für wenig Pferde) in der Höhe eines Stalles auch nicht zu viel geschehen, weil sonst derselbe zu kalt wird, die Pferde ein Mißbehagen darin finden, lange Haare bekommen, dadurch unaufhörlich sich hären, und unansehnlich werden, auch wenn sie sehr warm in den Stall kommen, sie sich sehr leicht erkälten können. Die Höhe eines Pferdestalles richtet sich also auch nach der Menge der Pferde, die in einem Stalle beisammen stehen. Für einzeln stehende Pferde ist nur eine mäßige Höhe wegen der Wärme nöthig, und für eine kleine Anzahl Pferde, besonders von einem kleinen Schlage, eine Höhe von 10 bis 11 Fuß im Lichten hoch genug. Für einen Stall von 10 bis zu 20 und 30 Pferden sollte die Höhe des Stalles im Lichten schon auf 12 Fuß, und für größere Marsch= und Cavallerie=Pferdeställe bis zu 15 und 16 Fuß hoch angenommen werden.

Anm. Der Professor der hiesigen Thierarznei=Schule, Herr Naumann, sagt im zweiten Theile seines Handbuchs über die Pferdewissenschaft, Berlin 1801 bei Himburg: „Der Stall ist für Pferde „das, was dem Menschen seine Wohnung ist, und obwohl der Mensch durch Erfahrung belehrt wird, daß „niedrige, feuchte und dumpfige Wohnungen seiner Gesundheit höchst nachtheilig, und also die Quelle vieler „Krankheiten sind; so fällt es demselben dennoch selten „ein, daß die Ställe, als die Wohnungen der Hausthiere, ebenfalls von diesen Fehlern frei seyn müssen, „wenn sie ihnen nicht schädlich werden sollen. Auch „hat man darauf zu sehen, daß der Zugang zum Stalle „frei, rein, und von allem entfernt sey, was durch einen übeln Geruch die Luft verderben kann.“

§. 158.

Luft= und Dunstzüge in Pferdeställen.

Daß viele und große Fenster jedoch in der Art vorhanden seyn müssen, daß den Pferden die Sonnenstrahlen nicht in die Augen fallen, und dennoch jeder vorkommende Fehler, besonders an den Füßen der Pferde, leicht entdeckt werden kann, ist schon vorhin angeführt worden. Man erhält dies am besten dadurch, daß längs in einem Stalle nur eine Reihe Pferde gestellt, und hinter denselben (also am Gange) die Fenster angelegt werden. Durch Oeffnung der Thüren und Fenster kann dann auch ein Luftzug so vortheilhaft bewirkt werden daß er den Pferden nicht im mindesten schadet. Gegentheils, wenn nähmlich in beiden Fronten sich Fenster befinden, würde es sehr fehlerhaft seyn, vermittelst Oeffnung derselben die zur Abführung des Dunstes erforderliche Zugluft zu bewirken, als wodurch die Pferde sehr gefährliche Krankheiten erhalten können.

Die in der Decke anzubringenden Oeffnungen, und darauf von Brettern in Gestalt der Schornsteine verbundenen Dunstzüge, müssen zu mehrerer Dauerhaftigkeit, und damit die ätzenden Ausdünstungen um so weniger in den, zu anderm nützlichen Behuf bestimmten, Boden eindringen können, wo nicht ganz, doch in den Ecken und Fugen, ausgepicht werden. Diese Dunstzüge leisten aber ohne Zugluft nicht den beabsichtigten Zweck; und da Zugluft in keinem Falle die Pferde treffen darf, so würden dergleichen Dunströhren nicht da anzubringen seyn, wo längs an beiden Fronten Pferde stehen, und mithin Thüren und Fenster daselbst nicht füglich geöffnet werden können. Ist keine Zugluft, und zwar möglichst von unten hinauf, vorhanden, dann werden die Dünste nicht gehoben, sondern legen sich höchstens als Tropfen an den Rand der Röhre, und verursachen daselbst eine frühe Fäulniß; daher ich für Ställe, in welchen die Pferde an beiden Fronten stehen, die schon in Fig. 130 B gezeichneten Luftzüge in den Fronten nahe an der Decke, für zweckmäßiger halte.

In Ställen dagegen, wo nur eine Reihe Pferde steht, und in der Fronte hinter denselben sich die Fenster befinden, mag ich den Vortheil der Dunströhren nicht ganz bestreiten, weil dann eher durch Oeffnung der Thüren eine von unten hinauf strömende Zugluft, welche die Pferde nicht trifft, bewirkt werden kann.

Anm. Herr Professor Naumann sagt in seinem vorhin angeführten Werke: „Bestände die verdorbene Luft blos „aus Stickluft, so würde solche leichter als atmosphä„rische Luft seyn, und durch die Dunströhren von selbst „entweichen; da aber das kohlensaure Gas sowohl, als „die wässerigen, ausgedünsteten, schädlichen Theilchen „schwerer sind; so können sie von der atmosphärischen „Luft nicht gehoben und fortgeschafft werden.“

Da es nun zur Erreichung dieses Zwecks blos darauf anzukommen scheint, die obern Luftschichten entweder vermittelst einer von unten hinauf strömenden Zugluft, oder in Ermangelung der letztern, durch Erwärmung der in der Dunströhre enthaltenen Luft, solche zu heben; so erwähnt Herr ꝛc. Naumann die von Marum vorgeschlagene Methode, nähmlich in der untern Oeffnung der Dunströhre eine brennende Lampe anzubringen.

Ein allhier gemachter Versuch, ein großes Gesellschaftszimmer auf diese Art vom Tabacksdampf zu reinigen, hat dies keinesweges bestätigt. Herr Naumann, der diesem Mittel gleichfalls nicht hinlänglichen Nutzen beizumessen scheint, schlägt hierauf folgenden, von dem hiesigen Mechanikus Herrn Resener verbesserten, in Fig. 169 angegebenen Ventilator vor.

Fig. 169 A zeigt die über das Dach hinaus gehende Dunströhre mit dem darauf befindlichen blechernen Ventilator im Durchschnitt. Vermittelst zweier eiserner Kreuze a a innerhalb der Dunströhre, wird eine viereckige eiserne Spindel b p perpendikulair getragen, und auf der feinen Spitze p dieser Spindel ruht die ganze blecherne Kappe, welche, von oben herunter angesehen, wie Fig. C gestaltet ist. Es ist nähmlich d d d ꝛc. ein blecherner Boden; in dessen Mitte steht ein viereckiger Kasten f, g, i, k, und an demselben ist ein Windfang, dessen Seite g h auf 15 Grad, die Ober- und Unterflächen l m und n q in Fig. A aber auf 45 Grad geneigt sind. Die Seiten h m und f k in Fig. C sind ganz offen, die Seite g i aber nur von g bis n; alles übrige der ganzen Kappe ist verschlossen, und auch der Boden d d d greift mit einem Rande an der aus dem Dache heraus reichenden Dunströhre herunter, wie in Fig. A zu sehen ist.

Anm. Wenn also die aus dem Dache hervor ragende Dunströhre viereckig wäre, so müßte zuvörderst ein runder Aufsatz auf derselben befestigt werden, damit der ganze in Fig. A vorgestellte obere Bau, mit seinem Rande um den gedachten Aufsatz sich frei nach allen Winden bewegen kann.

Unter dem Boden d d d ꝛc. Fig. C und B liegt ein horizontaler Rade-Ventilator, dessen Flügel einer unter dem andern auf 26 Grad geneigt sind, und innerhalb des viereckigen Kastens f, g, k, i, in Fig. C sind vier Windflügel r, s, t, u, Fig. D um die mittlere Spindel beweglich befestigt.

Die Wirkung dieser Maschine läßt sich auf folgende Art übersehen.

Der oben auf der Kappe befindliche Windflügel oder Drache, giebt dem viereckigen Gehäuse nebst dem mehrgedachten Boden (welche zusammen einen Körper ausmachen, der unabhängig von den erwähnten vier Flügeln und dem liegenden Ventilator ist, dabei oben auf der Spitze der Spindel ruht, und gegen das perpendiculaire Schwanken durch die eisernen Kreuze a a und v w Fig. A unter dem Rade-Ventilator gehalten wird) eine solche Richtung, daß der Wind von der Oeffnung h m Fig. C durch, bei f k wieder hinaus strömen, und die vier Flügel, und mit denselben den horizontalen Ventilator umtreiben kann. Die auf dem liegenden Ventilator-Rade ruhende Luftsäule wird wie durch eine Schraube gehoben, wodurch der unter den Schaufeln entstehende luftleere Raum von unten ersetzt werden muß.

Herr rc. Naumann behauptet aus Versuchen einen vorzüglichen Effect dieser Maschine, bemerkt aber dabei, daß solche bei warmer, windstiller Witterung stillstehen würde. In solchem Falle muß dann durch Oeffnung der Thüren und Fenster, bei der Nacht so viel Luft, als nöthig ist, gegeben; auch könnte allenfalls durch die vorgedachte Lampe unter der Röhre die Temperatur in der Röhre noch mehr erhöhet, und dadurch ein gelinder Luftzug bewirkt werden. Im Winter, wo die innere Temperatur allemahl wärmer als die äußere ist, wird die geringste Oeffnung der Thür einen dahin ganz abzweckenden Luftzug erregen; es kömmt dann nur, wie vorgedacht, darauf an, daß die Pferde so stehen, daß ihnen die Zugluft nicht nachtheilig werden kann.

§. 159.

Von Anlage der Thüren und Fenster in den Pferdeställen.

In Ställen, worin viel Pferde stehen, sind schon der Feuersgefahr wegen eine hinlängliche Anzahl Thorwege und Thüren nöthig. Die Haupt-Eingänge, wenn hinein geritten werden soll, brauchen nicht breiter als 8 Fuß zu seyn. Soll hinein gefahren werden, wie z. B. in den Gastställen bei Krügen auf dem Lande; so müssen die Thorwege wenigstens 9 bis 10 Fuß breit und 10 Fuß hoch seyn. Die gewöhnlichen Thüren, durch welche die Pferde aus- und eingeführt werden, sind 5 Fuß breit und nicht unter 8 Fuß hoch. In Bauerpferdeställen für kleine Pferde müssen selbige wenigstens 4 Fuß breit und 7 Fuß hoch seyn. Die 5 Fuß breiten Thüren werden zweiflüglicht, damit beim Ein- und Ausgehen der Menschen nicht jedesmahl die ganze Thür geöffnet werden darf.

Anm. Fast sollte man es für unwahrscheinlich halten, daß in Bestimmung der Höhe der Thüren so leicht gefehlt werden könnte, als die Erfahrung bestätigt. Ein Stall war so angelegt, daß die Pferde eine Stufe von 7 bis 8 Zoll hoch auf die Schwelle hinauf steigen mußten. Diejenigen Pferde, welche gewöhnlich in diesem Stalle standen, waren theils nicht von sehr großem Schlage, theils hatten sie sich beim Aus- und Eingehen an diesen Tritt gewöhnt. Ein fremdes großes Reitpferd wurde einst in diesen Stall gebracht; es ging sehr gut hinein, weil Pferde, wenn sie eine Stufe hinan steigen sollen, gewöhnlich den Kopf voraus strecken. Als aber dies Reitferd wieder heraus geführt werden sollte, hob es aus Furcht, sich gegen das Latteholz der Thür zu stoßen, (ungeachtet die Thür sonst hoch genug war,) den Kopf immer höher, und war nicht anders heraus zu bringen, als daß das Latteholz aus der Thür heraus geschnitten werden mußte.

Thorwege werden gewöhnlich an eingemauerte Haken gehangen, weil Zargen von der starken Erschütterung sehr leicht in der Mauer lose werden, und dann nicht wieder gut zu befestigen sind. Die Thorwege werden zwar am dauerhaftesten aus Verdoppelung gemacht (siehe im zweiten Theil Seite 453) jedoch sind selbige sehr schwer, daher man zuweilen eingefaßte Thorwege (siehe im zweiten Theil Seite 457 Fig. 308) wählt.

Besondere kleine Thüren in die Thorwege zu machen, ist für den Verband und die Dauerhaftigkeit der Thorwegflügel immer nachtheilig, die Thüren mögen in der Mitte zwischen beiden Flügeln, oder in einem der Fügel allein seyn, daher immer besser, die Thüren zum gewöhnlichen Ein- und Ausgange besonders anzulegen.

Diese Thüren erhalten dann Zargen, damit sie dichter schließen. Die Zargen werden zur bessern Conservation derselben nicht mit der Außenfläche des Gebäudes bündig, sondern so gesetzt, daß der gemauerte Anschlag die hölzerne Zarge von außen bedeckt. Auch diese Thüren sind verdoppelt am dauerhaftesten, sonst auch nur eingefaßt, und auf dem Lande in Bauerpferde-Ställen verleimt mit eingeschobenen Leisten nach Fig. 306 im zweiten Theil, auch wohl gar nur vom Zimmermann mit blos aufgenagelten Leisten gemacht.

Ob und was für Schlösser, oder ob nur Klinken und Riegel an dergleichen Thorwegen und Thüren seyn sollen, steht zwar in eines jeden Belieben, nur ist zu bemerken, daß wegen der ätzenden Ausdünstungen in Pferdeställen die Schlösser innerhalb des Stalles nicht von Dauer sind, oder es müssen die Thüren und das Eisenwerk daran mit guter Oehlfarbe angestrichen seyn, wenn nicht alles zu bald verquillen und verrosten soll. Da aus diesem Grunde auch die Riegel und Riegelschlösser zu bald unbrauchbar werden; so thut man besser, an den zweiflüglichten Thüren und Thorwegen, solche ganz wegzulassen, und an derjenigen Seite, wo der stehenbleibende Flügel der Thür befindlich ist, eine so genannte Sturmstange anzubringen, und mit selbiger den stehenbleibenden Flügel, anstatt mit Riegeln, zu befestigen. An Thüren, welche nur allein von innen geöffnet werden, kann auch der andere Flügel mit einer solchen Sturmstange festgehalten, und so die ganze Thür ohne Schloß verschlossen werden.

Wie die gewöhnlichen Fenster gemacht werden, ist schon im zweiten Theile auf der letzten Kupfertafel gezeigt. Da aber diejenigen Stallfenster, welche sich in den Außenwänden über den Raufen befinden, sehr mühsam zu öffnen sind, indem man erst auf die Krippe steigen, und dann über die Raufe die Fenster öffnen müßte; so kann denselben zu mehrerer Bequemlichkeit folgende Einrichtung gegeben wenden.

In dem Fensterfutter a b Fig. 171 A wird nicht an den Seitenstücken, sondern nur an dem Oberstücke a ein Falz von innen, und an dem Unterstücke b ein Falz von außen gemacht. Der Fensterflügel e b, welcher also an die Seitenstücke des Fensterfutters um so mehr fest anschließen muß, da, wie gedacht, kein Falz daselbst ist, hat an beiden Seiten in seiner Mitte bei c einen eisernen Zapfen, welcher im Fensterfutter in einer eisernen Pfanne läuft. Durch die Bewegung des Fensterflügels um den Zapfen c kann also das Fenster geöffnet, oder in dem obern und untern Falze a und b verschlossen werden. Dadurch wird, wenn das Fenster verschlossen ist, vermittelst des Wetterschenkels, und auch wenn es offen ist, durch seine Stellung selbst, Regen und Schnee abgehalten, und kann der Fensterflügel mit einer schwachen eisernen Stange e f sehr leicht auf- und zugemacht, auch damit es verschlossen bleibt, die bei f befindliche Gabel auf den Raufenbaum gestellt werden.

Anm. In den Communications to tho beard of agriculture, Vol. I. London 1797. wird zwar ein ähnliches Fenster angegeben: da aber daselbst oben der Falz von außen, und unten von innen ist; so ist nach allen so eben angeführten Rücksichten sehr leicht einzusehen, warum ersteres vorgezogen zu werden verdient. Auch können die Fenster nach Fig. 170 gemacht werden, welche nähmlich bei r angeschlagen sind, vermittelst einer eisernen Stange s auf- und zugemacht werden, und auf allen vier Seiten einen Falz haben.

§. 160.

Von den Decken in Pferdeställen.

Die feuchten und ätzenden Ausdünstungen der Pferde erfordern ferner sehr dichte und dauerhafte

Decken in den Ställen; die schlechtesten Decken zu diesem Behuf sind die ganzen Windelböden, in welchen der unterhalb eine glatte Fläche bildende Lehm die Feuchtigkeit aufnimmt, dadurch die Staken der frühen Fäulniß ausgesetzt werden, und vermöge der Last solcher Decken die Gefahr des Herabstürzens sehr leicht zu befürchten ist.

Besser sind die halben Windelböden, in welchen unterhalb die freien Staken sichtbar bleiben; allein da der Staub und die Spinnengewebe, wenn diese Decken nicht mit Brettern beschalt werden, daran eine große Unreinlichkeit verursachen; so sind die gestreckten Winden, so wie solche §. 126 beschrieben worden, auch hier die besten für ländliche oder bäuerliche Pferdeställe, indem sie außer den glatten Unterflächen, welche sie besitzen, dauerhafter als erstere sind.

Ausgeblöchte Decken (siehe im zweiten Theil §. 20) sind zwar sehr dauerhaft, aber außer ihrer großen Holzverschwendung auch nicht dicht genug, um die Dünste von dem Bodenraum abzuhalten.

Eine Bretterschalung unten gegen die Balken bewirkt, daß die ausgedünsteten Feuchtigkeiten von den Balken und Staken mehr abgehalten werden; daher die halben Windelböden mit einer solchen Verschalung in den hiesigen Cavallerie- und andern Pferdeställen, worin beständig viele Pferde stehen, für die zweckmäßigsten, und unter diesen Umständen auch für die wohlfeilsten befunden worden sind.

Eine solche Schalung kann auf verschiedene Art gemacht werden, nähmlich, die Schalbretter, wie gewöhnlich, an den Seiten gesäumt, und nach Fig. 170 A dicht an einander nebst Leisten auf die Fugen genagelt; oder die Bretter werden nach Fig. 171 A in einiger Entfernung, und auf die Zwischenweiten andere Bretter befestigt, oder es wird nach Fig. 172 A eine doppelte Schalung gemacht, wo nähmlich die untern Bretter, längs oder quer über die erstern befestigt werden; oder es wird auf einer ganz gewöhnlichen einfachen Schalung ordentlich gerohrt und geputzt. Letzteres ist, wenn die Ställe nicht ganz vorzüglich hoch sind, gar nicht dauerhaft, indem durch die Dämpfe der Drath und die Nägel sehr bald anrosten; daher auch nur Herrschaften, welche den Luxus oft so weit treiben, die Pferdeställe an den Decken und Wänden mahlen zu lassen, davon Gebrauch machen. Wird die Schalung nicht berohrt, so ist ein Anstrich von guter Oehlfarbe zur Conservation derselben sehr zuträglich. Das Abweißen der Schalung ohne Oehlanstrich geschieht nur der Reinlichkeit und der zu vermehrenden Erleuchtung wegen.

Eine sehr schön aussehende Deckenschalung ist in Fig. 172 K vorgestellt. Es wird nämlich auf eine zuvor quer über die Balken gemachte gewöhnliche Schalung noch eine zweite quer über, also nach der Länge der Balken mit gehobelten Brettern a b in gleichen Entfernungen auseinander angebracht. Zwischen diesen Brettern a b, a b, werden nun kleine Stücken Bretter c genau eingepaßt, und um die vertieft bleibenden Quadrate d ausgekehlte Leisten genagelt. Wenn alles dieses mit Oehlfarbe angestrichen, und allenfalls in die vertieften Casetten Rosetten gemahlt werden; so gehört unstreitig eine solche Decke zu den schönsten und prachtvollsten.

Man hat auch die Pferdeställe (wie z. B. in dem Königlichen Kutschpferdestalle zu Potsdam) mit Kreuzgewölben überspannt. Außerdem, daß solche Gewölbe sehr kostspielig sind, nehmen auch die zur Tragung des Gewölbes nöthigen Eck- und Mittelpfeiler sehr vielen Raum weg. Es war aber in dem angeführten Falle nicht allein die Absicht, eine dauerhafte Decke zu erhalten, (denn dies hätte, wie schon sehr alte, gut erhaltene Pferdeställe zeigen; auch auf andere vorher beschriebene Arten erhalten werden können,) sondern man hat darüber die Wohnungen für die Stalleute angelegt, welche dadurch zugleich für den Geruch von den Pferden vollständig gesichert wurden. Uebrigens ist es außer allem Zweifel, daß gewölbte Decken im Sommer kühl und im Winter warm halten, daher sie vollständig ihrem Zwecke entsprechen, nur für gewöhnlich zu theuer sind.

§. 161.

Ob die Pferdestände mit Klinkersteinen gepflastert oder mit Bohlen rc. belegt werden müssen?

Daß jeder Pferdestall, er sey für Oekonomie- oder Staatspferde bestimmt, besonders in den Ständen einen festen Fußboden haben müsse, ist nicht nur aus eben den Gründen, welche vorhin §. 146 von den Rindviehställen angeführt worden, sondern um so nöthiger, weil die Pferde weit unruhiger im Stalle stehen, und den bloßen Erdboden unter sich sehr bald aufstampfen. Es würde auch vorzüglich den Pferden höchst nachtheilig seyn, beständig in ihrem Mist und dessen Ausdünstungen zu stehen, welcher sich bald mit der aufgetretenen Erde vermischen, dadurch einen Sumpf verursachen, und jedesmahl nur mit Wegstechung einer tiefen Masse von Erde hinweg geschafft werden könnte. Ja es hat auch den Nachtheil für die Pferde, daß sie sich alsdann geniren, nieder zu legen; und wenn man solches, da es den Thieren so wohlthätig ist, dennoch bewirken wollte, so würde es nur mit Aufwand einer großen Menge Streu geschehen können. Aus diesem Grunde wird man auch schwerlich einen Pferdestall finden, der nicht gepflastert oder gebohlt wäre, außer zuweilen in solchen Gastställlen auf dem Lande, welche wenig besucht, und daher größtentheils zu Remisen für Wagen- und Ackergeräthe gebraucht werden.

Die Art und Weise, die Stände in den Pferdeställen mit festen Fußböden zu versehen, ist sowohl in Absicht der dazu wählenden Materialien, als deren Anfertigung, sehr verschieden. Der Landmann kann leider selten hierunter wählen, sondern muß sich gewöhnlich mit dem begnügen, was neben der Dauerhaftigkeit auch das wohlfeilste ist. Dies sind die mit Feldsteinen gepflasterten Pferdeställe, und da die Pferde des Landmanns gewöhnlich bei Tage oder Nacht auf hinlänglicher Streu im Stalle stehen; so ist das Feldsteinpflaster auch sehr zweckmäßig. Wegen Anfertigung eines solchen Feldsteinpflasters ist wiederum darauf sorgfältig zu sehen, was §. 146 bei den Kuhställen hierüber erinnert worden.

Für Pferde, welche entweder wegen ihres schlechten und flachen Hufs, oder, weil sie so viel auf gepflasterten Dämmen oder Chausseen gehen müssen, beschlagen sind, oder wenn ihnen nur wenig untergestreuet werden kann, ziehen einige die ausgebohlten, ausgeblöckten, oder überhaupt die mit Holz belegten Fußböden in den Ständen denen, welche mit Feldsteinen oder Klinkern gepflastert sind, vor, und zwar aus folgenden Gründen: Sie sagen nähmlich, die Pferde ständen darauf wärmer, erhielten nicht so leicht Stollschwämme, und durch den auf Holz weichern Stand keine steifen Füße, die Hufeisen litten nicht so sehr, und wenn sie unbeschlagen wären, könnten sie sich beim Schlagen nach den Fliegen den Huf nicht so leicht beschädigen; auch könnten sie beim Aufstehen nicht so leicht, wie auf dem durch den Urin glatt und schlüpfrig gewordenen Pflaster, ausgleiten, und sich im Leibe Schaden thun, oder lähmen; und endlich noch, daß man auf Holz weniger Streu gebrauche, als auf einem Pflaster von Feld- oder Klinkersteinen. Dagegen haben, nach der Behauptung Anderer, die hölzernen Fußböden in den Ständen das Nachtheilige, daß gerade diese, wenn sie nicht reinlich gehalten werden, zum Ausgleiten beim Aufstehen der Pferde, auch, wenn sie ausgetreten und uneben sind, eben so sehr, als die uneben gewordenen gepflasterten Stände, zum Stollschwamme Veranlassung geben; ferner daß eben darum, weil die Pferde wärmer darauf stehen, ihnen die Füße und besonders die Hufe austrocknen, so daß die Wärter wohl gar des Nachts Umschläge machen müßten, weil sonst die Hufe spröde und rissig würden. Diesen letztern Umstand wird auch ein jeder dadurch bestätigt finden, daß, ehe ein Pferd, (welches im Stalle auf Bohlen, und zwar, wie es sich gehört, stets trocken und reinlich steht,) neu beschlagen werden kann, solches vorher wenigstens 10 bis 12 Stunden im Mist oder weichem Lehm stehen muß, um den Huf zu erweichen, welches bei Pferden, die im Stalle auf Pflaster stehen, nicht nöthig ist. Ueberdies ist gar nicht zu bezweifeln, daß, da der Urin sich in das Holz einzieht, oder in die darunter befindliche Erde aufgenommen wird, der Geruch desselben unaufhörlich conservirt, und unter dem Stande ein ordentlicher Kloak verursacht wird, welcher den Füßen, und besonders den Augen und Lungen der Pferde, sehr schädlich ist.

Anm. In den hiesigen Cavallerie-Pferdeställen befinden sich noch einige Pferdestände, welche mit Bohlen belegt sind; die mehresten sind bereits mit Klinkersteinen ausgepflastert. Diese mit Bohlen belegten Stände waren seit 1806 nicht von dem darunter angehäuften Miste ausgeräumt und mit reiner frischer Erde wieder angefüllt worden. Von den dreihundert und einigen Pferden, welche in diesen bebohlten Ständen standen, waren mehrere seit einiger Zeit an der Lungensucht (sogenanntem Rotz) erkrankt, so daß von selbigen schon 12 bis 16 haben todtgestochen werden müssen. Allem, was vielleicht durch Ansteckung und Fortpflanzung dieser Krankheit von den in diesen Ställen während des Krieges gestandenen Pferden befürchtet werden konnte, war hinlänglich vorgebeugt worden; auch fand sich diese Krankheit nicht in diesen Ställen, deren Stände mit Klinkern gepflastert sind. Ein von dem Herrn Professor Naumann hierüber erfordertes pflichtmäßiges Gutachten fiel demnach dahin aus: daß die Ansteckung der Lungen der Pferde lediglich von dem unter den Bohlen angehäuften Kloak und dem daher entstehenden verpesteten Gestank herrühre, und daß diesem Uebel gar nicht anders auf eine vollständige und bleibende Art abgeholfen werden könne, als daß die Stände sämmtlich mit Klinkern gepflastert würden, welches auch gegenwärtig geschieht.

Diejenigen, welche sich von diesen Gegengründen ganz überzeugt halten, setzen noch hinzu, daß, da z. B. ein Bohlenbelag nur kurze Zeit hält, solcher sehr holzverschwenderisch sey, und lassen daher die Pferdeställe mit Feldsteinen oder mit gut gebrannten Klinkern auspflastern. Für diese letztere Art Pflaster stimmt auch Herr Naumann im zweiten Theile §. 32 rc. seiner Pferdewissenschaft, und verwirft die ausgebohlten Stände aus oben angeführten Gründen gänzlich.

Um aber doch dem Einwande zu begegnen, daß die beschlagenen Pferde auf einem Pflaster zu hart stehen, und sich die Hufeisen sehr leicht entzwei schlagen, oder im Winter die geschärften Eisen abstumpfen, wollen einige, daß, wenn die Pferde wie gewöhnlich nur an den Vorderfüßen beschlagen sind, in den mit Klinkern gepflasterten Ständen allemahl 2 Bohlen vor der Krippe, wie in Fig. 171, angebracht seyn sollen, auf welchen die Pferde mit den Vorderfüßen stehen. Für diese Con-

struction

struction hat auch in einem officiell geforderten Gutachten die hiesige Cavallerie gestimmt.

Wenn die Pflasteruug des Standes mit Klinkern auf der hohen Kante gehörig gemacht wird, (wie weiter hin vorkommt,) so kann der Stand gehörig rein gehalten werden, der Urin kann dann nicht in oder unter dem Stande einziehen und dadurch die Luft verpesten, sondern es kann derselbe in der hinter dem Stande belegenen Rinne abfließen. Es sind daher auch fast in allen hiesigen Königlichen Reit-, Wagen-, und Cavallerie-Pferdeställen die Stände auf solche Art eingerichtet.

Diejenigen, deren Pferde entweder auf allen vier Füßen beschlagen sind, oder die sonst aus andern Gründen von dem Vorurtheile für die ausgebohlten Pferdestände eingenommen sind, und dabei keine Kosten scheuen, verlangen, daß, um den Abfluß des Urins zu bewirken, nach Fig. 170 unter den ganzen ausgebohlten Stand hinweg von Mauer- oder Klinkersteinen, allenfalls nur auf der flachen Seite, ein Pflaster, und zwar moldenförmig gemacht, und eine Abfluß-Rinne unter den letzten Bohlen zunächst am Gange angelegt werden müsse. Hiergegen läßt sich einwenden, daß der Urin, welcher dennoch in die Bohlen einzieht, immer wieder einen starken Geruch verursacht, welchen die Pferde, besonders wenn sie liegen, einathmen müssen. Der Urin, welcher, nur wenn Löcher in die Bohlen gebohrt werden, durchfließt, ist übrigens so wenig, daß er selten in den Abflußrinnen zum Fluß kommt, mithin daselbst verdickt und den Stall verpestet, weil die Rinne verdeckt liegt, und in der Regel dann nicht genug darauf geachtet wird, ihn gehörig heraus zu schaffen. Um die nachtheiligen Ausdünstungen zu verhindern, muß alsdann Wasser durch die Rinne gepumpt werden. Wie selten dies aber von den Stallleuten geschieht, weil es mühsam ist, die Bohlen über dem Kanal in allen Ständen aufzunehmen und in den Rinnen nachzukehren, ist aus Erfahrung bekannt.

Ferner, da auf diese Art die Bohlen sämmtlich hohl liegen, müssen selbige nicht nur in gutem Stande erhalten, sondern können auch selten, wenn sie auf einer Seite etwas ausgetreten sind, noch einmal umgekehrt werden, weil, wenn eine Bohle etwa bei Nachtzeit durchbräche, das Pferd, ehe Hülfe käme, sich die Beine zerbrechen könnte. Daß also ein solcher Ausbau der Pferdeställe auch kostspieliger zu unterhalten ist, leuchtet aus dem Gesagten von selbst hervor.

Anm. Herr rc. Manger in seiner Bauwissenschaft verlangt, daß, wenn man denn doch für hölzerne Fußböden in den Pferdeständen eingenommen wäre, dazu sechs bis acht Zoll starke vollkantige Bohlen in die Stände gedielt werden müßten. Außer der starken Holzconsumtion aber, welche dies verursachen würde, mache ich nur darauf aufmerksam, daß, wenn dergleichen dicke Bohlen so lange, bis sie dem Zerbrechen nahe sind, benutzt werden, sie sehr große Unebenheiten erhalten, welches den Pferden wiederum in mancher andern Art nachtheilig ist, und Stollschwämme veranlaßt.

In Hinsicht der letztern Besorgniß schlagen Andere vor, ein flach liegendes Mauersteinpflaster dicht unter den Bohlen nach Fig. 172, und eine offene Rinne hinter den Ständen anzulegen. Hiergegen läßt sich nur noch einwenden, daß dennoch die Bohlen den mehrsten Urin in sich aufnehmen werden, und folglich immer noch ein nachtheiliger Gestank conservirt wird.

Um die gewissermaßen doppelten Baukosten, welche die letztern beiden Vorschläge verursachen, zu ersparen, hat man anstatt des Klinkerpflasters unter den Bohlen einen Thon- oder Lehmschlag angerathen. Wenn nun gleich der Thon und Lehm nicht so leicht als bloße Erde eine darüber gegossene Feuchtigkeit in sich aufnimmt, vielmehr den größten Theil ablaufen läßt; so ist jedoch zu bedenken, daß ausgetretene Bohlen sich von der Last des Pferdes biegen, dadurch Gruben in die aus Lehm oder Tohn bestehende Unterlage verursachen, und der durch die Bohlen fließende Urin größtentheils auf der Thon- oder Lehmlage haften bleiben, und so wiederum ein Reservoir von Geruch seyn wird.

Besser als dieses ist, wenn die Aushohlung beibehalten bleiben, und dann doch Ersparung die Wahl leiten soll, nur in der hintern Hälfte des Standes unter den Bohlen ein Pflaster anzulegen. Für Stutenstände ist dies hinlänglich, für Pferde männlichen Geschlechts dürfte aber der beabsichtigte Zweck nicht ganz hierdurch erreicht werden.

Nach diesen allgemeinen Betrachtungen über die verschiedenen Arten der Fußböden in den Pferdeständen, will ich nun die verschiedenen Arten des Ausbaues derselben beschreiben.

§. 162.

Von dem nöthigen Abhang der Fußböden in Pferdeständen.

Die Länge eines Pferdestandes wird gewöhnlich von der Krippe bis zu den Ständern oder sogenannten Pilarstielen hinter den Pferden gerechnet, worauf also die §. 156 erwähnten verschiedenen Längen der Pferdestände Bezug haben. Ein jeder Pferdestand muß von der Krippe bis nach der, hinter den Pilarstielen befindlichen, Rinne einen nur geringen Abfall haben, weil sonst die Pferde beständig wie auf einem Anberge stehen und ermüden; auch, je mehr die Materialien, woraus der Fußboden der Stände gemacht ist, glatt oder glitschend durch den Gebrauch werden, je geringer muß der

Abhang seyn, weil sonst die Pferde beim Aufstehen ausgleiten und sich bedeutenden Schaden im Leibe zufügen, oder wohl gar die Beine brechen können. Jeder mit Bohlen belegte oder mit Klinkern oder mit Feldsteinen gepflasterte Stand, kann, wenn derselbe nicht trocken und reinlich gehalten, oder nicht hinlängliche Streu gegeben wird, hierzu Gelegenheit geben; daher auch nach Fig. 170 bis 172 dem ganzen Stande auf 10 Fuß Länge nicht mehr als 3 Zoll Abfall gegeben, und dabei noch mit der dahinter befindlichen Rinne die Vorsicht getroffen worden ist, daß die Pferde, wenn sie dessen ungeachtet beim Aufstehen ausgleiten sollten, gegen die Rinne einen Widerstand finden. *) Wenn nähmlich die Länge des Standes nach der Länge des Pferdes genau abgemessen ist, werden die Steine der Rollschicht in der Rinne h Fig. A oben abgerundet und mit dem übrigen Theile ihrer Höhe lothrecht in die Rinne gesetzt. Man macht zwar dieser Einrichtung der Rinne den Vorwurf, daß, wenn die Pferde zurück treten, sie sich leicht die Hacken beschädigen könnten; allein dies ist dadurch zu vermeiden, daß die Abrundung der Steine groß genug und nicht zu hoch über dem Bette der Rinne angelegt wird.

*) Anm. Herr Naumann in seiner vorhin angeführten Pferdewissenschaft verlangt, daß ein Pferdestand, mit Inbegriff der Krippe von 11 bis 12 Fuß Länge, nicht mehr als 3 Zoll Abfall erhalten soll.

In England, wo man den Abhang in den Pferdeständen mehrentheils verwirft, wird das Klinkerpflaster ganz horizontal auf folgende Art gemacht. Fig. 174 B ist der Grundriß des Standes, und darin a b die Seite gegen die Krippe. In der Mitte des Standes ist ein Abzug e f g h angelegt, der bis auf 3 Fuß von der Krippe hineinreicht. Dieser Abzug ist oben 7 bis 8

Zoll breit, und läuft nach Fig. 174 C unten in einen Winkel zu. Oben bei fe ist derselbe nur 3 Zoll tief, hat aber nach gh einen Abfall, der stark genug ist, die Feuchtigkeit in den Hauptcanal d zu leiten; letzterer geht hinter sämmtlichen Ständen hinweg, und ist gleichfalls oben nur 7 bis 8 Zoll weit. Alle diese Abzüge werden mit Bohlen bedeckt, und in denjenigen, welche auf den Abzügen efgh liegen, sind so viele Löcher gebohrt als möglich ist, auch mit einem eisernen Ringe zum Aufheben derselben versehen.

§. 163.

Construction der hölzernen Fußböden, Krippen und Raufen in Pferdeställen.

Wenn die Pferdestände mit 3 Zoll starken Bohlen, ohne ein Pflaster unmittelbar darunter, ausgebohlt werden, so wird allemahl darauf gerechnet, daß der Urin zwischen den Bohlen nach dem Raume unter dem Sande abfließen oder mit dem Miste vermengt oberhalb weggekehrt werden soll, und zu dem Ende auch keine Rinne hinter den Ständen im Gange angelegt. Ist nun auch kein Pflaster nach Fig. 170 unter den Lagern x hinweg vorhanden; so müssen, um den Lagern eine hinlängliche Unterstützung zu geben, sowohl bei y als auch in der Gegend bei t Fig. 170 A starke und lange Hölzer längs unter den Ständen hinweg auf das zuvor festgestampfte Terrain wagerecht, jedoch so gelegt werden, daß das Unterlageholz y um 3 Zoll höher als das bei t (als so viel Abfall der Stand nach §. 162 von der Krippe nach hinten erhalten soll) zu liegen kommt. Der Raum zwischen und neben diesen Hölzern y und t kann nun bis zur Unterkante der Unterlager x mit Erde, Sand oder trockenem Bauschutt ausgefüllt werden.

Eben solche Unterlagehölzer y und t sind nöthig, wenn auch das Terrain unter den Bohlen mit einer Thon- oder Lehmlage festgestampft wird.

Eine solche Lehm- oder Thonlage von 4 bis 5 Zoll Dicke müßte nun entweder unter den Lagern hinweg gehen, und einen gemauerten Abflußcanal t Fig. 170 erhalten, oder es müßten die Unterlager y und t und die Lager x selbst in die Lehm- oder Thonlage eingestampft, und die Bohlen dann auf die Lager, also auch unmittelbar auf die Thonlage (wie z. B. in Fig. 172 A auf das Pflaster) gelegt werden. Da indeß, wie vorgedacht, der durchdringende Urin den Thon oder Lehm mit der Zeit dennoch erweicht; so ist es besser, nach Fig. 170 ein flach gelegtes Pflaster von Mauersteinen mit einem Abflußcanal anzulegen.

Ein Pflaster auf solche Art unter den Ständen hinweg, bekommt denselben Abhang, den die darüber liegenden Bohlen erhalten, und kann auch nach Fig. 170 C unter jeden Stand besonders concav (also in der Mitte tiefer als unter den Lagern) gelegt werden. Unter den Lagern geht das Pflaster hinweg, wodurch selbige auch trockener und fest liegen. Die Lager x sind ungefähr 8 bis 9 Zoll hoch und 10 Zoll breit, damit sie durch den Falz an beiden Seiten, worin die Bohlen liegen, (siehe Fig. 170 C,) nicht zu sehr geschwächt werden. Nach der Anlage Fig. 172 können die Lager k nicht viel schwächer seyn, ungeachtet die Bohlen unmittelbar auf dem Pflaster, also gehörig unterstützt liegen. Die Unterlager, welche in Fig. 170 mit y und t bezeichnet sind, können aber hier nicht füglich statt finden, weil über selbige hinweg gepflastert werden müßte, wenigstens ist es besser und solider, die Lager k Fig. 172 mit einigen gemauerten Pfeilern zu unterstützen. Das Pflaster in Fig. 172 C kann auch nicht, wie vorgedacht, concav gelegt werden, sondern es wird dasselbe mit dem Falz in den Lagern k in die Wage gelegt, so daß die Bohlen überall dicht auf dem Pflaster liegen, und die Lager werden eingepflastert.

Damit der Urin möglichst schnell durch die Bohlen Fig. 170 auf das darunter befindliche Pflaster komme, werden auf allen Kanten durch die Standbohlen runde Löcher, von ¾ bis 1 Zoll im Durchmesser groß, geschnitten, wie in Fig. 170 B angedeutet worden. Dergleichen Löcher durch die Bohlen findet man vielfältig auch da, wo kein Pflaster und keine Jauchenabzüge unten den Bohlen befindlich sind. Dies ist sehr unrichtig, vielmehr sollte man dann recht sehr dahin sehen, daß die Bohlen beständig dicht an einander schließen, damit der Urin, mit dem Miste vermengt, oberhalb der Bohlen weggeschafft werden, und kein Kloak unter den Bohlen entstehen könnte. Auch in den Bohlen, worunter nach Fig. 172 ein Pflaster befindlich ist, dürfen keine Löcher seyn, vielmehr müssen selbige ebenfalls so dicht als möglich zusammen stoßen, damit der Urin über die Bohlen hinweg nach der Rinne v abfließe.

Die unter dem Stande befindliche Abflußrinne t Fig. 170 muß wenigstens 1 Fuß breit, und selbst unter den Lagern noch 9 Zoll tief seyn; wo dies beim Anfange der Rinne vielleicht noch nicht angehen möchte, da muß eine kleine Rundung unten aus dem Lager geschnitten werden, so daß in jedem Falle der Urin und Mist durch den Canal ordentlich durchgefegt werden kann. Wie dieser Canal gemauert werden muß, ist aus der Zeichnung zu ersehen. Ein solcher Canal erhält auf die laufende Ruthe wenigstens 1 Zoll Fall, je nachdem das Gefälle, von dem Ausflusse des Canals an hinauf gerechnet, solches erlaubt, und je nachdem derselbe lang oder kurz nöthig ist. Den langen Canälen giebt man dagegen deshalb nicht gern mehr als 1 Zoll Gefälle auf die Ruthe, damit sie am Ende nicht zu tief und zu mühsam zu reinigen werden; sie also so kurz als möglich zum Stalle hinaus zu führen, und ihnen dafür lieber mehr Gefälle zu geben, ist besonders deswegen sehr gut, weil der Urin mit dem Miste melirt, nicht gut abfließt, vielmehr muß dann zuweilen eine Menge Wasser nachgepumpt oder nachgegossen werden.

Den ausgebohlten Ständen macht man mit Recht den Vorwurf, daß die Pferde, besonders wenn sie mit Hufeisen versehen sind, die Bohlen sehr bald aufsplittern, abfasern, und in kurzer Zeit durchtreten. Wo indeß noch bei überflüssigem Holze auf dem Lande die Stände der Pferde mit Holz ausgelegt werden, da thut man besser, anstatt der Bohlen, nach dem Vorschlage des Herrn Manger, lange Stücke Halbholz neben einander zu legen. Weil aber das Längenholz überhaupt nur geringen Widerstand leistet; so hat man auch schon nach der Florinischen Angabe (in seinem klugen und rechtsverständigen Hausvater, zweitem Buche) versucht, die Pferdestände mit Hirnholz auszusetzen, in welcher Lage das Holz den stärksten Widerstand leistet. Es werden nähmlich nach Fig. 173 A und B vierkantig bearbeitete, genau an einander passende, unten und oben aber glatt abgeschnittene, etwa 15 bis 18 Zoll hohe, kienene oder eichene Klötze dergestalt neben einander gesetzt, oder gewisser maßen gepflastert, daß die Hirnflächen oben kommen und zusammen eine, mit dem erforderlichen Abhange versehene Fläche bilden. Es ist zwar nicht zu leugnen, daß das Holz mit seiner Hirnfläche den stärksten Widerstand leistet; allein, ungerechnet, daß schon ein Stamm fester als der andere ist, und daher ebenfalls ein Stück sich eher als das andere abnutzt, so ist auch das Hirnholz gerade am geschicktesten, den Urin in sich aufzunehmen, und da durch den nachtheiligen Geruch für die Pferde zu conserviren. Im Königl. Preuß. Gestüte Trakenen in Litthauen hat man versucht, diese Art Fußböden in den Pferdeständen anzuwenden; aus den eben erwähnten Ursachen ist aber solches nicht fortgesetzt worden.

Die hölzernen Krippen werden entweder aus einem starken Holzstamme ausgehauen, oder aus Bohlen zusammengesetzt. Die ausgehauenen Krippen sind eine große Holzverschwendung, und dürfen daher bei den Königl. Preuß. Domainen-Bauten gar nicht angewendet werden; auch ist nicht zu leugnen, daß, da der Kern heraus gehauen wird, und nur der Splint übrig bleibt, solche weit früher, als die aus kernigten Bohlen zusammen gesetzten Krippen, verfaulen. Wenn aber die Krippen aus Bohlen nicht recht scharf und gut zusammen gesetzt sind, oder eine Zeit lang mit nassem Pferdefutter gebraucht werden, und demnächst wieder ungenutzt stehen bleiben; so öffnen sich die Fugen dergestalt, daß so wohl das Wasser in und durch die Fugen dringt, als auch das Körnerfutter darin wurzelt, auswächst und die Krippe versäuert.

Die Bohlen zu den Krippen werden gewöhnlich zu den Seitenwangen 2 bis 2½ Zoll und zu den Böden 2½ bis 3 Zoll stark von kienenem Holze gewählt. Ihre Zusammensetzung ist aus Fig. 170 E deutlich zu ersehen, und dabei zu bemerken, daß die Seiten gegen den Boden mit starken eisernen Nägeln genagelt werden. Jede Seite und der Boden der Krippe, muß aus einer unzusammen gesetzten Bohle bestehen, daher besonders zum Boden sehr breite Bohlen nöthig sind, indem die Krippen eigentlich im Lichten unter 10 Zoll und oben 12 bis 13 Zoll breit, also mit schräg stehenden Seiten gemacht werden sollten.

Nicht nur zum mehrern Zusammenhalt der Seitenwangen der Krippe, und damit sich die Pferde gegenseitig nicht das Futter rauben können, sondern auch damit man sehen kann, ob ein Pferd seine Portion Futter selbst gefressen oder nicht, sollte allemahl auf der Grenze zwischen zwei Ständen eine hölzerne Scheidewand oder ein so genanntes Scheit in der Krippe eingesetzt seyn, wie aus Fig. 170 B im Grundriß zu sehen. Ein solches Scheit wird aus 2 bis 3 Zoll starken Bohlen gemacht und sehr scharf und genau eingepaßt. Wo dergleichen Scheite nicht gemacht werden, da müssen wenigstens zum Zusammenhalt der Krippen-Wangen dergleichen Spannhölzer quer über eingelassen, und in 6 bis 8 füßigen Entfernungen statt finden, wie bereits in Fig. 157 mit b c bei den Kuhkrippen gezeigt worden.

Unter die hölzernen Krippen werden nun einfache Krippenstiele d Fig. 170, und zwar, wenn der Stand nach Fig. 170 ausgebohlt ist, auf die Standlager gezapft, wie aus Fig. 170 D zu ersehen ist. Die nähere Beschreibung der Anfertigung der Krippenstiele kömmt weiterhin vor; für jetzt wird nur noch bemerkt, daß nach Fig. 170 B die Krippenstiele d etwas schwächer, als die Standlager breit sind, gemacht werden müssen, damit von den Falzen der Lager noch so viel vorstehen bleibt, daß auf denselben unter die Krippe hinweg noch fort gebohlt werden kann.

Die gemeinschaftlichen hölzernen Raufen, werden ungefähr 12 bis 16 Zoll hoch über der Krippe angebracht, und dieser Raum zwischen der Raufe und Krippe mit einem so genannten Blend-Brette bekleidet, welches oben und unten mit gewöhnlichen Lambrishaken an die Wand befestigt wird. Unten werden diese Raufen auf eisernen Haken c Fig. 170 A gestellt, und oben mit eisernen Raufstangen a, welche an der Wand in eiserne

Kloben greifen, ungefähr in 10 bis 12 füßigen Distanzen befestigt. Solche Raufen müssen möglichst steil stehen, damit die Pferde, wenn sie etwa von einem Schreck vorwärts prellen, sich nicht das Maul oder die Nase daran beschädigen. Die obern und untern Bäume der Raufe sind 4 bis $4\frac{1}{2}$ Zoll im Quadrat stark, die Kanten etwas abgerundet, und die runden Sprossen, welche so nahe zusammen gestellt werden, daß nur 3 Zoll Raum dazwischen bleibt, sind $1\frac{1}{2}$ Zoll im Durchmesser stark. Gut ist es zur Conservation der Haut der Pferde, wenn alles Holzwerk ordentlich behobelt ist.

Um das Zerfressen der kienenen Krippen, Raufen 2c. zu verhindern, hat man verschiedene Mittel. Bei den Raufen und allen andern Hölzern außer den Krippen kann man es dadurch verhindern, wenn diese Stücke von eichenem, oder rothbüchenem Holze gemacht werden, weil die meisten Pferde diese Holzsorten nicht gern fressen; ferner, wenn man das kienene Holz der Raufen betheert, und endlich, wenn man alles frei vorstehende Holz mit Eisenblech beschlägt. Die Krippen von eichenen Bohlen zu machen, ist nicht gut, weil, wenn naß gefüttert wird, das Holz auslauget und dem Futter einen ekelhaften Geschmack giebt. Krippen von rothbüchenem Holze zu machen, geht eher an, nur wird es nicht von allen Pferden verschont.

Am meisten werden die Vorderkanten und die Böden der Krippen von den Pferden zernagt, und hierbei ist besonders zu merken, daß (wenn ein Pferd mehr als die andern seinen Krippenboden ruinirt hat, und man also noch nicht gern den Boden der ganzen Krippe erneuern mag) ein Brett in die Krippe auf den ausgehöhlten Boden aufzufüttern, dies immer eine schlechte Reparatur ist, vorzüglich, wenn naß gefüttert wird, weil das vom Futter geschwängerte Wasser, sich durch die Fugen in die Höhlungen unter den eingesetzten Boden zieht, und in dem es daselbst sauert und fault, den Pferden die Eßlust verdirbt.

Die obere Kante an der vordern Wange der Krippe wird gewöhnlich mit geschmiedeten eisernen, ungefähr $\frac{1}{8}$ Zoll starken, und etwa 2 Zoll breiten, Schienen mit versenkten Nägeln beschlagen. Die hintere Wange der Krippe, wenn solche nach Fig. 170 A von dem Blendbrette vorsteht, muß ebenfalls mit einer schmalen eisernen Schiene, oder mit Eisenblech, welches um etwas an dem Blendbrette hinauf und in die Krippe hinein reicht, beschlagen werden. Oder man setzt das Blendbrett unten etwas vor, indem man es hinterfüttert, so daß solches mit der innern hintern Seite der Krippe eine glatte Fläche bildet. Uebrigens ist bei den eisernen Schienen zu beobachten, daß solche so breit als die Oberkanten der Krippe stark sind, seyn müssen.

In Cavallerie-Pferdeställen, wo Pferde von mehrerlei Racen, oder überhaupt, wo solche Pferde stehen, die wegen ihrer müßigen Zeit, mehr als andere Arbeitspferde das Holzwerk anfressen, werden auch wohl 2 bis 3 solcher Schienen in gleichen Entfernungen neben einander längs auf den Boden der Krippe, und eine über jedes Scheit in der Krippe, genagelt. Oder, weil dies sehr kostspielig ist, so benagelt man die Kanten der Krippen, die Scheite darin, den untern Raufenbaum, und einen Theil am Blendbrette herunter, so wie endlich die Backen der Krippenstiele, und einen Theil der Lattierbäume zunächst der Krippe, mit Eisenblech. Um die Schienen auf dem Boden in der Krippe zu ersparen, schlägt man den Boden mit vielen kleinen Nägeln dergestalt aus, daß solche umgeschlagen, oder vielmehr Spitze und Kopf eines jeden Nagels eingeschlagen werden, wodurch nur der Theil eines jeden Nagels, zwischen der Spitze und dem Kopfe, längs auf dem Boden liegt. Die bei den Fahnschmieden der Cavallerie häufig vorhandenen alten unbrauchbaren Hufnägel erleichtern die Kosten dafür um so mehr; jedoch ist eine große Vorsicht dabei zu verwenden, daß nähmlich die Köpfe der Nägel nicht etwa mit scharfen Seiten oder Spitzen vorstehen, woran sich die Pferde beschädigen, und dadurch sich scheuen, aus einer solchen Krippe zu fressen. Eben solche und fast noch mehrere Vorsicht ist bei dem Beschlagen der übrigen Theile mit Eisenblech anzuwenden.

Da die Cavalleriepferde in den Ställen, wenn sie ohne Futter und müßig stehen, das Zernagen der Hölzer auch an dessen glatten Flächen dennoch nicht unterlassen, und wo sie durch das Eisenblech daran verhindert werden, sich die Zähne daran verderben; so sollte es allemahl als Regel gelten, die Pferde zwischen den Futterzeiten mit dem Hintern nach der Krippe zu stellen, wozu dann auf beiden Seiten an den Pilarstielen Schnürringe, und zwar etwas hoch, wie in Fig. 170 C gezeichnet ist, angebracht werden. Das Pferd wird dann an beiden Schnürringen dergestalt befestigt, daß dasselbe weder die Lattierbäume noch die Pilarstiele erreichen kann.

§. 164.

Construction der mit Klinkern gepflasterten und mit eisernen Krippen und Raufen versehenen Pferdestände.

In Fig. 171 ist die Construction eines mit Klinkern auf der hohen Kante gepflasterten Pferdestandes vorgestellt. Der Gang hinter den Ständen kann gleichfalls mit Klinkern oder auch nach Fig. 170 A mit kleinen Feldsteinen gepflastert werden; in beiden Fällen aber muß die Wölbung desselben nur sehr geringe seyn, weil solcher durch den Pferdemist sehr glatt und schlüpfrig, und daher zuweilen über die Feldsteine noch eine Lage Lehm gelegt und geebnet wird.

Das Klinkerpflaster in den Ständen geht nun entweder bis gegen die Mauer unter die Krippe, oder es sind, wie in Fig. 171, zwei Bohlen vorne eingelegt, auf welchen die Pferde mit den Vorderfüßen stehen. In beiden Fällen kann das Pflaster der Breite des Standes nach entweder horizontal, oder auch etwas concav oder convex gepflastert seyn, so daß in jedem Stande für sich der Urin nach der vertieften Mitte, oder nach den vertieften Seiten zusammen- und abläuft. Um aber hierdurch den Pferden weniger Gelegenheit zum Ausgleiten zu geben, (obgleich die Convexität oder Concavität nur sehr gering seyn und etwa 2 Zoll betragen darf,) macht man das Pflaster lieber horizontal, und pflastert die Steine, wie aus Fig. 171 B zu ersehen, mit solchen Laufschichten, welche in der Mitte des Standes zusammen laufen. Wenn dann jeder Stein für sich perpendiculair gesetzt wird, so steht, wegen des Abfalls, den der Stand nach hinten zu hat, eine jede Schicht gegen die vordere um etwas höher, und bewirkt die erforderliche Rauhheit im Pflaster. Diese Art zu pflastern scheint vor der einen Vorzug zu verdienen, wo nähmlich die Steine als Läufer nach der Breite des Standes gesetzt werden, weil dann die eben gedachten vorstehenden Kanten der Steine den Ablauf des Urins in etwas verhindern. Werden sie aber wie gewöhnlich als Läufer nach der Länge des Standes gesetzt, so erhält das Pflaster weniger Rauhheit, welche letztere jedoch das Ausgleiten verhindern soll. In jedem Falle legt der Maurer zuerst die Rollschichten an jeder Seite des Standes nach dem vorgeschriebenen Gefälle, und die Rinnen hinter denselben, und dann erst legt er das Pflaster in der Mitte des Standes, wobei ihm die beiden Rollschichten als Lehre dienen.

Das Klinkerpflaster in Ställen muß allemahl in Kalk gesetzt, und hernach müssen die Fugen mit dünnem Kalk ausgegossen werden. Soll es vorzüglich dauerhaft seyn, so wird erstlich die nach und nach aufzufüllende Erde mit einer Steinsetzer-Ramme fest gestampft, auf derselben eine Lage Lehm von etwa 3 Zoll dick, fest geschlagen, dann ein Pflaster von festen Mauersteinen oder Klinkern auf der flachen Seite, und auf dieses Pflaster erst das vorher beschriebene hochkantig liegende Pflaster, und zwar beide in Kalk gelegt. Auch hat man vorgeschlagen, die Klinker auf den Kopf oder auf eine ihrer kleinsten Flächen zu stellen. Ein sehr dauerhaftes Pflaster kann dies wohl geben, aber sehr mißlich dürfte es seyn, solches in ebener Fläche zu erhalten, da jeder einzelne Stein mit dieser kleinen Fläche sich leichter eindrückt.

Das Pflastern in Kalk geschieht folgendermaßen. Auf der vorher fest gestampften Erde werden die Mauersteine, auf der hohen Kante stehend, dergestalt an einander gemauert, daß jedem Steine auf seiner halben Höhe von unten herauf ordentlicher Kalkmörtel gegeben, die obere Hälfte der Fugen offen gelassen, und solche hernach, wenn ein Theil des Pflasters gesetzt ist, mit sehr dünn gemachtem Sandkalk ausgegossen werden, auch dieses Ausgießen so oft wiederhohlt oder nachgeholfen wird, bis sämmtliche Fugen voll sind. Daß es auch hier, so wie beim Mauern überhaupt, auf möglichst feine Fugen ankommt, versteht sich von selbst. Auf dem Terrain eine Kalkmörtel-Lage zu machen, und auf selbige die Steine zu setzen, ist nicht nur überflüssig, sondern es kann bei einiger Nachlässigkeit sogar nachtheilig werden, wenn nähmlich, um einem oder dem andern

Steine die obere wagerechte Lage zu geben, zuweilen etwas untergelegt werden muß, und dies, des geschwinden Abkommens wegen, mit Kalkmörtel geschieht. Wird aber, wie vorher erwähnt worden, das Pflaster doppelt gelegt, so versteht sich von selbst, daß nicht nur die untere Schicht mit Kalkmörtel ausgegossen, sondern auch die obere Schicht auf die untere in Kalk gesetzt werden muß.

Anm. Gewöhnlicherweise werden die Steine beim Pflastern nicht, wie gedacht, ordentlich neben einander vermauert, sondern nur trocken an einander gesetzt, und nachher mit dünn gemachtem Sandkalk oberhalb gut ausgegossen, welches, wenn der Boden nur fest ist, auch hinlänglich und wegen weniger Mühsamkeit der Arbeit auch wohlfeiler ist. Noch muß ich im Allgemeinen anmerken, daß rothe Steine, wenn solche nicht von außerordentlicher Härte zu haben sind, zum Pflastern in Pferdeställen deshalb nicht gebraucht werden können, weil, wenn die Pferde bei ihrem unruhigen Stehen, von den Steinen sehr leicht einen Staub abtreten, und sie sich darauf niederlegen, besonders Pferde von hellern Farben, sehr beschmutzt werden.

Die zwei Bohlen, auf welchen die Pferde mit den Vorderfüßen stehen, liegen auf kurzen Lagern, wie aus Fig. 171 A und B zu sehen. Diese Lager m Fig. C haben Falze, in welche die drei Zoll dicken Bohlen n passen. Der nach oben zu vorstehende schwache Theil der Lager, heißt die Feder, und kann, wenn solche etwa verfault ist, ohne zugleich die Lager ganz wegwerfen zu dürfen, aus neuem Holze aufgepaßt und angenagelt werden. Diese Lager können bis gegen die Mauer anstoßen, und dann stehen die Krippenstiele auf denselben, wie vorher bei Fig. 170 erwähnt worden. In Fig. 171 ist aber angenommen, daß ein Stück Halbholz o Fig. 171 A längs der Mauer liegt, auf welchem die Krippenstiele stehen, und die Lager m gegen das-

dasselbe anstoßen. Letzteres ist zwar kostspieliger, hat aber den Vortheil, daß die Lager, welche leicht verfaulen, erneuert werden können, ohne die Befestigung der Krippe zu berühren.

Die Krippenstiele, deren auf jedem Lager, oder allemahl zwischen zwei Ständen einer steht, werden verschiedentlich gemacht. Ist die Krippe von gegossenem Eisen, wie in Fig. 171, so haben die Krippenstiele eine große Last zu tragen, (deswegen ist auch die Halbholzschwelle o dem Durchreichen der Lager m vorgezogen werden,) dann wird ein viereckiger starker Klotz q auf die Schwelle o verzapft, und an der Wand mit Bankeisen befestigt. Da ein einzelner Klotz aber die ganze Breite der Krippe nicht unterstützen kann; so wird von demselben noch ein gewöhnlicher Krippenstiel (welcher auf die Art bearbeitet ist, wie in d Fig. 170 B und D vorgestellt worden) gleichfalls in die Schwelle o und zugleich in das Lager m verzapft, und mit dem Klotz q auf irgend eine Art, besonders aber durch starke eiserne Nägel, welche durch die Bohle r Fig. A in beide Krippenstiele geschlagen werden, befestigt. Diese letzterwähnten Krippenstiele haben vorn ein abgerundetes Backenstück p Fig. 171 B und A, wovon sogleich die Rede seyn wird.

Anstatt der Krippenklötze q Fig. 171 A werden gewöhnlicher nach Fig. 171 D ordentliche Böcke aus Kreuzholz gefertigt, woran entweder der vordere Stiel wie ein ordentlicher Krippenstiel gemacht, oder nur ein bloß abgerundeter Stollen p gegen den vordern Stiel des Krippenbocks genagelt wird. Die beiden Stiele des Krippenbocks werden in die Schwelle, oder wenn statt der Schwelle die Lager durchreichen, in selbige gezapft.

Für große Pferde muß die Oberkante der Krippe 3 Fuß 9 bis 10 Zoll, jedoch nie über 4 Fuß, und für kleine Ackerpferde nur 3 bis $3\frac{1}{2}$ Fuß von den Standbohlen an hoch seyn. Hiernach und nach der Tiefe der Krippen richtet sich die Höhe der Krippenstiele. Auf die Krippenstiele wird, unter eisernen gegossenen Krippen, eine, wenigstens 3 bis 4 Zoll starke Bohle r Fig. 171 A und D gelegt, und auf derselben die vordere und hintere Bohle mit einem Nuthzapfen verzapft. Zwischen diesen drei Bohlen wird nun die gegossene eiserne Krippe (welche nach Fig. 172 E gestaltet ist) eingesetzt, und mit der Rundung ihres Bodens in die Bohle r Fig. 171 A etwas eingelassen. Die vordere, auf der hohen Kante stehende 3 Zoll starke Bohle würde aber selbst nicht fest stehen, noch weniger die eiserne Krippe fest halten; daher die vordern Krippenstiel-Backen p, wie aus Fig. 170 A, B und C und Fig. 171 D zu ersehen, bis zur Oberkante der Krippe hinauf gehen. Durch die Backen wird die vordere Bohle vor der Krippe fest genagelt; auch werden die eisernen Krippen mit ihrem vorstehenden obern Rande auf die vordere und hintere Bohle eingelassen.

In die Ausfalzungen der Kippenstiele d Fig. 170 B werden die Streukastenbretter e Fig. 170 A oder s Fig. 171 A angenagelt; auch geben sie zugleich den Falz für die auf- und zu zu machenden Streuklappen. Die Streuklappen werden an $1\frac{1}{2}$ Zoll starken Bettern gemacht, weil die Pferde häufig dagegen schlagen, und sie sonst zu leicht ruiniren würden.

Die Streukasten, in welchen die aufgenommene noch brauchbare Streu aufbewahrt wird, sollten eigentlich in keinem Stalle angelegt, und die faul gewordene Streu so wenig als der Mist in einem Pferdestalle geduldet werden, da sich aus denselben scharfe schädliche Dünste entwickeln, welche von der Luft aufgenommen und den Lungen der Pferde nachtheilig werden. Ihre

Anfertigung geschieht indessen auf verschiedene Art. Mehrentheils richtet sich solche darnach, wie die Pferde an der Krippe fest gemacht werden sollen. Da, wo nach Fig. 171 C, jedesmahl zwei Schnürringe i in der vordern Krippenbohle befindlich sind, und also die Pferde vom Halfter aus mit zwei Ketten an die Schnürringe befestigt werden, können die auf- und zu zu machenden Streuklappen t Fig. 171 C oder f Fig. 170 C so breit als der Stand ist, längs unter der Krippe hinweg gehen, und jede Klappe mit zwei ordentlichen Bändern entweder unten oder oben beschlagen werden. In Fig. 171 C ist angenommen, daß die Streuklappen t oberhalb angeschlagen werden sollen, damit selbige nicht von selbst aufgehen, auch die Pferde mit den Füßen nicht in den Streukasten hinein schlagen, und dadurch sich beschädigen können. Freilich ist es unbequemer, wenn die Klappe allemahl beim Herausnehmen und Hineinbringen der Streu auf irgend eine Art allenfalls durch einen Vorreiber oben an der Krippe, hinauf geschlagen und offen gehalten werden muß, und dagegen bequemer, wenn die Klappe f Fig. 170 C unterhalb angeschlagen ist, und mit einem Vorreiber oder Stift g an der Seite zugehalten wird. Da aber die Pferde sehr gern mit dergleichen Dingen spielen, und die Befestigung der Klappe sehr bald ausspähen; so machen sie oft den Vorreiber auf, oder ziehen den Stift, wenn er nicht recht fest eingeklemmt ist, heraus, öffnen dadurch die Klappe, und können sich dann sehr leicht Schaden zufügen.

Die Klappenbänder werden zuweilen nach Fig. 171 E vom Schmidt, zuweilen aber auch nach Fig. 171 F als Scharnierbänder vom Schlosser gemacht. Letztere sehen zwar besser aus, erstere aber sind, wie aus den Figuren leicht zu ersehen, dauerhafter, daher auch in Cavallerie-Pferdeställen vorzüglicher anwendbar.

Wenn die Pferde an beiden Schnürringen vor der Krippe befestigt sind, so müssen die Halfterketten so lang seyn, daß sie sich sowohl bequem niederlegen als nach der Raufe reichen können. Wilde oder spielige Pferde treten oft mit den Vorderfüßen über eine dieser Ketten, und da sie dadurch eine gefährliche Stellung erhalten, sich auch selbst nicht wieder helfen, mithin leicht großen Schaden nehmen können; so kann man sie auf folgende Art viel kürzer vor der Krippe befestigen. Unter der Krippe in der Mitte des Standes wird noch ein Stiel u Fig. 171 C von Kreuzholz auf die längs unter den Krippenstielen fortlaufende Schwelle o Fig. 171 A gezapft, oder an die Fig. 170 A im Streukasten befindliche Fußbodenbohle eingelassen und befestigt, auch oben unter der Krippe festgenagelt. Dieser Stiel hat eine Ausfalzung, wie in Fig. 170 B bei h zu sehen ist. In diese Falze werden wiederum die Klappenbretter eingefaßt, und an dem vorstehenden Theile oder der Feder dieses Stiels wird ein von der Krippe bis beinahe zum Fußboden herunter gehender eiserner $\frac{1}{3}$ Zoll starker Bügel u Fig. 171 C und D gut befestigt. Da die Kette vermittelst des Ringes v an dem Bügel auf- und ablaufen kann; so kann das Pferd sich sowohl bequem legen, als auch nach der Raufe hinauf reichen. Man hat zwar auch Fälle, wo dessen ungeachtet ein Pferd mit einem Fuße über solche Kette geschlagen hat; indeß gehört solches zu den seltensten Manoeuvres, wo dann auch außerordentliche Abhelfungsmittel, als z. B. Gewichte über Rollen laufend ꝛc. gewählt werden müssen.

Für solche unruhige Pferde würde es am besten seyn, wenn man die Stände mit hohen Bretterwänden an den Seiten und so einrichtete, daß sie in denselben unangehalftert stehen könnten. Zu dem Ende müßte dann der Eingang des Standes mit einer starken Gitterthür verwahrt, und durch diese vermittelst eines festen Riegels das willkührliche Herauskommen des Pferdes verhindert werden.

Anm. „Gegen diesen Vorschlag", sagt Herr Naumann in seinem vorher erwähnten Werke, „werden freilich „mehrere Pferdebesitzer Einwendungen machen; noch „mehr aber ist dies von den Stalleuten zu erwarten, „welche dem Pferde immer nicht viel Bewegung im „Stande gestatten wollen, indem dasselbe, wenn es in „einem genugsamen Raume den Trieben der Natur „folgt, sich oft niederlegt und beschmutzt, und dadurch „seinem Wärter die Pflicht des Wiederreinigens auf„legt. Da nun die wenigsten Pferdebesitzer mit demjeni„gen bekannt sind, was eigentlich zum Gesundhalten „ihrer Pferde nothwendig ist; so nehmen sie gemeinig„lich dasjenige für wahr an, was ihnen von Stalleuten „gesagt wird."

Wo ein solcher eiserner Bügel vorhanden ist, da kann die Streuklappe nicht in einem Stücke längs der Breite des Standes durchgehen, sondern muß aus zwei Stücken bestehen. Jede dieser zwei kleinen Streuklappen kann entweder, wie die vorgedachten, nach Fig. 170 C, i, mit Bändern oben oder unten angeschlagen werden, oder man kann solche auch als Thüren w Fig. 171 C einrichten, und an den Seiten mit kleinen Scharnierbändern beschlagen lassen; nur ist darauf sorgfältig zu sehen, daß keine Nägel, Spitzen oder andere Dinge in einem Pferdestande vorragend sind, woran die Pferde sich beschädigen können.

Anm. In Fig. 171 C ist auf der einen Seite eine solche Thür w, und auf der andern Seite die Oeffnung dazu ohne Thür mit dem Falz zum Einschlagen der Thür vorgestellt.

Die gegossenen eisernen Krippen, welche in Fig. 171 und 172 angenommen, und in Fig. 172 E einzeln vorgestellt worden, sind ungefähr ⅓ bis ½ Zoll im Eisen stark, 11 bis 12 Zoll im Lichten breit, 2 Fuß lang und 8 bis 9 Zoll tief. Eine solche Krippe nebst Raufe kostet, nach dem Gewicht bezahlt, 7 bis 8 Thaler im hiesigen Eisenmagazin. Die Erfahrung hat gelehrt, daß diese Krippen an den Enden ihres innern Raums mit einer Schweifung versehen seyn müssen, wie in Fig. 172 E vorgestellt, und in Fig. 171 C mit punktirten Linien angedeutet worden, weil sonst, wenn sie an den Enden perpendiculair herunter oder nur in einem nach einwärts sich schmiegenden Bogen von oben nach unten sich vertiefen, die Pferde mit dem Maule das Futter heraus wischen, welches wegen der Schweifung aber nicht geschehen kann, und sie daher auch jetzt allgemein in solcher Art gemacht werden. In Fig. 172 E ist der obere Rand der eisernen Krippe vierkantig, man hat sie aber auch nur mit einem Rande, welcher rund um die obere Oeffnung der Krippe ungefähr zwei Zoll vorsteht. Ein viereckiger Rand ist deshalb besser, weil, (wie aus Fig. 171 B zu ersehen,) wenn der Raum um die Krippen, innerhalb des aus Bohlen formirten Kastens, voll gemauert und gepflastert wird, dann die Ziegel, ohne verhauen werden zu müssen, an den Rand der Krippe besser anschließen.

Anm. Wenn Krippen von dieser Größe aus sehr starkem Eisenblech gemacht werden, so können solche noch oberhalb mit zwei Henkeln zum Herausnehmen versehen werden. Oder man kann dergleichen Krippen ganz ohne Unterstützung nach Fig. 171 G, H, I, blos in starke, in die Wand fest gemauerte oder angeschraubte eiserne Ringe hängen, wie solche im Friedrich-Wilhelms-Gestüt zu Neustadt an der Dosse angelegt sind, wo die Krippen jedesmahl nach dem Futtern aus dem Ringe herausgenommen und gereinigt werden. Nur ist hierbei zu bemerken, daß die in Fig. 171 H vorgestellte Krippe nicht die in Fig. 172

E angegebene Ausbauchung noch hat haben können, wenn sie in die Ringe eingesetzt und herausgenommen werden soll, oder es müßten die Ringe dazu etwas weiter, und oben unter dem Rande der Krippe eine besondere Befestigung angebracht werden. Am besten sind dergleichen blecherne Krippen zum Herausnehmen und Wiedereinsetzen in gemauerten Nischen anzubringen, wo sowohl die Krippen als auch die Bügel, worin sie hängen, den Pferden weniger hinderlich werden. Die blechernen Krippen müssen inwendig stark verzinnt werden; denn obgleich der Eisenrost den Pferden nicht nachtheilig ist, so würden doch die Krippen dadurch sehr leiden.

Sandsteinerne Krippen haben außerdem, daß sie nicht hinlänglich gereinigt werden können, noch das Nachtheilige für die Pferde, daß sie sich die Zähne daran abscheuern. Krippen aus Feldstein oder Granit sind sehr vorzüglich; allein weil selbige aus parallelepipedalischen Blöcken sowohl ausgearbeitet, als auch in der Länge nach den vorgeschriebenen Maßen in Mauern zusammen gesetzt werden müssen, wodurch selbige zwar ein schönes Ansehen und eine beinahe ewige Dauer gewähren; so sind dergleichen Krippen sowohl dieserhalb, als auch wegen Einarbeitung der Schnürringe in selbige, sehr kostbar, und daher nur für wohlhabende Leute anwendbar.

Das vorgedachte Pflaster zwischen den eisernen Krippen wird sowohl zur Ausfüllung der Räume zwischen den Krippen, als auch deshalb gemacht, weil die Pferde das Holzwerk überall mehr oder weniger anfressen, deswegen auch die eisernen oder feldsteinernen Krippen und die eisernen Raufen allen andern vorzuziehen sind, und weshalb auch alle frei stehende Hölzer mit Eisen oder Eisenblech in der Art beschlagen werden, wie im vorigen §. angewiesen worden.

Anm. Um das sehr häufige Zerfressen der Lattierbäume ganz zu verhindern, könnten solche von runden, geschmiedeten, eisernen Stangen, etwa 1½ bis 2 Zoll dick, gemacht werden, wenn dies nicht die Gefahr, welche die Lattierbäume überhaupt für die Pferde befürchten lassen, (wie weiterhin angegeben werden wird,) noch mehr vergrößerte.

Von der Krippe bis zur Raufe ist in Fig. 171 C ein Brett y mit sogenannten Lambris-Haken an der Mauer befestigt, damit die Pferde beim Hinaufreichen zur Raufe sich nicht die Nase an der Mauer abscheuern. Auch dieses Brettchen ist mit Eisenblech zu beschlagen. Wer seinen Pferdestall recht elegant ausbauen will, der lasse, nach Fig. 171 C, gebrannte und glasurte Töpferfließen z, in guten Kalkmörtel und Gips gesetzt, anstatt des Wändeputzes längs unter den Raufen hinweg bis auf die Krippen anbringen, wie solches in den Hengstställen im Friedrich-Wilhems-Gestüte zu Neustadt an der Dosse gemacht ist.

Anm. Man will bemerkt haben, daß die weißen Töpferfließen die Augen der Pferde blenden, weshalb also nur schwarze Fließen zu wählen seyn würden.

Die Raufen müssen zwar nach Maßgabe der Größe der Pferde, jedoch nie mehr als 5 Fuß 6 bis 8 Zoll vom Fußboden erhöhet stehen. In Fig. 171 und 172 sind eiserne Raufen angenommen, ihre aufrechte Höhe beträgt gewöhnlich 2 Fuß, und ihre Breite, in gerader Linie gemessen, ungefähr 2 Fuß 4 Zoll. Die Stäbe darin sind ungefähr $\frac{1}{3}$ bis $\frac{1}{2}$ Zoll im Quadrat stark, und dürfen nicht mehr und nicht weniger als 4½ Zoll aus einander stehen. Der Rand, mit welchem sie auf die Wand befestigt werden, ist ungefähr 1¼ bis 1½ Zoll breit, und ½ Zoll dick. Die Befestigung dieser Raufen auf die Wand muß allemahl so seyn, daß solche, ohne die fest eingeschlagenen Haken aus der Wand reißen zu müssen, abgenommen werden können, wenn etwa ein Stab 2c. darin zerbrochen seyn sollte, welches bei gegossenem Eisen sehr leicht geschehen kann, daher Raufen aus geschmiedetem Eisen viel dauerhafter, aber freilich auch viel theurer sind. Ihre Befestigung richtet sich darnach, wie die Stäbe laufen: sind z. B. die Stäbe, wie in Fig. 171 C, etwas nach dem Mittel im untern Theile des Randes gebogen (welches zwar nie statt finden sollte, da die Stäbe unten zu enge zu stehen kommen); so kann eine solche Raufe leicht aus den gezeichneten vier Haken gehoben und wieder eingesetzt werden: sind die Stäbe aber nach Fig. 172 C in der Ansicht perpendiculair oder eigentlich parallel laufend angebracht; so läßt sich eine solche Raufe aus den 4 Haken, welche sämmtlich so wie in a b c in Fig. 172 H gerichtet stehen, nicht herausnehmen und wieder einsetzen, weil der Raum zwischen den letzten Sprossen an beiden Seiten dies nicht erlaubt, sondern es muß dann einer der obern Haken d Fig. 172 H mit dem an der andern Seite befindlichen Haken a in gleicher Richtung stehen, und ersterer ein Loch erhalten, durch welches, wenn die Raufe in den übrigen drei Haken feststeht, eine eiserne Schraube bis in die Mauer gezogen wird. Eine vorzügliche Rücksicht bei der Wahl der gebogenen eisernen Raufen ist, daß solche die im Profil Fig. 172 A in einem nicht so starken Zirkel gebogene Form erhalten, damit, wenn die Pferde während des Essens entweder aus Scheu oder Gewohnheit mit dem Kopfe aus der Krippe in die Höhe schnellen, sie sich nicht das Maul oder die Nase gegen die Raufe beschädigen. Dieses ist zugleich der Grund, warum die Raufen so hoch, als der Bequemlichkeit nach möglich ist, gestellt werden müssen. Um dieser Besorgniß ganz auszuweichen, hat man auch schon die eisernen Raufen ohne Bogen aus schräg stehenden geraden Stäben angefertigt, welche aber den Raum für das Heu innerhalb der Raufe sehr beschränken.

Anm. Man beliebe hierbei zu bemerken, daß, weil in Fig. 170 A aus Ursachen, welche weiterhin angegeben werden sollen, die Raufe niedriger als in Fig. 171 A steht, erstere um so weniger hervorgebogen seyn darf.

In dem englischen Werke: Communications to the bard of agriculture, Vol. I. London 1797, wird die in Fig. 174 vorgestellte Einrichtung der Raufen angegeben.

In den bisher beregten Anlagen ist nähmlich die Stellung der Raufen schräg von der Wand nach den Köpfen der Pferde, wodurch nicht nur der Heusamen, welcher in einer Land-Oeconomie von Wichtigkeit ist, verloren geht, sondern auch den Pferden in die Augen und Ohren fällt und ihnen schädlich werden kann. In dieser Hinsicht also dürfte die in Fig. 174 angegebene Einrichtung der perpendiculairen Stellung der Raufen einige Vorzüge haben. Die Construction derselben ist folgende. Ungefähr 14 Zoll von der Mauer wird eine Holzwand a b vom Fußboden bis unter die Decke aufgerichtet. Die Stiele derselben werden so vertheilt, daß allemahl nur auf der Grenzlinie zwischen zwei Pferde-Ständen ein Stiel zu stehen kommt. Der Riegel c wird, je nachdem der Stall für große oder kleine Pferde bestimmt ist, 5 bis $5\frac{1}{2}$ Fuß hoch vom Fußboden bis zu seiner Oberkante, der Riegel d aber $2\frac{1}{2}$ Fuß über den Riegel c gelegt. Zwischen den Riegeln c und d befindet sich die eigentliche Raufe, deren Sprossen perpendiculair, und in vierzölliger Entfernung stehen. Ueber dem Gange f hinter der Krippe, welcher Gang gedielt ist, liegt das schräg liegende Hintertheil der Raufe ce, welches ebenfalls Sprossen, oder nur Latten enthält, die aber näher zusammen stehen müssen, damit nicht das kurze Heu, sondern nur der Heusamen hindurch auf den Fußboden des Ganges f fallen kann, woselbst der Samen gesammelt und durch die Streuklappe herausgenommen wird. Das übrige dieser Einrichtung ist aus der Figur deutlich, und nur noch zu bemerken, daß die Fächer der Wand ab sämmtlich bis auf das Fach cd ausgemauert werden können. In die Decke über dem Gange f werden mehrere verschließbare Oeffnungen gemacht, durch welche das Heu vom Boden sogleich in die Raufe herunter geworfen werden kann.

Anm. Nach Angabe des vorgedachten Werks werden in England die Pferdeställe zuweilen auch ganz ohne Krippen und Raufen gebauet. Eine 2 bis 3 Fuß hohe Bretterwand wird ungefähr 2 Fuß von der Wand aufgesetzt, und der Fußboden innerhalb dieses 2 Fuß breiten Raums gediehlt. Aus diesem Raume nehmen die Pferde das Futter vom Fußboden heraus, anstatt wie gewöhnlich von oben herunter. Daß dies für alle Thiere natürlicher sey, als sich das Futter von oben herab zu langen, ist zwar nicht zu bezweifeln; auch hat der Grund, daß die Pferde, wenn sie ihr Futter von oben herab ziehen, dadurch mehr gewöhnt werden, den Kopf in der Höhe zu tragen, bei Oekonomen und andern Sachverständigen schon längst von seiner Wichtigkeit verloren: jedoch hat die eben gezeigte Anstalt das Unrichtige, nähmlich, daß die Pferde durch die Bretterwände verhindert werden, einen Vorderfuß vorzusetzen, um etwas vom Fußboden aufnehmen zu können.

Theils um das Aufstecken des Heues in die Raufen zu erleichtern, theils um den ausfallenden Heusamen zu gewinnen, bedient man sich auch der in Fig. 175 vorgestellten Futtergänge mit beweglichen Raufen. In Fig. A ist nähmlich vorgestellt, wenn einmahl die Raufen abc nach dem Futtergange, und auf der andern Seite, wenn solche dbe nach den Pferden zu, herüber liegen. Wenn auf beiden Seiten die Raufen nach dem Futtergange herüber liegen; so kommen die beiden Raufenbäume c und d so dicht gegen einander zu liegen, daß sie eine stumpfe Spitze bilden, weshalb sie auch beide gegen einander abgeschrägt sind. Das Zusammenschlagen der beiden Raufen in dem Futtergauge hat den Vortheil, daß alsdann durch Oeffnungen in der Decke das Heu auf die Raufen geworfen, der Same durch selbige auf den gedielten Fußboden fallen, und wenn dieses geschehen ist, den Pferden die Raufe herüber gedreht werden kann. Oder, wenn man beide Raufen in der Stellung a b c stehen ließe, so würden sie beinahe wie in Fig. 174 perpendiculair stehen, und die Pferde könnten aus derselben das Heu nehmen, und während des Fressens fiele der sämmtliche Heusamen in den Futtergang. In diesem letztern Falle brauchten die Raufen gar nicht beweglich zu seyn.

In den Seiten der Raufen a b und e b stehen die runden Sprossen in 4 zölliger Entfernung; in den Seiten d b und c b aber, können gewöhnliche schwache Latten eingesetzt werden, welche nur Zwischenweiten von höchstens 1 bis 1½ Zoll erhalten.

Um die Bewegung der Raufen zu veranstalten, ist die Vorrichtung folgendermaßen. Die Raufenbäume a, c, d und e gehen, wie aus Fig. 175 B zu ersehen, von e bis e in einem ziemlich langen Stücke fort. Die untern Raufenbäume Fig. 175 A, b und b aber, gehen, wie aus Fig. 175 B zu sehen, nur von b bis f, oder allemahl von einem Stiele zum andern; sie sind unten rund bearbeitet und mit einem Wellzapfen in die Stiele eingelassen. Damit auch die 3 Raufenbäume a b c und d b e nicht blos durch die Raufensprossen gehalten werden, und aus einander brechen können; so sind die eisernen Raufenstangen a c und d e in Fig. A alle 8 bis 10 Fuß von einander nothwendig. Sollte man befürchten, daß durch die Zwischenräume m, m, Fig. B (welche durch die Stärke der Stiele verursacht werden, und woselbst keine Sprossen seyn können) das Heu durchfallen möchte; so können selbige mit schwachen Brettern an den Seiten von der vordern bis zur hintern Seite der Raufe verschlagen werden. Die Wände sind mit Schwellen, Rähmen und Riegeln g k h i l wie gewöhnlich verbunden, und es ist zu beobachten, daß die Riegel h dicht unter dem untern Raufenbaum, die Riegel i aber in angemessener Höhe von wenigstens $2\frac{1}{2}$ Fuß über den Riegeln h liegen müssen. Die Fächer h i sind ganz offen, die übrigen aber ausgemauert. Die Krippen sind auf gewöhnliche schon beschriebene Art angebracht. Uebrigens ist noch zu bemerken, daß, wenn die Raufenbäume c und d zur Bequemlichkeit des Heugebens zusammen schlagen sollen, durch die Breite des Futtergangs, die Länge der hintern Raufensprossen b d und b c, oder durch die Länge der letztern die Breite des Futtergangs bestimmt wird, da nähmlich die Raufen, wenn sie nach den Pferden herausschlagen sollen, nicht zu flach denselben über den Köpfen liegen müssen.

Zu den elegantesten und kostspieligsten, aber auch zugleich zu den zweckmäßigsten Anlagen der Pferdekrippen und Raufen, gehört die in Fig. 172 vorgestellte Einrichtung. Zuvörderst lehrt nähmlich die Erfahrung, daß die Streukasten unter den Krippen nicht nur oft ruinirt werden, sondern auch immer einige Unsauberkeit, Geruch, und besonders ein Verstocken der Mauern bewirken. Wo wegen Reinlichkeit und Gesundheit der Pferde und wegen Conservation des Gebäudes mehrere Mühe und Kosten nicht geachtet werden, da wird entweder die aufgenommene Streu außer dem Stalle aufbewahrt, oder täglich neue Streu gegeben, wodurch denn die Streuklappen entbehrlich werden. Zu dem Ende also, und damit auch die Krippe nicht von der Mauer in den Pferdestand vorspringe, wird die Mauer so stark gemacht, daß die gegossene eiserne Krippe in jedem Stande in eine überwölbte Nische mit ihrer vollen Breite ein- und aufgesetzt werden kann. Nur $1\frac{1}{2}$ Zoll oder um die Dicke eines Bretts darf der obere Rand der eisernen Krippe von der Mauer vorstehen, damit die in Fig. 172 C vorgestellte Bretter-Verkleidung r an der Mauer unter der Krippe noch von dem obern Rande der Krippe bedeckt werde. Es versteht sich von selbst, daß diese Bretter nicht nur gut gehobelt und gespundet, sondern auch gegen aufrecht stehend eingemauerte und in der Mauer mit eisernen Ankern befestigte Kreuzhölzer (siehe Fig. 112 bei k i), mit Lambris-Haken befestigt werden müssen. Die Kante des obersten Brettes wird da, wo solche nicht mehr von dem eisernen Rande der Krippe bedeckt wird, etwas gebrochen, oder abgerundet, und mit schwarzem Eisenblech beschlagen. Auf und durch diese Bretter-Bekleidung können nun die Schnürringe und andere Haken zur Befestigung der Lattierbäume und der Pferde angebracht, die höher stehenden Schnürringe p p in Fig. 172 l aber mit Bolzen durch die Mauer befestigt werden. Da es indessen sehr umständlich und theuer ist, jeden obern Schnürring p mit einem Bolzen durch die Mauer zu befestigen; so kann man denselben Zweck leichter und wohlfeiler dadurch erhalten, wenn eine eiserne kurze Schiene g, welche in ihrer Mitte mit einem Bolzen durch die Mauer befestigt ist, an beiden Enden eine Umbiegung erhält, in welcher ein Ring hängt, wovon der eine für das Pferd in dem einen Stande, und der ander für das Pferd in dem andern Stande gebraucht wird. Uebrigens bleibt es vorzüglicher, dergleichen Haken und Ringe mit Bolzen durch die Mauer reichen zu lassen, (die Splinte der Bolzen können von außen noch unter dem Wandputz verbleiben,) als sie mit Ankern blos in der Mauer zu vermauern, weil, wenn ein solcher Haken von Roste oder wegen Sprödigkeit des Eisens abbricht, ein Bolzen leichter als ein solcher Anker zu repariren möglich ist.

Die Krippen, welche nach Fig. 172 E gestaltet sind, werden an den 3 Seiten, mit welchen sie die Mauern der Nischen berühren, fest und fleißig ein- und ummauert. Damit aber die Pferde in dem etwas beschränkten Raume der Nische sich nicht an dem Kalkabputz derselben die Haare abreiben oder scheuern, auch damit selbst die Mauer von dem Füttern nicht benetzt und stockigt werde, können an der hintern Seite der Nische die Platte Fig. 172 F, und an den beiden Seiten eine Platte C auf die Krippe, vermittelst schwalbenschwanzmäßiger Zapfen, gestellt, und allenfalls die Zapfen verküttet werden. Im Zusammenhange ist solches aus Fig. 172 A, B und C zu ersehen. Diese Platten sind $\frac{1}{4}$ bis $\frac{1}{2}$ Zoll stark und 1 Fuß hoch, und auf der hintern derselben ruht die Raufe.

§. 165.

Von den verschiedenen Vorrichtungen zur Abtheilung der Pferdestände.

Zur Abtheilung zwischen den Pferdeständen ist in Fig. 171 A und C ein auf ganz gewöhnliche Art eingerichteter Lattierbaum x angebracht. Die Höhe, in welcher selbiger über dem Fußboden des Pferdestandes hängen muß, richtet sich eigentlich nach der Größe der Pferde, und zwar muß derselbe allemahl um etwas höher als die halbe Höhe des Pferdes hängen. Dies macht bei mittelmäßig großen Pferden 3 Fuß vom Fußboden bis zur Oberkante des Lattierbaums. Die Lattierbäume sind gewöhnlich $4\frac{1}{2}$ bis 5 Zoll stark, oben abgerundet (siehe Fig. 171 C bei x) und, so wie alles Holzwerk, welches das Pferd im Stande berührt, sehr gut behobelt, damit es sich die Haare nirgends abscheuern kann. Die proportionirliche Höhe, in welcher der Lattierbaum hängen muß, ist deshalb wichtig, weil, wenn er zu hoch hängt, die Pferde nur zu leicht darunter kriechen, und großen Schaden nehmen können. Hängt der Lattierbaum hingegen zu tief, so schlagen sie sehr leicht darüber, wodurch sie sich einander gleichfalls Schaden zufügen können. Wenn aber auch dergleichen Lattierbäume in der proportionirlichen Höhe hängen, so ist es dessen ungeachtet möglich, daß ein Pferd beim Wälzen und Aufstehen unter dieselben kommt, und sich das Kreuz brechen kann. Es hängen die Lattierbäume zwar, wie in Fig. 171 A vorgestellt ist, dergestalt in Ketten, daß sie um einen guten Theil in die Höhe gehoben werden können; auch muß der Haken im Pilarstiel l so eingerichtet seyn, daß wenn ein Pferd, unter einem Lattierbaume liegend, denselben etwa in die Höhe hebt, solcher leicht aus den Haken gehoben wird. Dessen ungeachtet bleibt solches gewagt, wozu noch kömmt, daß, da dergleichen frei hängende Lattierbäume hin und her zu bewegen sind, die neben stehenden Pferde gedrängt oder beunruhigt werden. Allen diesen Unannehmlichkeiten und Gefahren kann dadurch begegnet werden, wenn man die Lattierbäume nach Fig. 172 A einrichtet. Der Lattierbaum fc liegt nähmlich mit dem hintern Ende c (welches, um leichter als das vordere Ende zu seyn, auch noch etwas schwächer gemacht wird) in einem eisernen Bügel cd, an welchem der Lattierbaum auf- und ablaufen kann. Mit dem vordern Ende liegt der Lattierbaum in einem vorstehenden Stollen fg von 5 Zoll starkem Holze, welcher entweder unmittelbar am Krippenstiel (wie bei d in Fig. 170 B) sich befindet, oder,

oder, so wie hier in Fig. 172, an der Mauer mit Bankeisen befestigt wird. Dieser Stollen braucht nur entweder so hoch zu seyn, als f in Fig. 172 C, oder es kann derselbe auch von g bis a hinauf reichen. In beiden Fällen muß derselbe ein Schleifloch f erhalten, welches bis oben hinaus geht, und unten da anfängt, wo der Lattierbaum in gewöhnlicher Höhe bei b mit einem Zapfen darin ruht. Dieser Zapfen ist wenigstens 2 Zoll stark, und wenn der Stollen f 5 Zoll stark ist: so bleiben noch zu jeder Seite des Zapfens schwache $1\frac{1}{2}$ Zoll Brüstung am Stollen; denn es muß der Zapfen sehr locker oder lose in dem Schleifloche liegen.

Der Bügel c d Fig. 172 A fängt gleichfalls unten in c da an, wo der Lattierbaum in gewöhnlicher Höhe ruhen soll, und geht bis d zu einer Höhe von $6\frac{1}{2}$ Fuß hoch hinauf. Eben so hoch muß auch die Kette b a den Lattierbaum zu heben erlauben, wodurch die Höhe des Kloben a, woran die Kette befestigt ist, und die Länge der Kette a b selbst, ihre Orts= und Maaßbestimmung erhalten. Wenn nun zufällig das Pferd unter den Lattierbaum zu liegen käme, und indem es aufsteht, denselben in die Höhe hebt: so läuft der Lattierbaum hinten an dem Bügel, und vorn in dem Schleifzapfen hoch genug hinauf, und indem der Zapfen vorn aus dem Schleifloche heraus gehoben wird, verhindert die Kette b a wiederum, daß der Lattierbaum nicht auf den Fußboden fallen und das Pferd beschädigen kann. Damit der Zapfen sich um so weniger klemmen und bald genug aus dem Schleifloche komme, dürfte es besser seyn, den Stollen und das Schleifloch nach Fig. 172 C nicht bis a hinauf, sondern ihn nur, wie daselbst bei f gezeigt wird, reichen zu lassen. In diesem letztern Falle kann indeß der Kloben a Fig. A, woran die Kette befestigt ist, nicht mehr in den hölzernen Stollen geschlagen werden, sondern es muß dazu ein starkes Kreuz mit einem Haken Fig. 172 D von Eisen gemacht, und, wie in Fig. 172 I vorgestellt ist, eingemauert werden.

Diese Vorrichtung hat also nicht nur das Gute, daß die Pferde durch den Lattierbaum sich nicht beschädigen können, sondern, da derselbe an seinen beiden Enden fest liegt; so können die Pferde sich nicht, wie bei einem frei hängenden Lattierbaume, drängen und irritiren. Wenn man indessen die Kosten dieser Vorrichtung und den Umstand in Betrachtung zieht, daß dann auch, eben weil der Lattierbaum nicht schwebend hängt, sondern fest liegt, der Stand, wegen der Wendung des Pferdes, breiter seyn muß: so dürfte es gerathener seyn, ordentliche Bretterwände zu wählen, welche doch immer das sicherste sind.

Die Bretter zu dergleichen Wänden Fig. 170 A und 172 A müssen $1\frac{1}{2}$ bis $1\frac{3}{4}$ Zoll stark, und gleichfalls sehr glatt gehobelt seyn; weil gerade diese Art Abtheilung den Pferden die meiste Gelegenheit giebt, sich die Haare abzuscheuern. Die Bretter werden sowohl hinten in dem Pilarstiele, als vorn in den Backen des Krippenstiels Fig. 170 in einen Falz geschoben, und auf selbige wird ein Lattierbaum l gelegt. Dieser Lattierbaum ist sowohl in den Pilar- als Krippenstiel mit einem Zapfen gelegt, und zur Befestigung desselben in seinem Zapfenloche m Fig. 170 C wird oben darüber noch ein Bankeisen geschlagen. Unterhalb erhält derselbe eine Nuth, wie bei l Fig. 170 C zu sehen ist, in welche das obere Brett der Wand eingeschoben wird; und wenn sämmliche Bretter über einander wie zu einem Fußboden gespundet werden: so erhält dadurch die ganze Wand nicht nur mehr Steifigkeit, sondern es kann auch kein einzelnes Brett aus der Wand heraus gedrängt, gestoßen oder geschlagen werden. Gewöhnlich wird eine solche Wand nur mit der Krippe von gleicher Höhe gemacht; wenn aber fremde und unruhige Pferde neben einander stehen, welche zuweilen sich gegenseitig beißen: so kann solches dadurch, daß die Bretterwand nach Fig. 172 A mit einem in die Höhe geschweiften Lattierbaum bedeckt wird, verhindert werden. Sind keine eigentlichen Krippenstiele vorhanden, als z. B. in Fig. 172, so werden hölzerne Pfosten f Fig. A von 5 bis 6 Zoll stark, deren Kanten überall abgerundet sind, unmittelbar an der Wand mit starken Bankeisen gut befestigt. Die Blendbretter unter den Krippen sind dann auch jedes nur so lang, als der Stand breit ist, und stoßen mit beiden Enden entweder stumpf, oder besser in einem Falze gegen die erwähnten Pfosten an.

Die Pilarstiele, oder auch Standbäume, Lattierpfosten genannt, unterscheiden sich von den Unterzugsständern auf folgende Art. Die Pilarstiele, welche in Fig. 171 mit l in Fig. 170 mit o, und in Fig. 172 mit c bezeichnet sind, werden gewöhnlich 3 Fuß tief in die Erde gegraben, daselbst in ihrer vollen Stärke gelassen, über der Erde aber erstlich mit einen kleinen Sockel und dann weiter hinauf ganz rund 8 bis 9 Zoll stark und sehr gut gehobelt bearbeitet. Ihre Höhe über der Erde richtet sich nach folgendem.

Werden nähmlich die Lattierbäume nur auf ganz gewöhnliche Art, wie in Fig. 171 A, eingehängt: so sind die Pilarstiele nur 6 Fuß über dem Pflaster hoch; wenn aber die Lattierbäume nach der Fig. 172 gezeichneten Art mit einem Bügel c d angebracht werden sollen: dann müssen sie wenigstens 7 Fuß hoch seyn. Sind Riegel oben auf denselben anzubringen, wie in Fig. 170 A und C bei p gezeichnet ist: dann müssen sie 8 bis 9 Fuß hoch über der Erde gemacht werden. Daß dergleichen eingegrabene Pilarstiele sehr bald verfaulen, und nur mit mehrern Nebenumständen wieder ersetzt werden können, ist leicht einzusehen, daher besser, solche ganz von Gußeisen (wie im hiesigen Königl. Marstalle) zu machen; oder, wenn sie von Holz seyn müssen, so grabe man selbige nicht ein, sondern stelle sie auf einen aus Feld-, Sand- oder Kalkstein bearbeiteten und auf einem ordentlichen Fundamente ruhenden Sockel mit einem Zapfen, und lasse sie sämmtlich als Unterzugsständer hinauf gehen. Die Unterzugsständer, welche in Fig. 171 mit k, in Fig. 170 mit u, und in Fig. 171 mit h bezeichnet sind, gehen bis unter den Unterzug, unterstützen denselben und die Decke; sie werden daher aus wenigstens 10 Zoll starkem Holze, und zwar, damit die Pferde sich weniger daran reiben und beschädigen, achtkantig oder ganz rund bearbeitet, auch fein und glatt gehobelt. Unter jeden Unterzugsständer wird ein besonderes, hinlänglich tiefes, wenigstens 1 Fuß 4 Zoll im Quadrat starkes Fundament gemauert. Auf dieses Fundament wird ein nach Fig. 171 C achteckig geformter Sockel y, von Feld-, Sand- oder Kalkstein gelegt, und auf denselben der Unterzugsständer mit einem Zapfen gestellt, wodurch derselbe gegen Fäulniß gesichert ist.

In ausgebohlten Ständen wird hinter den Pilarstielen und Unterzugsständern hinweg nach Fig. 170 B eine Schwelle q auf eine Untermauerung gelegt. Diese Untermauerung dient zugleich, um den Druck der Erde des Ganges hinter den Pferden zu erhalten, wenn unter den Standbohlen die Erde versumpft ist und dann heraus gegraben wird. Die Schwelle reicht nur von einem Unterzugsständer zum andern, also ungefähr jedesmahl hinter drei Pferdestände hinweg, weil, wenn die Pilarstiele und Unterzugsständer in gerader Flucht stehen sollen, die Schwelle wegen des steinernen Sockels unter den Unterzugsständern nicht weiter in einem Stücke fort laufen kann. Es muß jedoch die Schwelle von dem Mittel der genannten Stiele mehr nach außen als nach innen des Standes liegen, damit selbige wegen der Pilarstiele nicht zu tief ausgeschnitten werden darf. Der Pilarstiel o Fig. 170 B z. B. wird in die Erde gegraben, um $\frac{2}{3}$ der Breite der Schwelle in selbige eingelassen und das Standlager l mit der ganzen Stirnfläche gegen den Pilarstiel ausgerundet angepaßt, wodurch letzterer zugleich seinen festen Stand erhält. Das Standlager l wird also nicht in den Pilarstiel gezapft, weil, wenn dies geschähe, es sehr umständlich, mithin kostspieliger seyn würde, ein verfaultes Standlager oder einen verfaulten Pilarstiel heraus zu nehmen und dergleichen von neuem Holze wieder hinein zu bringen. Auf der Schwelle selbst muß kein Pilarstiel oder Unterzugsständer gestellt werden, weil solche sehr bald verfault, und dann allemahl die darauf stehenden Stiele heraus genommen werden müßten; auch würden die Pilarstiele und Unterzugsständer dadurch außer der Flucht gegen einander zu stehen kommen. Der ganze Zweck dieser Schwelle ist mithin, daß die eingegrabenen Pilarstiele dadurch gehalten werden, (weil unter einem ausgebohlten Stande die Erde sehr bald weich und sumpfig wird,) und daß die Lager nebst Bohlen dagegen stoßen. Wo also nicht gebohlt wird, da bedarf es auch keiner solchen Schwelle.

Wer seinen Pferdestall möglichst auszieren will, kann sämmtliches Holzwerk, als Streukasten, Lattierbäume, Pilarstiele ꝛc. und das Aeußere der Krippen mit grauer oder stahlfarbener Oehlfarbe anstreichen lassen.

§. 166.

Von Anlage und Construction eines Pferde- und Ochsenstalles auf dem Lande.

In den Pferdeställen der Bauern oder in ländlichen Gastställen, wo alles auf die simpelste und am wenigsten kostbare Art eingerichtet wird, werden gewöhnlich die Stände unter einander nicht abgetheilt, und der Fußboden nur mit Feldsteinen mit einer Rinne dahinter gepflastert; auch die aus Bohlen, nach Fig. 170 A zusammen gesetzten, auf einzeln Krippenstielen ruhenden Krippen, nur mit einigen Haken in die Mauer oder Wand befestigt. Es erhalten die Krippen auch selten innere Abtheilungen, weil das eine mahl viel, das andere mahl wenig Pferde daran stehen, sondern Krippe und Raufe laufen ununterbrochen fort, und es befinden sich, zum Zusammenhalt der Krippenwangen, nur hier und da hölzerne Riegel darüber, wie schon bei den hölzernen Kuhkrippen erwähnt worden. Aus diesem Grunde findet man auch selten Pilarstiele, Lattierbäume rc., und zum Anbinden der Pferde sind mehrere so genannte Schnürringe i Fig. 171 C, oder an deren Stelle wohl gar nur Löcher, in der Seitenwange der Krippe angebracht. Die Raufen ruhen unten auf eisernen Haken, und hängen oberhalb an eisernen Raufenhaken, oder wohl nur an Stricken. Streuklappen werden ebenfalls selten angelegt, weil der Landmann zur Vermehrung seines Düngers gewöhnlich täglich frisches Stroh einstreut. Um einigermaßen die Einrichtung und den Zusammenhang eines Pferde- und Ochsenstalls auf einem Vorwerke oder Amte zu zeigen, will ich hier einige unmaßgebliche Beispiele liefern.

Der in Fig. 176 A gezeichnete Stall enthält folgende Räume: a ist der Stall für 6 Reit- oder Kutschpferde, deren jedes einen Standraum von 5 Fuß Breite und 11 Fuß 6 Zoll, mit Inbegriff der Krippe, an Länge erhält. Der Gang hinter den Pferden ist 5 Fuß breit; b ist ein mit Bretterwänden von den Ständen abgeschlagener Raum, von $11\frac{1}{2}$ Fuß lang, 4 Fuß 2 Zoll breit, welcher zum Anhängen des gewöhnlich zu gebrauchenden Geschirres benutzt werden kann; c ist die Futterkammer, worin der Futterkasten, die Häckfellade, und das auf einige Tage nöthige Heu und Stroh seinen Platz findet; d ist die Schlafkammer. Da 6 Pferde wenigstens von 2 Knechten bedient werden: so müssen darin entweder zwei einschläfrige oder ein zweischläfriges Bett und die Koffer oder Laden nebst Tisch und 2 bis 3 Schemel Platz haben; e ist der Stall für 14 Stück kleinere Ackerpferde, deren jedes einen 4 Fuß $3\frac{1}{4}$ Zoll breiten und $9\frac{1}{2}$ Fuß engen Standraum hat. Der Gang zwischen beiden Pferdereihen ist 5 Fuß breit. Unmittelbar aus dem Stalle führt eine Thür zu der Futterkammer f, und ein offener Gang g von 4 Fuß breit zur Schlafkammer h, in welcher 2 bis 3 zweischläfrige Betten stehen können. Vermittelst des offenen Ganges können die Knechte bei der Nacht auch leicht hören, wenn Unordnungen unter ihren Pferden vorfallen; i ist ein Stall für 3 Stück Fohlen. Hierbei ist eine Hauptbedingung, daß derselbe eine eigene Thür nach dem Hofe haben muß, um, wenn die Fohlen zuweilen heraus gelassen werden, sie nicht unter die großen Pferde kommen und ihnen Schaden zugefügt werde. Damit aber die Knechte sowohl aus ihrer Schlafkammer als auch aus der Futterkammer sehr bald in den Fohlenstall kommen können: so ist aus dem Gange g eine Thür dahin angebracht. Ein solcher Fohlenstall kann auch, wenn zufällig kein Fohlen vorhanden ist, zum Krankenstall, oder für fremde Pferde zum Gaststalle benutzt werden, und die fremden Knechte schlafen sodann bei den übrigen, in den Kammern oder im Stalle i selbst, mithin bei ihren Pferden; k ist ein Stall für 12 Stück Zugochsen, deren jeder einen Standraum von $9\frac{1}{2}$ Fuß Länge und 4 Fuß $3\frac{1}{4}$ Zoll Breite hat. Durch einen Gang l von $3\frac{1}{2}$ Fuß Breite kommt man zur Futterkammer m, worin auch die Treppe liegt, welche nach dem Boden führt, und von außen ihren Eingang hat; n ist die Schlafkammer für 3 bis 4 Ochsenknechte.

Der ganze Stall ist von Fachwerk, 100 Fuß lang und 36 Fuß tief. Fig. 176 B ist das Profil dazu. Der Fußboden im Stalle liegt an seinen tiefsten Stellen wenigstens 6 Zoll hoch über dem äußern Pflaster. Die Höhe des Stalles im Lichten ist 11 Fuß.

Zur Bequemlichkeit überhaupt, weil alle die einzelnen Ställe eine Verbindung mit der Bodentreppe haben müssen, ist es sehr gut, wenn die erforderlichen langen Balkenhölzer vorhanden sind, daß man nach Fig. 176 B das Dach an der Hofseite um 3 bis 4 Fuß überstehen läßt.

Der massive Stall Fig. 177 A ist 178 Fuß lang und 40 Fuß tief. Bei der Beschreibung dieser etwas größern Einrichtung wollen wir zugleich die Vortheile dieser oder der vorigen Einrichtung, eine gegen die andere beurtheilen.

In dem Kutsch- und Reitpferdestalle a hat ein jeder Pferdestand 5 Fuß $2\frac{3}{4}$ Zoll Breite und 11 Fuß 6 Zoll Länge; es ist also in der Breite auch einiger Raum für die Dicke des Lattierbaums vorhanden. Sollten die Pferdestände mit Bretterwänden abgetheilt werden: so würde der ganze Raum in diesem Stalle a voran geführtermaßen nur für 6 Pferde hinreichen. Der Gang hinter den Pferden ist 5 Fuß breit, weil nur eine Reihe Pferde daselbst steht. Die Schlafkammer b für etwa zwei Knechte hat ihren Eingang vom Stalle aus, damit die Knechte bei Nacht jede Unruhe unter den Pferden sogleich verhindern können; auch damit die Kammer im Winter nicht so kalt ist, als wenn sie ihren Eingang unmittelbar vom Hofe hätte. Es ist selbige aber deshalb ganz vorn im Stalle angebracht, damit, wenn die Knechte des Abends etwa Licht in die Kammer nehmen, sie damit nicht so weit durch den Stall gehen dürfen. Die Schlafkammer h in Fig. 176 A hat nicht diese zweckmäßige Lage. Die Futterkammer c Fig. 177 A liegt in der Mitte des Stalles, mithin noch bequemer, als die Futterkammer m in Fig. 176.

Die Geschirrkammer d in Fig. 177 A liegt am Ende des Ganges, jedoch auch unmittelbar mit letzterm in Zusammenhange. Für Reitzeug und Geschirr der Wagenpferde (wenn solches sämmtlich im Stalle aufbewahrt werden soll) dürfte die Kammer b in Fig. 176 A wohl zu klein seyn, oder es müßte die Schlafkammer d zum Theil mit dazu gebraucht werden. Ein Gastpferdestall für ankommende Fremde ist auf Aemtern von großer Nothwendigkeit, und es kann solcher an einem ganz besondern Orte im Gehöfte sich befinden. In Fig. 177 A ist derselbe in f zwar mit in dem Pferdestallgebäude, jedoch ganz abgesondert, angelegt, welches auch sehr nothwendig ist, damit keine Unterschleife mit dem Futter geschehen. Es können darin 6 Pferde stehen, und die etwa dazu gehörigen 2 Knechte in der Kammer h schlafen; auch kann daselbst das Geschirrzeug aufbewahret werden. In g ist Raum für einen bis zwei kleine Futterkasten. Jedes Pferd hat in dem Gaststalle einen Standraum von 5 Fuß 1 Zoll Breite und 11½ Fuß Länge. Der Gang hinter den Pferden ist 5 Fuß breit.

Für die Ackerpferde und Zugochsen, welche gemeinschaftlich in einem Stalle stehen, ist ein Futtergang ungefähr nach Fig. 175 in der Mitte angebracht, weil die Ackerpferde gewöhnlich nur klein sind, und mithin, wenn die Krippe nicht höher als 3 Fuß gestellt wird; auch die Zugochsen selbige sowohl als die Raufen erreichen können. Wollte man lieber, daß die Ochsen an einem niedrigern Futtergange, wie vorhin bei den Kuhställen ist gezeigt worden, stehen sollten, welches diesen Thieren freilich angemessener ist: so kann dazu die ganze Breite des Futterganges mm gebraucht, und für die Pferde eine besondere höher steigende Krippe und Raufe nach Fig. 175 daselbst angelegt werden.

In Fig. 177 B ist der Pferdestall aa von dem Ochsenstalle bb durch eine Scheidewand getrennt. Im Ochsenstalle ist ein erhöheter Futtergang und in dem Pferdestalle die in Fig. 175 vorgestellte Krippen-Anlage angenommen. Liegt nun die Futterkammer in o und die Schlafkammer in d: so ist ein Gang längs durch den Stall in der Mitte nothwendig, um das gesammte Vieh noch besser als in Fig. 177 A aus den beiden Schlafkammern d und e abreichen zu können; dabei ist das Gebäude etwas geringer an Länge. Werden nun noch die Räume ff Fig. 177 B, wie hier, wenigstens 7 Fuß breit angelegt und von dem Mittelgange durch niedrige Thüren abgeschlossen: so können diese beiden Räume zugleich als Futterkammern dienen und die Pferde unmittelbar aus diesen Kammern gefüttert werden, als wozu die Einrichtung, wie sich aus Fig. 175 beurtheilen läßt, sehr leicht getroffen werden kann.

Ein Mehreres über die Einrichtung solcher Ställe anzuführen, ist überflüssig, und kann immer nur individuell bleiben.

In Fig. 176 stehen die beiden Giebelwände ganz isolirt, ohne Verbindung mit den Scheidewänden, welches wo möglich zu vermeiden ist, da es die Festigkeit des Gebäudes sehr beeinträchtigt. In Fig. 177 sind dagegen an den Giebeln die Kammern angelegt, durch deren Mittel- und Scheidewände jeder Giebel einen festern Stand und das ganze Gebäude an beiden Enden gewissermaßen mehr Masse erhält. Ferner ist zu bemerken, daß diejenigen Wände und Mauern, welche entweder isolirt stehen, oder an welchen die Krippen liegen, da sie mehr als die übrigen Scheidewände leiden, stärker als die übrigen Scheidemauern seyn müssen. Die Umfassungsmauern in Fig. 177 A und B sind 2 Stein oder 1 Fuß 9 Zoll stark, welches bei der Anlage Fig. 177 B um so mehr hinreichend ist, da zwischen dem Ackerpferde- und Ochsenstalle eine Scheidewand sich befindet, an welche, so wie an die Futtergangs-Wände, die Fronten geankert werden können. Dagegen bei der Einrichtung Fig. 177 A, wo der Pferde- und Ochsenstall zusammen genommen 90 Fuß im Lichten lang ist, (auf welcher Länge die Fronten ganz isolirt stehen,) müssen die Fronten entweder ganz vorzüglich fleißig und aus festen Materialien gearbeitet, oder, wo dies nicht hinlänglich geschehen sollte, lieber um einen halben Stein stärker, also 2 Fuß 2 Zoll stark, gemacht werden.

Pisé-, Lehmpatzen- und Luftziegelmauern sind zu dergleichen Ställen gleichfalls anzuwenden, wenn entweder die Krippen nicht unmittelbar an die Mauern angebracht, oder, wo dies geschehen soll, letztere mit einem halben Stein von gebrannten Ziegeln innerhalb verblendet werden.

Die Unterzüge, deren in Fig. 177 zwei seyn müssen, richten sich allemahl darnach, daß solche entweder von den Pilarstielen als Unterzugsständern, oder von den Mittel- und Futtergangswänden unterstützt werden. Mit den Mittelwänden richtet man sich gern nach den Unterzügen, wie in Fig. 176 A angewiesen wird. Wenn ein Unterzug über quer liegende Ställe gelegt werden muß, wie gleichfalls in Fig. 176: so ist dahin zu sehen, daß derselbe nicht zu lang frei liegt, sondern von Wänden oder einzelnen Pilaren als Unterzugsständern unterstützt wird. Die übrigen Pilarstiele brauchen dann nur 6 Fuß über der Erde hoch zu seyn.

Was den Ausbau der Stände und Ställe überhaupt betrifft: so kann solcher nach Ortsumständen und nach dem, was bisher darüber gesagt worden, mehr oder weniger kostspielig ausgeführt werden.

§. 167.

Von Anlage und Construction herrschaftlicher und Cavallerie-Pferdeställe.

Die Erfahrung lehrt bei allen einigermaßen großen Pferdeställen, daß diejenigen Frontmauern, gegen welche die Krippen und Raufen gebaut sind, allemahl von unten herauf bis zu den Fensterbrüstungen, erst den Kalkabputz verlieren; und da dann derselbe auch nie mehr ordentlich haftet, die Steine auswittern, der Kalk in den Fugen (ungeachtet derselbe noch etwas längern Widerstand leistet) endlich in Staub aufgelöst wird, und so die ganzen Fronten, vorzüglich von unten bis an die Krippen hinauf, zerstört werden. Ferner zeigt die Erfahrung, daß diese Zerstörung mehr an der äußern Seite der Mauer als innerhalb statt findet; z. B. wenn in einem Stalle nur gegen eine der Fronten Pferdestände gebaut sind, die andere Fronte aber frei gelassen ist: so zeigt sich an letzterer wenig oder beinahe gar keine Spur solcher Zerstöhrung, während dem die erstere ganz außerordentlich leidet. Als ein bewährtes Beispiel für den letztern Fall stelle ich den Königl. Reitpferdestall in Potsdam auf. Mit Recht, glaube ich, wird vermuthet, daß die stäte Feuchtigkeit der hölzernen

Krippen, die verschlossenen Streuklappen, vorzüglich aber die in letztern, mit der aufgenommenen Streu eingesperrten Ausdünstungen, und zwar mit Hülfe der äußern atmosphärischen Luft, diese Wirkung hervorbringen, weil gerade an der äußern Seite die Zerstöhrung am stärksten erfolgt.

Anm. Man hat zwar auch schon behaupten wollen, daß es eine Erdfeuchtigkeit sey, die von der innern Stallwärme an der Mauer in die Höhe gehoben werde. Daß die innere Stallwärme wesentlich dabei mitwirke, ist wohl gar nicht zu verkennen, weil in Ställen, in welchen nur zu gewissen Zeiten, oder nur des Nachts Pferde stehen, die erwähnte Zerstöhrung der Fronten weit weniger bemerkt wird. Daß es aber nicht allein die Erdfeuchtigkeit sey, beweiset die vorhin erwähnte Bemerkung, daß nähmlich die Zerstöhrung vorzüglich nur an den Mauern statt hat, gegen welche sich die Krippen befinden.

Man hat daher an hiesigen neu erbauten Pferdeställen den Versuch gemacht, nahe unter der Krippe, 3 bis 4 Zoll im Quadrat große, in horizontaler Linie, ungefähr 2 Fuß aus einander stehende, Löcher durch die Mauer zu lassen, um eine Communication der äußern mit der mephitischen Luft in den Streuklappen zu unterhalten, und diese Löcher mit feinen Gittern zu versehen, um das Einkriechen des Ungeziefers zu verhindern. Es ist vielleicht möglich, daß dies die vorgedachte Zerstöhrung der Mauer einigermaßen verhindert hätte; allein an einigen Orten mußten diese Löcher wieder zugemauert werden, weil man bei einigen in Krämpfe verfallenen Pferden dafür hielt, daß die durch diese Löcher verursachte Zugluft die Ursach sey. Dieserhalb, und weil die Ställe, wo diese Löcher angebracht worden, auch noch zu neu sind, läßt sich aus Erfahrung über den Effekt dieses Versuchs noch nicht hinlänglich urtheilen.

Die letzten allhier neu erbauten Cavallerie-Pferdeställe, in welchen, wie gewöhnlich, die Krippen rc. gegen die Fronten liegen, sind vom Fundamente bis unter die Fensterbrüstung mit sogenannten Rathenauer- (oder der in hiesiger Gegend vorzüglichsten Sorte) Mauersteinen, aufgeführt, und ohne Putz nach holländischer Art, außerhalb gelassen. Es ist dies unstreitig die beste Vorkehrung, um ein Pferdestall-Gebäude vor einem zu früh verunstalteten äußern Ansehn zu sichern; allein da eine gleichzeitige Zerstöhrung der Steine die wahrscheinliche Ursache des Abfallens des Putzes ist, und der vorangeführten Bemerkung zufolge, die äußere Luft nicht wenig dazu beiträgt, gegen welche letztere Mitwirkung aber ein Abputz der Steine doch einigermaßen noch mehr sichern müßte: so glaube ich, daß durch das nicht-Abputzen der äußern Mauern der Zerstöhrung derselben nicht Einhalt gethan, sondern nur das Unansehnliche, welches durch den abgefallenen Putz verursacht wird, einstweilen vermieden, die Zerstöhrung der Steine selbst aber nur nach dem Grade ihrer Festigkeit verzögert werden wird. Es sind daselbst zwar auch wiederum die vorgedachten Zuglöcher unter den Krippen angebracht, von deren Effekt aber, wie gesagt, noch nicht aus Erfahrung geurtheilt werden kann. Ferner befinden sich in diesen Ställen eiserne Krippen, und mithin, in so fern die Feuchtigkeit der hölzernen Krippen mit zur Zerstöhrung der Mauern beiträgt, wird solche hier durch die eisernen Krippen vielleicht in etwas vermindert.

Es existiren allhier sehr alte Gebäude, und unter andern das Gebäude der Akademie der Wissenschaften, in welchem in der untern Etage Pferdeställe sich befinden, deren Frontmauern muthmaßlich aus sehr festen Steinen aufgeführt sind, woran aber dessen ungeachtet, vom Fundamente an bis unter die Brüstungen der Stallfenster, nicht nur der Putz durchaus unhaltbar ist, sondern auch die Steine selbst zerstört sind, während dem an den übrigen Theilen dieses Gebäudes der Putz fest hält, und noch keiner Hauptreparatur bedurft hat.

Anm. Man hat schon behauptet, daß, wenn an Pferdeställen die Fronten, vom Fundament bis unter die Fensterbrüstungen, von behauenen Kalksteinen aufgeführt würden, die Zerstöhrung nicht statt finde, es müßten aber die Kalksteine aus einem sehr reifen Bruche und zwar im Frühjahr gebrochen werden, damit sie während der Sommerwitterung ihre Erdfeuchtigkeit vollkommen austrocknen. Eigene Erfahrungen hierüber habe ich noch nicht einsammeln können.

Es ist daher von großer Wichtigkeit, Mittel vorzuschlagen, wie den erwähnten Zerstöhrungen der Pferdestallmauern am zweckmäßigsten und ohne große Kostenverschwendung abzuhelfen sey. Ein aus dem vorher gesagten sich ergebendes und wahrscheinlich hinlängliches Mittel dürfte seyn, diejenigen Ställe, in welchen zwei Reihen Pferde gestellt werden sollen, nach Fig. 178 A so anzulegen, daß beide Reihen an einer Mittelwand im Stalle mit den Köpfen gegen einander stehen, wodurch zugleich die §. 158 erwähnte vortheilhaftere Beleuchtung des Stalles und zweckmäßige Luftzüge erhalten werden könnten. Wären in dergleichen großen Ställen keine Streukasten nothwendig: so könnte eine solche, allenfalls nur aus Stiel= und Riegelwerk bestehende, Mittelwand auch ohne Ausmauerung bleiben. Ungeachtet nun, z. B. in Cavallerie=Pferdeställen, die Streukasten als unentbehrlich gelten: so glaube ich, daß die gedachte Mittelwand, an welcher dann an beiden Seiten sich Streukasten befänden, wenn solche auch aus Mauerwerk bestände, sich dennoch bei weitem besser conserviren würde, da sie von der äußern Luft und Witterung nicht berührt wird.

Daß aber ein solcher Stall für Cavalleriepferde, wenn die Gänge zugleich die §. 156 angegebene ansehnliche Breite erhalten sollen, wenigstens 48 Fuß tief erbaut werden müßte, ist allerdings ein wichtiger Grund, um in jedem Falle, wo nicht zugleich Wohnungen über den Ställen angelegt werden sollen, diesen Vorschlag zu verwerfen.

Wenn nun von den Cavalleristen immer mehr auf einen breiten gemeinschaftlichen Mittelgang, als auf die übrigen, mit der vorgedachten Einrichtung verbundenen, Vortheile geachtet wird: so schlage ich vor, um den erstgedachten Zweck, nähmlich die bessere Conservation der Frontmauern, zu erreichen, die Krippen und Streukasten nach Fig. 174 und 179 von der Frontmauer 2 Fuß ab, an einer besondern Wand anzulegen, wodurch dann außer dem Vortheil einer bessern Raufe und eines bequemern Auf- und Zumachens der Fenster, ein freier Luftzug innerhalb längs den Fronten erhalten wird, und der Stall überhaupt nur 4 bis 5 Fuß tiefer seyn darf, als er ohne diese Gänge seyn müßte.

Man kann zwar dieser Anlage wiederum den Vorwurf machen, daß sie wegen der längern Balken, und weil besondere hölzerne Wände längs den Fronten aufgeführt werden, um vieles theurer als die gewöhnliche Einrichtung sey. Wenn aber das so oft gefeierte Wort, Ersparung, meiner Meinung nach nicht gemißdeutet werden soll: so muß darunter eine feste und dauerhafte Construction ohne Kostenverschwendung verstanden werden; und wenn, wie ich glaube, hierdurch die Fronten sich besser conserviren würden: so wäre durch diese nur etwas kostspieligere

Bauart

Bauart die eigentliche Ersparung für die Folge erreicht.

Ohne indeß meinen Vorschlag aufdringen zu wollen, will ich denselben, so wie überhaupt die Erfordernisse zur Anlegung eines Cavallerie=Pferdestalls, durch folgendes Beispiel kürzlich aus einander setzen. Ein solcher Stall, massiv von gebrannten Steinen, muß wenigstens 42 Fuß tief seyn, weil in der Mitte ein 10 bis 12 Fuß breiter Gang nothwendig ist. Die Länge der Stände, mit Inbegriff der Krippe, wird gewöhnlich 11 Fuß, die Breite derselben im Lichten 5 Fuß angenommen, und die Abtheilung der Pferde geschieht der Oekonomie wegen nur durch gewöhnliche Lattierbäume nach Fig. 171 A. Es mag nun ein solcher Stall für ein ganzes Regiment, entweder in einer geraden Linie, in einem oder mehrern abgesonderten Gebäuden, oder en quarrée, wie Fig. 179 gebauet werden: so muß die Hauptabtheilung nach Compagnien oder Esquadrons vermittelst massiver Querwände bis an die Dachspitze geschehen. In jeder solchen Abtheilung muß ein Haupteingang, eine Treppe nach dem gedielten Boden, und in dem Boden nochmals eine Abtheilung mit Bretterwänden zur Absonderung des Haferbodens von dem Heu=, Stroh= und Häckselboden befindlich seyn. Besteht nun ein solcher Pferdestall für mehrere Compagnien aus einem unzertrennten Gebäude: so bewirken die gedachten, bis in die Dachspitze reichenden, Abtheilungsmauern zugleich die erforderlichen Brandgiebel.

Anm. Außer diesen Ställen für die einzelnen Compagnien eines Regiments, ist auch noch für Krankenställe zu sorgen, welche aber besser, von den Compagnieställen entfernt, ihren Platz erhalten.

Die Thorwege und Eingänge unmittelbar in den Stall anzulegen, würde den zunächst an diesen Eingängen stehenden Pferden im Winter, wenn die Luft im Stalle unverhältnißmäßig wärmer als die äußere ist, eine starke Zugluft verursachen; daher sind Vorflure, wie in Fig. 179, auf welchen zugleich die Treppen nach den Boden liegen, von großer Wichtigkeit. Durch diese mehrere Querwände in einem langen Stalle erhält nicht nur das Gebäude eine größere Festigkeit, sondern man gewinnt auch noch den Vortheil, die Ableitungsrinne aus dem Stalle in nicht zu großen Längen anlegen zu dürfen, welches nähmlich wegen des Gefälles oft manche Schwierigkeiten hat.

In Cavalleriеställen wird gewöhnlich der Häcksel auf dem Boden geschnitten, *) und solcher daselbst sowohl, als das Körnerfutter und Heu, jedesmal nur für einen Tag an die sogenannte Stallwache ausgegeben; mithin sind Futterkammern unten im Stalle nicht nothwendig. Dagegen aber müssen Behältnisse daselbst für die Futterkarren, Eimer, Kummkarren, Schippen, Mistforken, Laternen, Besen, wie auch zum Aufenthalt der Stallwache eine sogenannte Pritsche, vorhanden seyn, wozu die Räume a und b in Fig. 179 gebraucht werden können. Auch für die im täglichen Gebrauch stehenden Sättel, Schabracken und für das Zaumzeug sind besondere luftige Räume unten ganz nahe bei jedem Compagniestalle anzulegen, da die Aufbewahrung dieser Sachen im Stalle selbst, denselben, und besonders dem Lederzeug, sehr schädlich ist.

*) Der Häcksel wird gewöhnlich von einem eigens dazu angestellten Häckselschneider auf einer gewöhnlichen Häcksellade geschnitten, deren Zusammensetzung wenigen unbekannt seyn wird. Zur Erleichterung dieses Geschäfts, und um die Kosten dazu zu verringern, hat man verschiedentlich mehr oder weniger zusammengesetzte Häckselmaschinen vorgeschlagen, worüber ich auf Krünitz ökonomische Encyklopädie 20sten Theil verweise, und hier nur

so viel davon anführe, daß einige von Menschen, vermittelst einer Kurbel, gedreht, andere von Thieren oder vom Wasser getrieben werden, wobei der Häckſel entweder mit gewöhnlichen Futterklingen, oder mit Schneidemessern, die an der Kurbel selbst, oder in Gittern wie in Schneidemühlen, jedoch die Messer beinahe horizontal, angebracht sind, geschnitten wird.

Da ein solcher Stall Fig. 179 keine andere Verbindung der Frontmauern hat, als die wenigen Scheidewände: so müssen die Fronten wenigstens 2 Stein stark, dabei von den festesten Mauerziegeln sehr fleißig gemauert werden; wo diese Umstände vielleicht nicht zusammen treffen, da müssen die Frontmauern wegen ihrer großen frei stehenden Länge und Höhe $2\frac{1}{2}$ Stein, und bei größerer Tiefe noch stärker angelegt werden.

Die Ständer unter den beiden Unterzügen sind, wie schon früher gedacht worden, zugleich Pilarstiele, und, um dem baldigen Verfaulen derselben vorzubeugen, nach Fig. 171 A auf einen bearbeiteten Sand-, Feld- oder Kalkstein zu stellen.

Von den Unterzugsständern aus, Bänder bis in den Unterzug anzubringen, hat immer kein schönes Ansehen; daher läßt man solche aus dergleichen Ställen auch gern weg, und zwar in massiven Ställen um so eher, da sie in solchen des Schubs wegen nicht sonderlich nöthig sind. Um aber die Unterzüge, und mit diesen die Decke besser zu unterstützen, läßt man lieber desto mehr Pilarstiele als Unterzugsständer hinauf gehen, und zwar allemal den dritten, so daß also die Unterzugsständer hier nur $15\frac{3}{4}$ Fuß von Mittel zu Mittel aus einander stehen.

Anm. Beiläufig bemerke man, wie der An- und Austritt der Treppe bei a Fig. 179 so angelegt ist, daß weniger Balken ausgewechselt werden dürfen, und besonders der Grad-

Eichbalken, so wie der Austritt auf den Boden, hinreichenden Platz findet.

Der Fußboden im Stalle muß hoch genug gelegt werden, damit der Abfluß, welcher z. B. von c nach d und e läuft, gehörig statt finden kann. Hierbei kommt es nun zuerst darauf an, ob die Abflußrinne nach Fig. 170 unter den Standbohlen, oder ob solche nach Fig. 171 und 172 im Pflaster hinter den Ständern angelegt werden soll. In beiden Fällen muß die Tiefe der Rinne selbst dem nöthigen Gefälle derselben von ½ bis 1 Zoll auf die laufende Ruthe zugerechnet werden, um die Höhe des Fußbodens im Stalle über das äußere Terrain zu bestimmen, und um den ausfließenden Urin durch offene Rinnen im Gehöfte fortleiten zu können.

Eine hinreichende Anzahl Fenster und Luftzüge ist ein vorzügliches Erforderniß in dergleichen Ställen. Die Höhe der Cavallerie=Pferdeställe im Lichten macht man deshalb nicht gern mehr als 13 höchstens 14 Fuß, weil sonst das Aufstecken des Heues vom Wagen in die Dachluken zu beschwerlich wird.

Anm. Um das Aufstecken des Heues in den Boden bei noch höhern Ställen zu erleichtern, kann auch ein leichtes Gerüst außerhalb an dem Gebäude unter der Dachluke angelegt werden. Wird das Heu über die Kehlbalken gepackt: so müssen im untern Dachboden besondere Flure, und in jedem derselben eine Heuluke befindlich seyn.

In den Thüren, durch welche die Cavalleristen in den Stall reiten, werden an beiden Seiten an der Zarge Walzen (von etwa 3 Fuß Länge, aufrecht stehend, oben und unten in sogenannten Kloben laufend, zur Hälfte in die Zarge eingelassen) befestigt, damit, wenn die Cavalleristen durch die Thür reiten, und zufällig vom Pferde gegen die Thürzarge, oder vielmehr gegen eine der Walzen gedrängt werden, durch das Drehen der Walze ihre Kniee weniger beschädigt werden.

Die Cavalleristen mögen in einer Kaserne nahe bei dem Pferdestalle, oder bei den Bürgern in der Stadt einquartirt seyn: so sind Sattel- und Geschirrkammern nahe am Stalle nothwendig. Außerdem muß bei jedem Pferdestande eine Anstalt seyn, um das Sattel- und Zaumzeug kurz vor dem Aufsatteln und nach dem Absatteln einstweilen anhängen zu können. Dies geschieht nach Fig. 170 C dadurch, daß, wie bei p zu sehen, $7\frac{1}{2}$ Fuß von der Schwelle hinauf eine Bohle mit Riegelhaken durch Ausschneidung und Einblattung in die Pilarstiele und Unterzugsständer mit eisernen Nägeln befestigt wird. An diesen Riegel, auch wohl noch an andere eiserne in die Stiele befestigte Haken, wird das Sattel- und Zaumzeug einstweilen angehangen. Um einstweilen das Putzzeug, als Striegel rc., anhängen zu können, werden noch hölzerne Nägel (wie bei l Fig. 171 A zu sehen) angebracht.

In der Mitte des Riegelbretts p Fig. 170 C wird ferner eine schwarze Tafel mit der aus weißer Oelfarbe geschriebenen Nummer des Pferdestands, auch wohl der Name des Cavalleristen, mit Kreide darneben geschrieben, befestigt.

Anm. In herrschaftlichen Reitpferdeställen wird auch der Name des Pferdes auf eine solche schwarze Tafel geschrieben, und über der Raufe befestigt; der vorgedachte Riegel fällt daselbst weg.

In herrschaftlichen Pferdeställen, wenn solche auf die Fig. 180 angegebene Art angelegt sind, kann auch die Frontmauer innerhalb zwischen den Fenstern mit Riegeln versehen und von den Riegeln bis zum Fußboden, oder wenigstens auf 4 bis 5 Fuß herab, mit gehobelten Brettern bekleidet werden, damit das Geschirr-

und Sattelzeug daran einstweilen, ohne sich zu scheuern, gehängt werden kann.

Außer den stäts im Gebrauch habenden Montirungs-, Sattel- und Zaumstücken sind auch theils zu vorräthigen, theils zu nicht gewöhnlich im Gebrauch stehenden Feldgeräthen einige Kammern erforderlich, die aber auf den Kasernenböden oder an andern trockenen und luftigen Orten angelegt werden.

Anm. Dergleichen Kammern werden gewöhnlich compagnieweise abgetheilt, und würden folgendermaßen einzurichten seyn. Z. B. für eine Esquadron von etwa 125 Mann ist eine Kammer von ungefähr 900 Quadratfuß groß, 14 bis 16 Fuß Tiefe und ungefähr 9 Fuß Höhe erforderlich. In der Mitte der Kammern stehen vier doppelte Gestelle, jedes mit fünf Riegeln über einander, und in jedem Riegel 15 Riegelhaken, wo an den untern die neuen Stiefeln und darüber die andern Montirungsstücke der Cavalleristen hängen. Ferner steht daselbst ein freies Gestelle mit 3 Böden über einander, 6 Fuß lang und 3 Fuß breit, worauf die Montirungstücher in Stücken, desgleichen ein freies Gestelle von 22 Fuß lang, worauf die Sättel rc. der Beurlaubten liegen. Eine Huthmaschine, 9 Fuß lang, zu demselben Behufe, 3 große Kasten zur Transportirung der Montirungsstücke im Felde, noch ein großer Tisch und eine Bank zum Sitzen. Ein Schrank zur Aufbewahrung neuer Handschuhe, ungefähr 3 Fuß hoch und 4 Fuß breit, und an den Wänden herum lauter Riegel zu Schabracken, neuem Zaumzeuge, Feldflaschen, Kasserollen, Gewehren, Pistolen und Bandelieren müssen vorhanden seyn.

§. 168.

Von den über Pferdeställen etwa anzulegenden Wohnungen.

Wohnungen über Pferdeställen, wenn letztere nicht überwölbt sind, werden, ungeachtet jeder andern dichten Stalldecke, nie frei von Geruch seyn. Wenn nun gleich in manchen Fällen hierauf nicht geachtet wird: so ist dagegen doch zu bedenken, daß (wie vorhin erwähnt worden) die Fronten im Stalle einer baldigen Zerstöhrung unterworfen sind, und die gewöhnlichen nicht überwölbten Ställe keine hinlängliche Unterstützung der innern Wände des obern Stockwerks (wenigstens nicht für die Brandmauern darin) darbieten; mithin sollte wenigstens aus diesen Gründen eine dergleichen, der guten Construction ganz zuwider laufende, Anlage als ganz unzulässig betrachtet werden. Denn obgleich, sowohl hier in Berlin, als an andern Orten, dergleichen Wohnungen zu Kasernen oder für Stallleute in Stockwerken über nicht überwölbten Ställen sich befinden: so geben sie doch auch sämmtlich mehr oder weniger, nicht allein von außen an den Fronten, sondern auch innerhalb durch die eingesenkten Balkendecken, die deutlichsten Beweise für die gedachte Behauptung.

Ersparung der Kosten für das Dach und Fundament zu besonders anzulegenden Wohnungen verleitet oft zu diesem Mißgriff; zuweilen wird es aber auch wohl durch Mangel an Bauplätzen (besonders in Städten) nothwendig, Wohnungen über den Ställen anzulegen. Es sey indeß die Veranlassung dazu, welche sie wolle: so muß alsdann der Baumeister auch dahin gehörig Sorge tragen, daß den berührten Nachtheilen so viel als möglich vorgebeugt werde, wohin ganz vorzüglich eine zweckmäßige Unterstützung der Mittelwände des obern Stockwerks gehört. Für solche unausweichbare Fälle will ich in Folgendem einige Beispiele liefern.

In Fig. 178 und 180, woselbst auf der einen Seite der Stall, und auf der andern die darüber befindlichen Wohnungen gezeichnet sind, ist nähmlich zuerst aus Fig. 180 zu ersehen, daß die Feuermauern der obern Wohnungen nicht anders als über den Unterzügen im Stalle angelegt werden können. In Fig. 178

dagegen, wo die Pferde mit den Köpfen gegen die Mittelwand stehen, und wenn, wie hier, die Krippen in einer sehr starken Wand angelegt sind, lassen sich die obern Feuermauern sehr gut und solide anlegen, auch die Feuerröhren aus der Mitte des Dachs heraus führen. Es ist zwar ein solches tiefes Gebäude kostspieliger und des langen Holzes wegen nicht aller Orten auszuführen; allein übrigens verdient diese Anlage nicht allein in Absicht der Festigkeit und Dauerhaftigkeit den Vorzug vor der in Fig. 180, sondern auch um so mehr deshalb, da hier die Pferde nicht mit den Köpfen gegen die Fronten stehen, und daher die Mauern auch nicht so leicht auswittern werden. Soll und muß indeß ein Stall nach Fig. 180 ausgeführt, und sollen auch nicht massive Pfeiler und Gewölbbögen, welche allerdings mehrern Platz erfordern, anstatt der hölzernen Unterzugsständer angelegt werden: so müssen nach Fig. 180 sämmtliche hölzerne Pilarstiele als Unterzugsständer hinauf gehen, anstatt solches nach Fig. 178 nur bei einem um den andern, und insbesondere da nothwendig ist, wo oben die hölzernen Wände darauf ruhen. Ferner müssen alsdann die Unterzüge und Unterzugsständer recht stark gewählt, und sowohl sandsteinerne Sockel als auch starke Fundamente darunter angelegt werden.

Es sind aber dergleichen Gebäude dessen ungeachtet nicht das, was nach den Regeln einer guten Construction mit Recht vorausgesetzt werden sollte; denn nicht nur müssen sämmtliche Scheidewände von Fachwerk seyn, und die etwa nöthigen massiven Theile derselben (in der Nähe der Oefen) auf Balken stehen, sondern es steht auch die ganze Masse von Mittel- und Scheidewänden, nebst den zufälligen Belastungen, nur auf einem mit zu wenigen Scheidewänden verbundenen untern Raume, welches allerdings dem eigentlichen

Begriffe von Festigkeit nicht angemessen ist; es müßten denn massive Bögen und Pfeiler, Behufs der obern Wände und Mauern, unten im Stalle angelegt werden, welche aber wiederum den Stallraum sehr beschränken.

Noch ein Umstand mehr ist bei Ställen mit Wohnungen darüber zu berücksichtigen, nähmlich, daß dann der Bodenraum zu Heu, Stroh und Hafer ꝛc. nicht unmittelbar über dem Stalle vorhanden ist, und daher die Kammern für Geschirr, Futter und Streu nur an den Enden und im Mittel des Gebäudes, etwa unter den Treppen, angelegt werden müssen; oder, wenn dies zu entfernt und umständlich gefunden werden sollte, daß, nach Fig. 180 C, über den Pferdeständen im Stalle selbst sogenannte Hängeböden (Surpentes) angelegt, und darauf über jedem Pferde das für einen oder mehrere Tage erforderliche Heu und Streustroh aufbewahrt werden, wie sich in den Stutenställen im Friedrich-Wilhelms-Gestüt zu Neustadt an der Dosse, Behufs des Heues, befindet, waselbst auch in Absicht der Breite des Ganges darauf gerechnet ist, daß mehrere Wagen bei schlechtem Wetter sogleich in den Stall fahren, und das Heu im Trockenen auf die Hängeböden oder Senkgebälke abladen können. Im Fußboden dieser Hängeböden oder Entresols sind zugleich Oeffnungen mit Klappen angebracht, durch welche den Stuten das Heu in die Raufe geworfen werden kann. Zu einer solchen Anlage muß der Pferdestall wenigstens 17 Fuß hoch im Lichten seyn, wogegen sonst herrschaftliche Ställe, wo die Pferde in einfachen Reihen, und ungefähr 20 bis 30 Pferde in jeder Abtheilung stehen, nur etwa bis zu 15 Fuß hoch gemacht werden.

Auch in Fig. 178 könnte vermittelst eines vollständigen Entresols ein geräumiger Heu- und Futtergelaß, und dadurch zugleich der Vortheil bewirkt werden, daß die Wohnungen, ob zwar noch höher, dagegen aber doch weniger vom Geruche incommodirt sich befänden. Da indeß dergleichen sehr lange und frei stehende Gebäude, wegen der mehrern Höhe und mangelnden Scheidewände, hierdurch nur desto schwanker würden: so ist und bleibt es, und zwar besonders für herrschaftliche Stallgebäude, desto gerathener, die Wohnungen und Futterkammern rc. an den Enden des Stalles anzulegen, wie die Fig. 181 aus dem mehr gedachten Werke des Herrn Professors Naumann nachweiset. Die Colonnade oder der bedeckte Gang vor dem Stalle soll nicht nur dazu dienen, um die brennenden Sonnenstrahlen vom Stalle abzuhalten, sondern vorzüglich, um die Pferde darunter zu putzen; wozu ebenfalls die in Fig. 178, 179, 180 gezeichneten Flure gebraucht werden könnten.

Anm. Herr Naumann sagt nähmlich im 2ten Theile §. 250: „Wenn es irgend die Jahreszeit und Witterung erlaubt, die Pferde außerhalb des Stalles zu putzen: so ist dies eine sehr zu empfehlende Vorsicht, und zwar hauptsächlich dann, wenn viel Pferde in einem Stalle beisammen stehen. Der durch die Striegel und Bürste losgemachte Staub zieht sich gleichsam wie eine Wolke um die Pferde herum, und wird, wegen seiner scharfen Partikelchen, nicht nur den Augen nachtheilig, sondern er macht auch, indem er vom Pferde mit eingeathmet wird, einen unangenehmen und selbst schädlichen Reitz auf die Lungen.“

Endlich ist noch als eine Hauptsache für alle Pferdeställe zu bemerken, daß ein gutes Wasser ganz in der Nähe des Stalles, und wo möglich innerhalb desselben, vermittelst Pumpen und in großen Käfen vor demselben stehend, vorhanden seyn muß, damit den Pferden das Wasser nicht so kalt, als es aus dem Brunnen kommt, gegeben werden darf.

§. 169.

Einiges über Gestüte und was bei Anlegung der Ställe dazu zu wissen am nöthigsten ist.

Die Pferdezucht wird entweder in ordentlichen Gestüten oder auch in den Landwirthschaften getrieben. Was hiervon den Baumeister besonders angeht, so ist solches zwar wegen der Gegend und des Bodens, wie auch wegen der Größe und des Umfangs des Gestüts oft sehr verschieden; allein als ziemlich allgemein geltende Regeln über die Absonderungen dieser Thiere und Anlage und Einrichtung der für selbige nöthigen Gebäude, dürfte dem angehenden Baumeister folgendes zu wissen nöthig seyn.

Anm. Folgende kurze und deutliche Schilderung der verschiedenen Gestüte ist aus dem ersten der schon mehr gedachten, von den Herren Riem und Reuter herausgegebenen ökonomisch=veterinairischen Hefte entlehnt.

Es giebt fünferlei Arten von Gestüten, als wilde, halbwilde, zahme, Militair= und Landgestüte.

„Ein wildes Gestüt besteht aus einer Menge Stuten, Hengste und Füllen, die in einem großen, mit Wasser, Bäumen, Sträuchern und Grasarten versehenen Platze, durch Wasser, Mauern oder einen Wall eingeschlossen, Tag und Nacht, Sommer und Winter ohne Wartung und Pflege beisammen bleiben und sich fortpflanzen, und wo die Füllen, wenn sie drei bis vier Jahr alt sind, eingefangen und zu verschiedenem Gebrauch verwendet werden. Sie bekommen keine andere Nahrung als die, welche sie sich selbst suchen. Nur dann, wenn der Winter hart und anhaltend, oder auch, wenn das Futter im Sommer nicht gerathen ist, werden sie von den Aufsehern mit Heu und Stroh unterstützt.

„Ein halb wildes Gestüt ist ebenfalls mit Wasser, Zäunen oder einem Walde umgrenzt, dabei aber auch mit Gebäuden für die Aufseher, die jungen Füllen und das Winterfutter, auch mit Brunnen und

„Trägen und abgetheilten Umzäunungen für die Füllen
„und trächtigen Stuten versehen. Es besteht aus einer
„Menge Stuten und Füllen, bei welchen aber keine
„Hengste, wie bei ganz wilden Gestüten, sind. Diese
„werden nur zur Beschälzeit unter sie gelassen, und
„wenn diese vorüber ist, wieder aufgestallt. Die ganz
„jungen Füllen, welche das Jahr über gefallen sind,
„nebst den ein- und zweijährigen, werden zu Winter-
„anfang in den Stall gebracht, und den Winter hin-
„durch gefüttert; zum Frühjahr aber wieder unter die
„im Winter draußen gebliebenen Stuten und drei- bis
„vierjährigen Füllen gethan. Auch werden sämmtliche
„im Winter draußen bleibende Stuten und Füllen mit
„Stroh und Heu gefüttert.

„Ein zahmes Gestüt besteht aus einer bestimmten
„und auserlesenen Anzahl von Stuten und Hengsten,
„welche in einer dazu schicklichen und fruchtbaren Ge-
„gend, auf einem großen, mit genugsamer Weide,
„Ställen und Gebäuden für Pferde, Aufseher, Wärter
„und den Roßarzt versehenen Platze, eingeschlossen sind.
„Die Stuten werden in zahmen Gestüten durch eine be-
„stimmte und zur Beschälzeit auf das Gestüt gebrachte
„Anzahl Hengste, vermittelst der Handbeschälung, be-
„legt. Sie bleiben mit allen Füllen den Winter über
„bei guter Verpflegung in den Ställen, im Sommer
„aber werden sie unter der Aufsicht eines Hirten auf die
„Weide gethan, und nur bei sehr ungünstiger Witterung
„des Nachts eingetrieben.

„Mit einem Militairgestüte hat es folgende Be-
„wandtniß: Wenn die Cavallerie Mangel an Pferden
„leidet, und der Landesfürst keine bekommen kann: so
„werden die tauglichsten und schicklichsten Stuten des
„Regiments ausgezeichnet, in der Beschälzeit zum Sta-
„be geschickt, und daselbst von einer herbei geschafften
„bestimmten Anzahl Beschäler durch die Handbeschä-
„lung belegt. Nach dem Beschälen werden die Stuten
„wieder zu ihren Eskadrons zurück geschickt, wo diejeni-
„gen, welche trächtig geworden sind, bis zum zehnten
„Monat Dienste thun, alsdann aber bis zur Geburt
„nicht mehr zum Dienste gebraucht werden. Nach der

„Geburt bleiben die Stuten mit den Füllen 8 bis 14 „Tage im Stalle, alsdann aber werden sie bei einer „jeden Eskadron, unter der Aufsicht eines Wärters, „auf die Weide getrieben. Sind die Füllen ein halbes „Jahr alt: so werden sie von den Stuten getrennt, und „sämmtlich an einem bestimmten Orte bis zum vierten „Jahre erzogen, alsdann aber untersucht, und die schick„lichsten davon zum Dienste des Regiments ausgehoben, „die andern hingegen verkauft.

„Wenn aber der Landesherr eine zum Ganzen ver„hältnißmäßige Anzahl guter Beschäler mit Aufsehern „und Wärtern hält, sie im Winter an einem dazu be„stimmten Orte aufstallt und futtert, zur Beschälzeit „aber unter der Direktion eines Aufsehers, und mit „den dazu bestimmten Wärtern in die zur Pferdezucht „schicklichsten Gegenden des Landes vertheilt, und nach „einem mit den Unterthanen darüber getroffenen Ver„gleiche, die zur Zucht tauglichen Stuten derselben „auszeichnen und belegen läßt: so nennt man dies ein „Landgestüt."

In den Königl. Preuß. Landen befanden sich bisher mehrere Haupt- und Landgestüte. Ein Hauptgestüt ist ein solches, auf welchem von vorzüglich guten Hengsten und Stuten die guten Beschäler zugezogen werden. Auf einem Landgestüt aber werden die jungen Hengste, nachdem sie ein Jahr alt sind, erzogen, mit den Beschälern aufgestallt, und von da aus zur Landbeschälung vertheilt.

Um einen ungefähren Begriff von den verschiedenen hierzu nöthigen Gebäuden zu geben, will ich nur einiges von dem Friedrich-Wilhelms-Gestüt zu Neustadt an der Dosse erwähnen.

Auf dem Hauptgestüte daselbst stehen 8 Beschäler und 92 Stuten, von welchen jährlich ungefähr 50 bis 60 Fohlen fallen.

An Officianten dabei, welche auf dem Gestüte ihre Wohnungen haben, sind: 1 Stallmeister, 1 Gestüt-Verwalter, 1 Roßarzt, 1 Stutmeister, 2 Fohlenaufseher, 4 Fohlenknechte, 3 Beschälerknechte, 6 Stutenknechte, 1 Kläpperknecht, 1 Zimmermann und 1 Wächter.

Die auf diesem Gestüte fallenden Hengste werden, wenn sie ein Jahr alt sind, auf dem Landgestüte Lindenau erzogen.

Das Landgestüt Lindenau ist nähmlich 1300 Schritt vom Hauptgestüte entfernt, und auf 120 Stück Beschäler, außer den vorgedachten jungen Hengsten, eingerichtet. Die dazu gehörigen und auf dem Gestüte wohnenden Officianten sind: 1 Stallmeister, 1 Roßarzt, 1 Fourage-Provisionair, 1 Futtermeister, 1 Oberknecht, 34 Knechte, 1 Wächter, und wegen der isolirten Lage des Gestüts, 1 Marquetender.

Das Landgestüt Bischofswerder an der Havel beim Städtchen Liebenwalde, ebenfalls zu obigem Hauptgestüt gehörig, ist auf 128 Hengste eingerichtet.

Ein jedes Gestüt muß auf einem fruchtbaren Boden angelegt, mit hinlänglichen Wiesen, kleinen Waldungen, Gebüschen, und wo möglich mit einem solchen fließenden Wasser versehen seyn, welches sich durch verschiedene Gegenden leiten und daselbst in mehrern Koppeln zum Tränken und Schwemmen aufstauen läßt.

Es werden nähmlich auf den Hauptgestüten die Mutterstuten mit den Säugefohlen, die Geltestuten mit den Stutfohlen, und die Hengstfohlen, jede Sorte auf besondere Weiden getrieben, die Beschäler selbst aber, wenn solche zu ihrer Erholung aus ihrem Stalle gelassen werden, so wohl auf den Haupt- als Landgestüten, jeder einzeln in besondere kleine Koppeln gebracht.

Eine solche Anstalt zu vier einzelnen Hengstkoppeln ist in Fig. 182 vorgestellt. In der Mitte einer trockenen Wiese oder guten Hütung, mit nahrhaften Futterkräutern bestellt, von ungefähr 20 Ruthen im Quadrat, wird auf einem erhöheten trockenen Platze ein Stallgebäude für 4 einzelne Hengstställe errichtet, und die ganze Koppel in vier einzelne Koppeln vermittelst hoher und starker hölzerner Zäune abgetheilt, und nur zur nöthigen Communication mit verschlossenen Thorwegen versehen. Jeder einzelne gleichfalls völlig abgesonderte Stall bedarf nur die Größe eines geräumigen Hengststandes, das ist von 7 bis 8 Fuß Breite 14 bis 16 Fuß Länge, und in einer der Ecken eines jeden Stalles wird eine Krippe nebst Raufe angelegt; auch muß in dem Gebäude eine Futterkammer vorhanden seyn, von welcher aus die Knechte nach jedem einzelnen Stalle kommen und füttern können. Ein jeder solcher einzelne Stall hat eine geräumige und wenigstens 4 Fuß breite Thür, nach der dazu gehörigen abgesonderten Koppel, durch welche die Beschäler nach Gefallen frei aus- und eingehen. Aus diesem Grunde, und da die Beschäler nicht gezwungen im Stalle stehen dürfen, daher sich gewöhnlich auch nur bei Nacht und bei schlimmen Wetter oder zur Futterzeit nach dem Stalle begeben: so brauchen dergleichen Ställe auch nicht gepflastert, sondern bloß mit fetter Erde fest ausgeschlagen zu seyn. Auf dem Boden, zu welchem man vermittelst einer Leiter aus der Futterkammer kommt, kann das Streustroh aufbewahrt werden. In einer jeden solchen Kuppel müssen Bäume zum Schatten, eine

Tränke oder ein Wassertrog und eine Salzlecke vorhanden seyn.

Anm. In einer so genannten grossen Koppel aber, wo mehrere Pferde im Freien mit einander geweidet werden, muß ausser den Büschen und Bäumen, noch ein Obdach zum Schutz gegen schlimmes Wetter, worin die Pferde auch gefüttert werden können, eine Tränke, Schwemme und mehrere Tröge mit Salzlecken befindlich seyn.

Was nun die eigentlichen Stallungen für die Pferde auf einem Gestüte betrifft: so müssen die Hengstställe gänzlich von den Stutenställen abgesondert, jedoch nicht zu sehr weit davon entfernt seyn, weil die Hengste täglich frische Streu erhalten, die daselbst gebrauchte Streu aber den Stuten untergestreut wird. Zu jedem Stalle sind Brunnen nöthig, welche aus- und inwendig im Stalle Wasser geben.

In den Hengstställen ist jeder Stand 7 bis 8 Fuß breit, und diese, so wie auch die Stutenstände, jedesmahl mit starken Bretterwänden abgetheilt. In den Stutenställen müssen aber mehrere Stände, jeder 7 bis 8 Fuß breit, und so angelegt werden, daß zwischen 2 solchen Ständen die Wand ganz heraus genommen, und die beiden Stände sodann mit starken Gitterthüren verschlossen werden können, damit die Stuten beim Fohlen unangebunden sich stellen und legen können, wie sie wollen, und hiernächst mit dem Fohlen Platz genug im Stalle haben. Zu dem Ende müssen die Stutenstände, so wie die Hengstställe, auch 10 bis 12 Fuß ohne Krippen lang seyn.

Anm. Die Bedeck- oder Springzeit geschieht gewöhnlich binnen 100 Tagen vom März bis Juni, und da die Tragzeit einer Stute 11½ bis 12 Monate dauert: so werden auch mehrentheils die Füllen während der Bedeckzeit geboren. Fünf Monate nach der Geburt sollten die Füllen bei der Mutter und im Stalle bleiben, ehe sie entwöhnt werden; dann aber müssen sie in einen besondern Stall, und nicht eher als 14 Tage bis 3 Wochen hernach (wenn es dann noch die Herbstwitterung gestattet) auf die Weide kommen, damit sie die Mütter vergessen lernen, und sich nicht im Freien verlaufen.

In der Regel nimmt man auf den Gestüten an, daß $\frac{3}{4}$ der Anzahl Stuten an Fohlen geboren werden. Der Baumeister kann aber, in Absicht der Gebäude, noch auf eine größere Anzahl rechnen; und da die Füllen gewöhnlich bis im 4ten Jahre auf den Gestüten bleiben: so ergiebt sich hieraus die Anzahl Füllen, für welche auf einem Hauptgestüte Stallungen angelegt werden müssen, nähmlich für die $\frac{1}{2}$jährigen, 1jährigen, für die 2jährigen und für die 3 bis 4jährigen Fohlen, mithin auf sämmtliche binnen 3 Jahr gefallene Fohlen, außer denjenigen Hengstfohlen, welche nach dem Landgestüt gebracht sind und daselbst gestallet werden.

Für jede dieser Klassen von Fohlen müssen wegen ihrer sehr verschiedenen Größe entweder besondere Ställe angelegt werden, in welchen nach Verschiedenheit der Größe der Fohlen, die Krippen und Raufen höher oder niedriger stehen, oder es müssen die Krippen und Raufen zum höher- oder niedriger-Stellen angebracht seyn.

Anm. Dieser Umstand ist sehr wichtig, weil, wenn die Krippen und Raufen für kleine Füllen zu hoch sind, sie eine unnatürliche Stellung annehmen müssen, wodurch sie so genannte Hirschhälse oder eingebogene Rücken bekommen.

Für junge Füllen bis zu 2 Jahren brauchen die Stände nicht abgetheilt zu seyn. Hat jede Klasse derselben ihren abgesonderten Stall: so können die ganz jungen Füllen unangebunden im Stalle herum gehen, die zweijährigen allenfalls an der Krippe angebunden, und nur die drei- und vierjährigen Füllen, besonders die unruhigsten derselben, in Ständen, mit Bretterwänden abgesondert, gestellt werden. In jedem Falle aber müssen die Räume in den Füllenställen eben so groß wie für große Pferde gerechnet werden.

Wenn die sämmtlichen Stallgebäude auf einem Hauptgestüte einen Hof formiren: so muß derselbe in vier Theile abgetheilt werden, in welchem die Stuten und Fohlen nach ihren Gattungen abgesondert, im Winter zu gewissen Zeiten des Tages frei herum gehen, sich bewegen, die Luft genießen und trinken können. Zu dem Ende muß, wie schon vorher gedacht, in jeder dieser Abtheilungen ein Pumpbrunnen vorhanden seyn, welcher auswendig und in dem Stalle Wasser in Tröge liefert. Auch muß in jeder Abtheilung ein Salzlecketrog, mit einem Sonnenschirm darüber, angebracht, und jede dieser Abtheilungen mit Lindenbäumen umpflanzt werden. Hieraus folgt zugleich, daß der Mist, welcher täglich mehrere Mahle aus den Ställen geschafft wird, nicht in den Hof, sondern hinter den Ställen auf Haufen gebracht werden muß.

Zum Gebrauch für die Officianten eines solchen Gestüts ist auch ein so genannter Kläpperstall erforderlich. Ueber die genaue Anlage und Einrichtung der zu einem Haupt- oder Landgestüte nöthigen Stallungen, so wie über die Wohngebäude dazu, kann hier keine ausführliche Anweisung gegeben werden, weil dies die Grenzen dieses Werks überschreiten würde; das im Allgemeinen dazu Erforderliche geht aus dem bisher Gesagten zum Theil schon hervor. Nur ist noch zu bemerken, daß außer einer Schmiede und einem Nothstall zum Beschlagen ꝛc. wilder Pferde, auch eine Reitbahn bei einem Gestüt nothwendig ist, um sowohl die drei- und vierjährigen Füllen, als auch die Stuten bei Zeiten thätig zu machen, und sie an den Dienst und Umgang mit Menschen zu gewöhnen. Die Füllen werden zwar wegen ihres zarten Körpers nicht geritten oder eingespannt, sondern nur gesattelt und eingeschirrt und an der Longe herum bewegt; die Stuten aber werden zugeritten oder eingefahren, damit solche, wenn sie zur Zucht nicht mehr tauglich seyn sollten, sogleich verkauft und von den Käufern ohne Gefahr gebraucht werden können.

Die Wohnungen der Officianten gehen aus der vorhin gedachten Anzahl derselben, und ihrer verschiedenen Stände hervor. Der Umfang derselben richtet sich darnach, ob in Absicht der Baukosten und Unterhaltung mehr oder weniger darauf zu verwenden ist; daher läßt sich etwas bestimmtes darüber nicht sagen. Daß die Wohnungen der Knechte ganz nahe bei den Ställen, die der Hengstknechte vorzüglich aber unmittelbar an den Hengstställen belegen und mit Fenstern nach solchen hinein versehen seyn müssen, versteht sich von selbst.

Anm. Wer ein mehreres über die Zucht, Wartung und Pflege der Pferde nachlesen will, findet solches in dem mehr gedachten Werke des Herrn Professors Naumann, imgleichen in dem mehr erwähnten 1sten ökonomisch-veterinairischen Hefte der Herren Riem und Reuter, sehr ausführlich und gründlich beschrieben.

Schließlich will ich noch für den Fall eine Anweisung geben, wenn ein Pferdestall durch Roz und dergleichen bösartige Krankheiten für angesteckt gehalten wird, welche Veranstaltungen hierbei zur Reinigung solcher Ställe dem Baumeister zu wissen nöthig sind.

Die hiesigen Thierärzte, der Herr Professor Naumann und Herr Professor Sieck, haben auf Veranlassung eines speciellen Falles im Juni 1809 folgende schriftliche Gutachten officiell abgegeben.

Der Herr Professor Sieck sagt:

„Alle ansteckende thierische Krankheits-Stoffe „(miasmata sui generis), und nicht nur Rotz, Wurm „und Räude bei Pferden, sondern sogar das allerheftig„ste ansteckende Krankheitsgift, wie z. B. der Rindvieh„Peststoff, (über welchen letztern ich besonders vielfälti„ge Versuche angestellt habe,) besitzen nach meinen Er„fahrungen keine längere Dauer ihrer wirksamen Halt„barkeit, (wenn die Ställe sonst nur auf eine „gewöhnliche Art gereinigt worden sind,) „als ungefähr 10 Tage lang. Ein mäßiger Wärmegrad „zersetzt sie ungemein schnell, und macht den Peststoff „in wenigen Stunden sogar unwirksam, und völlig un„schädlich. Daher ist die Reinigung und völlige Si„cherstellung aller inficirten Viehställe in warmen „Sommertagen minder schwierig, und kann mitten im „Sommer binnen drei bis vier Tagen vollkommen ge„schehen und erreicht werden, besonders wenn man wäh„rend der Reinigungszeit Thüren und Fenster offen läßt, „und dann zum Ueberflusse alles Holzgeräthe, „Krippen und Raufen mit Kalk über„tüncht."

Der Herr Professor Naumann sagt über denselben Gegenstand am Schlusse seines Gutachtens:

„Daß der Rotz nicht aus der Lokalität des Stalles „entstanden seyn kann, dafür spricht die ganze Constru„ction des Stalles, da er mit den darneben befindlichen „Ställen gleiche Höhe (15 bis 16 Fuß) und Breite hat. „Auch würden die durch eine fehlerhafte Construction „des Stalles sich entwickelnden giftigen Dünste nicht „blos auf einzelne Individuen, sondern auf das Ganze „gewirkt haben, welches aber (in dem gemeinten Stalle) „nie der Fall gewesen ist. Wahrscheinlicher ist es, daß „der Rotz durch ein damit angestecktes Pferd in den Stall „gekommen und so eine Zeit lang darin geherrscht hat."

„Da nur das letztere angenommen werden kann: so „halte ich dafür: daß, wenn dieser Stall gehörig repa„rirt, gereinigt und mit Luftzügen versehen wird, solcher

„ohne Nachtheil der Gesundheit der Pferde bezogen werden kann.“

„Ich schlage demnach vor: Ventilatoren in den „Fenstern anzubringen, um die Dünste abzuleiten; die „Mauern über und um die Krippen und Raufen herum „abreiben, sie frisch bewerfen und abweißen zu lassen; „Krippen und Raufen mit heißem Wasser aus- und ab„waschen zu lassen, und sie alsdann mit einer starken „Kalklauge zu überziehen; Fußboden, Standbäume ec. „ebenfalls abwaschen und mit einer Kalklauge überzie„hen zu lassen; gute Jauchen-Abzüge anzubringen, und „endlich den Stall mit Salzsäure ausräuchern zu las„sen, durch welche alles darin befindliche Miasma zer„setzt wird.“

Vierter Abschnitt.

Von Brauereien, Brennereien, Darrhäusern, nebst dazu gehörigen Geräthen.

A. Von der Anlage und Construction der Brau- und Brennerei-Gebäude.

§. 170.

Bier brauen heißt, aus dem gemalzten und nachher geschroteten Getraide, durch Hülfe des Einmeischens mit warmem Wasser und nachherigen Aufgießens siedenden Wassers alle Kräfte ausziehen, und aus dem erhaltenen Extrakt durch kunstmäßige Zusätze von Hopfen, Spiritus Vini, Hefen ꝛc. einen gesunden wohlschmeckenden Trank bereiten.

Es ergeben sich aber hierbei unendlich viele Unterschiede in den Verfahrungsarten des Malzens, der Zubereitung des Hopfens, des Kochens, der Verschiedenheit des Wassers, des Getraides, der vielleicht sonst noch beizumischenden Ingredienzen, des Klima's ꝛc., so daß die Verschiedenheit der Länder, die verschiedene Lage der Städte, Dörfer, ja zuweilen die der einzelnen Brauhäuser, darauf Einfluß hat.

Es würde zu weit, und über die Grenzen dieses Werks hinaus führen, diese Materie nach ihrem vielseitigen Umfange und nach allen ihren Ausnahmen abzuhandeln; es soll daher nur das Wesentlichste der, in den hier zunächst liegenden Gegenden und Provinzen, üblichen Art des Bierbrauens vorgetragen werden, und zwar davon nur so viel, als dem Baumeister unumgänglich zu wissen nöthig ist, da das Detail dieses Geschäfts überdem von dem Baumeister nicht gefordert werden kann, sondern es hinreichend ist, wenn demselben der Hauptgang der Geschäfte des Brauens bekannt ist, um bei der Anlage eines Brauhauses entweder selbst die Größe des Gebäudes überhaupt, und der einzelnen Behältnisse insbesondere, aus ihrem Gebrauch und Zusammenhange bestimmen, oder sich deshalb mit dem Oekonomen verständigen zu können.

Zuvörderst ist demnach anzumerken, daß auf dem Lande mehrentheils Braun-Bier gebrauet wird, und zwar aus Gerste mit einem Zusatze von Hopfen. Weiß-Bier wird aus Weitzen, allenfalls mit Beimischung von einigem Hafer- oder Gerstenmalz, gebrauet. Das Geschäft des Brauens ist übrigens in beiden Arten ziemlich gleich, und von sehr vielen Autoren bereits abgehandelt worden, unter denen einige auch über die Größe der Gebäude und Geräthe geschrieben haben. Letztere Angaben können aber nicht anders als verschieden ausfallen, wenn man berücksichtigt, daß es zuvörderst darauf ankommt, festzusetzen, ob zu einer Tonne Braun-Bier 1½ oder 1 Scheffel Gerstenmalz verbrauet; ob Weiß-Bier oder andere Biere aus Weitzen oder Gersten- und Hafermalz gebrauet werden soll; ob aus einem oder aus zwei Bottichen gebrauet wird; ob die Würze eines Brauens mit einem Mahle oder in zwei- und mehreren Mahlen in der Pfanne abgekocht werden soll: alles dieses muß schon mehr oder weniger, größere oder kleinere Gefäße bestimmen. Bei diesen vielseitigen Untersuchungen kommt aber noch die Schwierigkeit hinzu, daß von manchen Brauern behauptet wird: es werde zu einer Tonne Bier $1\frac{1}{2}$ Scheffel Malz verbrauet, ungeachtet sie dennoch von jedem Scheffel Malz eine Tonne Bier brauen, und ihre Gefäße mithin dazu eingerichtet sind. Nach welchen Grundbedingungen sollen also nun die Normalbestimmungen angenommen werden, da schon die Fabrikation des Biers so sehr verschieden ist? Im Allgemeinen ist es zwar eine Regel für den Baumeister, sich an diejenigen Resultate zu halten, nach welchen die Gebäude nicht zu klein ausfallen. Dagegen hat derselbe aber auch zu bedenken, daß nicht überflüssige Bau- und Unterhaltungskosten verschwendet werden.

Alles dieses spricht zu deutlich, um nicht auch hier bei den Brau- und Brennerei-Anlagen, so wie in allen andern ländlichen Bauanlagen, sich einzig und allein nach der Idee des Oekonomen zu richten, und von demselben die Festsetzung der Hauptbedingungen zu erwarten.

Um indessen eine, für die gewöhnlichsten Fälle passende Anleitung zu geben, will ich die Geschäfte beim Bierbrauen und Branntweinbrennen, insofern solche auf die Einrichtung und Anlage des Gebäudes Bezug haben, nach ihrer Folge beschreiben, und die daraus zu entwickelnden Grundsätze in Absicht der Größen, der Räume und Gefäße mit Vergleichung anderer Schriftsteller, in Anmerkungen beifügen. Vorzüglich werde ich auf die von dem Johanniter-Ordens-Kammer-Assessor, Herrn

Busch hieselbst, angefertigte, in den Sammlungen nützlicher Aufsätze die Baukunst betreffend, Jahrgang 1799 und 1800 enthaltene Vergleichungen zweier hiesiger Brauereien und Brennereien, sehr oft hinweisen, da sie mit Rücksicht auf mehrere frühere Schriftsteller und mit sehr sorgfältiger Prüfung deutlich und bestimmt abgefaßt sind.

Anm. Es wird in der folgenden Beschreibung sehr oft von Scheffeln, Tonnen und Quarten die Rede seyn: dieserhalb will ich hier zuvörderst deren Inhalt in Kubikmaaßen angeben.

Nach des Herrn Geh. Oberbauraths Eytelwein Vergleichung der Maaße und Gewichte in den Königl. Preuß. Staaten, enthält:

Ein Berliner Scheffel $3058\frac{13}{14}$ Rheinländische Kubikzoll, also der Wispel beinahe $42\frac{1}{2}$ Kubikfuß.

Der Leichtigkeit im Rechnen wegen, werde ich den einzelnen Scheffel zu $1\frac{3}{4}$ bis $1\frac{7}{9}$ Kubikfuß annehmen.

Zweckmäßiger und sicherer zur Bestimmung des ökonomischen Ertrags würde es seyn, das Getraide allemahl nach dem Gewichte zu berechnen.

Ein richtiges Berliner Quart enthält $65\frac{4}{47}$ Kubikzoll. Eine Tonne oder 96 Quart enthält 6279,805 Kubikzoll. Der Leichtigkeit im Rechnen wegen, werde ich die Tonne zu $3\frac{2}{3}$ Kubikfuß rechnen.

§. 171.

Das Malzen.

Das erste Geschäft des Brauers und Branntweinbrenners ist nun das Malzen. Jede verschiedene Getraidesorte, als Gerste, Weitzen, Hafer rc. wird besonders gemalzt, und nur erst beim Verbrauch in der verlangten Art vermischt.

Der Raum zum Malzen, oder das so genannte Malzhaus, muß in der untern Etage oder auf gleicher

Erde seyn. In dem Malzhause befindet sich ein Bottich von Holz oder Sandstein, in welchem das Getraide gequollen wird. *) Es ist sehr bequem, wenn gerade über dem Quellbottich eine Oeffnung in der Decke durch alle Böden über einander vorhanden ist, um das Getraide von jedem Boden auf eine leichte Art in den Quellbottich schütten und nachher das Malz wieder hinauf winden zu können. Eben so ist eine Winde mit einem Ausleger im Dache nothwendig, um das Getraide zuerst auf die Böden zu schaffen.

*) Von den steinernen Quellbottichen behaupten einige, daß sie sich schwer reinigen und austrocknen lassen; dennoch werden selbige an manchen Orten mit Vortheil gebraucht. So viel ist indeß gewiß, daß ein sehr fester Stein, der die Feuchtigkeit wenig annimmt, dazu erforderlich ist.

Der Quellbottich wird nur $\frac{2}{3}$ Theil seines kubischen Inhalts, z. B. voll Gerste geschüttet, und nachdem vermittelst einer Pumpe, die zu diesem Behufe in der Nähe seyn muß, so viel Wasser in den Bottich gepumpt worden, daß solches ungefähr 6 Zoll über der Gerste steht, wird selbige tüchtig umgekrückt, damit das Wasser überall durchdringe. Hierauf läßt man die Gerste eine Zeit lang ruhig quellen. Ist das Wasser eingezogen, so wird, damit sich die Gerste nicht erhitze, das noch vorhandene Wasser abgezapft, und frisches Wasser, ungefähr wiederum bis 6 Zoll über der Gerste, aufgepumpt, und so einige Mahl, etwa alle 16 bis 20 Stunden, wiederhohlt. Der Quellbottich hat also unten im Boden oder ganz nahe über demselben ein Zapfloch, in welchem ein Hahn steckt, der mit Stroh innerhalb gut belegt ist, damit beim Ablassen des Wassers keine Gerste mit durchdringen kann. Auch muß der Fußboden des Malzhauses ganz glatt mit Mauersteinen oder Fliesen gepflastert, und, um das Wasser abzuleiten, mit Rinnen und dem nöthigen Gefälle versehen seyn.

Ist nun die Gerste (im Sommer binnen 2 Tagen, und im Winter binnen 2 bis 3 Tagen) hinlänglich aufgequollen, welches gewöhnlich daran wahrgenommen wird, wenn sich die Spitzen leicht biegen und mit dem Korn ein Strich quer über ein Brett als wie mit Kreide schreiben läßt: so füllt selbige den Quellbottich beinahe ganz an. *) Nun wird die gequellte Gerste aus dem Bottich auf den gepflasterten Fußboden des Malzhauses gethan, und daselbst in Haufen geworfen, damit das Wasser vollends abfließt, welches durch ein hinlängliches Gefälle im Fußboden sehr befördert wird.

Anm. a. Die Erfahrung bestätigt es, daß zu 2 Kubikfuß trockener Gerste 3 Kubikfuß Raum im Quellbottich erforderlich sind; wonach sich also die Größe des Quellbottichs richtet.

Da das frühere oder spätere Quellen des Getraides sich nach der erhöheten oder verminderten Temperatur der Luft richtet, das Gefrieren des Wassers im Quellbottich, so wie das Malzen bei großer Sommerhitze, aber vermieden werden muß: so versehen einige das Malzhaus mit einem Ofen, um an sehr kalten Tagen das Malzhaus etwas erwärmen zu können. Um den Ofen zu ersparen, dürfte es hinlänglich seyn, wenn der Quellbottich mit der Heitzung der Darre in einige Berührung gesetzt würde, da gerade so lange, als die Malzzeit währt, die Darre geheitzt wird. Kann der Quellbottich in einem Theile des Darrhauses seinen Platz finden, ohne vom Malzplatze entfernt zu stehen: so wird dies noch vortheilhafter seyn.

Nachdem die Gerste auf diese Weise vorbereitet ist, macht der Mälzer zum Keimen derselben Anstalt; denn die Hauptabsicht desselben besteht darin, den Keim, der dem Biere einen unangenehmen Geschmack geben würde, aus dem Kerne wegzuschaffen, und nur die reine mehlichte Substanz desselben zu benutzen. In dieser Absicht bringt er den aufgeworfenen Haufen zwar etwas aus einander, aber doch so, daß das Malz (da es während des Wachsens ungefähr bis auf $\frac{5}{4}$ seines Kubikinhalts im trockenen Zustande, sich vergrößert [b])) etwa 1 Fuß und etwas mehr oder weniger hoch (je nachdem das Wetter kalt oder warm ist) und zwar überall in gleicher Höhe zu liegen kommt, auch eine regelmäßige mehrentheils viereckige Gestalt erhält. [c])

Anm. b. Wenn also der Scheffel Getraide im trocknen Zustande $1\frac{3}{4}$ Kubikfuß enthielt: so wird derselbe jetzt $2\frac{3}{16}$ Kubikfuß enthalten.

Anm. c. Hierzu ist also auf jeden Kubikfuß gequollene Gerste ein Quadratfuß Raum erforderlich.

Nach 1 bis $1\frac{1}{2}$ Tagen, wenn die Gerste zu wachsen anfängt, wird solche umgeschippt, damit sie sich nicht erhitze. Nach ungefähr 3 Tagen zeigt sich der Keim, den der Mälzer nur bis auf eine gewisse Länge wachsen läßt, und mit der größten Sorgfalt verhütet, daß das Malz nicht in die so genannten Graskeime schieße. Wenn er hierin etwas versieht: so verliert das Malz seine Kraft, und giebt ein übelschmeckendes Bier. Um so mehr eilt der Mälzer, alsdann den Wachsthum des Malzes zu stöhren. Er bricht den Haufen an, arbeitet das in einander verwachsene Malz mit den Händen aus einander, und bringt es auf einen andern Platz neben dem erstern so aus einander, daß es nur halb so hoch zu liegen kommt, woselbst es in einem Tage 3 bis 4 mahl umgeschippt wird. [d])

Anm. d. Hierzu gehören auf jeden Kubikfuß gequollenes Getraide 2 Quadratfuß.

Sowohl zu dem ersterwähnten Wachsen, als zum nachherigen Trocknen des Malzes ist eine temperirte Luft nothwendig; daher es sehr vortheilhaft ist, außer dem Malzplatze über der Erde, noch einen dergleichen im

Keller zu haben, um nach Maaßgabe der Witterung damit abwechseln zu können.

Anm. Einige haben den Malzplatz auf einem der Böden, und, wie vorgedacht, daselbst mit einem heitzbaren Ofen versehen, welches aber, wenn der Boden nur gedielt ist, der vielen, dem gequollenen Getraide anhängenden Feuchtigkeit wegen, nicht zu empfehlen ist.

Nun wird das Malz nach und nach immer mehr ausgebreitet, bis es endlich nicht mehr als 2, höchstens 3 Zoll hoch liegt. In dieser Lage wird es zum völligen Trocknen, und, damit es sich nicht in einander hängt, täglich 3 mahl mit einer Harke oder einem Rechen fleißig gerührt. e) Wenn es die Luft und Witterung irgend erlaubt: so sind alle Luken und Fenster seit dem Anbrechen des ersten Haufens geöffnet, und das Malz beständig dem Zuge der Luft ausgesezt gewesen. Dieses Geschäft des Quellens, Wachsens und Trocknens des Malzes währt im Durchschnitt ungefähr 6 Tage, nähmlich bei warmer Witterung kürzere, und bei kalter Witterung längere Zeit. Wo viel gemalzt wird, da wird während der Zeit, daß das Malz auf dem Platze wächst und trocknet, schon wieder ein Bottich voll gequollen, und so auch auf dem Malzplatze schichtweise verfahren. f)

Anm. e. Der Platz hierzu beträgt also 5 bis 6 Quadratfuß auf jeden Kubikfuß ausgewachsenen Getraides.

Anm. f. Wenn bei gelinder, jedoch feuchter Witterung das Getraide zwar früher quillt, aber langsamer trocknet, und da solches nach und nach, und zwar sobald als möglich, jedoch auch nicht zu feucht, gedarrt werden muß: so kann es sich treffen, daß das ausgewachsene Malz noch nicht vom Platze weggeschafft worden, während dem ein neuer Satz schon wieder gequollen ist. Wo daher viel gemalzt werden soll, und auch die dazu günstige Jahreszeit nicht zu versäumen ist, muß lieber der Malzplatz so groß angelegt werden, daß solcher für jeden Kubikfuß ausgewachsenen Getraides 6 Quadratfuß, und für jeden Kubikfuß vom neuen Quellsatze 2 Quadratfuß, folglich zusammen für jeden Kubikfuß von einem Quellsatze 8 Quadratfuß enthält. Wo weniger gemalzt wird, kann sich das Quellen nach dem Wachsen des Getraides richten, und dann sind nur für jeden Kubikfuß von einem Quellsatze 6 Quadratfuß Raum auf dem Malzplatze erforderlich. In jedem Falle aber ist der Holzersparung wegen nothwendig, daß beständig so viel ausgewachsenes und trocken gewordenes Getraide vorhanden ist, als abgedarret werden kann, damit die Darre während der Malzzeit nie ganz erkalten darf.

Um das Malzen zu vollenden, stehen nun dem Mälzer zwei Wege offen. Es muß das völlige Abtrocknen der Keime entweder durch die Luft allein, oder vermittelst des Feuers auf einer Darre beschleunigt werden. Im erstern Falle, wenn er so genanntes Luftmalz macht, kann er weiter nichts thun, als daß er das Malz an einem luftigen Orte, z. B. auf einem Boden, so weit als möglich aus einander breitet, und es mit einem Rechen oft umwendet. Wenn die Fenster und Luken alsdann bis nahe auf den Fußboden herunter gehen und die Luft unmittelbar auf denselben hinstreichen kann: so wird das Trocknen desto geschwinder von statten gehen. Daher müssen auch die Luken wo möglich auf beiden entgegen stehenden Fronten angebracht seyn. Zur Verfertigung des Luftmalzes wird sehr viel Bodenraum erfordert, und dennoch kann dies Geschäft wegen der oft feuchten Witterung nicht immer mit gutem Erfolge betrieben werden.

Anm. Bei dem Luftmalze gilt das, was von der Größe des Quellbottichs gesagt worden ist, ohne alle Veränderung; auch mit dem allmähligen Verbreiten des Malzes geht es eben so zu, wie beim Darrmalze, nur daß ersteres wo möglich zuletzt noch dünner auf dem Boden verbreitet wird. Und da man hier nicht so willkührlich wie mit der Darre aufräumen kann: so können freilich auch die Malzsätze nicht so regelmäßig auf einander folgen, wie eben gesagt worden ist, weil Luft und Witterung hierbei am wirksamsten seyn müssen. Der Bodenraum, um Luftmalz zu trocknen, muß nach ziemlich übereinstimmenden Erfahrungen ungefähr für jeden Kubikfuß gequellter Gerste 11 bis 12 Quadratfuß seyn. Außerdem aber muß das eigentliche Malzhaus, Behufs des vorhergehenden Wachsens und Umschippens, für jeden Kubikfuß gequellter Gerste wenigstens 2 Quadratfuß Raum enthalten.

Es ist daher die Darre mit Recht als eine wichtige ökonomische Erfindung zu betrachten, indem man durch dieselbe erzwingen kann, was die Wirkung der Luft nicht immer leisten will. Während des letzten Trocknens des Malzes auf dem Platze muß also die Darre in Stand gesetzt und geheitzt werden, damit sogleich das am mehrsten trocken gewordene Malz auf dieselbe gebracht werden kann. Jeden Tag kann zweimahl gedarrt werden, und so wird ungefähr in 3 Tagen 6 mahl aufgedarrt, mithin kommt jedes mahl der 6te Theil des ganzen Quell- oder Malzsatzes auf die Darre.

Wenn nun das Malz nicht gern höher als 2 bis 3 Zoll auf die Darre geschüttet wird, und wenn, wie gedacht, das Quellen, Wachsen und Trocknen jedesmahl in 5 bis 6 Tagen geschieht: so muß ein jeder Quellsatz binnen 2 bis 3 Tagen abgedarrt werden können. Hiernach richtet sich die Größe der Darre um so mehr, s) als nur binnen 7 bis 9 Monaten, also mit Ausschluß der heißen Sommermonate, gemalzt werden kann, und daher binnen dieser Zeit, mit Ausnahme der Sonn- und Festtage, in etwa 60 bis 70 Quellsätzen die nöthige Quantität Malz für einen jährlichen Bedarf gemacht werden muß.

Anm. Jacobi, in seiner Anweisung, gutes Bier zu brauen, Leipzig 1801, bei Böhme, giebt an, daß nur vom Ende August bis Ende December, und vom Anfange März bis Ende Mai, also binnen 7 Monaten, gemalzt werden müsse, um sowohl den sehr heißen, als den sehr kalten Tagen auszuweichen.

Anm. g. Herr Busch nimmt in seiner Schrift auf jeden Kubikfuß Malz nur 4 Quadratfuß Darrfläche; Andere dagegen 6 Quadratfuß an. Wenn aber angenommen wird, daß jeder Malzsatz in 6 mahlen abgedarret werden soll: so gehören, nach vorher gedachten Bestimmungen, auf $\frac{1}{6}$ des Quellsatzes, auf jeden Kubikfuß 5 Quadratfuß Darrfläche.

Das gedarrte Getraide, oder vielmehr das fertige Malz, wird nun auf dem Boden aufbewahrt, und ist daher, besonders bei städtischen Brau- und Brennereien, ein hinlänglicher Bodenraum nicht nur für einen Vorrath rohen Getraides, sondern auch für den Bedarf an Malz erforderlich. [h]). Die Keime verlieren sich zwar während des Darrens, werden aber von dem Malze gewöhnlich nicht eher ganz abgemacht, als bis solches geschrotet werden soll, und dienen dann zu einem guten Schweinefutter. [i]) Das Schroten des Malzes geschieht nicht eher, als bis es verbrauet oder zu Branntwein verschwelet werden soll, weil sich das geschrotene Malz nicht lange conservirt.

Anm. h. Ganz frisches Malz, z. B. welches nicht mehr als höchstens 8 Wochen alt ist, und zu altes, welches z. B. 1 Jahr und darüber alt ist, werden nicht für tauglich gehalten. Es braucht also nicht für einen ganzen Jahrbedarf Malz an Bodenraum, sondern an Getraide und Malz zusammen genommen, nur für 1 Jahr an Bodenraum gerechnet werden. Wenn daher der Boden für einen Jahrbedarf an Malz, pro Scheffel $\frac{3}{4}$ Quadratfuß gerechnet wird; so ist solches für Getraide und Malz zusammen hinlänglich.

Anm. i.

Anm. 1. Nach dem Darren und Abkeimen beträgt der Scheffel vormals trockener Gerste ungefähr nur noch 2 Scheffel, und kann 2 bis 3 Fuß hoch auf dem Boden aufgeschüttet werden. Es ist aber hierbei zu bemerken, daß, wenn die Brauerei und Brennerei nicht überwölbt, oder (welches man jedoch nicht leicht thun wird) mit einem doppelten Windelboden bedeckt ist: so schüttet man nicht gern das Malz oder Getraide über diese Räume, ja selbst nicht einmal über die Darre, weil auch davon noch zu viel feuchte Dünste aufsteigen.

Das Malzen und Darren ist ein von der Brau- und Brennerei in so fern ganz unabhängiges Geschäft, als es (wie vormals bei der Königlichen Bierbrauerei bei Potsdam, und auf dem Dorfe Bornstädt, nahe bei dieser Stadt) in ganz abgesonderten Gebäuden geschehen kann. Bei kleinern Brauereien ist es indeß zweckmäßiger, das Malzen, Brauen und Branntweinbrennen zusammen in einem Gebäude zu betreiben, weil daselbst alles von einem und demselben Brauer mit Hülfe einiger Handlanger betrieben wird.

Anm. Man kann annehmen, daß bei einem schon ziemlich starken Betriebe in 3 Wochen 2 mal gebrauet werden kann. Das Branntweinbrennen aber kann alle Tage geschehen, indem eine Blase täglich zweimal abzubringen ist. Hiernach richtet sich also die Größe der Malz = Anstalt.

§. 172.

Das Brauen.

Beim Brauen selbst ist das erste und wichtigste Erforderniß gutes Wasser. Daß Flußwasser, und überhaupt weiches Wasser, ein besseres Bier giebt, und zum Ausbrauen des Malzes vortheilhafter als gewöhnliches Quell- oder Brunnenwasser ist, lehrt längst die Erfahrung. Eine Brauerei mit dergleichen weichem Wasser zu versehen, ist daher die erste Nothwendigkeit; und nur da, wo dies nicht zu erlangen ist, ist das Brunnen- oder sogenannte Röhrwasser anzuwenden. Wenn nun gebrauet oder gebrannt werden soll: so wird das von den Keimen gereinigte und gehörig abgemessene Malz auf einem reinen gepflasterten Platze im Malzhause in einen länglichen Haufen geschüttet, und während eines beständigen Umschippens mit reinem Wasser so lange besprengt, daß unten das Wasser wieder abläuft. Alsdann wird dieses ganz nasse Malz in Säcke gethan, und, wenn es 6 oder 8 Stunden gestanden hat, nach der Mühle zum Schroten geschickt.

Um die Größe des Brau- und Malzhauses ungefähr ausmitteln zu können, muß allemal genau bestimmt werden, aus wie viel Scheffeln Malz das größte Brauen besteht, und wie viel Tonnen Bier daraus gezogen werden sollen. Sonst war es hier in Berlin eine Polizeisache, und durch eine Verordnung festgesetzt: daß ein ganzes Brauen aus 64 Scheffeln, ein halbes aus 32 Scheffeln, ein Viertelbrauen aus 16 Scheffeln bestehen, und von 1½ Scheffel Gerste 1 Tonne Braun-Bier, und von jedem Scheffel Weitzen 1 Tonne Weiß-Bier gezogen werden solle. Dieß geschieht nun zwar in der Regel selten, vielmehr wird sehr oft von nur 1 Scheffel Gersten-Malz 1 Tonne Braun-Bier u. s. w. gezogen. Doch dies ist, wie schon Eingangs erwähnt worden, des Eigenthümers Sache, um sich darüber aufrichtig dem Baumeister zu eröffen, damit die Gefäße und die ganze Anlage nicht zu klein ausfallen.

In den sogenannten Meischbottich wird erst einiges heißes (doch nicht siedendes) Wasser gethan, dann das geschrotene Malz nach und nach, während beständigen Umrührens und Wasser-Nachgießens, hinein geschüttet, damit das Schrot keine Klumpen mache, sondern ganz vom Wasser durchdrungen werde, bis ungef führ halb so viel Wasser als zum ganzen Brauen erfordert wird, in den Meischbottich gekommen ist. [k]) Während des letzten Umrührens ist der Hopfen schon in der Pfanne oder in einem besondern Kessel abgekocht worden; dieser wird nun zu dem Meisch gethan und alles gut durchgerührt. [l]) Bei einem großen Gebräude ist das Umrühren des Meisches eine sehr schwere Arbeit, weil, wie gedacht, das Gut Anfangs sehr dick ist. Zu dem Ende ist eine Bank um den Bottich nöthig, auf welcher die Brauknechte beim Umrühren stehen können.

Anm. k. Den sorgfältigen Beobachtungen des Herrn Busch zufolge, beträgt dieser Aufguß ungefähr $\frac{17}{23}$ Theil der Anzahl Tonnen Bier, welche gebrauet werden sollen, und bestimmt zugleich, mit Inbegriff des Kubikinhalts, welchen das geschrotene Malz selbst einnimmt, die Größe des Meischbottichs. Die Höhe dieses und des nachher zu beschreibenden Zapfbottichs muß im Lichten nicht viel über 3 Fuß bis 3 Fuß 2 Zoll, in den Stäben aber nicht viel mehr als 4 Fuß hoch, und der Durchmesser im Boden etwas größer als der obere seyn; woraus sich also (derselbe mag rund oder oval geformt werden) der Flächeninhalt findet, den derselbe im Brauhause einnimmt.

Anm. l. In einigen Brauereien wird der gekochte Hopfen nicht in den Meischbottich gethan, sondern der Meisch kommt hiernächst nach und nach zum Hopfen in die Pfanne, oder der gekochte Hopfen wird erst dann unter die gekochte Würze gethan, wenn diese abgekühlt werden soll.

Wie viel Hopfen zu einem Brauen genommen werden soll, ist wiederum des Brauers Sache. Den Baumeister kann dies nur in Rücksicht der Größe der Hopfenkammer interessiren. Herr Busch giebt beiläufig pro Wispel Malz 3 Scheffel Hopfen an; Herr v. Eckardt dagegen in seiner Experimental-Oekonomie pro Wispel 6 Scheffel. Der Hopfen geräth aber nicht alle Jahr von gleicher Güte; es ist daher sehr vortheilhaft, sich einen Vorrath davon zu halten. Der Hopfen mag nun gepreßt oder locker aufbewahrt werden, (welches letztere jedoch für die Kraft desselben nachtheilig seyn soll,) so gebraucht der Wispel Hopfen ungefähr, den Raum zum Gehen mitgerechnet, 6 Quadratfuß Raum in der Hopfenkammer.

Mit dem Einmeischen ist die erste Arbeit des Brauers geschehen, und es bleibt der Meisch ungefähr eine Stunde stehen. Während dieser Zeit wird wiederum eine Pfanne Wasser gekocht, auch der zweite oder so genannte Zapfbottich (welcher sogleich näher beschrieben werden wird) in Stand gesetzt. Nun wird noch der Meisch $\frac{1}{2}$ Stunde lang tüchtig umgerührt, und dann alles in den Zapfbottich gethan, weshalb also beide Bottiche von gleicher Höhe seyn, und nahe an einander stehen müssen. Der Meischbottich wird sogleich rein ausgescheuert.

So wie der Meisch in den Zapfbottich gekommen ist, wird das Gut darin sehr gerade gezogen, ein viereckiges Brett, etwa 3 Fuß im Quadrat groß, darauf gelegt, und das heiße Wasser aus der Pfanne vermittelst einer Rinne auf das gedachte Gußbrett geschöpft. m) Das Brett dient dazu, damit das Wasser in den Meisch kein Loch machen, sondern sich allmählig über den ganzen Bottich verbreiten kann.

Anm. m. Anstatt dieses Gußbrettes bedient man sich auch einer hölzernen Röhre oder eines Wolfs, welche von einigen auch ein Pfaffe genannt wird. Diese Röhre ist 6 bis 8 Zoll im Quadrat weit, und reicht vom untern Boden des Zapfbottichs (auf welchem sie steht) bis etwa 6 Zoll über die Höhe des Bottichs, und ist an der Seite an den Stäben befestigt. Unten zwischen dem Boden des Bottichs und dem nachher zu beschreibenden Zapfboden, ist die Röhre an einer ihrer Seiten offen, so daß, wenn das heiße Wasser des zweiten Aufgusses oben in die Röhre gegossen wird, solches von unten herauf, zwischen beiden Boden, sich dem Meische mittheilt, welches für sehr vortheilhaft befunden wird. Dieser Aufguß beträgt wiederum ungefähr $\frac{1}{15}$ Theil der Tonnen Bier, welche gebrauet werden sollen, so daß beide Aufgüsse nunmehr ⅓ Theil der Tonnen Bier enthalten. Hieraus, und mit Zurechnung des Malzes und des Zapfbodens, wird die Größe des Zapfbottichs gefunden.

Nunmehro läßt man das ganze Brauen ungefähr eine Stunde oder so lange stehen, bis das Wasser die ganze Kraft aus dem Malze gezogen hat, oder, wie der Brauer sich ausdrückt, das Malz völlig ausgebrauet ist. Alsdann kommt es darauf an, den Malz-Extract oder die sogenannte Würze so klar als möglich von den Träbern abzuzapfen. [n]) Zu dieser Absicht muß unten auf dem Boden des Zapfbottichs, und zwar unmittelbar gegen die Stäbe desselben, ein 3 bis 4 Zoll hoher Rand befestigt seyn. Auf diesen Rand und auf einige mehrere Unterlager legt man Bretter, die so gestaltet sind, daß sie, in gehöriger Ordnung neben einander gelegt, einen zweiten Boden im Bottich oder den sogenannten Zapfboden formiren, den man nach Gefallen herausnehmen und wieder hineinlegen kann; damit er sich aber in der Flüssigkeit nicht heben könne, werden in der Richtung seines Durchmessers eine oder zwei Latten quer über die Zapfbodenbretter gelegt, und diese Latten entweder mit einer Steife gegen die Decke des Brauhauses herunter gehalten, oder mittelst eiserner, in die Seiten des Bottichs befestigter Klammern eingespannt. Die Bretter, woraus der Boden besteht, sind mit vielen Löchern durchbohrt, durch welche die Flüssigkeit in den Raum zwischen beiden Böden dringt; dahin ziehen sich aber auch viele Träber. Um nun zu verhüten, daß diese beim Abzapfen der Würze nicht mit abfließen, wird der Hahn, welcher etwa 1 Zoll hoch über dem untersten Boden angebracht ist, da, wo die Würze in selbigen eintreten soll, mit einem Strohwische belegt, und auf diese Weise die reine Würze gewonnen.

Anm. n. Herr Busch hat bemerkt, daß da, wo auf das Schrot von 44 Scheffeln Malz 50 Tonnen Aufguß gemacht wurden, nur 43 Tonnen Würze abgezogen werden konnten. Dies würde also für jedes Brauen, es mag starkes oder schwaches Bier gebrauet werden, auf jeden Scheffel Malz ungefähr 0,538 Kubikfuß Wasser, welches in dem Meische zurück bleibt, betragen.

In der Gegend, wo der Hahn im Bottich steckt, ist zum Theil unter, größtentheils aber vor dem Bottiche eine Vertiefung im Pflaster des Brauhauses gemauert, in welche eine länglichte runde Wanne von ungefähr 6 Kubikfuß Inhalt gesetzt wird. In diese Wanne zapft man die Würze nach und nach ab, und zwar so, daß, wenn die erste abgezapfte Würze noch zu dick seyn sollte, solche wieder oben auf den Meisch gegossen wird, bis die Würze gehörig rein unten abläuft. Um die Würze bequem in die Pfanne zu schaffen, bedient man sich einer in der gedachten Wanne stehenden tragbaren Pumpe, welche, dicht an dem Bottich stehend, an demselben durch ein Paar eiserne Halbringe und einen Vorstecker befestigt wird. Auf diese Art wird die Würze in eine Rinne gepumpt und durch letztere in die Braupfanne geleitet, woselbst sie so lange kocht, als es der Brauer für nöthig findet.

Man hat solche Braupfannen, die das ganze Brauen fassen, o) sehr gern, weil sie die Arbeit erleichtern; sonst kann auch die Würze in zwei- und mehrern Malen abgekocht werden. p) Dann aber gehört dazu, daß der Rest der Würze nicht zu lange auf den Träbern stehen bleibe, vielmehr, noch ehe der erste Sud vollendet ist, abgezapft und in einem besondern Bottich aufbewahrt werde, weil die Würze auf den Träbern sehr bald säuert. Jeder Sud wird für sich besonders abgekühlt, nachher alles Bier melirt und mit den Hefen versehen.

Anm. o. Eine solche Pfanne würde, nach den bisherigen Voraussetzungen, enthalten müssen, $\frac{1}{18}$ der Tonnen Bier, so gebrauet werden sollen, (weniger 0,583 Kubikfuß von jedem Scheffel Malz, das zum Brauen genommen wird), und einige Zoll hoch Bord darüber, damit die Pfanne beim anfänglichen Kochen nicht überläuft.

Anm. p. Gewöhnlich sind die Pfannen (oder auch wohl nur große Kessel) kleiner, als daß sie sämmtliche Würze mit Einem Male fassen können. Von einigen wird hierin ein Vortheil dergestalt behauptet, daß eine kleine Pfanne, mit welcher bei mehrmaligem Kochen eben dasselbe geleistet werden kann, nicht nur an sich weniger koste, sondern auch, daß, wenn der gereinigte Meischbottich statt eines besondern dritten Bottichs zur Aufbewahrung der Würze gebraucht wird, an Raum im Brauhause erspart werde.

Dies ist indeß eine Sache, die nur auf Meinungen beruht, und daher dem Oekonomen zu überlassen. Was aber hierbei zu berücksichtigen sehr wesentlich ist, das ist, daß einer guten und zweckmäßigen Feuerungsanlage zufolge, die Pfanne nicht zu hoch seyn darf, welche also bei einem großen Brauen um so länger und breiter werden müßte. Für Pfannen von mittlerer Größe wählt man die Höhe nicht gern über 2 Fuß, kleinere noch niedriger, und die größten Pfannen nicht über 3 Fuß hoch: theils wegen der Bequemlichkeit, theils weil die Verdünstung bei einer größern Fläche befördert wird. Zu einem großen Brauen würde daher eine Pfanne, worin sämmtliche Würze mit Einem Male abgekocht wird, sehr viel Raum wegnehmen, und, da der Boden einer Pfanne der schwerste Theil ist, sehr kostbar werden. Freilich an Feuerungsmaterial wäre dabei vielleicht zu profitiren.

Wenn nun das Bier nach des Brauers Absicht hinlänglich gekocht hat, wird dasselbe zum Abkühlen entweder in verschiedene niedrige Kühlbottiche, allenfalls mit Zuhülfnehmung der, hierzu zuvor sehr rein gemachten, Meisch- und Zapfbottiche, besser aber in ein besonders angelegtes, über den Bottichen schwebendes Kühlschiff, geschöpft; denn es kommt sehr darauf an, daß das Bier schnell bis zu einem gewissen Grade der Wärme abkühle. Ein solches Kühlschiff ist ein aus Bohlenholz wie eine Waschbank gestaltetes parallelepipedalisches Gefäß, dessen Seitenwände ungefähr 9 Zoll bis 1 Fuß hoch im Lichten sind. q) Die Höhe, in welcher ein Kühlschiff über dem Fußboden des Brauhauses angebracht wird, muß zwar so groß seyn, daß man an den Bottichen, wenn solche darunter stehen, bequem arbeiten kann, jedoch auch nicht höher, als daß noch das Bier aus der Pfanne in eine Rinne bequem geschöpft, oder vermittelst einer kupfernen tragbaren Pumpe nach dem Kühlschiffe geleitet werden kann. Wenn das Bier bis zur Wärme frisch gemolkener Milch abgekühlt ist: dann wird solches insgesammt wieder in einen Bottich (dies kann der Meisch-Bottich seyn) r) gethan, und mit den nöthigen Hefen versehen. Aus diesem Grunde ist es eben sehr bequem, wenn, wenigstens einer von den großen Bottichen, unter, oder doch so nahe dem Kühlschiffe steht, daß das Bier aus letzterem ohne Mühe in diesen Bottich gelassen werden kann.

Anm. q. Wenn das Bier, wie sich gehört, sehr bald abkühlen soll: so muß solches in den Kühlbottichen oder im Kühlschiffe nicht höher als 6 Zoll stehen. Dies macht auf jede Tonne Bier $7\frac{1}{3}$ Quadratfuß im Kühlschiffe. In einer hiesigen ziemlich bedeutenden Brauerei ist das Kühlschiff auf einem besondern Gerüste im freien Hofe dicht am Brauhause, mit einem Dache darüber erbauet, womit der Eigenthümer sehr zufrieden ist. Das Bier wird vermittelst einer in die Braupfanne zu stellenden Pumpe dorthin, und nach geschehener Abkühlung durch Rinnen zurück in das Brauhaus und in einen der Bottiche geleitet.

Anm. r. Wenn der Meischbottich, wie in der Anmerkung k gesagt worden, $\frac{17}{20}$ Theil der Anzahl Tonnen des zu brauenden Biers als ersten Aufguß, und das geschrotene Malz selbst enthalten kann: so wird derselbe auch das sämmtlich gebrauete Bier in sich fassen.

Die Kühlbottiche oder das Kühlschiff müssen den Fenstern so nahe als möglich stehen, und alsdann sämmtliche Luken geöffnet werden, damit die Luft überall durchstreichen und das Bier sobald als möglich abkühlen kann. Es ist daher auch gut, wenn das Brauhaus eine ansehnliche Höhe und an beiden gegenüber stehenden Fronten Fenster, folglich eine ganz freie Lage hat.

Es giebt Brauereien, wo nur ein Bottich als Meisch- und Zapfbottich zugleich gebraucht wird. [k] Es befindet sich alsdann darin ein Zapfboden, wie vorhin beim Zapfbottich erwähnt worden. Wenn der Meisch in solchen Bottich eingerührt ist, wird ungefähr eine Wanne voll (oder so viel, als zwischen beiden Böden an Wasser steht) abgezapft und oben wieder aufgegossen; alsdann aber wird die Würze von dem ersten Aufgusse, welcher, so wie vorhin, ungefähr die Hälfte des ganzen Aufgusses beträgt, abgezapft und in einem besondern Küfen aufbewahrt. Wenn nun der zweite Aufguß aus der Pfanne auf den Meisch gegossen ist, wird die erste und hernach die zweite Würze, [l]) oder, wo eine hinlänglich große Pfanne vorhanden ist, beide Abzüge von Würze mit Einem Male abgekocht.

Anm. [k]. Ein solcher gemeinschaftlicher Bottich braucht also nicht größer zu seyn, als vorhin der Meischbottich (siehe Anmerk. k) angegeben worden; nur muß dabei der Raum, den der Zapfboden darin einnimmt, zugerechnet werden.

Anm. [l]. Wenn die erste Würze allein abgekocht und auch besonders als Bier aufbewahrt wird: so erhält man, wenn zugleich auf jede Tonne Bier 3 Scheffel Gerstenmalz gerechnet wird, das so genannte Kufen- oder Doppelbier. Soll aber ein ordinaires Bier auf diese Art in mehrern Kochungen gewonnen werden: so müssen sämmtliche Kochungen hiernächst melirt und dann mit den Hefen gestellt werden. Auch muß dann die Pfanne, wenn z. B. die

Würze in zwei Kochungen zu Bier gemacht werden soll, $\frac{17}{20}$ der Tonnen Bier nebst einem hinlänglichen Bord-Raum enthalten.

Dieses Verfahren, welches mit dem Filtriren des Kaffees Aehnlichkeit hat, ist in so fern der erst gedachten Art vorzuziehen, weil durch den jedesmal frischen Aufguß das Malz besser ausgebrauet und ein Bottich entbehrt wird. Ist so viel Würze, als man zu der beabsichtigten Quantität Bier verlangt, abgezogen und verkocht worden: dann kann noch ein dritter Aufguß zu einem so genannten Halbbier verbrauet werden.

Wenn die Gährung des Biers nach 10, 15 oder mehreren Stunden geschehen ist, dann wird dasselbe, entweder um sogleich in der Stadt herum verfahren werden zu können, im Brauhause in Fässer gefüllt (gefasset), oder, wo Bier auf Lagern gehalten wird, in den Keller und daselbst in die Fässer geleitet. Im letztern Falle ist ein hinlänglich großer Bierkeller nöthig, welcher ganz in der Nähe des Brauhauses liegen muß, damit das Bier durch Röhren bis in die Fässer geleitet werden kann. Dieserhalb aber den Bierkeller unter der Braustelle selbst anzulegen, ist nicht gut, weil zu viel Nässe auf dem Fußboden des Brauhauses ausgeschüttet wird, welche sich leicht dem Gewölbe mittheilen und solches verderben kann, auch die angefüllten schweren Bottiche einen sehr starken Druck auf die Gewölbe verursachen. Uebrigens muß ein Bierkeller eine solche Lage haben, daß die Luft durch gegenüber stehende Fenster streichen kann, welches ein Haupterforderniß ist, weil bei dem Gähren des Bieres in den Fässern sich eine Menge Dünste entwickeln, die, wenn sie nicht von der Luft herausgetrieben werden, das Bier verderben, und selbst den Leuten, die im Keller zu thun haben, schädlich sind.

Anm. Von den abgehenden Träbern, Keimen rc. können sowohl Schweine als Ochsen gemästet werden, besonders wenn solche mit der Schlempe aus der Branntweinbrennerei vermischt werden. Man rechnet ungefähr, daß von 6 Wispeln Malz, welches zum Brauen verbraucht worden, 1 Ochse oder 2 Schweine fett gemacht werden können. Nur ist dabei zu bemerken, daß diese Quantität Futter für Ochsen binnen 6 Wochen, und für Schweine binnen 8 bis 10 Wochen abfallen muß.

§. 173.

Das Branntweinbrennen.

Bei dem Branntweinbrennen verhält es sich in Absicht des Malzens eben so, wie bereits §. 172 gesagt worden; und daß zum Branntwein alle Arten von Getraide, ja selbst Obst, genommen werden kann, ist bekannt. Weil indessen der Rocken und die Gerste schon zum Brodt und Bier so häufig konsumirt wird: so sollte eigentlich der Weitzen mehr als die genannten Getraidearten zum Branntweinbrennen gewählt werden.

Anm. Luftmalz wird zum Branntwein für besser gehalten; auch wird wohl ein Theil rohes oder ungemalztes geschrotenes Korn unter das Malz gethan, welches indeß nicht so, wie reines Malz, überall Beifall findet.

Gewöhnlich wird eine Mischung, z. B. von einem Scheffel Rockenmalz und 2 Metzen Gerstenmalz, oder 15 Metzen Rocken- und 3 Metzen Gerstenmalz, genommen. Aus diesen 18 Metzen Malz sollten in der Regel ungefähr nur 14 Quart Branntwein gezogen werden. Indessen auch hier geht es so, wie vorhin beim Bierbrauen erinnert worden: es läßt sich von einer und derselben Quantität Getraide entweder weniger starker oder mehr schwacher Branntwein ziehen. Nur auf die Größe der Gefäße hat dies weniger Bezug als bei der Brauerei, es müßte denn aus der jährlichen Konsumtion an

Branntwein von einem bestimmten Gehalte, die Größe der Brennerei ausgemittelt werden sollen.

Gutes weiches Wasser ist auch hierbei dem Brunnenwasser vorzuziehen, und wo ersteres nicht zu haben ist, wollen einige, daß dann das Brunnenwasser entweder vorher abgekocht, oder nur der Einwirkung der Luft und Sonne eine Zeit lang ausgesetzt werde.

Die Geschäfte beim Branntweinbrennen, in so fern solche dem Baumeister zu wissen nöthig sind, bestehen in folgendem:

Das geschrotene Malz wird in die Meischtonnen geschüttet, in welchen sich schon kaltes oder laulichtes Wasser befindet, vermittelst der Meischhölzer durch einander gerührt oder eingeteigt, nachher mit siedendem Wasser, welches unterdessen in der Blase schon vorräthig ist, eingebrannt, und endlich mit kaltem Wasser wieder abgekühlt. Diese drei Verrichtungen geschehen unter beständigem Umrühren; zwischen einer jeden aber bleibt das eingemeischte Gut eine Zeit lang ruhig stehen.

Wegen des nothwendigen Umrührens dürfen also die Meischgefäße nicht zu enge und nicht zu hoch seyn: letzteres besonders, weil sich bei der Menge von Meischgefäßen nicht so leicht, wie vorhin bei dem Bier-Meischbottich gesagt worden, eine Bank herum anbringen läßt.

Wenn das Gut in den Gefäßen hinreichend abgekühlt ist, giebt ihm der Brauer die Hefen; diese bringen es in Gährung, und so bleibt es eine Zeitlang ruhig stehen; *) die Zeit vom Einmeischen bis dahin, daß es hinlänglich gegohren hat und in die Blase gebracht werden kann, ist im Sommer kürzer als im Winter; nach einer Mittelzahl beträgt sie 2 bis 2½ Tag.

Anm. a. Herr Geh. Rath Hermstädt hat in den Annalen der Agrikultur-Chemie bewiesen, daß durch das beständige und sorgfältige Bedecken der Meischgefäße während der Gährung mehrerer und ein stärkerer Branntwein erhalten werde, weshalb derselbe vorschlägt, selbige in so weit mit passenden Deckeln ganz zu bedecken, daß nur vermittelst einer kleinen Oeffnung in denselben, das kohlensaure Gas entweichen könne. Es ist solches allhier bereits mit vielem Vortheil in Anwendung gebracht, und dabei auf die im Deckel befindliche etwa 6 Zoll große Oeffnung ein blechernes Rohr von ungefähr 18 Zoll Länge gesetzt worden, damit während dem, daß das vorgedachte Gas entflieht, die atmosphärische Luft sich nicht durch Zugluft auch von der Seite so stark eindrängen könne.

Der Meisch also, der heute auf die Blase gebracht werden soll, muß beinahe 3 Tage alt seyn; und wenn in einer Brennerei von lebhaftem Betriebe alle Tage gebrannt wird: so muß immer gegohrner Meisch im Vorrath seyn. Es muß daher beständig eine gewisse Anzahl von Gefäßen mit Meisch angefüllt, und die Einrichtung so gehalten werden, daß, so wie ein Theil derselben heute verbraucht ist, morgen eben so viel wieder abgegohren hat und aufgebracht werden kann.

Die Größe der Meischtonnen, und folglich auch die Anzahl derselben, kann sehr verschieden seyn, jedoch richtet sich solche darnach, daß der Meisch aus einer oder zwei Tonnen allemahl zur Anfüllung einer Blase rein ausgeschöpft werden müsse, indem der angegossene Meisch besonders bei warmem Wetter zu stark säuert und schlechten Branntwein giebt. [b]) Die Größe und Anzahl der Meischtonnen wird also nach der Größe und Anzahl der Meischblasen [c]) bestimmt. Vormals meischte man in ziemlich großen Küfen ein, so daß eine oder zwei Meischblasen damit angefüllt werden konnten;

jedoch wurden selbige gleichfalls mit Einemmale und rein ausgeschöpft. Jetzt wählt man nicht gern sehr große Tonnen zum Einmeischen, d) theils weil das Einmeischen darin mit mehrerer Beschwerlichkeit verbunden, theils auch die Reinigung solcher Tonnen sehr mühsam ist.

Anm. b. Um die Größe der Meischtonnen für eine gegebene Scheffelzahl zu bestimmen, ist auf die Güte des Getraides Rücksicht zu nehmen: schweres Getraide braucht mehr Wasser zum Aufguß als leichteres; ferner darf der oben erwähnte Grundsatz, daß eine oder zwei Tonnen, je nachdem die Blase groß oder klein ist, jedesmal bei Anfüllung der letztern rein ausgeschöpft werden müssen, nicht außer Acht gelassen werden, wonach sich also die Größe der Meischtonnen in Absicht der Scheffelzahl richtet. Es gebraucht aber ein Kubikfuß Malz, wovon der Scheffel ungefähr 81 Pfund wiegt, nebst dem dazu gehörigen Aufguß, überhaupt 6 Kubikfuß Raum in der Meischtonne, (andere rechnen beinahe 7 Kubikfuß,) wobei die Tonnen, des bequemen Umrührens wegen, nicht zu hoch, sondern ungefähr nur $2\frac{3}{4}$ Fuß im Lichten hoch seyn müssen.

Anm. c. Man hat Meischblasen von $1\frac{1}{2}$ bis 6 Scheffeln, nicht gern aber viel größer oder kleiner. Dagegen ist es vortheilhaft, zwei bis drei Meischblasen neben einer sogenannten Weinblase im Gange zu erhalten, weil eine Weinblase, wenn sie nicht zu klein ausfallen soll, den Lutter von 2 Meischblasen zur Anfüllung gebraucht.

Anm. d. In hiesiger Gegend scheint man eine Vorliebe zu den kleinen Meischtonnen zu haben, und solche nicht gern größer als für zwei Scheffel Malz einzurichten, weil sich darin das Schrot besser durcharbeiten läßt. In andern Gegenden hält man dagegen diejenige Größe der Meischtonnen, aus welchen selbst eine 6 bis 8 Scheffel Meischblase mit Einemmale angefüllt werden kann, für vorzüglicher; dieß muß also dem Oekonomen überlassen bleiben. Eine Ausmessung in einer hiesigen sehr stark gehenden Brennerei gab z. B. für eine 2 Scheffel Tonne 2 Fuß 11 Zoll untern, 3 Fuß 2 Zoll obern Durchmesser, und 2 Fuß

9 Zoll Höhe im Lichten. Die äußere Höhe derselben, im Stabe gemessen, kann alsdann ungefähr 3 Fuß 3 Zoll seyn. Der Raum in derselben enthält ungefähr $21\frac{1}{2}$ Kubikfuß.

Wenn nun z. B. 2 Meischblasen, eine jede von 4 Scheffeln mit Einemmale angefüllt werden sollen: so sind dazu 4 Meischtonnen à 2 Scheffel erforderlich. Es kann aber eine Meischblase täglich zweimahl angebracht werden; in solchem Falle werden täglich 8 solcher Meischtonnen ausgeleert; und da der Meisch 3 Tage alt seyn muß, ehe derselbe verschwelet werden kann; so müssen zu einem solchen Betriebe 24 dergleichen Meischtonnen in der Brennerei Platz finden. Hiernach, und nach der Größe der Meischtonnen, ist also jedesmahl der Raum für dieselben in einer Brennerei zu bestimmen.

Um das Wasser so wohl nach den Blasen als nach den Kühlfässern zu leiten, wird eine Rinne angelegt. Vermittelst eben solcher Rinnen wird auch der Meisch aus den Fässern nach den Meischblasen geleitet. Der Brenner schöpft nun mit einem Handfasse den Meisch aus den Tonnen in die Rinne; und da, wenn diese Arbeit bequem verrichtet werden soll, die Höhe der Rinne von dem Fußboden, worauf die Fässer stehen, nicht über 5 Fuß betragen darf, auch der Blasenhals zuweilen etwas hoch liegt, und die Rinne nach der Blase hin, ein hinlängliches Gefälle haben muß: so werden die Meischfässer gewöhnlich auf eine gemauerte und mit Fliesen oder Mauersteinen gepflasterte Erhöhung (Terrasse) gestellt. Die Höhe dieser Terrasse muß also allemal (wenn α die Höhe vom Fußboden bis am Blasenhalse, β das Gefälle der Leitungsrinne, und γ die Höhe der Terrasse bedeuten soll) $(\alpha + \beta) - 5$ Fuß $= \gamma$ seyn. Die Breite der Terrasse richtet sich nach der bequemen Stellung der Tonnen und der Geschäfte beim Einmeischen. Auf jeden Fuß Breite der Terrasse können wegen trockener Stellung der Tonnen $\frac{1}{2}$ Zoll Abfall gerechnet werden. Dieses Gefälle, abgezogen von der gefundenen Höhe der Terrasse, giebt die vordere Höhe derselben an, woraus sich dann auch findet, ob solche mit oder ohne Stufen zu ersteigen ist.

Eine Meischblase wird bis ungefähr drei Viertheil mit dem Meisch angefüllt. e) Auf den Hals der Blase und zugleich auf die Mündung des im Kühlfasse befindlichen Schlangenrohrs, paßt der Brenner alsdann den Blasenkopf oder den so genannten Helm, und verstreicht denselben am Blasenholze sorgfältig mit Lehm, damit keine Luft eindringen oder der Spiritus mit der Luft Kommunikation erhalten kann, wodurch das Abspringen des Helms und mancherlei Unglück erfolgen würde. f) Nun wird Feuer unter die Blase gemacht; der Meisch in derselben wird nach und nach heiß, der darin befindliche Spiritus steigt als Dampf in den Blasenkopf an, dringt in das, im Kühlfasse befindliche Schlangenrohr, wird daselbst abgekühlt, und fließt tropfenweise aus dem Schlangenrohre unten heraus in einen Trichter, und durch diesen in ein kleines Faß, die Vorlage genannt. g)

Anm. e. Es ist um so nöthiger, daß eine Blase nicht zu wenig angefüllt ist, weil sonst die zur Feuerung sehr vortheilhaften Züge um die Blase auch nicht höher reichen dürften, es müßte denn solche, wie auch von einigen geschieht, noch um einen Theil mit Wasser aufgefüllt werden.

Herr Busch giebt die Ausmessung zweier Blasen an, wovon die eine, für jeden Kubikfuß Malz 7 Kubikfuß, die andere etwas weniger, nämlich für jeden Kubikfuß Malz nur 6¼ Kubikfuß Inhalt hat. Beide werden von ihren Eigenthümern für hinlänglich gehalten. Herr Commerzienrath Neuenhahn, (in seiner Schrift: über Branntweinbrennerei, Erfurt 1802 bei Keyser,) der auch für jeden Kubikfuß Malz 6¼ Kubikfuß, oder, welches ungefähr eben so viel ist, auf jeden Scheffel 11½ Kubikfuß Raum in den Meischtonnen rechnet, verlangt auf jeden Kubik-

Kubikfuß Malz 8 Kubikfuß, oder auf jeden Scheffel 14 Kubikfuß Raum in der Blase, wobei diese bis auf $\frac{1}{8}$ Theil ihres Inhalts nur mit Meisch angefüllt seyn soll. Nehmen wir nun nach hiesigem Gebrauch für den Kubikfuß Malz 7 Kubikfuß oder für den Scheffel $12\frac{1}{4}$ Kubikfuß Raum in der Blase an: so wird z. B. eine 4 Scheffel-Blase 49 Kubikfuß innern Raum enthalten.

Ferner ist es in Absicht der Feueranlage sehr gut, wenn der Boden einer Blase verhältnißmäßig groß genug ist. Denn es kömmt hierbei auf schnelle Verdünstung an, und diese muß von einer größern Fläche stärker, als von einer geringern seyn; freilich muß die Höhe auch in einem schicklichen Verhältnisse bleiben, und diese nicht allein, sondern auch die Weite des Schlangenrohrs, muß mit der Weite der Blase zunehmen, wenn die Dämpfe, ehe sie tropfbarflüssig werden, sich nicht pressen sollen. Für das Verhältniß der Blase giebt Herr Busch die Regel: daß sich der Durchmesser zur Höhe wie 4 : 3 verhalten solle. (Dies ist in hiesiger Gegend die gebräuchlichste Form, obgleich von Andern zuweilen das Verhältniß des Durchmessers zur Höhe wie 2 : 1 angegeben wird.) Nicht als Gesetz, sondern nur beiläufig als eine ungefähre Angabe der Form, besonders für Blasen von mehr als 2 Scheffel, wollen wir dies annehmen; und dann findet sich aus dem angegebenen Kubikinhalte der Blase = C der Durchmesser d, und daraus, wie gedacht, die Höhe = $\frac{3}{4}$ d, auf folgende Art:

$$d \cdot 3{,}14 \cdot \tfrac{1}{4} d \cdot \tfrac{3}{4} d = C \text{ . folglich } d = \sqrt[3]{\frac{16\,C}{9{,}42}} \text{ .}$$

Anm. f. Am leichtesten kann dadurch ein Unglück entstehen, wenn aus Unvorsichtigkeit der in die Vorlage überlaufende Spiritus des Abends mit einem Lichte entzündet wird. Um dieses bestmöglichst zu verhüten, ist anstatt des Trichters eine gläserne Röhre, die vom Schlangenrohr in das Spundloch der Vorlage reicht und möglichst passend ist, um so mehr von großem Nutzen, als dadurch der überlaufende Spiritus hinlänglich sichtbar bleibt, und weniger der Verdünstung preisgegeben wird, als vermittelst des in dem Spundloche der Vorlage weniger passenden Trichters.

Anm. g. Die Höhe eines Kühlfasses richtet sich nach der Höhe der eingemauerten Blase mit ihrem Helm. Da aber noch ungefähr 18 Zoll Wasser über dem Schlangenrohre im Kühlfasse stehen muß, und, um die Schlangenwindungen der Röhre hinlänglich lang zu machen, (sie bestehen gewöhnlich aus vier bis fünf Windungen,) muß ein Kühlfaß nicht zu niedrig seyn, folglich auch die Blase nicht zu niedrig eingemauert werden. Ein geschickter Brenner wird auch hierin die beste Höhe und Form anzugeben verstehen. Herr Busch giebt nach seinen Ausmessungen für ein Kühlfaß zu einer 4 Scheffel Meischblase die Höhe auf 6 Fuß, und zu einer 2 Scheffel Meischblase die Höhe auf 5 Fuß 7 Zoll an. Für die Proportion derselben glaubt derselbe die Regel angeben zu können, daß der obere Durchmesser gleich dem Durchmesser der dazu gehörigen Blase, der untere Durchmesser aber = $\frac{3}{4}$ des obern seyn könne.

Man hat auch viereckige Kühlfässer; die Erfahrung lehrt aber, daß, da das Wasser darin sehr gegen die Seitenwände drückt, und die eisernen Bänder um selbige ausbauchen und sich in die Ecken einschneiden, dergleichen Fässer nicht dicht halten.

Da der Zweck der Kühlfässer eigentlich ist, den heißen, als Dampf im Blasenhelm anfliegenden Spiritus möglichst schnell abzukühlen: so hat man auch schon die Kühlfässer ganz frei im Hofe dicht am Brennhause unter ein besonderes Dach gestellt. Hiervon wird in der Folge das Nähere vorkommen.

Da das warm gewordene Wasser in einem Kühlfasse jederzeit in die Höhe steigt: so wird das kalte zuzupumpende Wasser am zweckmäßigsten vermittelst eines so genannten Wolfs, welcher schon S. 212 in der Anmerkung m beschrieben worden, nach dem Boden des Fasses hinunter geleitet werden, um das warme Wasser in die Höhe zu drängen. Letzteres fließt hiernächst durch eine Röhre ab, die oben im Rande angebracht ist. Vorzüglich ist darauf zu sehen, daß das Wasser nicht an den Seiten des Kühlfasses abläuft, wodurch das Faß sehr bald ruinirt wird.

Diese Einrichtung, das kalte Wasser von unten hinauf zu leiten, hat auch noch den Vortheil, daß da, wo der warme Dunst zuerst in die Schlangenröhre tritt, derselbe nicht zu schnell erkaltet, als wodurch die Destillation aufgehalten werden könnte.

Wenn in der Zeit, daß der noch mit vielem Phlegma vermischte Spiritus, oder der so genannte Lutter abträufelt, zu stark gefeuert wird: so fließt zuweilen der dicke Meisch mit über. Um dieses zu verhüten, muß die Feuerung mit verschiedenen Schiebern und so angelegt seyn, daß der Brenner nach Gefallen das Feuer regieren kann.

Ist der Lutter sämmtlich in die Vorlage abgetrieben: so öffnet der Brenner den unten in der Blase befindlichen durch die Einmauerung hervor ragenden Hahn, und läßt durch selbigen die Schlempe vermittelst einer Rinne in eine nahe bei der Brennerei befindliche Schlempgrube laufen, aus welcher dann selbige zur Schweinefütterung verbraucht wird. [h])

Anm. h. Als ungefähren Maaßstab für die Viehmästung kann nach Herrn Busch angenommen werden: daß da, wo täglich 4 Scheffel Schrot verschwelet werden, 20 Schweine oder 10 Stück Rindvieh zur Mast aufgestellt werden können, wobei zu bemerken ist, daß ein Schwein in 8 bis 10 Wochen, und ein Stück Rindvieh ungefähr in 6 Wochen blos von solcher Schlempe fett gemacht werden kann.

Nachdem der Lutter von der Meischblase abgezogen ist, [i]) welches ungefähr 6 Stunden währt, wird derselbe auf die so genannte Läuter-, Klar- oder Wein-Blase gebracht. Hier wird nur durch Kochung der Spiritus von dem Phlegma geschieden; ersterer fliegt im Blasenkopfe an, und läuft als reiner Branntwein durch das in einem Kühlfasse befindliche Schlangenrohr in die Vorlage; das Phlegma bleibt in der Blase zurück, wird durch den Hahn abgezapft, und entweder verschüttet, oder, wie einige thun, sogleich wieder zum Einmeischen verbraucht. k)

Anm. i. Der abgezogene Lutter aus einer Blase wird ungefähr Ein Drittheil des Meisches in Kubikfußen enthalten.

Anm. k. Die Größe der Weinblase kann gegen die der Meischblasen sehr verschieden seyn. Ist es richtig, wie Herr Busch und andere behaupten, daß der abgezogene Lutter ein Drittheil des Meisches beträgt: so ist das Verhältniß der Weinblase zur Meischblase leicht zu finden.

Wenn nähmlich die Weinblase nicht gar zu klein ausfallen soll: so muß selbige wenigstens den Lutter aus einer 4 Scheffel-Blase fassen können. Wenn aber der Lutter aus 3 bis 4 gleich großen Meischblasen zugleich in die Weinblase kömmt, dann wird selbige so groß als eine dieser Meischblasen seyn, oder vielmehr aus 3 bis 4 solchen Blasen gemeischt und dann in einer derselben der Lutter ausgeschwelt werden können.

Wenn also in einer kleinen Brennerei nur eine einzelne Blase als Meisch- und Weinblase zugleich gebraucht wird: so muß der Lutter so lange gesammelt werden, bis die Weinblase damit um ¾ Theil ihres Inhalts angefüllt werden kann. Sollte sie davon noch nicht hinlänglich angefüllt seyn: so kann das fehlende als reines Wasser zugesetzt werden.

Einige behaupten, daß der Lutter sich nicht lange conservire, und daher das Sammeln desselben zur Weinblase nachtheilig sey; andere dagegen, und z. B. Christ in seinen Regeln vom Fruchtbrannntwein, Frankf. a. M. 1785. bei Hermann, behaupten, daß, je älter die Läuterung sey, desto bessern Branntwein sie gebe.

Bei großen Brennereien ist eine Schrotkammer in der Nähe der Brennerei erforderlich, l) weil beständig eine hinlängliche Quantität Schrot vorhanden seyn muß. Es braucht selbige aber nicht mehr als den Bedarf von 2 bis 3 Tagen zu fassen, weil das Schrot sich nicht lange conservirt. Bei kleinen Brennereien hat man nur einen Kasten, worin das vorräthige Schrot aufbewahrt wird.

Anm. 1. Das Schrot kann nur 1 bis höchstens 2 Fuß hoch geschüttet werden.

Die Feuerungs-Anlage kann zur Braupfanne, zu den Blasen, und wo möglich auch zur Darre in einem Raume angelegt werden, wenigstens ist dies zu den Geschäften sehr bequem. Eine solche Feuerung muß dann aber, nicht nur wegen der vielen Heitzungen, sondern auch, um darin einige Brennmaterialien vorräthig zu halten, hinreichend groß seyn. Sollte das Darrhaus nicht erlauben, daß die Feuerung der Darre zugleich mit aus dem Raume der Pfannen- und Blasenfeuerung geschehen könnte: so läßt sich dennoch allenfalls ein Backofen so anbringen, daß derselbe aus dem letzt erwähnten Raume geheitzt werden kann.

§. 174.

Lage eines Brau- und Brennhauses.

Aus der vorstehenden Beschreibung des Bierbrauens und Branntweinbrennens wird jeder die Wichtigkeit der Regel einsehen: daß ein Brauhaus und eine Brennerei wo möglich eine freie Lage, und zwar gegen Norden oder Westen, haben muß, damit ein solches Gebäude kühl gehalten, von allen Seiten durch Zugluft beständig gereinigt, und die feuchten Dünste möglichst schnell hinaus geführt werden können. Ferner ist ein trockener Grund erforderlich damit die Keller gehörig tief in der Erde angelegt werden können, und beständig frei vom Grundwasser bleiben. *) Vorzüglich ist aber auch gutes Wasser nöthig, welches durch Pumpen aus nicht zu großer Tiefe geschafft werden kann. Dergleichen Pumpenwasser in hinreichender Menge ist (wenn auch wirklich zum Brauen selbst das Wasser aus einem nahen Flusse für besser gefunden wird) dennoch zum Reinmachen der Gefäße und zum Abkühlen in den Kühlfässern sehr nothwendig, weshalb also dergleichen Gebäude nicht auf zu bedeutenden Anhöhen erbauet werden sollten.

*) Eine in hiesiger Nähe gemachte Erfahrung, daß in den Kellern eines Hauses auf einem ziemlich hohen Berge, sich dennoch fast alle Frühjahr eine bedeutende Menge Wasser einfand, mag hier eingeschaltet werden.

Es bestand dieser Berg, wenn man nur ungefähr 2 bis 3 Fuß durch die Oberfläche grub, aus reinem Lehm. Die Stelle, worauf das Haus erbauet worden, war zwar nicht die tiefste, aber auch nicht die höchste auf der ziemlich ebenen Oberfläche des Berges; vielleicht aber mochte die Lehmlage hier, gegen die nächste Gegend umher, eine Tiefe unter der darauf befindlichen wenigen Erde bilden. Genug, man legte das Kellerpflaster fast auf der Oberfläche des Erdbodens an, und, um doch die Keller sowohl einigermaßen in der Erde zu erhalten, als auch um hiernächst das Trauf- und Regenwasser vom Gebäude besser abzuleiten, füllte man den Erdboden um das Gebäude herum 3 bis 4 Fuß hoch an. Als sich nun in zwei Frühjahren hinter einander Wasser in den Kellern einfand, war nicht nur die Frage, woher auf einem Berge das Wasser in die, noch dazu so hoch liegenden Keller komme, sondern auch, wie dies wegzuschaffen sey, sehr wichtig. Man schloß: das Schnee- und Regenwasser senkt sich durch die geringe obere Erdschicht bis auf die Lehmlage; hier aber kann es nicht tiefer dringen, sondern sucht sich nun in der Breite nach denjenigen Orten, welche Tiefen in der Lehmlage bilden, Abzug oder das Niveau zu verschaffen. Liegt nun das Kellerpflaster auf einer nur etwas niedrigern Lehmschicht: so füllt das Wasser diese Vertiefung, folglich den Keller mit Wasser.

Daß dieser Schluß richtig war, ist nachher dadurch erwiesen worden, daß um das Haus herum, und von da aus abwärts, Gräben, welche t i e f e r a l s d a s K e l l e r p f l a s t e r gehen, gezogen, und dadurch das Wasser so abgeleidet worden, daß seitdem noch kein Wasser in den Kellern wieder gewesen ist.

Dergleichen Gräben um ein Gebäude, wenn solche auch nur wenig Breite bedürfen, verursachen jedoch immer eine große Unbequemlichkeit; daher würde hier diejenige Vorrichtung zu empfehlen seyn, welche in dem von dem verstorbenen Herrn Grafen von Podewils auf Gäsow übersetzten englischen Werke (John Johnstone, Abhandlung über das Austrocknen der Sümpfe und Entwässerung kalkgründiger Aecker, nach der neuesten von dem Herrn Elkingston entdeckten Verfahrungsart, mittelst Absaugen der Quellen, in Commission bei Maurer in Berlin, 1799.) angegeben wird, und in Folgendem besteht. In dergleichen um das Haus herum und von da abwärts nach einer Tiefe zu ziehenden Gräben werden auf das Bette derselben Feldsteine von mittelmäßiger Größe, ungefähr 2 Schichten hoch, auf diese, Strauchbündel oder Faschinen, und über die Faschinen hinweg feste Erde gelegt, mit letzterer die Gräben bis oben heran ausgefüllt, fest gestoßen, und (in dem vorliegenden Falle) um das Haus herum mit Feldsteinen bepflastert. Die Feldsteinlage unter dem Strauchwerke bildet nun einen hinlänglichen offenen Kanal, durch welchen das Wasser, ohne nach dem Hause hin weiter durch das Erdreich dringen zu dürfen, einen leichtern Abfluß findet.

§. 175.

Höhe eines Brau- und Brennhauses, nebst Decken, Fenstern und Thüren in demselben.

Ueber die Frage, ob ein Brau- und Brennhaus gewölbt seyn müsse oder nicht, ist schon viel gestritten worden. Ohne hierüber meiner Seits entscheiden zu wollen, werde ich mich hier nur damit begnügen, die Gründe dafür und dawider so aus einander zu setzen, als zur Wahl in dieser Sache für den Einen oder Andern erforderlich ist.

Die Hauptbedingungen in dieser Hinsicht sind bei dergleichen Gebäuden: erstlich, sie müssen im Winter warm und im Sommer kühl seyn. Zweitens, der Luftzug durch die Fenster oder Luken muß so seyn, daß der aufsteigende viele Dampf ohne Aufenthalt im Gebäude so schnell als möglich heraus getrieben werde. Drittens muß die Decke, wie sich wohl von selbst versteht, gegen die vielen aufdampfenden Feuchtigkeiten auch dauerhaft genug seyn.

Diese drei Hauptbedingungen werden in Absicht der Decke von vielen bei den Brau- und Brennereigebäuden im Widerspruch gefunden; nähmlich, um die Decke in einer Brauerei oder Brennerei recht dauerhaft zu machen, muß dieselbe aus gut gebrannten festen Steinen überwölbt werden; auch wird dieselbe alsdann gewiß im Sommer kühl und im Winter warm seyn. Hiergegen erwiedern Andere, daß, da ein Gewölbe, es mag Kreuz- oder Kappengewölbe seyn, immer keine gerade Decke bilde: so sammeln sich in den Höhlen des Gewölbes die Dämpfe, ohne durch die Luken gehörig abgeleitet werden zu können, und werden so durch ihr Niederschlagen dem Biere oder Branntweinmeische nachtheilig; die Feuchtigkeit hänge sich deshalb auch an einem Gewölbe mehr als an einer Balkendecke an, löse die Steine auf, oder es fallen von der Decke die angehängten Unreinigkeiten in den Meisch ꝛc., und verderben solchen. Ferner so spreche die Erfahrung hinlänglich bei alten Brauhäusern für die Dauerhaftigkeit der Balkendecken. Endlich aber, in einer Brennerei müsse schon deshalb kein Gewölbe seyn, weil, wenn ja einmahl ein Blasenhelm abspringen sollte, derselbe eine größere und viel gefährlichere Zerstöhrung anrichte, als bei einer Balkendecke, wo derselbe allenfalls nur das Balkenfach in die Höhe werfen werde. Aus allen diesen Gründen hätten auch schon Einige, deren Brau- oder Brennerei gewölbt gewesen, sogar die Gewölbe wieder abnehmen, und eine Balkendecke anlegen lassen, und dabei aus Erfahrung gefunden, daß dies dem Bier und Branntwein zuträglicher geworden sey.

Um die Vertheidigung der Gewölbe hiergegen zu hören, wollen wir einstweilen diesen das Wort reden. Es wird nähmlich zugegeben, daß über einer Brennerei, in Rücksicht des Abspringens des Blasenkopfs sowohl, als auch weil in derselben weit weniger Dämpfe als in der Brauerei aufsteigen, besonders wenn noch, wie nachher gezeigt werden soll, die Kühlfässer außerhalb der Brennerei stehen, eine Balkendecke, wenn solche aus guten Materialien und gut gemacht, auch das Gebäude erst zu gehöriger Zeit nach dem Baue benutzt wird, hinlängliche Dauerhaftigkeit gewähre; allein wenn beim Abspringen eines Blasenkopfs der Spiritus sich entzündet: so muß dagegen die Balkendecke allerdings feuergefährlicher seyn.

Ferner, in einem Brauhause müssen die vielen feuchten Dämpfe allerdings eine frühere Zerstöhrung an einer Balkendecke als an einem Gewölbe verursachen, und besonders die Balkenfächer, wenn solche aus Lehmstaken bestehen, sehr früh aufgelößt, und des möglichen Herunterstürzens wegen gefährlich werden. Ist aber die Decke, wie Einige wollen, nicht aus Lehmstaken, sondern blos mit Brettern belegt: so dringen die Dämpfe bis in den darüber befindlichen Boden, wo alsdann kein Getraide oder Malz geschüttet werden kann, und dieser so nothwendige Gelaß verloren geht; auch kann eine solche Decke alsdann nicht die Wärme im Winter bewirken, welche jedoch sowohl für den Meisch als für das mit den Hefen gestellte Bier so sehr gewünscht wird. Dieser letztere Umstand in Betreff des gestellten

Biers läßt sich zwar durch einen geräumigen Bierkeller heben, in welchem das Bier in einem Bottich aufgestellt wird; aber nicht so ist es der Fall mit dem Meische. Die Ursach, warum sich an einem Gewölbe mehr Unreinigkeit als an einer Balkendecke von dem Dampfe ansetzen sollte, ist nicht wohl einzusehen; und wenn hierbei von dem Herunterfallen der Unreinigkeit in den Meisch ꝛc. die Rede ist: so muß dies von den bald aufgelößten Balkenfachen, oder von deren Putze und deren Weiße, noch eher zu befürchten seyn. Was aber den Hauptumstand, nähmlich die schnelle Ausführung des Qualms aus einem Brauhause, betrifft: so dürfte eine eingeschlossene Lage desselben, wo nähmlich nur an Einer Seite Fenster oder Luken sind, in beiden Fällen keinen gehörigen Abzug gewähren. Ist aber die Lage ganz frei: so würde bei der Disposition des Gewölbes vorzüglich dahin zu sehen seyn, daß eine hinlängliche Anzahl Luken, in gehöriger Höhe an der Decke, und die Gewölbe so angelegt werden, daß die Kappen und Gurte die Fenster nicht im mindesten bedecken oder verstecken, auch das Gewölbe möglich flach gehalten werde. Ist dies der Fall: so steht der Zugluft kein Hinderniß entgegen, sondern es kann solche quer durch das Gebäude frei, und zwar sehr nahe an die Decke streichen. Sollten auch dergleichen Luftzüge nicht hinlänglich, oder wegen eingeschlossener Lage des Hauses nicht vollständig anzubringen möglich seyn: so werden hölzerne, dicht gegen die Feuerungsröhre, durch die Decke angelegte Dunströhren, nicht leicht ihren Zweck verfehlen.

Diese gegenseitigen Behauptungen sind von jeher gemacht worden, und obgleich letztere, nähmlich die, so für das Wölben sprechen, mir die werthesten sind: so lassen sich doch die erstern Erfahrungen einsichtsvoller Brau- und Brennerei-Eigenthümer auch nicht ganz widerlegen; daher der Baumeister, so lange es hierbei auf Meinungen ankommt, nur über alle die Gründe für und dawider mit dem Eigenthümer umständlich zu sprechen, hiernächst der Idee des Eigenthümers zu folgen, und dann nur auf mögliche Dauerhaftigkeit bei der Ausführung zu sehen hat.

Es läßt sich dieser Streit aber ziemlich heben, wenn man folgende Einrichtung einiger hiesigen Brauereien befolgt, nähmlich: über der Pfanne ist ein Qualmfang (wie vorgedacht, hart an der Feuerröhre, wodurch die Luft in dem Qualmfange ståts warm erhalten wird, welches den Zug befördert) angebracht, durch welchen die Dämpfe aus der Brauerei vermittelst einer gemauerten oder hölzernen Röhre durch alle darüber befindliche Böden bis zum Dache hinaus geführt werden. Ferner befindet sich das Kühlschiff außerhalb des Brauhauses, wodurch also auch die Dämpfe von dem gekochten Biere aus dem Brauhause entfernt sind. Da nun weiter keine Dämpfe im Brauhause sich ansammeln können, und das gestellte Bier nur noch milchwarm ist: so dürften alsdann blos der Geruch vom Biere und die wenigen Dämpfe vom Meische eben sowohl bei jeder Art von Gewölbe weggeschafft, als wenig einer Balkendecke nachtheilig werden können.

Die für eine Brau- und Brennerei zweckmäßige Höhe im Lichten wird von den Sachverständigen wiederum sehr verschieden angegeben. So erzählt z. B. Herr Busch, daß der eine Eigenthümer der von ihm beschriebenen Brauerei geäußert habe, sein Brauhaus (welches eine Balkendecke hat) sey zwar nur $14\frac{1}{2}$ Fuß im Lichten hoch, dennoch würde er eine noch geringere Höhe nicht unzweckmäßig finden, wenn nur ein hinlänglicher Luftzug vorhanden sey. Der andere Brauerei-Eigenthümer (dessen Brauhaus gewölbt ist) sagt dagegen: das Gewölbe in seinem Brauhause sey eben deswegen der Brauerei von keinem Nachtheil, weil dessen Höhe im Lichten 22 Fuß betrage. Ferner hat der Geheime Ober-Baurath Herr Eytelwein, in einer Schrift, welche den Titel führt: Beschreibung der Erbauung und Einrichtung einer vereinigten Brauerei und Branntweinbrennerei rc. Berlin 1802. bei la Garde, ein Brauhaus und eine Brennerei mit einem Bohlendache, und dabei ganz ohne Decke über die eigentlichen Brau- und Brenn-Räume angegeben. Wenn man indessen die Mehrheit aus den verschiedenen Meinungen, und das, was zur Fabrikation eines guten Biers und Branntweins von den Eigenthümern gewöhnlich verlangt wird, in dieser Hinsicht untersucht: so scheint die Höhe dieser Gebäude sich nach folgenden Dingen zu richten. Hat ein Brau- und Brennerei-Gebäude eine ganz freie Lage, ist mithin ein ordentlicher Luftzug quer durch das Gebäude zu schaffen, oder ist die Pfanne mit einem Qualmfange bedeckt und das Kühlschiff außerhalb der Brauerei angelegt: so braucht ein solches Gebäude weniger Höhe im Lichten als im entgegen gesetzten Falle zu haben. Eine zu große Höhe hat aber für die nöthige Wärme im Winter eben so vielen Nachtheil, als eine zu geringe Höhe für den Abzug der Dämpfe bewirkt. Ferner, daß ein überwölbtes Brau- und Brennhaus höher im Lichten seyn müsse, als ein dergleichen mit einer Balkendecke, folgt wohl daraus natürlich, daß ein Gewölbe, so flach es auch sey, dennoch einige Höhlen an der Decke bildet, in welchen sich die Dämpfe allerdings mehr als an einer Balkendecke aufhalten können. Ich bin daher (ohne jedoch hierüber für jedermann entscheiden zu wollen) der Meinung: daß 1) eine Brauerei, in welcher sämmtliche Dämpfe frei aufsteigen, mit einer Balkendecke ungefähr 15 bis 18 Fuß im Lichten hoch, und mit einem Gewölbe 3 bis 4 Fuß höher, da aber, wo über der Pfanne ein Qualmfang und das Kühlschiff außerhalb des Gebäudes sich befindet, um einige Fuß niedriger als in gedachten beiden Angaben, seyn könne; 2) eine Brennerei ohne Gewölbe kann 12 bis 14 Fuß im Lichten hoch, und mit einem Gewölbe um 3 bis 4 Fuß höher seyn.

Wenn aber durchaus eine Balkendecke verlangt wird: so muß sich der Baumeister allerdings die Frage aufwerfen: wie muß eine solche Decke am zweckmäßigsten construirt werden? Wenn wir die Möglichkeit des Abspringens des Blasenhelms allein berücksichtigen: so ist eine blos mit Dielenbrettern oben belegte Balkendecke allerdings die beste, weil solche auch selbst in der Brauerei durch die zerstöhrenden Dämpfe am wenigsten gefährlich wird. Es geht aber, wie schon gedacht, dadurch die Benutzung des Bodens zur Korn- oder Malzschüttung verloren, und es dürfte eine solche Decke vielleicht auch im Winter nicht warm genug seyn. Für den Baumeister, dessen Hauptaugenmerk sich allemal zuerst auf die Festigkeit richtet, ist dies allerdings eine schwierige Aufgabe. Unter allen Decken kann er daher nur diejenige wählen, woran jede nach und nach entstehende Zerstöhrung sogleich bemerkt werden kann, und deren Wiederherstellung am wenigsten kostet. Dies scheint eine doppelte und dichte Schalung unten an den Balken, und oben darauf ein gewöhnlicher Dielenboden, ohne Staken dazwischen, zu seyn. Ist nähmlich die Schalung dicht und doppelt: so können die Dämpfe den Balken nicht leicht mitgetheilt werden, und, ist die Schalung verfault: so läßt sich solche doch noch am leichtesten wieder herstellen.

Ob das Darrhaus überwölbt seyn müsse oder nicht, hängt ebenfalls von verschiedenen Umständen ab. Ist es nähmlich eine Rauchdarre: so kann solche leicht feuer- gefährlich werden, und alsdann ist dieserhalb ein Ge- wölbe allerdings nothwendig. Bei kleinen Darren kann auch ein gewöhnlicher Rauchfang darüber an- gelegt werden, durch welchen zugleich der Dampf mit abgeführt wird. Ist es aber eine größere Dar- re, und zwar von der Art, daß nur durch die Wär- me gedarrt wird: so könnte eine Balkendecke, wie so eben beim Brauhause beschrieben worden, hin- länglich seyn. Da aber die aus dem Malze sich entwickelnde Feuchtigkeit sich an der Decke stark an- legt, und weniger Schwierigkeit wegen Abführung des Dampfes (als vorhin beim gewölbten Brauhause erwähnt wurde) obwaltet: so dürfte es schon der Dauerhaftigkeit wegen besser seyn, das Darrhaus jedesmal zu überwölben; weshalb denn solches auch nicht gern in einer der obern Etagen angelegt wird.

Die Höhe eines Darrhauses muß, wenn dasselbe nicht gewölbt ist, im Lichten nicht weniger als 12 bis 10 Fuß betragen; ist aber dasselbe gewölbt und mit einem Qualmfange versehen: so braucht das Darrhaus nur im Lichten so hoch gewölbt zu wer- den, daß das Gewölbe die nöthigen Geschäfte nicht behindert.

Das Malzhaus bedarf nur einer solchen Höhe, um darin bequem gehen zu können: dies ist im Lichten ungefähr 7 bis 8 Fuß. Eben so hoch brauchen auch nur die Böden zu seyn. Die Decke im Malzhause und der Böden kann blos aus der Dielung der obern Etage bestehen. Ist aber unter dem in der ersten Etage be- findlichen Malzhause noch ein Keller: so muß letzterer schon um deswillen gewölbt seyn, weil das feuchte Malz beim Wachsen und Quellen im Malzhause einen mit Fliesen oder guten festen Mauersteinen gepflasterten Fußboden erfordert. Auch ist alsdann eine Oeffnung im Fußboden des Malzhauses bis durch das Gewölbe anzulegen, durch welche das Malz sogleich nach dem Keller geschüttet werden kann.

Da überhaupt in einer Brauerei, Brennerei und in einem Malzhause viel Feuchtigkeit verschüttet wird: so müssen die Fußböden in allen diesen Räumen nicht nur mit Fliesen oder Mauersteinen gepflastert, *) sondern auch mit einem gehörigen Gefälle und Abflußrinnsteinen angelegt werden, damit die Feuchtigkeit so schnell als möglich ablaufe.

*) Das Brauhaus und die Brennerei wird auch aus Ersparung zuweilen nur mit Feldsteinen gepflastert. Daß dabei aber der Abfluß nicht so vortheilhaft wie mit Mauersteinen bewirkt werden kann, versteht sich wohl von selbst. Die Einheitzung dagegen wird der Dauer wegen am zweckmäßigsten nur mit Feldsteinen gepflastert.

An einigen Orten findet man den Fußboden des Malzhauses von Dielen, welche aber der vielen Feuchtigkeit wegen, und weil nicht das ganze Jahr hindurch gemalzt wird, nicht lange Stand halten.

Die Geschäfte in einer Brau= und Brennerei erfordern hinlängliches Tageslicht; weshalb ordentliche und hinreichend große Fenster um so mehr darin anzulegen sind, weil der Dampf ohnehin sehr verfinstert. Diese Fenster müssen aber nicht zu tief herunter gehen, damit die Zugluft so wenig dem Getränke, als den daselbst arbeitenden Personen nachtheilig werde. Am zweckmäßigsten werden sie in einer Höhe von 7 bis 8 Fuß von der Erde angebracht, müssen aber dann so hoch als möglich an die Decke hinauf gehen, um durch Oeffnung derselben die obere Luft zu reinigen. Sie müssen außer der Glasausfüllung auch noch, besonders nach der Sonnenseite, Fensterladen erhalten, um die Sonnenwärme im Sommer möglichst abzuhalten. Sollte eine Seite des Brauhauses gegen Süden liegen müssen: so ist es besser, daselbst entweder weniger Fenster zu machen, oder solche mit Jalousien, wie bei den Magazinen gezeigt worden, zu versehen. Die Breite der Fenster ist mit 3 Fuß hinlänglich; die Breite der innern Thüren aber muß wenigstens 4 Fuß oder so groß seyn, daß große Fässer bequem durchgebracht werden können. Die Haupteingangsthür muß wenigstens 5 Fuß breit seyn. Wird ein Bierkeller angelegt: so muß derselbe, außer einer Communication mit dem Brauhause, auch noch einen besondern, wenigstens 4 Fuß breiten, Kellereingang von außen erhalten. Der Branntwein kann in einer Kammer über der Erde aufbewahrt werden, wenn dazu kein besonderer Kellerraum vorhanden seyn sollte.

§. 176.

Ausmittelung der Räume im Brau- und Brennhause, auch der Größe der Gefäße für einen bestimmt angenommenen Fall.

Um die bisher erwähnten Regeln bei Brau- und Brennerei-Anlagen durch einige Beispiele deutlicher zu machen, will ich zuerst eine in sehr lebhaftem Betriebe stehende Brau- und Brennerei, und hernach eine etwas kleinere, beschreiben, woraus sich die Anwendung der hierbei obwaltenden Regeln für noch kleinere Anlagen von selbst ergeben wird.

Ich nehme daher zuvörderst eine Brauerei an, in welcher jährlich ungefähr 56 bis 57 Mal, und zwar jedesmal aus 2 Wispel Malz 32 Tonnen Bier (also aus $1\frac{1}{2}$ Scheffel 1 Tonne) gebrauet, und dabei außer dem Meischbottich noch ein Zapfbottich ꝛc. angewendet werden

den soll. Ferner eine damit verbundene Branntwein-Brennerei, in welcher jährlich 250 mahl, und zwar jedesmahl 200 Quart Branntwein aus 16 Scheffel Malz in zwei Meisch- und einer Weinblase gebrannt werden sollen. Dieser Aufgabe liegt die Zeichnung Fig. 183 zum Grunde.

In Absicht der Brennerei

trifft die Auflösung dieser Aufgabe zuerst den Meischbottich h. In demselben sollen 48 Scheffel Malz in Schrot, = 85 Kubikfuß (siehe Seite 201) mit $\frac{17}{20}$ Theil der 32 Tonnen (siehe S. 211 k) = 100 Kubikfuß Wasser, vermischt werden. Der Meischbottich wird also 85 + 100 = 185 Kubikfuß groß seyn müssen. Bei einer Höhe des Meisches im Bottich von 3 Fuß muß derselbe 9 Fuß im mittlern Durchmesser, folglich unten 9 Fuß 2 Zoll und oben 8 Fuß 10 Zoll im Durchmesser im Lichten weit seyn. Werden zu der Höhe von 3 Fuß noch 5 Zoll Bord, 5 Zoll Boden, und, um hiernächst den Zapfbottich nicht zu übermäßig weit machen zu müssen, (da nämlich beide Bottiche mit ihren obern Kanten ziemlich gleich hoch stehen müssen,) noch 1 Fuß starke Unterlagen gerechnet: so wird der Meischbottich in den Stäben 3 Fuß 10 Zoll hoch seyn, und seine Oberkante überhaupt 4 Fuß 10 Zoll von der Erde hoch stehen; zu welchem Ende, um den Meisch darin bequem rühren zu können, eine, wenigstens $1\frac{1}{2}$ Fuß hohe, Trittbank um denselben angelegt werden muß.

Der Zapfbottich i soll (siehe S. 212 m) außer den vorgedachten 185 Kubikfußen noch $\frac{17}{20}$ Theil der Tonnen Bier = 100 Kubikfuß mehr, also überhaupt 285 Kubikfuß enthalten. Bei einem mittlern Durchmesser im Lichten von 10 Fuß steht

der Meisch darin hoch .	= 3 Fuß	7 Zoll
und an Bord darüber, angenommen	= —	3 —
für den eigentlichen Boden des Bottichs	= —	5 —
und für den Stellboden, welcher mit Inbegriff der Bretter wenigstens 4 Zoll hoch ist, kann indeß als Raum einnehmend im Bottich nur auf Höhe angenommen werden, da die Würze doch eigentlich auch den Raum unter dem Stell= oder Zapfboden einnimmt.	= —	2 —
Hiernach ist die Höhe im Stab	= 4 Fuß	5 Zoll
und wenn der Zapfbottich auf Unterlager von	= —	5 —
dick gestellt wird: so steht derselbe	= 4 Fuß	10 Zoll

mit seiner Oberkante von der Erde hoch, und ist mit dem Meischbottich in gleicher Höhe.

In Absicht der Pfanne k ist zu merken, daß

(nach Seite 214 n) von dem ganzen Aufguß	= 200 Kubikf.
beim Abzapfen der Würze von jedem Scheffel Malz = 0,583 im Meische zurück verbleiben; dies sind 48.0,583	= 28 —
Es werden also an reiner Würze nur gewonnen	= 172 Kubikf.

Sollte nun (nach Seite 215 o) die Pfanne sämmtliche Würze mit Einem Mahle fassen: so würde selbige 10 Fuß lang, 6 Fuß 10 Zoll breit, und mit Inbegriff von 6 Zoll Bordhöhe, überhaupt 3 Fuß hoch im Lichten seyn. Eine solche Pfanne kostet nicht nur eine ungeheure Summe, indeß selbige eben so schnell als eine kleinere ruinirt wird. Es dürfte daher für ein so gro=

ses Brauen besser und Raum-gewinnender seyn, eine Pfanne anzulegen, in welcher die Würze wenigstens auf zwei Mahl abgekocht werden kann. Eine solche Pfanne würde 86 Kubikfuß Würze fassen, und mithin 8 Fuß lang, 5 Fuß $4\frac{1}{2}$ Zoll breit, und mit Inbegriff von 6 Zoll Bordhöhe, $2\frac{1}{2}$ Fuß im Lichten hoch seyn müssen; und wenn die 86 Kubikfuß Würze während des Kochens bis auf 16 Tonnen = $58\frac{2}{3}$ Kubikfuß verdunsten soll: so wird am Ende das gekochte Bier in dieser Pfanne 1 Fuß $4\frac{1}{3}$ Zoll hoch stehen.

Anm. Der Ueberschlag, wie hoch nämlich am Ende das Bier in der Pfanne stehen wird, ist deshalb zu machen nothwendig, weil die Feuerkanäle an den Seiten der Pfanne eigentlich nicht höher reichen müssen, wenn letztere nicht zu sehr leiden soll.

In einigen Brauerein wird erst die erste Würze, und nach und nach, so wie selbige niederkocht, die zweite Würze allmählig zugegossen, so daß am Ende, wenn das Bier gar ist, das Bier des ganzen Brauens sich in der Pfanne befindet. Dies ist unstreitig in einiger Hinsicht vortheilhafter, und wenn hierzu die Pfanne $8\frac{1}{2}$ Fuß lang, 6 Fuß breit und $2\frac{1}{4}$ Fuß tief gemacht wird: so stehen am Ende die 32 Tonnen = $117\frac{1}{3}$ Kubikfuß Bier in derselben nur 2 Fuß $3\frac{1}{2}$ Zoll hoch, folglich ist dann noch darüber ein freier Bord von $5\frac{1}{2}$ Zoll Höhe.

Wenn das sämmtliche Bier 32 Tonnen = $117\frac{1}{3}$ Kubikfuß, in einem eigentlichen Kühlschiffe abgekühlt werden, und in demselben nicht mehr als 6 Zoll hoch stehen soll: so muß das Kühlschiff 235 Quadratfuß Fläche enthalten, und kann demnach 20 Fuß lang, 12 Fuß breit, und 9 Zoll bis 1 Fuß im Lichten hoch seyn; wird das Bier aber mit Hülfe des Meischbottichs in besondern Kühlbottichen abgekühlt, dann sind noch zwei besondere Kühlbottiche von 9 Fuß im Durchmesser und ungefähr 1 bis $1\frac{1}{2}$ Fuß hoch nöthig. In den drei Bottichen steht das Bier dann etwa 7 Zoll hoch.

In Absicht der Brennerei

ist zuvörderst zu merken, daß, da jeden Tag 16 Scheffel in zwei Meischblasen geschwelet werden sollen, und jede Blase täglich zwei Mal abgezogen werden kann, jede Blase den Meisch von 4 Scheffeln enthalten muß. Wird nun in zwei Scheffel-Tonnen eingemeischt, und soll der Meisch, ehe er auf die Blase geworfen werden kann, drei Tage alt seyn: so sind 24 Meischtonnen, à 2 Scheffel, in der Brennerei erforderlich, wovon täglich 8 Stück ausgeleert werden. Eine solche Meischtonne ist (nach Seite 222 d) oben 3 Fuß 3 Zoll, unten 2 Fuß 11 Zoll im Durchmesser, und 2 Fuß 9 Zoll im Lichten hoch; ihre Höhe im Stabe ist ungefähr 3 Fuß 3 Zoll.

Eine 4 Scheffel-Blase soll (nach S. 224 e) enthalten $4 \cdot 12\frac{1}{4} = 49$ Kubikfuß; ihre Größe findet sich also $\sqrt[3]{\frac{16 \cdot 49}{9,42}} = 4$ Fuß $4\frac{2}{3}$ Zoll Durchmesser, und ihre Höhe (wie 3:4) = 3 Fuß $3\frac{1}{2}$ Zoll im Lichten.

Die Weinblase soll den Lutter von den zwei 4 Scheffel-Blasen fassen; sie wird daher (nach S. 228 i) $= \frac{2 \cdot 49}{3} = 32\frac{2}{3}$ Kubikfuß enthalten müssen.

Der Durchmesser dieser Blase ist also wiederum $\sqrt[3]{\frac{16 \cdot 32\frac{2}{3}}{9,42}} = 3$ Fuß $9\frac{3}{4}$ Zoll, und ihre Höhe nach dem vorgedachten Verhältniß = 2 Fuß $10\frac{1}{3}$ Zoll.

Die Kühlfässer zu den Meischblasen sollen (nach S. 226 g) = 6 Fuß hoch, oben $4\frac{1}{3}$ Fuß und unten 2 Fuß 10 Zoll im Durchmesser seyn. Das Kühlfaß zur Weinblase wird seyn (wenn die Feuerheerde von gleicher Höhe angenommen werden) 5 Fuß 7 Zoll hoch, oben 3 Fuß 9 Zoll, und unten 2 Fuß 7 Zoll im Durchmesser weit.

Die Art der Feuerung und die Höhe der Einmauerung der Blasen über dem Fußboden, bestimmt, ob und wie hoch die Unterlagen unter den Kühlfässern seyn müssen. Eben so soll auch hiernächst erst die Höhe der Terrasse, auf welcher die Tonnen stehen, bestimmt werden.

Das Malzhaus

wird nach der bisher bestimmten Consumtion folgendermaßen eingerichtet:

Zur Brauerei sind nach obiger Annahme erforderlich, jährlich	2700 Scheffel
und zur Brennerei . . .	4000 —
Sind	= 6700 Scheffel

Malz. Diese betragen (nach S. 209 i) = $5955\frac{5}{9}$ Scheffel Getraide, und zwar, (wenn der, Seite 219 erwähnte, Satz angenommen wird) $2992\frac{5}{9}$ Scheffel Gerste und 2963 Scheffel Rocken.

Um nun bei dieser großen Menge Getraide den Malzplatz nebst Darre nicht zu groß anlegen zu dürfen, muß die Malzung in so kleinen als möglichen Quellsätzen geschehen. Werden daher 66 Quellsätze angenommen: so gehören zu einem jeden Quellsatz 90 Scheffel = 160 Kubikfuß trockenes Getraide.

Nach Seite 204 a muß hierzu der Quellbottich $\frac{3}{2}$. 160 = 240 Kubikfuß seyn; und da derselbe wegen des Umrührens des Getraides nicht gern höher als 4 Fuß gemacht wird: so wird derselbe 10 Fuß lang, 6 Fuß breit und 4 Fuß tief im Lichten seyn müssen. Es können aber auch an dessen Statt zwei kleine Quellbottiche statt finden.

Zum Wachsen und Trocknen des gequellten Getraides sind (nach S. 205 e) bei einem einfachen Quellsatze nur 6 Quadratfuß, wenn aber die Quellsätze möglichst bald hinter einander folgen sollen, um die zum Malzen schickliche Jahreszeit nicht überschreiten zu dürfen, (nach S. 205 f) so sind auf jeden Kubikfuß gequellter Gerste 8 Quadratfuß erforderlich. Da nun das Getraide nach Seite 204 während des Wachsens sich bis auf $\frac{1}{4}$ seines Kubikinhalts im trockenen Zustande vergrößert: so muß der Malzplatz für 90 Scheffel trockenen Getraides = 160 . $\frac{5}{4}$. 8 = 1600 Quadratfuß groß seyn.

In Absicht der Größe der Darre ist vorhin S. 207 angenommen, daß $\frac{1}{6}$ Theil des Quellsatzes jedesmahl auf die Darre kommen soll. Wenn nun die 160 Kubikfuß Getraide à $\frac{5}{4}$ = 200 Kubikfuß betragen, und (nach S. 208 g) auf jeden Kubikfuß 5 Quadratfuß Darrfläche gehören: so muß die Darre = $\frac{200}{6}$. 5 = 168$\frac{1}{3}$ Quadratfuß Fläche enthalten. Bei der Sattelform der Darre wird selbige mit 20 Fuß Länge und 8 Fuß Breite groß genug seyn.

Um das Getraide und Malz für ein Jahr auf einem Boden aufzubewahren, sind nach S. 208 h für die 6700 Scheffel à $\frac{3}{4}$ = 5000 Quadratfuß Bodenraum (jedoch ohne Gänge und Umschippeplätze gerechnet) nöthig.

Für die Größe der Hopfenkammer wollen wir nach S. 211 l das Medium, nämlich auf jeden Wispel des zu verbrauenden Getraides $4\frac{1}{2}$ Scheffel, annehmen; dies macht auf $\frac{2700}{24}$ = $112\frac{1}{2}$ Wispel à $4\frac{1}{2}$ Scheffel = 21 Wispel Hopfen à 6 Quadratfuß = 126 Quadratfuß Größe für die Hopfenkammer.

Die Schrotkammer zur Branntweinbrennerei bedarf nicht mehr, als einen Vorrath von ungefähr 3 Tagen zu fassen; dabei kann das Schrot (nach S. 211 l) bis 2 Fuß hoch geschüttet werden. Dies giebt für 3 mahl 16 Scheffel = 48 Scheffel = 85 Kubikfuß = 42 bis 43 Quadratfuß Raum für die Schrotkammer.

Da aber das Schrot darin auch zugleich vorher angefeuchtet und in Säcke gethan wird: so dürfte die doppelte Grundfläche für eine solche Kammer gar nicht überflüssig seyn.

§. 177.

Beschreibung einer Brau- und Brennerei-Anlage für den vorhin angenommenen Fall Fig. 183.

Die zu vorbeschriebener Brau- und Brennerei erforderliche Bauanlage habe ich in Fig. 183 in einem massiven Gebäude von 175 Fuß Länge 35½ Fuß Tiefe und 2 Etagen Höhe folgendermaßen entworfen.

Der Malzplatz a in Fig. A ist 1168 Quadratfuß, und der Malzplatz im Keller b Fig. B 558 Quadratfuß, folglich beide zusammen 1726 Quadratfuß groß. Die Größe desselben soll nur 1600 Quadratfuß betragen; wenn aber hier der Raum für die Treppe und für die Durchschüttreöffnung α in Abzug gebracht werden: so wird der Raum mit Rücksicht auf die nöthigen Gänge nicht zu groß seyn.

Der Quellbottich c ist von 9 Zoll starken Sandstein-Platten zusammen zu setzen, angenommen. Die Mauer, welche den Quellbottich von dem Darrplatze d trennt, ist auf so hoch durchbrochen, als die Seitenwand des Quellbottichs diese Oeffnung wieder verschließt, damit der Quellbottich bei sehr kaltem Wetter die ihm nöthige Temperatur von der Hitze aus dem Darrhause erhalte.

Die Keller sind vom Pflaster bis unter das Mittel der Kappen 8 Fuß hoch; der Malzplatz a in Fig. A 9 Fuß im Lichten hoch (siehe Fig. C).

Die Flur y ist im Lichten 12 Fuß hoch. Der Darrraum d aber, dessen Fußboden mit dem Malzplatze a in der Waage liegt, ist 19 Fuß im Lichten hoch, und mit einem Kappengewölbe dergestalt überwölbt, daß sich an der Seite aus dem Gewölbe ein gemauerter Schornstein als Qualmfang erhebt, welcher, um die Dämpfe desto besser zu leiten, die eine Wange vom Feuerungs-Schornstein selbst entlehnen muß.

Anm. Da sich beim Darren des Malzes eine sehr grosse Menge Dämpfe entwickeln: so ist es auch keinesweges nachzuahmen, wenn hier oder da, die Darre im Malzplatze selbst gefunden wird. Werden die Dämpfe nicht schnell genug abgeleitet: so fallen sie tropfbar wieder auf das Malz herab, welches dem letztern sehr schädlich ist. Vielmehr ist bei der Anlage dahin zu sehen, daß der Darrraum mit einem Kufengewölbe überspannt werden kann, welches wegen seiner glatten Rundung noch weniger als ein Kappengewölbe den Abzug der Dämpfe aufhält.

Der Raum f zum Heitzen der Pfanne und Darre liegt gegen das Pflaster in der Flur y um so viel tiefer, als die nachher zu beschreibende Anlage der Feuerung solches nothwendig macht.

Ueber der Flur y und der Feuerung f befindet sich in der zweiten Etage (welche 10 Fuß im Lichten hoch ist) die Hopfenkammer; selbige wird innerhalb ihrer Umfassungswände von ausgemauertem Fachwerk ungefähr 19 Fuß lang, 14 Fuß breit, folglich 266 Quadratfuß groß; ihre Größe braucht nach umstehender Berechnung nur 126 Quadratfuß zu betragen. Rechnet man aber den Raum, welchen der Brau- und Darrschornstein darin einnimmt, ab: so wird die Größe derselben nicht überflüssig seyn.

Das Brauhaus g und das Darrhaus d selbst durchschneiden die ganze zweite Etage bis zur Dachbalkenlage. Der Raum in der noch übrigen zweiten Etage enthält

1. über der Brennerei nebst Brauerwohnung . .	2048 Quadratfuß
2. über dem Malzplatze .	1339 und
3. der Dachboden, durch die ganze Länge . . .	4802
folglich sind =	8189 Quadratfuß

Bodenraum zur Aufschüttung von Getraide und Malz vorhanden.

Der nöthige Raum im Brauhause g selbst, läßt sich nur aus der Form desselben, ob selbiges mehr oder weniger quadratisch ist, und nach der Stellung der §. 176 beschriebenen nöthigen Gefäße ausmitteln. Herr Busch hat aus verschiedenen Ausmessungen in seiner mehrgedachten Schrift versucht, hiefür eine Regel nach Verhältniß des Brauens anzugeben, und ist der Meinung, daß, unter der vorgedachten Bedingung in Absicht der Form, der Flächeninhalt desselben, da, wo aus zwei Bottichen gebrauet wird, 12 mahl die Grundfläche des größten Bottichs enthalten müsse. Wenn nun hier der größte oder Zapfbottich i ungefähr 81,18 Quadratfuß zur Grundfläche hat: so sind 12 . 81,18 = 974 Quadratfuß; folglich ungefähr 31 Fuß Länge, 32 Fuß Tiefe für das Brauhaus. Ist ein Kühlschiff n im Brauhause, welches an der Decke hängt, folglich im untern Flächenraum nicht gerechnet werden darf: so dürfte die gefundene Länge von 31 Fuß auch für den vorliegenden Fall hinlänglich seyn; wird aber das Bier in Bottichen abgekühlt: so sind die Bottiche l und m noch nöthig, und dann dürfte, wie der Augenschein auch zeigt, die Länge des Brauhauses von 37 Fuß 4 Zoll gar nicht überflüssig seyn.

Anm. Ist ein Kühlschiff im Brauhause: so muß das Bier aus der Pfanne nach dem Kühlschiffe gepumpt werden; soll hieran der Qualmfang nicht hinderlich seyn: so muß derselbe von Holz gemacht und mit einer Klappöffnung verse-hen seyn, durch welche die Pumpe hindurch bis über den Qualmfang hinauf reichen kann. Ist eine kupferne, beständig in der Pfanne stehende, Pumpe vorhanden: so kann selbige gleich mit in den hölzernen Qualmfang eingebäuet, und der Pumpenschwengel außerhalb des Qualmfanges so angelegt werden, daß das bequeme Pumpen nicht im mindesten behindert wird.

Die Branntweinbrennerei t in Fig. 183 A scheint überflüssigen Raum zu haben; wenn man aber erwägt, daß sämmtliche Meischtonnen so stehen müssen, daß man zu jeder bequem hinzu kommen, und den Meisch umrühren kann: so würden selbige nicht viel näher an einander stehen können. Von der Terrasse, worauf diese Tonnen stehen, bis zu den beiden Meischblasen, sind 10 Fuß Raum, und für die daselbst nöthigen Geschäfte wohl nicht zu viel. Auf der andern Seite der Feuermauer steht die Weinblase. Jede Blase hat ihr Kühlfaß neben sich, und alle Gefäße sind von der §. 176 beschriebenen Größe.

Wegen der Höhe der Terrasse, auf welcher die Meischtonnen stehen, kommt es zuvörderst darauf an, ob die Meischblasen (auf die Weinblase ist hierbei nicht zu achten) von innen oder von außen gefeuert werden sollen. Da das Feuer zuweilen stark, zuweilen gemäßigt seyn muß, um das Geschäft des Branntweinbrennens gehörig zu betreiben: so ist es allerdings sehr bequem, die Feuerung sowohl, als die in der Einmauerung derselben befindlichen Schieber, unmittelbar von der Brennerei aus dirigiren zu können; allein, da es auch von der andern Seite sehr gefährlich ist, das offene Feuer so nahe bei dem Spiritus zu haben, besonders wenn aus Unvorsichtigkeit zum Abspringen des Blasenhelms Gelegenheit gegeben wird: so legt man aus dieser Ursach lieber die Heizung außerhalb der Brennerei an.

Wenn aber die Heizung von der Brennerei aus geschieht, und ich voraus setze, daß ein Rost, mit einem, ungefähr 1 Fuß 4 Zoll hohen, Aschenkasten darunter angelegt wird: so wird die Blase um ungefähr $1\frac{1}{2}$ Fuß höher über dem Fußboden stehen müssen, als es in dem Falle nöthig seyn dürfte, wenn die Heizung von außen geschieht, oder es müßte vor der Feuerung hierzu eine Vertiefung im Fußboden innerhalb der Brennerei angelegt werden.

Nehmen wir im vorliegenden Falle an, daß die Feuerung von außen geschieht: so werden die 3 Fuß $3\frac{1}{2}$ Zoll hohen Meischblasen ungefähr 4 Fuß 6 bis 9 Zoll hoch mit ihrem Halse über dem Fußboden stehen.

Ferner ist die Länge der Rinne, um den Meisch in die Blasen zu leiten, vom Giebel des Gebäudes bis zu den Blasen, ungefähr 20 Fuß; und wenn diese Rinne etwa 10 Zoll Gefälle erhält: so muß (nach S. 223 $(\alpha + \beta) - 5$ Fuß $= \gamma$) oder 4 Fuß 9 Zoll + 10 Zoll − 5 Fuß = 7 Zoll die Terrasse hoch seyn.

Die Brennerei ist mit einer Balkendecke versehen und im Lichten 14 Fuß hoch; daher auch die zweite Etage niedriger als auf der andern Seite, nämlich nur 8 Fuß im Lichten hoch ist.

Die Schrotkammer r ist $168\frac{1}{2}$ Quadratfuß groß, mithin nach voriger Angabe hinlänglich.

Da eine Brau- und Brennerei von solchem Umfange und Betriebe einen eigenen Brauer nebst zwei bis drei Brauknechten beständig beschäftigt: so muß die Wohnung für selbige, welche hier im Brennerei-Gebäude angelegt ist, auch hinlänglich groß seyn.

Von der Flur s, auf welcher zugleich des Brauers Küche liegt, kommt man vermittelst einer kleinen Treppe nach der Wohnstube o, hinter welcher noch zwei Kammern p und q liegen. Aus der Kammer p führt eine Treppe nach dem Boden in der zweiten Etage, und eine kleine Treppe zum Brauhause, wodurch also die Wohnung in unmittelbarer Verbindung mit der Brau- und Brennerei steht, welches zur bequemen Ausführung der Geschäfte nothwendig ist.

Ueber dem Eingange nach der Flur y kann eine Windeluke im Dache sich befinden, durch welche das Getraide nach dem obersten Boden, und von selbigem vermittelst Klapplöcher im Fußboden, auch auf die Böden in der zweiten Etage geschafft werden kann.

Zum Malzen wird, vermittelst einer Klappe in der Decke, das Getraide in den Quellbottich geschüttet, nach dem Quellen auf den Platz a, und, wenn es nöthig ist, durch das Fallloch u nach dem Keller b, geworfen. Ueber dem Fallloche u müssen in allen Etagen dergleichen Oeffnungen, und in der zweiten Etage eine Kurbelwinde befindlich seyn, deren Tau hinauf und im Dachboden über eine große Rolle läuft, um so, indem man in der zweiten Etage windet, das Getraide durch die Falllöcher u, sowohl aus dem Keller b wieder herauf auf den Platz a, als auch nach beiden obern Böden bringen zu können. Die in den Röhren a und q angelegten Treppen vom Keller bis zum Boden bewirken die nöthige Communication zwischen den Böden auf jeder Seite des Brau- und Darrhauses.

Ist das gequellte Getraide genug getrocknet: so wird es auf die nahe am Malzplatze liegende Darre e, von derselben in Säcken wieder nach dem Malzplatze a, und von da auf die Böden gewunden.

Soll nun gebrauet oder gebrannt werden: so wird das Malz wieder herunter auf den Platz a geschüttet, daselbst angefeuchtet, in Säcke gethan, und nach der

Mühle geschickt. Von der Mühle kommt das Schrot zum Brauen sogleich in das Brauhaus in die Nähe des Meischbottichs h, und das Schrot zum Brennen in die Schrotkammer r.

Um das Bier im Keller auf Fässer zu füllen, führt im Brauhause bei v eine Thür mit Treppe nach einem in Fig. 183 B mit v bezeichneten Gange, und daselbst nach dem Bierkeller w; und da der Meischbottich h, der hiernächst auch als Stellbottich gebraucht wird, diesem Gange v am nächsten steht: so kann das Bier vermittelst Röhren oder Rinnen nach dem Keller w in einen daselbst befindlichen Bottich, und aus diesem in die Fässer geleitet werden.

Von der Brennerei führt eine kleine Treppe nach der unterwölbten Schrotkammer r, und neben dieser Treppe eine andere x nach den in Fig. 183 B mit y bezeichneten Branntweinkellern; beide, sowohl der Bierkeller, als der Branntweinkeller, haben Eingänge z z von außen.

§. 178.

Ausmittelung der nöthigen Räume im Brau- und Brennhause, auch der Größe der Gefäße für einen bestimmt angenommenen zweiten Fall.

Ehe ich die Construction der einzelnen Theile sowohl, als des Ganzen, näher beschreibe, will ich zuvor noch die Anlage einer Brauerei, in welcher wöchentlich 24 Tonnen Bier aus 24 Scheffeln Malz, und zwar aus einem Bottich gebrauet, desgleichen die Anlage einer Brennerei, in welcher wöchentlich 9 Scheffel Malz in einer 3 Scheffel-Blase als Meisch- und Weinblase zugleich gebrannt werden, nach den bisher angenommenen Grundsätzen und mit Bezug auf Fig. 184 angeben.

Zum Brauen

beträgt das Schrot von 24 Scheffeln Malz . .	=	$42\frac{1}{2}$ Kubikfuß
der erste Aufguß = $24 \cdot \frac{17}{20} \cdot 3\frac{2}{3}$	=	$79\frac{1}{2}$ —
Sind zusammen	=	122 Kubikfuß.
Wird nun aus einem Bottich gebrauet: so wird die Würze, die vom ersten Aufguß abgezogen wird, im Meische zurücklassen, = 24 . 0,583 = . .		14 Kubikfuß
hierzu den Meisch selbst .		$42\frac{1}{2}$ —
desgleichen der zweite Aufguß von		$79\frac{1}{2}$ —
Es muß also d. Bottich enthalten	=	136 Kubikfuß.
In einem Bottich von $7\frac{1}{2}$ Fuß mittlerm Durchmesser stehen die 136 Kubikfuß . .		3 Fuß hoch;
für d. Stellboden darin wird angenommen		= — 2 Zoll
Bordhöhe über der Würze .		= — 5 —
der Boden		= — 5 —
Der Meisch-Bottich q in Fig. 184 A wird demnach im Stabe .	=	4 Fuß hoch

und unten 7 Fuß 8 Zoll, oben aber 7 Fuß 4 Zoll im Durchmesser halten, dabei auf Unterlagen von 5 Zoll dick stehend, 4 Fuß 5 Zoll hoch seyn.

Zur Aufbewahrung der ersten Würze von $65\frac{1}{2}$ Kubikfuß ist auch ein Bottich r von 6 Fuß mittlerm Durchmesser 2 Fuß 9 Zoll hoch, inclus. 6 Zoll Bord nothwendig; dieser Bottich kann hiernächst zum Kühlbottich gebraucht werden.

An erster Würze sind $65\frac{1}{2}$ Kubikfuß, und an zweiter Würze $79\frac{1}{2}$ Kubikfuß, also überhaupt 145 Kubikfuß abgezapft worden, welche auf zwei Mahl abgekocht werden sollen, mithin muß die Pfanne t = $72\frac{1}{2}$ Kubikfuß Würze fassen, und folglich 7 Fuß 3 Zoll lang,

5 Fuß breit, und mit Inbegriff von 6 Zoll Bord, $2\frac{1}{2}$ Fuß im Lichten hoch seyn. Das gekochte Bier darin wird nach jeder Kochung 1 Fuß $2\frac{1}{2}$ Zoll hoch stehen.

Anm. Wenn diese Pfanne nur um ein weniges größer wäre: so könnte auch hier die Würze nach und nach sämmtlich zugegossen und so das Bier mit Einem Mahle gekocht werden.

Zu Kühlbottichen wird der Meischbottich q, (nachdem der Zapfboden heraus genommen, und der Bottich sehr rein gemacht ist,) der Würzbottich r, und noch ein Kühlbottich s von 7 Fuß 6 Zoll mittlerm Durchmesser, und 1 Fuß 3 Zoll hoch, gebraucht werden können; das Bier wird in jedem der drei Bottiche ungefähr 9 Zoll hoch stehen.

Zum Stellen (Hefen geben) des Biers, welches 88 Kubikfuß beträgt, ist der Meischbottich q überflüssig hinreichend, indem darin das Bier nur ungefähr 2 Fuß hoch stehen wird.

Das Branntweinbrennen

in einer 3 Scheffel-Blase, wenn solche zugleich als Weinblase gebraucht werden soll, muß dreimahl, und, der Holzersparung wegen, gleich auf einander folgend, geschehen; mithin sind 3 drei Scheffel Meischtonnen erforderlich. Eine jede solche Tonne, da sie $31\frac{1}{2}$ Kubikfuß Meisch fassen muß, ist im Lichten 2 Fuß 9 Zoll, und im Stabe 3 Fuß 3 Zoll hoch, im obern Durchmesser 4 Fuß 2 Zoll, und im untern Durchmesser 3 Fuß 10 Zoll weit.

Die Blase muß à Scheffel $12\frac{1}{4}$ Kubikfuß, folglich auf 3 Scheffel $36\frac{3}{4}$ Kubikfuß enthalten. Nach dem Verhältniß wie 4 : 3 wird ihr Durchmesser $\sqrt[3]{\frac{16 \cdot 36\frac{3}{4}}{9{,}42}}$ = 3 Fuß $11\frac{1}{2}$ Zoll, und ihre Höhe 3 Fuß seyn. Das dazu gehörige Kühlfaß ist nach dem im vorigen Falle angenommenen Verhältniß 5 Fuß 8 Zoll hoch, oben 3 Fuß $11\frac{1}{2}$ Zoll und unten 2 Fuß 8 Zoll im Durchmesser.

Das Malzhaus

ist zur Brauerei auf $52 \cdot 24 =$	1248 Scheffel,
und zur Brennerei auf $52 \cdot 9 =$	468 —
also zusammen auf . .	1716 Scheffel

Malz einzurichten; diese betragen 1526 Scheffel trockenes Getraide.

Nehmen wir nun an, daß diese Quantität Getraide in 40 Quellsätzen gemalzt werden soll: so nimmt auf jeden Quellsatz $\frac{1526}{40} = 28$ Scheffel oder 49 Kubikfuß, und der Quellbottich u muß $49 \cdot \frac{3}{2} = 74$ Kubikfuß, oder 6 Fuß lang $4\frac{1}{8}$ Fuß breit und 3 Fuß hoch im Lichten seyn.

Die gequellte Gerste beträgt $49 \cdot \frac{5}{4} = 61\frac{1}{4}$ Kubikfuß, und folglich die Größe des Malzplatzes $61\frac{1}{4} \cdot 8 = 500$ Quadratfuß.

Die Darre soll, nach vorerwähnter Regel, $\frac{61\frac{1}{4}}{6} = 10\frac{1}{3}$ Kubikfuß Malz mit Einem Mahle darren; sie muß daher $10\frac{1}{3} \cdot 5 = 52$ Quadratfuß Fläche enthalten.

An Bodenraum für die 1716 Scheffel Malz und Getraide sind à $\frac{3}{4} = 1287$ Quadratfuß erforderlich.

§. 179.

Beschreibung einer Brau- und Brennerei für den vorhin angenommenen zweiten Fall, Fig. 184.

Die im vorstehenden nach der Consumtion berechnete Anlage ist in Fig. 184 in einem Gebäude von 82 Fuß Länge, 35 Fuß Tiefe und einer Etage hoch, entworfen, und mit derselben eine Viehmastung verbunden worden.

Von der Flur a geht man einige Stufen hinauf zu dem Malzplatze b, unter welchem sich noch ein Malzkeller

keller befindet; eine Treppe führt da hinunter, und eine andere nach dem Boden hinauf. Die Stellung des Quellbottichs u gegen die Wand des Darrhauses, so wie die Fallthüren um die Winde im Boden, sind so, wie im vorigen Beispiele Fig. 183 erinnert worden, gleichfalls angenommen. Die Höhe des Malzhauses b im Lichten ist 11½ Fuß. Der Fußboden des Darrhauses d liegt mit dem des Malzplatzes b in der Waage, und da das Darrhaus d gewölbt und mit einem Qualmfange versehen ist, beträgt dessen Höhe ungefähr 10½ Fuß im Lichten.

Das Brauhaus e ist 14 Fuß im Lichten hoch, und nicht überwölbt. Ueber der Pfanne ist ein Qualmfang, welcher aber, so wie der Qualmfang von der Darre, wie schon vorher erinnert worden, dicht gegen den Brau-Schornstein aufgeführt werden muß, damit die Qualmröhren möglichst erwärmt werden. Aus dem Brauhause führt eine Treppe hinunter in den Bierkeller unter der Stube i, und eine kleine Treppe hinauf zu der Wohnung des Brauers, welche aus einer Stube i und einer Kammer k besteht.

Aus der Stube i führt wiederum eine kleine Treppe hinunter nach einer Hausflur h, welche zur Brennerei gehört. Auf dieser Flur befindet sich eine kleine Küche für den Brauer, und darneben die Schrotkammer g.

Aus der Brennerei führt eine Treppe hinunter nach dem Branntweinkeller unter der Kammer k, und auf der andern Seite eine Thür nach der Futterkammer l für das Mastvieh, woselbst eine ausgemauerte Trankgrube sich befindet, in welcher der Abgang aus der Brennerei und Brauerei gesammelt wird.

Von der Viehmästung aus den Abgängen der Brau- und Brennerei ist schon (S. 219 und S. 227 h) einiges erwähnt worden. Bei der in der vorliegenden Anlage angenommenen Wirthschaft werden wöchentlich 36 Scheffel, oder jährlich ungefähr 72 Wispel Malz consumirt, aus deren Abgängen füglich 4 Ochsen und 16 Schweine beständig zur Mast gehalten werden können.

In einem mit einem Pultdache gegen den Giebel des Brau- und Brennhauses angebaueten massiven Stallgebäude von 9 Fuß Höhe im Lichten, stehen in dem Raume n vier Ochsen; m ist ein Gang dahinter, aus welchem man sowohl in den Gang o längs vor den Schweinekrippen und in die Schweineställe pp, (in welchen auf jedes Mastschwein beinahe 12 Quadratfuß gerechnet sind,) als auch nach der Futterkammer l, und so wieder zurück in die Brennerei gelangen kann, welches dahin abzweckt, daß der Brauer sowohl mit Bequemlichkeit die Brau- und Brennerei besorgen, als auch die Viehmastung übersehen kann.

Die Futterkammer l hat, wenn man etwa noch mit einer Stufe aus der Brennerei nach derselben hinunter tritt, eine überflüssige Höhe von 14 bis 15 Fuß. Sollte es dem Brauer, etwa wegen großer Familie, oder wenn einige Knechte bei ihm wohnen sollen, an Platz mangeln: so kann über der Futterkammer noch ein Entresol angelegt und von der Brauerwohnung aus benutzt, oder, wenn dies nicht nöthig seyn sollte, als Futterboden gebraucht werden.

§. 180.

Einiges über die vorbeschriebenen Brau- und Brennerei-Anlagen, in Hinsicht auf gute Construction.

Es ist schon Eingangs dieses Abschnitts erwähnt worden, daß ein Brauhaus oder vielmehr die Braustube selbst nicht unterwölbt werden müsse, indem die große Last der gefüllten Bottiche ein sehr starkes Gewölbe erfordern, und solches dennoch wegen der beständigen vielen Feuchtigkeiten, welche daselbst verschüttet werden, nicht dauerhaft seyn würde. Eben dasselbe gilt in der Regel auch von der Brennerei; daher die nöthigen Keller, so wie in Fig. 183 und 184 geschehen ist, oder auf ähnliche andere Art vertheilt werden müssen.

Anm. Ein allhier neu erbauetes Brennerei-Gebäude war ganz unterwölbt, und da die Plinte über 4 Fuß hoch, desgleichen die Giebel frei stehend waren: so hatte man wohlbedächtig die letzte Kappe d am Giebel nach Fig. 185 in Gestalt eines halben Kufengewölbes angelegt, um den Giebel vom Schub sämmtlicher Kappen größtentheils zu befreien, und den übrigen Gurtböden und Kappen einen festen Stützpunkt zu geben. Die Gurtbogen waren zwei bis drei Stein breit, die Kappen wie gewöhnlich nur einen halben Stein stark, dabei gegen 9 Fuß breit, und hatten ungefähr 13 bis 14 Zoll Zirkel; das Pflaster darüber in der Brennerei war flach und in Kalk gelegt. Die Arbeit war fleißig und gut angefertigt, auch die Materialien von hinreichender Güte; dessen ungeachtet stürzte die Kappe a, auf welcher die Last eines großen Kühlfasses und ein Theil der Blase ruhete, nachdem das ganze Gewölbe durch die oben verschüttete Feuchtigkeit sehr gelitten hatte, nicht nur ein, sondern drängte auch zuvörderst den Gurtbogen b von der Seite weg, so daß dieser, und mit ihm die Kappe c, gleichfalls einstürzte.

Auf dem Malzplatze a Fig. 183 werden zwar auch viele Feuchtigkeiten verschüttet, weshalb das Pflaster daselbst sorgfältig auf eine ordentliche Kalklage gelegt, und mit Kalk ausgegossen werden muß; allein es sind hier keine so große Lasten, welche auf einzelne Punkte drücken, das Pflaster beschädigen, und der Feuchtigkeit Eingang in die Unterwölbung verschaffen. Die Quellbottiche müssen ein ordentliches Fundament haben, wie im Kellergrundrisse Fig. 183 B zu sehen ist. Daß die

Darre, Pfanne, Blase ꝛc. mit guten Fundamenten versehen werden müssen, versteht sich von selbst.

Das Brauhaus g in Fig. 183 A ist mit einem, einen halben Stein starken, Kreutzgewölbe überspannt, da solches nicht viel mehr als seine eigene Last zu tragen hat. Die Grade sind einen Stein, und die Gurtbögen 1½ Stein stark und 2 Stein breit. Der freistehende Pfeiler in der Mitte, gegen welchen die Gurte zusammen laufen, ist wegen seiner bedeutenden Höhe 3 Fuß im Quadrat stark, und da er folglich stärker als die Gurte ist: so können aus seinen vier Ecken die Gradbögen entspringen.

Wenn nun gleich ein Kreutzgewölbe nur gegen die Ecken schiebt, woselbst der Verband der Scheidemauern mit den Fronten hinlänglichen Widerstand leistet: so drängen doch in dem vorliegenden Falle gegen beide Fronten zwei Gurtbögen, welche, bei der bedeutenden Höhe der Fronten, denselben wohl nachtheilig werden könnten. Dieserhalb ist es nothwendig, in den Widerlagspunkten dieser Gurtbögen eiserne Anker einzulegen, wie aus dem Querprofil Fig. 183 D zu sehen ist.

Diese Anker, welche durch die ganze Frontenstärke reichen, und außerhalb mit starken und langen perpendiculair stehenden Splinten versehen seyn müssen, können zugleich als Träger für das Kühlschiff gebraucht werden, wenn nämlich, wie im gegenwärtigen Falle, die Wölbung der Gurtbögen halbzirkelförmig ist, wodurch eine hinlängliche Höhe noch über dem Kühlschiffe erhalten wird. Es wird dann nämlich aus der Mitte eines jeden der beiden Gurtbögen noch ein eisernes Hängeisen (siehe Durchschnitt Fig. 183 C) mit den gedachten Ankern (auf eben die Art, wie §. 93 bei den Reitbahnen gezeigt worden) verbunden, auf die Anker selbst starke Unterlagen mit einem Ende, und mit dem andern

Ende in die Scheidemauer gelegt, und darauf das Kühlschiff errichtet, wodurch die beschriebenen Anker seinen doppelten Nutzen gewähren. In den beiden Gurtbögen nach der Länge des Gebäudes sind keine dergleichen Anker nöthig, da sie größtentheils gegen die übrigen Mittelwände sich stützen.

Eine Hauptbedingung hierbei ist noch, daß in der Höhe des Kühlschiffes auch hinlängliche Fensterluken in den Fronten vorhanden seyn müssen, um die Dämpfe selbst in dieser Höhe noch schnell abzuführen (s. Fig. 183 C).

Das Darrhaus in Fig. 183 ist mit einem gewöhnlichen Kappengewölbe überspannt, dessen Gurtbögen gleichfalls Anker in der beschriebenen Art erhalten müssen.

Da über der mittelsten Kappe des Darrhauses ein Qualmfang nöthig ist, und ein in gewöhnlicher Art construirtes Kappengewölbe sehr viele Höhlen und Vertiefungen hat, in welchen sich der Qualm länger verbergen kann, ehe er seinen Ausgang findet: so dürfte es gut seyn, die beiden Seitenkappen in der Art, wie die Kappe d in Fig. 185, schräg von den Scheidewänden herauf, die mittelste Kappe aber, in welcher die Oeffnung zum Qualmfange sich befindet, in gewöhnlicher Art gerade zu wölben. Ein einzelnes Kreuzgewölbe (wie z. B. in Fig. 184 über d angenommen ist) qualificirt sich hierzu allerdings besser, nur würde das Darrhaus in Fig. 183, da es 29 Fuß lang ist, als ein einzelnes Kreuzgewölbe, von geschickten Händen ausgeführt werden müssen.

Das Pflaster im Brauhause, in der Brennerei 2c. muß, um einen gehörigen Abfluß zu erhalten, an seinen niedrigsten Stellen, wenigstens noch um 6 Zoll gegen das Pflaster außerhalb des Gebäudes, höher liegen, wonach also die Höhe der Mauern sowohl im Lichten als außerhalb zu berechnen ist. Die Plintenhöhe ist in Fig. 183 auf 4 Fuß angenommen, um den Kellern durch hinlänglich große Fenster das erforderliche Licht zu geben, welches übrigens nach den verschiedenen Ortsumständen zuweilen auch mit einer niedrigen Plinte bewirkt werden muß.

Die Frontmauern sind in Fig. 183 in der ersten Etage zwei Steine stark; die zweite Etage darf nur bei äußerst guter Construction und festen Materialien einen halben Stein schwächer werden, weil wenig Scheidewände daselbst vorhanden sind. Das gewölbte Brau- und Malzhaus geht nicht allein mit der reinen Frontenstärke der ersten Etage durch die zweite Etage hinauf, sondern die sämmtlichen Mauern sind noch innerhalb mit Bögen, Behufs der Verstärkung der Widerlager, versehen. Die Stärke der Scheidemauern ist nach Maaßgabe ihrer mehrern oder mindern freien Länge ꝛc. angenommen, und aus der Zeichnung zu ersehen.

Wenn ein solches Brau- und Brennerei-Gebäude von Fachwerk, oder Pisé, oder Lehmpatzen ꝛc. erbauet werden sollte: so ist es in Rücksicht der vielen Nässe, welche daselbst verschüttet wird, zweckmäßig, sämmtliche Wände wenigstens drei Fuß hoch über das innere Pflaster mit guten gebrannten Steinen aufzuführen.

Eine nähere Beschreibung der Construction der zum Gebäude selbst gehörigen Theile würde eine unnütze Wiederhohlung seyn; daher ich, ehe ich zur Beschreibung der Anlage und Anfertigung der Darren, Pfannen, Blasen und übrigen Gefäße selbst, übergehe, hier noch einige andere ausgeführte Brau- und Brennereien, von verschiedenen Größen, durch einfache Entwürfe erläutern will.

§. 181.

Beschreibung einiger andern Brau- und Brennerei-Anlagen.

Das in Fig. 186 vorgestellte Brau- und Brennerei-Gebäude existirt auf einem beträchtlichen Amte in der Churmark. Es ist zu einem jedesmaligen Brauen von 24 Scheffel Malz, und die Branntweinbrennerei auf eine 4 Scheffel-Meisch- und eine besondere Weinblase eingerichtet.

Anm. Nach den vorerwähnten Grundsätzen würde sich aus der Größe des Malzplatzes, der Darre und der eigentlichen Malzzeit ungefähr berechnen lassen, wie viel Malz jährlich in diesem Hause gemacht, und folglich wie oft im Jahre gebrauet und gebrannt werden kann.

Die Einrichtung dieses Hauses ist folgende: a ist die Flur, b eine daselbst befindliche Vertiefung Behufs der Einheitzung der Pfannen und Blasen, welche jede ihre besondere Feuerung und Röhre hat. Zwei kleine Treppen führen in diese Vertiefung.

Anm. In der erwähnten Abhandlung von Christ wird eine schon mehrmahls vorgeschlagene Idee berührt, nach welcher vermittelst eines Feuers zwei Blasen zugleich geheitzt werden. Die Feuerungskanäle beider Blasen sind nämlich dergestalt mit einander verbunden, daß, indem das Feuer unter der vordersten Blase brennt, vermittelst einer Oeffnung in der Scheidemauer die Flamme in den Feuerkanal der folgenden Blase steigt, und von da ihren Ausgang nach dem Schornstein nimmt. Soll aber die vorderste Blase allein geheitzt werden: so wird gedachte Communication in der Scheidemauer vermittelst eines eisernen Schiebers geschlossen, und ein anderer Schieber, welcher bis dahin den Ausgang der Flamme von der ersten Blase nach der Rauchröhre verschlossen hatte, geöffnet. Es kann also wohl die vorderste Blase, aber nie die hinterste allein geheitzt werden, welches mithin eine ausdrückliche Bedingung hierbei ist.

Unter der, auf der Flur a befindlichen, nach dem Boden führenden Treppe, führt eine Treppe nach dem (unter einem Theile der Flur, der Brauerstube und Kammer c d) belegenen Branntweinkeller. Da nun die Fußböden aller Räume in diesem Hause in einer Ebene liegen: so folgt von selbst, daß selbige der Kellerfenster wegen wenigstens 1¼ Fuß über das äußere Terrain liegen.

Eine zweite Treppe f führt nach dem unter dem Malzplatze e befindlichen überwölbten Darrzimmer, dessen Schornstein g ist. Die Keller sind im Lichten 6½ Fuß hoch.

Von der Vorderflur führt eine breite Thür nach der Branntweinbrennerei i, von da nach der Brauerei h, welche beide Räume überwölbt sind. Alle vorbeschriebene Räume über der Erde sind 12 Fuß vom Fußboden bis unter den Balken hoch. In der Brauerei ist n die Pfanne, k der Meischbottich, l der Zapfbottich, und m der Kühl- und Stellbottich.

Unter den beiden Kappen, worauf der Kühlbottich m steht, so wie unter der Terrasse in der Brennerei, ist der Bierkeller, zu welchem ein Kellerhals o von außen führt. Das Bier wird aus dem Stellbottich m durch eine Oeffnung im Gewölbe in die Fässer geleitet.

Da in dieser Anlage die Brau- und Brennerei hinter einander nach der Tiefe des Gebäudes liegen: so sind sowohl in beiden Fronten als in der Mittelwand mehrere Oeffnungen nahe an der Decke angebracht, um die nöthige Zugluft quer durch das Gebäude zu bewirken.

In Fig. 187 ist eine auf einem Amte in Preußen befindliche kleine Brau- und Brennerei vorgestellt. Es werden in derselben jedesmahl 6 Scheffel Malz zu Bier, und 2 Scheffel zu Branntwein verbraucht. a ist die Brauerei, welche nicht gewölbt ist, und deren Decke nur aus einer Dielung über den Balken besteht; b ist die gewölbte Brennerei, c die Branntweinkammer ohne Gewölbe, d die gewölbte Darrstube, und e die zur Braupfanne, Darre und den beiden Blasen gehörige gemeinschaftliche Heitzung, welche etwas vertieft liegt.

Der Malzplatz f, so wie die Brauerstube und Kammer g und h, sind unterwölbt; daher auch einige Stufen in den Thüren aus der Brauerei nach diesen Räumen führen; die Treppe nach dem Boden liegt im Brauhause, und auch daselbst die Kellertreppe i; k ist ein kleiner Hopfenkessel neben der Pfanne. Der Luftzug wird hier nur durch die Fenster bewirkt.

Anm. Ungeachtet der Malzplatz sowohl von der Darre als von dem Quellbottich l entfernt liegt: so ist doch der dortige Braumeister mit dieser Anlage sehr zufrieden.

Eine auf einem sehr bedeutenden Amte in Hinterpommern befindliche große Brau- und Brennerei ist in Fig. 188 vorgestellt. Sie ist auf ein wöchentliches Brauen von jedesmahl 16 Scheffeln zu ungefähr 13 Tonnen Braun-Bier, und zu einem wöchentlichen Branntweinbrennen von zwei Wispeln, wenn nämlich täglich gebrauet wird, eingerichtet.

Das Pflaster liegt ein Fuß über das äußere Terrain, und die nicht überwölbten Räume sind im Lichten 12 Fuß hoch. Nur die Räume h und i sind unterwölbt, und daher im Lichten nur 8 Fuß hoch.

Des Brauers Wohnung ist in a, b und c; d ist eine Branntweinkammer, e die Flur mit einer Treppe nach dem Boden, f des Brauers Küche und zugleich die Feuerung zu den Blasen; dieser ganze Raum ist mit einem Schornstein überwölbt. Die Brennerei g ist in der Art überwölbt, daß aus allen vier Ecken sich Gradbogen in einem kleinen Zirkelstücke nach dem Mittelpfeiler senken, woselbst selbige um mehr als 4 Fuß tiefer liegen als in den Ecken. Zwischen diesen Graden sind vier Kappen eingewölbt.

Anm. Diese Art Wölbung, welche in diesem Werke bisher noch nicht beschrieben worden, hat den wesentlichen Nutzen, daß sämmtlicher Schub und Druck von allen vier Graden und Kappen einzig nach dem Mittelpfeiler wirkt, die Seitenmauern also eigentlich nichts vom Schub des Gewölbes zu erleiden haben; und da sämmtlicher Schub auf den Mittelpfeiler sich in einen lothrechten Druck auflöst: so ist vorzüglich nur dahin zu sehen, daß dieser Mittelpfeiler aus sehr guten Materialien und fleißiger Arbeit bestehe.

Auch ist zu bemerken, daß hier die Meischgefäße auf keiner Erhöhung stehen, und die Blasen dagegen so hoch eingemauert sind, daß man selbige mit drei Stufen ersteigen muß.

Eine Treppe von 4 Fuß Höhe führt zur Hopfenkammer h, und nach i zur Schlafkammer für die Brauknechte. Eine eben so hohe Treppe führt wieder herab zur Brauerei k, welche nicht überwölbt ist; l ist wiederum eine Flur, m die überwölbte Heitzung zur Pfanne t und Darre w, welche letztere in dem Malzhause n sich befindet.

Alle Räume, welche nicht überwölbt sind, und außer des Brauers Wohnung, haben Decken, die bloß aus einer Dielung über den Balken besteht.

Der Quellbottich v enthält 162 Kubikfuß, und ist auf 58 Scheffel Getraide eingerichtet. Der Meischbottich r, der Zapfbottich q und die Pfanne t enthält jedes 18 Tonnen; letztere ist 2 Fuß 4 Zoll tief; der Kühlbottich s 24 Tonnen, und hat 9⅓ Fuß im Durchmesser. Die Meischblasen in der Brennerei sind auf 3 Scheffel eine jede eingerichtet.

Anm. Es werden dazu 2 Scheffel ungemalzter Rocken, und ½ Scheffel Gerstenmalz genommen, woraus 11 Quart Brandtwein hiernächst erfolgen.

Die Meischgefäße sind so groß, daß aus jedem derselben beide Meischblasen gefüllt werden können; sie enthalten jedes 100 Kubikfuß. Die Darre w enthält in den Horden 144 Quadratfuß Raum.

In Fig. 189 ist eine auf einem adlichen Gute in Mecklenburg befindliche große Brau-, Brenn- und Bäckerei vorgestellt. Es werden darin nur jedesmahl 39 Scheffel Malz verbraut und 4½ Scheffel zu Branntwein verbrannt, ungeachtet die Anlage auf eine noch größere Consumtion, und allenfalls auf zwei Meischblasen eingerichtet ist.

Das ganze Gebäude ist mit Kreutzgewölben unterwölbt und die Keller sind 7 Fuß im Lichten hoch; e ist eine Flur, welche zu einer Kammer f zu vorräthigen Gefäßen, und zu einem Backhause b m, so wie aus diesem nach einer Plettstube d führt. Aus dem Backhause b m werden zwei Backöfen geheitzt; zwischen selbigen befindet sich ein Waschkessel c, so daß also das Backhaus zugleich als Wasch- und Schlachthaus benutzt werden kann. Die Treppe g führt nach einem Entresol, welches sich über den Räumen d f b m e befindet.

Das Brauhaus h ist 15 Fuß im Lichten hoch und nicht gewölbt. In der Mitte desselben steht die Feuerung nebst Brauofen, wodurch diese Einrichtung wesentlich von den vorhergehenden unterschieden ist. n ist die Braupfanne, o eine kleine Wanne, in welche das Wasser vermittelst eines Hahns aus der Pfanne gelassen wird, um es auf den Meisch zu gießen; p ist eine kleine Hopfenpfanne, und q die vertiefte Feuerung zu beiden Pfannen. Ueber der großen Pfanne n ist ein Rauchfang, auf Pfeilern ruhend, angebracht; r ist der Meisch-, s der Kühl-, und t der Quellbottich, aus welchem letztern die gequellte Gerste durch eine Oeffnung im Gewölbe nach dem Malzplatze im Keller geschüttet und auch daselbst gedarrt wird; der Schornstein dieser Darre ist u, und der Qualmfang zu derselben in v. Aus der Brauerei führt eine Thür nach der Schrotkammer k, unter welcher aus der Brennerei i eine Treppe nach dem Keller führt.

In der Brennerei i, welche ganz mit Kreuzgewölben überwölbt ist, stehen die Meischfässer sämmtlich in der Mitte auf einer Terrasse, zu welcher eine kleine Treppe führt. Eine andere Treppe aus der Brennerei führt nach dem Boden, und durch die Oeffnung w wird das Malz aus dem Keller herauf und nach dem Boden geschafft.

Die Blasen stehen gegen den Giebel; ihre Heizung geschieht von der Brennerei aus. Von außen ist eine Oeffnung in der Mauer, durch welche die Torfasche heraus gezogen und durch einen feuerfesten Kanal in einen dazu tief in der Erde befindlichen Behälter geschüttet wird, aus welchem sie nach einiger Zeit weggeschafft und zum Dünger verbraucht wird.

Anm. Diese Vorsicht mit der zuweilen noch glühenden Torfasche ist da, wo sie von außen heraus gezogen wird, und folglich sehr leicht vom Winde zerstreuet werden könnte, von großer Wichtigkeit, und daher dies eine sehr nachahmungswürdige Anlage.

Zwischen den beiden Blasen ist eine Terrasse aufgemauert, um vermittelst einiger Stufen bequem nach den Blasenhelmen gelangen zu können.

Wenn die Blasen, wie hier, gegen eine der Umfassungsmauern *) stehen: so können auch die Kühlfässer außerhalb des Gebäudes nach Fig. 190 unter einen Schuppen dergestalt gestellt werden, daß der Spiritus aus der Schlange hiernächst wieder nach dem Gebäude herein in die Vorlage geleitet wird.

*) Um hiernächst die Schornsteinröhre nicht zu sehr schleifen oder schleppen zu dürfen, kann dies aber nur ein gerade hinauf gehender Giebel, oder die hohe Wand eines Seitengebäudes seyn.

Das beständige Abkühlen des Wassers in den Kühlfässern ist so wesentlich nothwendig, daß davon die mehrere oder mindere Quantität Branntwein abhängt. Kann das Wasser aus einem Bache in die Kühlfässer beständig zu=, und durch Rinnen wieder abgeleitet werden: so wird zwar eine große Bequemlichkeit hierdurch erhalten; allein je weiter das Wasser fließt, je wärmer wird es im Sommer seyn. Das Wasser aus einer Pumpe hat daher hierzu, in Rücksicht seiner Kühle, sowohl im Sommer als im Winter, Vorzüge.

Daß die Darre sich im Keller, und zwar in der Gegend unter u v befindet, ist schon vorher erwähnt worden. Es ist aber auch noch in einer zweiten Etage über der Brennerei nahe am Giebel eine zweite Darre angebracht, welche ihre nöthige Wärme von dem Blasenfeuer erhalten soll. Es steigt nämlich die Hitze vom Blasenfeuer in dem Schornstein in die Höhe, **) und indem über der obern Darre der Schornstein mit einem Schieber abgeschlossen ist, muß der heiße Rauch durch die Kanäle der Darre sich winden, und seinen Ausgang wieder in den Schornstein über dem Schieber nehmen. Soll diese Darre nicht geheizt werden: so bleibt der gedachte Schieber offen, und der Rauch steigt durch den Schornstein gerade hinaus.

**) Daß diese Blasenfeuerungen nicht mit den hinlänglichen Zügen, sondern an und für sich betrachtet, sehr Holzverschwenderisch, eingemauert seyn müssen, geht hieraus von selbst hervor, indem sonst der Rauch nicht mehr heiß genug, und der obern Darre nützlich seyn könnte.

Neben dem Kühlbottich s in der Brauerei ist eine Oeffnung im untern Gewölbe, durch welche das Bier nach dem Keller in den Stellbottich fällt, und von da weiter in die Fässer gefüllt wird. Unter den Räumen m und e befindet sich vom Giebel aus eine flache Appareille nach dem Keller hinunter, vermittelst welcher das Bier aus demselben mit Wagen abgehohlt werden kann.

Wenn ich durch diese ausgeführten Beispiele die verschiedenartigen Anlagen der Brau- und Brennereien habe zeigen wollen: so geht daraus zugleich hervor, in wie fern diese mehr oder weniger von meinen vorhin beschriebenen Grundsätzen hierin, abweichen oder damit übereinstimmen. In einem ist die Brauerei überwölbt, und in den übrigen blos mit Balkendecken versehen; die Brennereien sind in allen vier Beispielen überwölbt. Auch befinden sich in einigen die gewölbten Keller unter der Brau- und Brennerei. Ueber alle diese Gegenstände habe ich mich bereits geäußert, und die mancherlei Vortheile und Nachtheile so wohl in Absicht der Geschäfte als des Gebäudes selbst aus einander zu setzen gesucht; daher ich nun die Wahl der Anlage so wohl des Ganzen als der einzelnen Theile dem erfahrenen Oekonomen überlasse.

B. Von Anfertigung der Brau-Geräthe, Anlage der Pfannen, Blasen, Darren 2c.

§. 182.

Von Anfertigung der Brau- und Quellbottiche und der Kühlfässer.

Wenn gleich die Anfertigung der Brau-Geräthe selten unter unmittelbarer Aufsicht des Baumeisters geschieht: so muß derselbe jedoch die Construction dieser Stücke kennen, um beurtheilen zu können, ob sie gut und dauerhaft angefertigt sind: und in dieser Hinsicht will ich die Construction derselben, und zwar zuerst die der hölzernen Gefäße, mit wenigem berühren.

Die Bottiche werden sowohl zirkelrund als oval gemacht; letzteres kann nur durch den vorgeschriebenen vielleicht etwas beengten Raum im Brau- oder-Brennhause veranlaßt werden, indem ein ganz rundes Gefäß der Natur der Sache nach dauerhafter und mit weniger Mühe, folglich wohlfeiler zu verfertigen ist.

Anm. Vielleicht wird von einigen auch wegen des bequemern Hinzukommens zum Umrühren, besonders in den größern Brennerei-Meischgefäßen, die ovale Form der runden vorgezogen.

Die großen Bottiche werden gewöhnlich oben um ungefähr 4 Zoll im Durchmesser enger als unten gemacht, wovon schon vorhin Erwähnung geschehen ist. Diese Form gewährt den Vortheil, daß die Reifen, wenn das Gefäß zu sehr eingetrocknet ist, nachgetrieben werden können, ohne es von seiner Stelle zu rühren.

Die kleinern Gefäße, als die kleinen Meischtonnen und die Kühlfässer in den Branntweinbrennereien dagegen, werden gewöhnlich oben weiter als unten gemacht. Außer bei den Kühlfässern kann dies keinen hinlänglichen Grund haben, und es entsteht vielmehr dadurch die Unbequemlichkeit, beim Nachtreiben der Reifen zuweilen das Gefäß umkehren zu müssen. Bei den Kühlfässern könnte allenfalls der Grund angeführt werden, daß das nach oben steigende erwärmte Wasser bei einer größern Fläche sich besser abkühlt; allein auch dieser Grund ist nicht zulänglich genug, um die vorgedachte Form durch diese zu verdrängen.

Die Construction eines großen Bottichs Fig. 191 A, B und C ist folgende: Boden und Stäbe werden von 2 Zoll starken eichenen, wenigstens zwei bis drei Jahr im Schauer trocken gewordenen Bohlen gemacht. Die Breite der Stücke ist verschieden, und bis auf einige Stäbe, wovon hernach die Rede seyn wird, bei trockenem Holze gleichgültig. Der Boden wird mit seiner vollen Dicke in einen ½ Zoll tiefen Falz in die Stäbe eingesetzt. Unter dem Boden befinden sich nach der Größe des Bottichs, zwei, drei bis vier Unterlagen oder Spreitzhölzer a a a Fig. B und C, welche also nicht viel weiter als ungefähr 2 Fuß von Mittel zu Mittel aus einander liegen müssen, wobei jedoch vorzüglich darauf zu sehen ist, daß die letzten Bodenstücke jedes mit seinen beiden Enden c c Fig. A (welche die Böttcher die Schartseiten nennen) auch auf den Spreitzhölzern aufruht. Diese Spreitzhölzer, gleichfalls von eichenem Holze, sind nach Verhältniß ihrer Länge 2½ bis 3 Zoll stark und ungefähr 3 Zoll hoch; sie gehen mit Zapfen durch die Stäbe hindurch, zu welchem Ende also die Stäbe, wie vorgedacht, nicht nur besonders breit seyn, sondern auch die Spreitzhölzer gerade auf die Mitte der Stäbe zutreffen müssen.

Die

Die Zapfen, womit die Spreitzhölzer durch die Stäbe gehen, müssen locker und lang genug gearbeitet seyn, damit, wenn beim Nachtrocknen des Bodens und des Bottichs überhaupt die Reifen nachgetrieben werden sollen, die Brüstungen dieser Zapfen kein Hinderniß entgegen stellen. Auch werden die Spreitzhölzer mit hölzernen, durch den Boden nicht durchreichenden Nägeln, an die Bodenbohle befestigt.

Quer über die Spreitzhölzer liegen die Bodenbohlen b, welche in Fig. B ihrer Länge nach, in Fig. A ihrer Breite nach gezeichnet, und nach Fig. A und C mit hölzernen (so genannten) Dobbeln oder Dübeln m zusammen gesetzt sind.

Die meisten Stäbe reichen unter dem reinen Boden um ungefähr so viel, als die Spreitzhölzer a hoch sind, noch hinunter. Diejenigen Stäbe aber, in welche die Spreitzhölzer eingezapft sind, stehen noch tiefer, und wenigstens 2 Zoll unter die Spreitzhölzer hinunter.

Soll das Gefäß auf gleicher Erde stehen: so müssen in seinem ganzen Umkreise in ungefähr 2 bis 2½ fußigen Entfernungen aus einander, auch da, wo keine Spreitzhölzer in die Stäbe greifen, einige Stäbe um so tief unter dem Boden hinunter reichen, welche dann die Füße des Gefäßes formiren. Soll dasselbe aber, wie gewöhnlich, noch auf besondern Unterlagen ruhen: so sind die längern Stäbe zwar da, wo die Spreitzhölzer in den Stäben stehen, sonst aber nicht so nothwendig. Der Bottich wird gewöhnlich so gestellt, daß die Spreitzhölzer quer über die Unterlager zu liegen kommen.

Wenn nun der Böttcher den Bottich auf diese Art in seiner Werkstatt verbunden hat, dann wird derselbe erst im Brauhause zusammen und aufgesetzt.

Ein Bottich von 3 Fuß Höhe im Lichten erhält gewöhnlich drei Reifen, ein Bottich von 4 Fuß Höhe könnte allenfalls schon 4 Reifen erhalten; jedesmahl muß aber in der Gegend des Bodens ein Reif sich befinden. Ist der Bottich von sehr trockenem Holze, und kann man auf ein Quellen des Holzes rechnen: so muß der Reif so beit seyn, daß er genau auf die Dicke des Bodens paßt. Ist das Holz aber nicht ganz vollkommen ausgetrocknet; so kann der unterste Reif zur Hälfte seiner Breite den Boden und mit der andern Hälfte über den Boden fassen, um hiernächst beim Nachtrocknen des Bottichs nachgetrieben werden zu können, wo er dann erst die Dicke des Bodens faßt.

Die Reife werden gewöhnlich von Eisen, und zwar bei großen Bottichen $2\frac{1}{4}$ bis $2\frac{1}{2}$ Zoll breit, $\frac{1}{2}$ Zoll dick, und bei kleinen Bottichen ungefähr 2 Zoll breit und $\frac{3}{8}$ Zoll dick, selten aber, und zwar nur um kleine Bottiche, von Holz gemacht. Um kleinere Bottiche können die eisernen Reifen im ganzen, oder aus Einem Stücke seyn; um größere Bottiche aber wäre ein Reif in Einem Stücke zu umständlich aufzulegen; daher dann solches jedesmahl aus zwei Stücken gemacht wird. Die Zusammensetzung der beiden Stücke eines Reifs geschieht nun entweder mit so genannten Ziehreifen e, oder, mit einem Ziehreife an einem, und mit einer Schraube f am andern Stoße, oder noch besser, mit Schrauben an beiden Stößen eines jeden Reifes. Läßt nähmlich beim Nachtrocknen des Bottichs ein Reif los: so ist solcher ohne nachzutreiben, mit der Schraubenzwinge leicht nachzuziehen, wodurch jeder Reif genau auf seiner Stelle verbleiben kann.

Wenn nun der Bottich fertig dasteht: so gehört zur Beurtheilung desselben außer dem, was sich aus dem bisher Gesagten ergiebt, noch, daß die Fugen zwischen sämmtlichen Stäben so gearbeitet seyn müssen, daß die

Stäbe innerhalb des Bottichs dichter als außerhalb an einander schließen, oder, mit andern Worten, daß außerhalb überall etwas mehr Fuge als innerhalb sichtbar seyn muß; damit, wenn der Bottich hiernächst sich noch um etwas zusammentreibt, die äußere Kante der Fugen um so viel nachgeben könne.

In Fig. 191 B und C wird zugleich die Anfertigung eines so genannten Zapfbodens gezeigt. Quer über die Bohlen des eigentlichen Bodens b werden etwa 3 bis 4 Zoll hohe und eben so breite Hölzer g in ungefähr zweifüßiger Entfernung gelegt. (Ein Rand innerhalb auf dem Boden des Bottichs, wie Seite 213 erwähnt worden, wird selten gemacht, weil man gern alles vermeidet, was Fugen verursachen und worin sich Säure ansetzen kann.) Auf die Hölzer g wird ein Boden h von dicht an einander passenden, $1\frac{1}{2}$ Zoll starken Brettern gelegt, welche sämmtlich genau an die Stäbe anschließen, und mit sehr vielen ungefähr 1 starken Zoll großen Löchern durchbohrt seyn müssen. Dieser, aus den Hölzern g und Brettern h bestehende Zapfboden, wird jedesmahl, wenn der Bottich gereinigt werden soll, herausgenommen, und nachher wieder hinein gelegt; und da derselbe folglich lose im Bottich liegt: so würde er von der Flüssigkeit im Bottiche gehoben werden, weshalb wiederum quer über die Bretter h etwa zwei starke Latten i gelegt, und mit eisernen Klammern, oder (wie S. 213 erwähnt worden) mit einer Steife gegen die Decke eingespannt werden.

Anm. Der Seite 212 in der Anmerkung erwähnte Wolf, welcher höher als der Zapfbottich im Lichten ist, und indem er durch den Zapfboden reicht, auf dem Boden des Bottichs aufsteht, muß daher unten eine Oeffnung haben, die nicht höher als die Hölzer g ist.

Kühlfässer in den Branntweinbrennereien werden gewöhnlich aus zweizölligen kienenen, dauerhafter aber gleichfalls aus eichenen Bohlen verfertigt. In Absicht ihrer Zusammensetzung kommen sie mit den Bottichen ganz überein. Was die Kühl- oder Schlangenröhren in denselben betrifft: so wird nachher das Nöthige davon erwähnt werden. Zur Conservation der Kühlfässer, welche durch das Hin- und Herlegen der Zuleitungsrinnen in ihrem obern Rande sehr bald leiden und ausbrechen, und daher bei einem fortwährenden Brennen kaum sechs bis sieben Jahre dauern, wird von einigen angerathen, den obern Rand mit starken Bleiplatten zu beschlagen. Daß man diese Fässer gegen das Ueberlaufen des Wassers oder der Benässung von außen schützen müsse, um ihre Dauer zu verlängern, versteht sich von selbst. Die Einrichtung mit dem Wolf, Behufs der Zulassung des kalten Wassers, ist schon S. 226 beschrieben. Aus Stein gearbeitete Kühlfässer will man deshalb nicht gern billigen, weil der Stein, als ein viel stärkerer Wärmeleiter, die Wärme länger unterhält.

Die eigentliche Kühlschiffe in den Brauereien sind viereckig, und werden gemeinhin aus dreizölligen kienenen Bohlen, sowohl vom Zimmermann als vom Böttcher verfertigt. Der Zimmermann spundet und fügt die Bodenbohlen sauber zusammen und zwar, (da gewöhnlich die Form eines Kühlschiffs länger als breit ist,) nach der Länge desselben, und legt unter und neben dem Boden Zwingen, deren Keile an ihren Enden beim Nachtrocknen des Bodens sowohl nachgetrieben, als beim Quellen gelöset werden können. Die vier Seiten werden als eine Zarge zusammen gezinkt, und mit Zapfen und Nuthen auf den Boden aufgesetzt; daher der Boden auch um einen Theil von den Seitenwänden vorsteht.

Da aber, wenn hier eine Bodenbohle oder eine Seitenwange schadhaft wird, oder sich verwirft: (welches der Zimmermann zwar dadurch möglich zu verhindern sucht, daß sämmtliche Hölzer mitten durch den Kern aufgeschnitten werden,) so muß gleich der größte Theil des Kühlschiffs erneuert werden; daher wird es für besser gehalten, auch die Kühlschiffe vom Böttcher anfertigen zu lassen, wobei ein einzelner Stab oder Bohle, und mithin nur einzelne kleinere schadhafte Stücke, erneuert werden dürfen.

Der Böttcher setzt die vier Umfassungswände, wie bei den Bottichen, aus Stäben, und den Boden in die Stäbe um 1 Zoll tief zusammen, wie in Fig. 192 B zu sehen ist. Die Zusammensetzung der Stäbe in den Ecken ist in Fig. 192 A zu sehen. Die Bohlen des Bodens sind mit Däbeln (wie bei den Bottichen gedacht) zusammen gefügt, und auch die Spreitzhölzer a werden durch die Stäbe gelocht. Das Ganze wird durch zwei eichene Joche, je nachdem das Kühlschiff groß oder klein ist, von stärkerm oder schwächerm Holze, wovon das eine oben sich befindet, und das andere den Boden umfaßt, zusammen gehalten. Die beste Zusammenfügung der Zargen geschieht durch Schrauben an den Ecken, wie in Fig. 192 A zu sehen ist, damit beim Nachtrocknen des ganzen Kühlschiffs die Joche nachgezogen werden können.

Es ist S. 204 der steinernen Quellbottiche Erwähnung geschehen. Hierbei ist zuvörderst in Ueberlegung zu nehmen, daß, wenn selbige über der Erde aufgesetzt werden sollen, ihr Inhalt nicht viel mehr als ungefähr 160 Kubikfuß betragen darf; denn die Breite und Tiefe muß immer der Bequemlichkeit des Umrührens des Getraides angemessen bleiben, und wenn dadurch die Länge eines steinernen Quellbottichs sehr groß werden sollte: so würden die Seitenwände, da sie dann aus ganzen Stücken bestehen, um nicht zu zerbrechlich zu seyn, sehr stark gemacht werden müssen, in welchem Fall es besser ist, ihn lieber größtentheils in die Erde versenkt und eingemauert anzulegen.

Kleine über der Erde stehende Bottiche von Sandstein Fig. 193, von etwa 5 Fuß lang und 3 Fuß breit, werden auf folgende Art zusammen gesetzt. Wangen und Boden bestehen aus Platten, und sind 5 Zoll stark. Der Boden kann allenfalls etwas stärker angenommen werden. In den Boden Fig. 193 A wird eine etwa $1\frac{1}{2}$ Zoll tiefe und 2 Zoll breite Ruthe a ausgearbeitet, und die vier Seitenwangen mit Zapfen von derselben Größe in die Ruthen eingesetzt. In die kurzen Seitenstücke Fig. 193 B werden eben solche Ruthen e gearbeitet, und die langen Seitenstücke mit Zapfen von derselben Größe darin eingesetzt. Breiter (nach Verhältniß der angenommenen Stärke der Platten von 5 Zoll) dürfen die Zapfen und Ruthen nicht seyn, weil sonst nicht mehr hinlängliche (so genannte) Brüstung e f vorhanden wäre. Die vier Ecken werden auf der Oberkante der Seitenwände (wie in Fig. 193 B zu sehen) mit Klammern c d verbunden. Da aber zu diesem Behuf, wo Feuchtigkeit den ganzen Bottich durchdringt, eiserne mit Blei vergossene Klammern zu frühzeitig rosten würden: so ist es gerathener, die Klammern ganz aus Blei mit einer Versetzung von etwas Zink zu wählen. Zu dem Ende wird Behufs dieser Klammern eine Rinne von ungefähr $1\frac{1}{2}$ Zoll breit und $\frac{1}{2}$ bis $\frac{3}{4}$ Zoll tief, und an beiden Enden ein nach unten und hinten breiter als oben und vorne gearbeitetes Dübelloch eingehauen, und solches mit der Mischung aus Blei und Zink vollgegossen, wodurch die verlangte Klammer entsteht.

Ehe die Klammern eingegossen würden, besonders aber nachher, werden alle Fugen mit einem wasserfesten Kitt, welcher aus Oehlfirniß, fein gestoßenem Tufstein, und allenfalls noch mit einem Zusatz aus sehr feinem Ziegenmehl besteht, sorgfältig verstrichen.

Größere Bottiche aus Sandstein werden auf folgende Art zusammen gesetzt.

Wenn z. B. ein steinerner Bottich Fig. 194 im Lichten 9 Fuß lang, $4\frac{1}{2}$ Fuß breit, und 4 Fuß hoch seyn, folglich 162 Kubikfuß enthalten soll: so wird der Boden, aus einem Stücke bestehend, 12 Zoll dick gemacht. Die vier Seitenwände bestehen jedes aus einem Stücke, sind aber nur 6 Zoll stark nöthig, und die vier Eckstücke sind jedes von 12 Zoll im Quadrat stark bearbeitet.

Die vier Eckstücke und vier Seitenwände werden, so wie vorhin in Fig. 193 A erinnert worden, mit Ruthen und Zapfen in den Boden, und die Seitenwände eben so in die Eckstücke eingelassen. Um den Eckstücken noch mehr Breite zu geben, sind selbige innerhalb abgerundet, jedoch muß der Zirkel dieser Rundung nur in den Eckstücken sich befinden. Uebrigens werden die Eckstücke mit den Seitenwänden obenauf eben so verklammert und die Fugen überall verkittet, wie vorhin erwähnt worden, nur mit dem Unterschiede, daß die Klammern etwas dicker werden können, und daß hier acht Klammern nothwendig sind.

Daß zu dergleichen Bottichen ein sehr fester Stein gehört, der wenig oder gar kein Wasser annimmt, noch weniger filtrirt, ist schon vorher angeführt worden, weshalb der Granit hierzu der vortheilhafteste Stein wäre. Da indeß fast jeder Standstein, mehr oder weniger, doch immer einige Feuchtigkeit in sich aufnehmen würde: so ist nothwendig, daß dergleichen Bottiche innerhalb sehr gut und stark mit Oehl getränkt und mit Oehlfarbe angestrichen werden, zu welchem Ende aber die innern Seiten nicht nur sehr fein bearbeitet seyn müssen, sondern auch der Stein, ehe er angestrichen wird, so viel als möglich ausgetrocknet und erwärmt werden muß.

Sollte ein solcher steinerner Quellbottich noch länger und breiter verlangt werden, wie z. B. in Fig. 195 angenommen worden, und nicht Steine in ganzen Stücken von solcher Größe vorhanden seyn: so muß derselbe, wo nicht ganz, doch größtentheils, in die Erde versenkt, und mit Bindern und Laufern, einer Schälungsmauer gleich, zusammen gearbeitet werden.

So ist z. B. in Fig. 195 der Quellbottich im Lichten 10 Fuß lang, 6 Fuß breit und 4 Fuß tief gerechnet, (dabei ist angenommen, daß die äußere Plinte des Brauhauses, mit deren Oberkannte der Fußboden des Malzhauses in der Waage liegt, 4 Fuß hoch sey,) mithin muß, wenn vom Boden des Quellbottichs aus noch ein hinlängliches Gefälle nach außen vorhanden seyn soll, die Oberkannte des Quellbottichs allenfalls 1 Fuß von c bis d Fig. B über den Fußboden des Malzplatzes stehen. Wenn nun der Theil des Bottichs, welcher über den Fußboden hervorragt, mit einerlei Dicke in den Umfassungswänden herum laufen soll: so müssen die Binder a a in Fig. 195 A und B, welche länger als die Läufer b b in den Fußboden reichen, nach Fig. B 1 Fuß von oben herunter auf die Dicke der Läufer von 6 Zoll ausgearbeitet werden. Wie die Läufer und Binder mit Schwalbenschwanzzapfen in einander stehen, ist in Fig. 165 A zu sehen. In den Boden müssen sowohl die Läufer als Binder mit einem Zapfen, wie vorhin erwähnt und in Fig. B bei e gezeichnet worden, eingesetzt werden.

Betrachtet man die Last der hierzu erforderlichen Steine, als auch die des Getraides und Wassers, welche in einen solchen Bottich kömmt: so leuchtet es von selbst ein, daß dazu ein hinlänglich starkes und tiefes Fundament unter dem ganzen Quellbottich aufgemauert werden muß.

Um zu dem am Boden des Quellbottichs befindlichen Zapfen oder Hahn, aus welchem das Wasser abfließt, gelangen zu können, kann eine Vertiefung daselbst ausgemauert und eine überwölbte Rinne angelegt werden.

Das für den Hahn erforderliche Zapfenloch wird ungefähr 2 Zoll im Durchmesser groß, der Boden des Bottichs von drei Seiten nach der vierten hin fallmäßig abgearbeitet, und an der tiefsten Stelle des Bodens der Hahn in der Seitenwand angebracht.

Die Preise für alle bisher erwähnte Arbeiten gehören zwar nicht eigentlich hieher; allein da die Böttcher- und Kupferschmiede-Arbeiten, wovon entweder schon die Rede gewesen ist, oder noch seyn wird, gewöhnlich im Ganzen bedungen, und nicht unter specieller Aufsicht des Baumeisters ausgeführt werden: so will ich hier einiges zur Beurtheilung der Preise der bisher erwähnten Böttcher-Arbeiten anführen.

Das eichene Stabholz zu Bottichen wird gewöhnlich 4 bis $4\frac{1}{2}$ Fuß lang geschlagen, daher die zu den Füßen der Bottiche nöthigen längern Stäbe aus dem Bodenholze besonders zugeschnitten werden müssen. Wenn nun ein Bottich weniger als 4 Fuß Höhe in den Stäben erhalten soll: so müssen die 4 Fuß langen Stäbe um so viel abgeschnitten werden; daher alle Bottiche, welche weniger als 4 Fuß, und nicht gerade die Hälfte dieser Stablänge, nähmlich 2 Fuß, zur Höhe haben, verhältnißmäßig theurer als größere oder kleinere Bottiche sind.

Gegenwärtig, und zwar bei den hiesigen theuern Holzpreisen, kostet ein Bottich von eichenem zwei Zoll starkem Bohlenholze, 10 Fuß im Durchmesser und 4 Fuß Höhe im Stabe, ohne die eisernen Reifen, ungefähr 60 Thaler, wovon etwa 30 Thaler für Arbeitslohn und 30 Thaler für Holz gerechnet werden; dies macht für den Quadratfuß = Boden und Seitenwände zusammen gerechnet 7 Groschen. Wenn nun gleich ein kleinerer Bottich beinahe dieselbe Arbeit als ein großer verursacht: so ist dagegen ein größerer Bottich auch ungeschickter zu hanthieren; folglich dürfte für die gegenwärtige Zeit und für das hiesige Lokale nach dem vorgedachten Preise der Werth eines jeden Bottichs Quadratfußweise auszumitteln seyn, wenn nähmlich noch bei weniger als 4 Fuß hohen Bottichen derjenige Theil der Stäbe, welcher abgeschnitten wird, dem Werthe des Holzes mit $3\frac{1}{2}$ Groschen für den Quadratfuß zugerechnet wird.

Die eisernen Reifen werden nach dem Gewichte bezahlt, und wenn das Pfund dieser Arbeit gegenwärtig wenigstens zu 4 Groschen, und der Kubikzoll geschmiedetes Eisen zu 10 Loth gerechnet werden muß: so lassen sich die Kosten für eiserne Reifen ziemlich genau berechnen.

§. 183.

Von Construction der kupfernen Braupfannen.

Ueber das Verhältniß der Braupfannen ist schon S. 215 und 242 gehandelt und dabei gesagt worden, daß die Höhe der Seiten, auch bei den größten Pfannen, nicht nach Verhältniß ihrer Grundflächen zu nehmen, sondern nicht über 3 Fuß reichen dürfe. Je niedriger nun hiernach eine Pfanne ist, desto größer wird die Bodenfläche, und, da diese aus dem stärksten Kupfer bestehen muß, auch desto theurer. Jeder Brauhausbesitzer bestellt sich zwar beim Kupferschmied seine Pfanne so leicht oder so schwer, je nachdem seine Vermögensumstände es erlauben, da dies ein sehr theures Stück ist; allein, eben so wie es Verschwendung genannt zu werden verdient, solche aus zu sehr starken Platten zusammen zu setzen, eben so würde es auch keinesweges ökonomisch seyn, zu schwaches Kupfer, besonders zum Boden, zu nehmen, weil dadurch wiederum die Dauer sehr verringert wird.

Anm. Ueber die Form, ob es nähmlich ein Kessel oder eine Pfanne, und im letztern Falle, ob sie oval oder viereckig seyn soll, sind die Meinungen hier und da noch getheilt. Von den Kesseln wird sehr oft, und unter andern im Reichsanzeiger Nr. 266 vom Jahr 1801, behauptet, daß sie nicht nur an sich wohlfeiler, sondern auch dauerhafter und Holzersparender als die Pfannen wären. Dagegen wird, und wie mich dünkt mit Recht, erwiedert, daß, da die Würze in einem Kessel höher als in einer Pfanne steht, die Kochung langsamer geschehe; und solche durch einen passenden Deckel zu befördern, wie der Verfasser im Reichsanzeiger will, könne bei den Pfannen eben so gut geschehen, wenn es überhaupt dem Zwecke angemessen wäre, da die Würze bis auf eine gewisse Consistenz verdunsten müsse. Daß die Züge der Feuerung um einen runden Kessel oder um eine ovale Pfanne dem Laufe des Feuers bequemer sind, ist nicht zu leugnen, und hierin möchte wohl der einzige Vortheil derselben vor den viereckigen Pfannen liegen.

Die Bleche, aus welchen die Braupfannen zusammen gesetzt werden, sind gewöhnlich zwischen 2 und 3 Fuß im Quadrat groß, aber von sehr verschiedener Stärke; größere Bleche, als z. B. zu Kessel- und Blasenböden ꝛc., sind zwar noch stärker, müssen aber auf den Kupferhämmern besonders bestellt werden. Die

Stärke der Pfannenbleche ist von ¼ Zoll bis $\frac{1}{16}$ Zoll verschieden, und da ein Kubikzoll Kupfer ungefähr 1⅛ Loth wiegt: so läßt sich entweder aus der Größe und Stärke der Platten das Gewicht, oder aus dem Gewichte die Größe und Stärke der Platten bestimmen.

Die Kupferplatten haben in Absicht ihrer Verarbeitung zu Braupfannen ihre eigenthümlichen Namen, z. B. in Fig. 196 A ist der Boden einer Pfanne gezeichnet, und darin heißen a a die Mittelbleche oder Kernbleche, b b b b c c heißen Sternbleche, und d d d d Eckbleche. Zu den Kernblechen a a wird in Verhältniß gegen die übrigen Bleche das stärkste Kupfer genommen, etwas schwächer zu den Sternblechen b b b b, und allenfalls noch schwächer zu den Blechen c c, und so fort zu den Eckblechen d d, so, daß die Seitenbleche e e der Pfanne die schwächsten sind.

Ist eine Pfanne nur klein: so besteht der Boden, nach Fig 197, nur aus zwei Mittel- und vier Eckblechen. Die Bleche sind aber, je nachdem die Pfanne groß oder klein ist, unter sich in einem Boden von gleicher Größe; daher selbige vom Kupferschmied gewöhnlich auch nach ihrer Größe und nach ihrem Gewichte auf dem Hammer bestellt werden müssen.

Die Zusammensetzung der Bleche zu einer Pfanne ist folgende: Es werden z. B. nach Fig. 196 A die drei Bleche d c b genommen, das Blech c um 3 Zoll unter das Blech d gesteckt, und von g bis e mit einander vernietet, bis auf die Nägel bei e, welche ungenietet bleiben. Hierauf steckt man das Blech d um 3 Zoll unter das Blech b, nietet sie beide zusammen, und läßt ebenfalls die Löcher bei e ungenietet. Das Blech a wird nun 3 Zoll unter das Blech b und über das Blech c gesteckt, mit beiden vernietet, und nun auch die Löcher bei e vernietet, u. s. w. Diese Art des Unterschiebens der Bleche wird der Kreutzwechsel genannt.

Die Niete oder Nägel Fig. 197 sind gleichfalls von Kupfer, und zwar im Kopf 2 Zoll breit und im Zapfen selbst ½ Zoll stark. Der Kopf ist oben glatt und unten nach dem Zapfen hin abgerundet, damit er sich desto besser in das Kupfer eintreibt. Die Länge des Nagels richtet sich nach der Stärke der auf einander liegenden Platten, und zwar dergestalt, daß von dem durchreichenden Ende auch noch ein Kopf gleich dem obern geschlagen werden kann. Die Köpfe werden so fest angetrieben, daß sie dicht und fest an die Kupferplatten anliegen, und so nahe als möglich, also ungefähr 2 Zoll vom Mittel zum Mittel auseinander gestellt. Das Schlagen der Köpfe geschieht entweder beim Boden auf einem eisernen Amboß, oder bei den Seiten mit Gegenhaltung eines Hammers. Bei dieser Gelegenheit wird aber von den unter einander geschobenen Platten nach Fig. 198 eine gegen die andere so herauf getrieben, daß z. B. c d eine gerade Linie macht, folglich die unterliegende Platte scharf gegen die obere zur Schließung der Fugen bei b a eine Art von Falz erhält. Dieses letztere Herauftreiben geschieht aber, zur Schonung des Kupfers, auf einer kupfernen Unterlage auf dem Amboß. Die Nägel werden mit ihren anfänglichen Köpfen von innen eingesetzt, und der durchs Vernieten entstehende zweite Kopf muß sich außerhalb befinden, da er nicht leicht die Glätte und Dichtigkeit des ersten Kopfs erhält.

Der auf solche Art aus einzelnen Tafeln auf einander genietete Boden hat rund herum einen Rand von 3 bis 4 Zoll breit, welcher aufgeschlagen oder in die Höhe geklopft wird, und gegen welchen die Tafeln der Seiten der Pfannen von innen gegengesetzt, und gleichfalls in vorgedachter Art angenietet werden, wie in Fig. 196 A und B zu sehen ist.

Bei dem Umbiegen des Randes am Boden entsteht in den Ecken eine Lücke, in welche Hanf, der stark mit Kitt bestrichen ist, gelegt, und dann die platt gelegte Lucke an der Seite umgelegt und mit angenietet wird.

Die Bleche der Seiten der Pfanne müssen jedesmahl die ganze Höhe der Pfanne ausmachen, und werden eben so, wie vorhin gedacht, unter sich mit Wechsel, jedoch dergestalt im Verband gegen die Wechsel des Bodens, daß die Näthe der Seiten allemahl zwischen zwei Näthe des Bodens zutreffen, gegen den Rand des Bodens angenietet.

Gewöhnlich, und zwar wenn der Kreutzwechsel, wie gedacht, nur 3 Zoll breit ist, werden zwei Reihen Nieten neben einander angebracht; nur selten, nähmlich bei sehr großen Pfannen, wird der Kreutzwechsel breiter und dann mit drei Reihen Nieten versehen.

Anm. Wenn der Kreutzwechsel breiter als 2½ Zoll gemacht wird: so stehen die Nieten in der Breite des Wechsels nicht dicht an einander, und dann wird an den Ecken der Platten, Fig. 196 A, bei a noch ein dritter Nagel zwischen beiden Reihen eingeschlagen.

Ist die Pfanne auf diese Art zusammen gesetzt: so wird oben herum ein eiserner Reif angelegt, die Seitenplatten um die Dicke desselben umgebogen, und der eiserne Reif in etwa sechszölligen Entfernungen mit vorgedachten kupfernen Nägeln an die Seitenwände der Pfanne befestigt. An diesem eisernen Reife, welcher bei großen Pfannen etwa 2 Zoll breit und ½ Zoll dick ist, werden noch eiserne Ringe als Handhaben befestigt.

Endlich werden sämmtliche Stöße der ganzen Pfanne, so viel oder wenig man hinein bringen kann, außerhalb mit einem Kitt verstrichen, weil nichts daran gelöthet wird. Innerhalb wird nicht verkittet, weil daselbst die untere Platte nach Fig. 198 zu stark herauf getrieben ist, so daß alle Tafeln innerhalb eine ebene Fläche bilden, die beim Gebrauch der Pfanne oftmahls gescheuert wird.

Anm. Der gedachte Kitt besteht entweder aus Ochsenblut mit ungelöschtem Kalk vermischt, oder aus Eiweis, feinem Ziegenmehl, Oehlfirniß, Kreide und etwas Salz; letzterer ist der beste.

Die vorzüglichsten Kennzeichen einer gut gemachten Pfanne sind also, daß die Platten nach Fig. 198 genau und glatt gegen einander aufgetrieben, und die Nieten so dicht und von innen und außen mit glatten guten Köpfen eingeschlagen sind, daß sich ihre Köpfe beinahe berühren, überhaupt aber, daß die Pfanne glatt und sauber gearbeitet ist. Den Preis einer Pfanne ergiebt das Gewicht aus der Stärke der Platten.

Anm. Ueber die Güte des Kupfers ist folgendes zu bemerken. Auf den Kupferhämmern wird altes und neues Kupfer zusammen geschmolzen. In das geschmolzene Kupfer wird eine eiserne Stange gesteckt, an welche sich beim Herausziehen Kupfer angesetzt hat. Hierauf wird das auf dem Eisen befindliche Kupfer mit einem Hammer geschlagen, um zu sehen, ob es Probe hält. Bleibt es fest am Eisen, so ist das Kupfer gut.

Um das Gewicht einer kupfernen Braupfanne, und folglich den Preis derselben vorläufig ungefähr zu bestimmen, ist folgendes zu bemerken.

Eine vor kurzem allhier verfertigte, sehr dauerhafte Braupfanne war $8\frac{1}{2}$ Fuß lang, $5\frac{1}{2}$ Fuß breit und $2\frac{1}{8}$ Fuß hoch. Die Kern- oder Mittelbleche a a im Boden Fig. 196 wogen jedes 120 Pfund, die sechs Sternbleche b b c c jedes 105 Pfund, die vier Eckbleche d jedes 95 Pfund, und jedes der zwölf Seitenbleche e 75

Pfund. Die sämmtlichen Kupferbleche wogen also zusammen = 2150 Pfund. Für kupferne Nägel rc. wurden verbraucht 340 Pfund, folglich wog die ganze Pfanne an Kupfer 2490 Pfund. Der eiserne Ring oben um der Pfanne war $2\frac{1}{4}$ Zoll breit, $\frac{1}{2}$ Zoll stark, und wog daher 117 Pfund.

Eine zweite und kleinere, aber gleichfalls sehr starke und gute Pfanne, Fig. 199, war $5\frac{1}{2}$ Fuß lang, $3\frac{1}{2}$ Fuß breit und 2 Fuß hoch. Die Mittelbleche a a wogen jedes 50 Pfund, die vier Eckbleche b b jedes 40 Pfund, die acht Seitenbleche jedes 25 Pfund, und zu Nägeln rc. wurden dazu verbraucht 159 Pfund. Die ganze Pfanne wog demnach an Kupfer 610 Pfund. Der Ring war 2 Zoll breit und $\frac{1}{2}$ Zoll stark, und wog mithin $11\frac{1}{4}$ Pfund.

Nehmen wir diese wirklich ausgeführten Beispiele an, so ergiebt sich:

a. In der ersten Pfanne, Fig. 196, war der Boden $46\frac{3}{4}$ Quadratfuß groß, und wog zusammen an Kupfer 1250 Pfund. Die vier Seiten waren $79\frac{1}{3}$ Quadratfuß groß, und wogen 900 Pfund; zu Nägeln gehörten dazu 340 Pfund Kupfer.

b. Die zweite Pfanne, Fig. 199, war im Boden $19\frac{1}{4}$ Quadratfuß groß, und derselbe wog 260 Pfund; die vier Seiten, 36 Quadratfuß, wogen 200 Pfund, und zu Nägeln gehörten 150 Pfund Kupfer.

Wenn nun z. B. eine Pfanne von $7\frac{1}{4}$ Fuß lang, 4 Fuß $6\frac{1}{2}$ Zoll breit und 2 Fuß 5 Zoll hoch veranschlagt werden sollte: so würde dies ungefähr auf folgende Art geschehen. Da die einzelnen Bleche, je nachdem die Pfannen an Größe zunehmen, auch stärker oder dicker, und die Bodenbleche immer verhältnißmäßig stärker als die Seitenbleche angenommen werden: so muß man die Boden und Seiten jedes für sich berechnen, und zwar

ungefähr

ungefähr in dem Verhältniß, welches vorgedachte große und kleine Pfanne ergiebt. Es ist nämlich der Boden der zu berechnenden Pfanne = 33 Quadratfuß, folglich seine Größe zwischen dem Boden obiger großen und kleinen Pfanne im Mittel, mithin wird auch das Gewicht aus dem Mittel zwischen obigen beiden Gewichten a und b, nämlich $\frac{1250+260}{2}$ = 755 Pfund, zu entnehmen seyn. Die Seitenwände der zu berechnenden Pfanne stehen, in Absicht ihres Flächeninhalts, ebenfalls zwischen den Seitenflächen obiger Pfannen a und b, mithin wird auch ihr Gewicht $\frac{900+200}{2}$ = 550 Pfund betragen müssen.

Ferner wird die zu berechnende Pfanne, um die Bleche nicht zu groß wählen zu dürfen, nach Fig. 200, aus neun Bodenblechen und aus ungefähr zwölf Seitenblechen bestehen, deren drei Mittelbleche a a a, jedes 95 Pfund, die beiden Sternbleche b b jedes 90 die vier Eckbleche c c c c jedes $72\frac{1}{2}$ und die zwölf Seitenbleche jedes $45\frac{5}{6}$ Pfund schwer seyn muß.

Anm. Wenn mit Rücksicht auf die Breite der Kreutzwechsel die Größe jeder Platte berechnet wird: so läßt sich alsdann aus ihrem Gewichte (nach dem Satze à Kubikzoll $10\frac{2}{3}$ Loth) auch die Dicke einer jeden einzelnen Tafel finden.

Für Kupfer zu den Nägeln rc. ist auf jeden laufenden Fuß Wechsel mit zwei Reihen Nägel ungefähr $3\frac{1}{2}$ Pfund zu rechnen; und da in der zu veranschlagenden Pfanne $76\frac{1}{6}$ laufende Fuß solcher Wechsel vorhanden sind: so werden dazu 267 Pfund Kupfer für Nägel erfordert.

Die in Rede stehende Pfanne wird also wiegen: der Boden 755 Pfund, die Seiten 550 Pfund und zu

Nägeln rc. 267 Pfund, folglich überhaupt 1572 Pfund Kupfer, welches, zu Pfannen verarbeitet, gegenwärtig $17\frac{1}{2}$ Groschen kostet.

Der eiserne Ring oben um diese Pfanne kann 2 Zoll breit, $\frac{1}{2}$ Zoll stark seyn., und ist = $23\frac{7}{12}$ Fuß lang, mithin wiegt derselbe 89 Pfund, und kostet das Pfund dieser Arbeit gegenwärtig hieselbst 6 Groschen.

§. 184.

Von den Branntweinblasen, Blasenhelmen und Kühlröhren.

Ueber die Form und Größe der Branntweinblasen ist bereits S. 224 u. f. das Nöthigste erwähnt worden. Gewöhnlich sind die Blasen von Kupfer, ihre Anschaffung von diesem Material ist also sehr kostbar; daher man verschiedentlich versucht hat, dieses Brenngeräth wohlfeiler zu erhalten. Alle diese Versuche haben zwar meines Wissens noch nicht den erwünschten Erfolg gehabt, jedoch will ich dieselben hier mit wenigen berühren.

Branntweinblasen von Gußeisen. Diese leisten zwar in Absicht ihres Gebrauchs dieselben Dienste als kupferne Blasen, sind aber nur von kurzer Dauer, weil die Säure des Meisches das Eisen anfrißt, so daß in einer solchen Blase, welche täglich und fortdauernd gebraucht wird, in Zeit von einem Jahre beinahe der vierte Theil des Bodens weggefressen ist.

Anm. Man hat die Bemerkung gemacht, daß der zum Viehfutter hiernächst dienende Spühlig aus den eisernen Blasen nicht allein ganz schwarz gewesen ist, sondern sogar der Dünger des damit gemästeten Viehes diese Farbe angenommen hat, ohne daß es jedoch dem Vieh im mindesten nachtheilig geworden wäre.

Ferner haben die gegossenen eisernen Blasen wider sich, daß sie äußerst leicht zerspringen, nicht nur wenn in die noch heiße Blase kaltes Wasser geschüttet, sondern auch, wenn beim Einfeuern vom Brenner vielleicht etwas unsanft gegen die heiße Blase gestoßen wird. Um sie muthmaßlich dauerhafter zu machen, hat man vorgeschlagen, den Guß aus zuvor geschmiedetem Eisen zu machen. Ob es zur Ausführung gekommen, weiß ich nicht; so viel ist gewiß, daß das Eisen hierdurch an Sprödigkeit etwas verliert; allein der Nachtheil der Abätzung wird eben hierdurch um so mehr zunehmen.

Eben so wenig Berücksichtigung scheint der Vorschlag zu verdienen, die Blasen von Eisenblech zu machen, und sie zur Verhinderung der innern Abätzung mit dem bekannten Feuerlack, wie die gewöhnlichen eisernen Präsentirteller, zu überziehen. Denn das fortwährende starke Feuer unter einer Blase würde das Eisenblech sehr bald zerstöhren, und der innere Lack wegen des Umrührens des Meisches von kurzer Dauer seyn.

Anm. Nicht nur um die gegossenen eisernen Blasen wegen ihres großen Gewichts leichter transportiren zu können, sondern um sie auch zugleich bei kleinen Haus-Brauereien anzuwenden, giebt Herr Commissionsrath Riem im Reichsanzeiger S. 2788 vom Jahrgang 1799 eine Nachricht, wie man in der Pfalz eine zwei Scheffel-Blase in der Mitte ihrer Höhe aus zwei Stücken zusammen gesetzt habe. Der untere Theil allein sey als Bierkessel gebraucht worden, und, um Branntwein zu brennen, habe man dann den obern Theil in einen genau passenden und mit einem mit Kitt verstrichenen Falze auf den untern, und auf die im obern Theile befindliche Oeffnung den kupfernen Blasenhelm gesetzt, und diese Einrichtung für beide Fälle mit Nutzen gebraucht. Ich bemerke hierbei, daß bei dieser Einrichtung nur die halbe Höhe der Blase mit den Feuerzügen umspielt werden kann.

Bei diesen Substitutionen für die kupfernen Blasen und Pfannen wage ich die Aeußerung, daß allenfalls das Bier in gegossenen eisernen Pfannen gekocht werden könnte, dessen Würze weniger ätzende Säure mit sich führt, und wobei dann nur auf das durch schnell hinzu tretende Abkühlung oder beim Einfeuern mögliche Zersprengen solcher Pfannen die nöthige Vorsicht anzuwenden seyn dürfte.

Bei dieser Gelegenheit will ich zugleich bemerken, welche Versuche man bereits gemacht hat, um in hölzernen Gefäßen zu kochen. Der Herr Commerzienrath Neuenhahn giebt in seiner Abhandlung über Branntweinbrennerei, Erfurt 1802 bei Keyser, eine ziemlich gedrängte allgemeine Uebersicht, und theilt zugleich die Resultate aller seiner hierin gemachten kostspieligen Versuche mit so vieler Offenheit und Wahrheit mit, daß dies Werk nicht nur dieserhalb, sondern überhaupt wegen seiner allgemeinen Gründlichkeit, von jedem, der hieran Interesse nimmt, gelesen zu werden verdient.

Das ganze der Kochung in Holz besteht kürzlich darin, das das zu kochende Flüssige in einem hölzernen Gefäße sich befindet, in welchem ein aus Kupfer oder Eisen bestehender Ofen steht, welcher, geheizt und von dem Flüssigen umflossen, alle seine Hitze dem Flüssigen mittheilt.

Das Wesentliche hierbei ist Holzersparung, und zu dem Ende ist nöthig, daß die Flamme und Hitze innerhalb dem Flüssigen so lange als möglich geleitet und conservirt werde, welches aber auch das schwierigste in diesem Falle ist.

Herr Neuenhahn sagt in seinem vorgedachten Werke: Ich bin bereits so weit damit gekommen, daß ich eine Quantität von 1600 Pfund Meische mit nur zwei Scheiten 4 Fuß langen büchenen Holzes während anderthalb Stunden ins Kochen bringe, wozu ich bei einer gewöhnlichen kupfernen Blase zwar nur eine Stunde, dagegen acht bis wenigstens sechs solcher Scheite Holz gebrache; aber weil bei der Kochung mit Holz, das Brennholz sehr klein geschlagen, und immer nur wenig angelegt werden darf: so erhalte ich weniger Kohlen, mit welchen ich bei der gewöhnlichen Blase von sechs bis acht Scheiten die ganze Destillation vollführe. Bei der Holzkochung aber muß ich von dem zuerst ersparten Holze hernach immer noch etwas nachlegen, und zur ganzen Destillation gebrauche ich dennoch ½ Stunde mehr Zeit, als bei der kupfernen Blase.

Anm. Wo es also weniger auf Zeit als auf Holzersparung ankömmt, würde die Holzkochung von Nutzen seyn.

Herr Neuenhahn hatte seinen Ofen von Kupfer machen lassen, war aber mit dessen Einrichtung, bei Abfassung des gedachten Buchs, noch nicht völlig zufrieden. Von Gußeisen den Ofen zu machen, ist weit mißlicher, wie ich bei einem Versuche der Alaunsiedung bei Freienwalde selbst die Erfahrung gemacht habe. Zur Alaunlauge konnte kein anderer Ofen, als einer von Gußeisen gebraucht werden, weil jedes andere Metall, außer Blei, davon zu stark angefressen wird. Man hatte schon einigemal mit Vorsicht auf solche Art in Holz gekocht, als einst, da ganz gegen den ausdrücklichen Befehl, die Flüssigkeit etwas zu tief abgekocht und frische kalte Lauge zugegossen wurde, der Ofen zersprang.

Nach allen gemachten weitläufigen und kostspieligen Versuchen, sagt Herr Neuenhahn endlich: „die „Idee ist zwar gut, dennoch aber zu einer Brennerei, „wo die Blasen beständig im Gange seyn sollen, bis „jetzt nur eine Spielerei, wobei noch immer die Besorg„niß der kurzen Dauer der hölzernen Gefäße und des „vielleicht unbemerkten Verlustes, wenn ein solches Ge-

„faß in seinen Fugen nur eine geringe Oeffnung be„kömmt, zu bedenken bleibt.“

Um Letzteres zu verhindern, äußert Herr Neuenhahn den Gedanken, anstatt des hölzernen Gefäßes ein kupfernes, mit einem ebenfalls aus Kupfer getriebenen Ofen, zu wählen, da der eigentliche Zweck hierbei nur Holzersparung sey; allein es ist dieser Vorschlag von ihm mit keiner Erfahruug begleitet.

Anm. Im Allgemeinen Anzeiger der Deutschen Nr. 74. des Jahres 1809 wird eine Faß-Branntweinbrennerei eines F. Schmalz, folgendermaßen beschrieben:

„Da alle Versuche, mit mettallenen Oefen in Holz „zu kochen, nicht gelungen sind: so schlägt Herr „Schmalz vor: ein beinahe cylindrisches Gefäß von „3¼ Fuß Höhe und 2¾ Fuß mittlerer Weite von zwei„zölligen kiennenen Bohlen, mit eisernen Reifen, zu „machen. Anstatt des Bodens ist ein alter kupferner „Kessel dergestalt eingepaßt, daß seine Wölbung in das „Faß hinauf geht. Mit diesem Boden wird das Faß „auf eine Feuerung gesetzt, welche eine aufrecht stehende „Zunge hat, so daß die Flamme bis an den Boden hin„auf spielen, und dann wieder hinunter steigen muß.“

„Statt des Helms ist mitten im eichenen Deckel des „Fasses ein rundes Loch von ½ Fuß weniger im Durch„messer, als der Deckel des Fasses ist, und in dieses „Loch ein, nach dem Fasse zu, offener Aufsatz von Bött„cherarbeit, mit eisernen Reifen. Dieser Aufsatz ist 1½ „Fuß hoch, im Boden 1¼ Fuß, in der Oeffnung aber „1¼ Fuß weit, mit plattem Deckel. Unmittelbar unter „dem Deckel ist das Abflußrohr nach Herrn Schmal„zens eigener Theorie, oben 4, unten 1 Zoll weit. „Das Kühlfaß ist wie gewöhnlich. Zur Ablassung des „Spühligs ist dicht über dem Boden des Fasses ein, höl„zerner Hahn. Das Faß steht auf dem Heerde ganz „frei über die vorgedachte Feuerung.“

In der Nr. 116. desselben Blatts und Jahres, sagt Herr Schmalz: „daß hierdurch nicht nur an Anschaf-

„fungskosten, sondern auch an Holz erspart werde." (Er gebrauchte nämlich zu 2 Dresdner Scheffel Kartoffeln auf zweimaligen Einschlag abzubrennen nur 112 Pfund Fichtenholz. 19 Centrer geben 1 Klafter.) „Auch gehe „durch das Faß keine Wärme verloren, vielmehr werde „im Winter die Brennerei zu kühl, so daß er die Thür „aus einer geheitzten Stube dieserhalb öffnen müsse. Der „Böttcher und der Maurer müßten aber ihre Arbeit „vorsichtig machen, um zu verhindern, daß das Feuer „das Faß nicht verkohle, welches bei ihm gelungen „sey."

Diese und mehrere dergleichen Vorschläge gehören zu denen welchen ich, ohne überführende eigene Erfahrungen, nicht das Wort reden mag.

Aus diesem allen scheint deutlich genug hervor zu gehen, daß für eine (stäts im Gange befindliche) Branntweinblase, das Kupfer das vorzüglichste Material sey; und hiervon überzeugt, kommt es nun darauf an, wie eine Blase am vortheilhaftesten gestaltet seyn müsse.

Was zuvörderst den Boden der Kochgefäße überhaupt betrifft: so giebt Rumford in seinen Schriften an, daß derselbe noch aufwärts oder in das Gefäß hinein gebogen seyn müsse, theils um dadurch dem Boden mehr Fläche zu geben, anderntheils um, wenn das Feuer mitten unter das Gefäß gemacht wird, solches mit seiner Spitze überall in gleicher Entfernung unter den Boden anschlage, und also nicht an einem Orte des Bodens viel stärker als am andern wirke. Man ging hierin noch weiter, und schlug vor, im Boden der Blase einen in dieselbe hinein reichenden Cylinder anzulegen, in welchem die Spitze der Flamme wirken, und dadurch die Flüssigkeit um ihn herum erhitzen sollte. Herr Neuenhahn sagt aber über alles dieses, wie mich dünkt, mit Recht: „die Flamme, die durch den Luftzug in stäter „Bewegung ist, verweilt sich unter dem concaven Boden

„so wenig, als unter dem waagerechten, sondern spielt „nur hin und wieder; und einen hohlen Kegel oder Cy„linder mitten im Boden würde ich mir um deswillen „nicht machen lassen, weil das Feuer nie auf einge„schlossene Winkel wirkt, sondern allemal freien Spiel„raum verlangt."

Auch Herr Chaptal *) verlangt einen aufwärts gebogenen Boden in den Branntweinblasen, wogegen noch andere erfahrene Branntweinbrenner erwiedern, daß man besonders dem Meische, in den Meischblasen alle Gelegenheit nehmen müsse, sich in Ecken oder Winkeln der Blase festzusetzen und daselbst anzubrennen. Herr Chaptal bemerkt zwar dagegen, daß gegen den äußern Rand des Bodens der Blase das Feuer auch geringer wirke, indem er zugleich verlangt, daß der Rost des Heerdes von der Einheitzung an, nicht über die Mitte unter dem Boden der Blase hinweg reichen müsse; indeß bin ich der Meinung der Branntweinbrenner so lange, bis Versuche hierüber bestimmtere Resultate gegeben haben.

*) Chaptal, Mitglied des National-Justitut in Paris (nachher Minister), über die Bereitung ꝛc. der Weine und des Essigs, übersetzt von Böckmann. Carlsruhe 1806 bei Macklots.

Man kann also die geraden Böden der Blasen (welche auch in so weit horizontal stehen, als sie nur etwas nach dem Orte hin, wo der Hahn zur Ablassung des Spühligs ist, gesenkt eingesetzt werden) als die gebräuchlichsten ansehen. Was die übrige Proportion der Blasen anlangt, so habe ich darüber schon einiges angeführt. Der Durchmesser derselben zur Höhe soll nämlich den Erfahrungen zufolge nicht unter dem Verhältniß wie 2 : 1, und nicht über das Verhältniß wie 4 : 3 seyn, und hiernach muß sich zugleich die obere Oeffnung der Blase, auf welche der Helm gesetzt wird, richten. Ehe ich aber hiervon, so wie von der Form des Helms spreche, will ich zuvörderst des Geschäfts der Destillation, woraus eben die hierbei zu beobachtenden Regeln hergeleitet werden müssen, mit wenigen erwähnen.

Ich darf hierzu nur das wiederhohlen, was Herr Neuenhahn in dem gedachten Werke sagt: „Die „Blase ist mit einer kalten Flüssigkeit gefüllt. Sobald „sie durch das darunter befindliche Feuer erhitzt wird, „erheben sich aus der Flüssigkeit Dämpfe, die in den „Helm steigen, und vermöge ihrer Elasticität sich in sel„bigem ausdehnen, und an die Wände des Helms an„legen. Hat nun der Helm keine Traufrinne," (wovon nachher die Rede seyn soll,) „so fließen die an„gelegten, und vermöge der den Helm umgebenden kal„ten Luft, in Tropfen verwandelten Dünste, zurück in „die Blase: welche Erscheinung wir an jedem auf Koh„len stehenden Theekessel wahrnehmen, dessen Deckel, „so wie wir ihn abnehmen, allemahl voller Tropfen „befunden wird. Hat der Helm aber eine Traufrinne, „so sammeln sich in selbiger die an den Wänden des „Helms herab fließenden Tropfen, und gehen in die „Vorlage über, noch ehe die Flüssigkeit in der Blase „kocht."

„Auf diese Weise würde es aber unmöglich seyn, „einen reinen Weingeist durch die Destillation zu erhal„ten, wofern der Gang derselben sich immer gleich „bliebe; allein er nimmt eine andere Richtung nach Ver„hältniß des fortschreitenden Wärmegrades in der „Blase, bis daß die größte Hitze oder der Kochpunkt im „Helme, eingetreten ist. Daher wächst der Geschmack „des Geistes in den Tropfen stufenweise, so wie die „Wärme im Helme zunimmt, und erst, wenn der Koch„punkt eingetreten ist, giebt es lautern Weingeist."

„In jedem Läuter (Lutter) ist der Weingeist mit „dem Phlegma oder Wasser nicht mechanisch, sondern „chemisch vermischt; sie sind beide innigst verbunden, „müssen also chemisch geschieden oder aufgelöst werden, „und dies geschieht durch die Wärme. Je größer die „Wärme ist, je vollkommener ist die Auflösung,*) und „so steigen, nur nach Verhältniß der zunehmenden „Wärme, immer mehr geistige Dämpfe mit den wäs„serigen zugleich in den Helm. Allein durch die zuneh„mende Wärme in dem Helme wird die darin befindliche „Luft immer mehr verdünnt; die wässerigen Dämpfe, „die ungleich schwerer als die geistigen sind, können nun „nicht mehr so hoch im Helme steigen. Von nun an „entsteht die wahre Scheidung: die leichtern geistigen „Dämpfe verlassen die schweren wässerigen, folgen dem „Zuge der Luft, und gehen in die Vorlage über, nach„dem sie zuvor im Kühlfasse zu Tropfen verdichtet wer„den; die schwerern wässerigen Dämpfe aber, die sich „in der durch den Kochpunkt aufs höchste verdünnten „Luft nun unmöglich erhalten können, sind gezwungen, „zurück in die Blase zu fallen."

*) Doch muß die Feuerung nicht übertrieben werden, weil sonst der Meisch leicht anbrennt, oder der Branntwein einen branstigen Geschmack erhält. Ueberhaupt lehrt die Erfahrung, daß bei einer langsamen Destillation, wobei die zu destillirende Flüssigkeit nur immer auf dem Kochpunkte erhalten, aber nicht übertrieben wird, nicht nur der meiste, sondern auch der beste Branntwein erhalten wird.

Aus dieser kurzen Geschichte der Destillation ergiebt sich nun in Absicht des Baues der Blasen und deren Helme folgendes. Die Blase muß zur Aufsteigung der Dämpfe eine hinlänglich große Oeffnung haben; diese muß aber auch nicht zu groß, und, wie einige vorgeschlagen haben, dem Durchmesser der Blase gleich seyn, weil sonst der Meisch oder Läuter zu leicht mit in den Helm und aus diesem in die Vorlage übergehen könnte. Letzteres wird nämlich nur beim Ueberheitzen der Blasen statt finden, wenn sonst die Form der Blase und des Helms richtig ist; und wenn zwar deswegen die Feuerung (wie nachher angewiesen werden wird) gehörig dirigirt werden muß: so kann es doch wohl aus Versehen einmal geschehen, daß zu viel Heitzung unter der Blase sich befindet. Herr Neuenhahn setzt daher aus mehrern Erfahrungen fest: daß die obere Oeffnung der Blase oder der Blasenhals, der Hälfte, wenigstens nicht weniger als dem Drittheil des Durchmessers der Blase gleich seyn müsse.

Ferner zeigt sich aus der vorhergegangenen Schilderung der Destillation die Unzweckmäßigkeit der französischen Helme, welche nach Fig. 201 entweder mit oder ohne so genannten Mohrenkopf d umgeben sind. Am Rande ihres Halses befindet sich nämlich eine Traufrinne b um den ganzen Helm, aus welcher das Rohr c ableitet; so wie nun die Helme in die Höhe steigen, sie mögen noch wässerig oder spirituös seyn, so fließen die tropfbar-flüssig an den Helm gelegten Dämpfe in die Traufrinne, und daher fließt, wie die Erfahrung lehrt, bei dieser Einrichtung allemal bei der ersten Anfeuerung der Blase das Phlegma ohne Spiritus in die Vorlage über, bis daß der Helm die Siedehitze erhalten hat.

Noch unzweckmäßiger muß also nach den oben stehenden Voraussetzungen der so genannte Mohrenkopf d seyn: eine Einrichtung, nach welcher um den ganzen Helm herum ein mit demselben verbundenes, gleichfalls von Kupfer geschmiedetes Gefäß d, stäts voll kalten Wassers sich befindet, welches den Helm stäts kühl erhalten soll. Sehr begreiflich ist, daß, weil nun die

Dämpfe im Helme niemals den Grad der Siedehitze erreichen, selbige auch nicht, die spirituösen von den wässerigen, geschieden werden können, und daß daher, wie die Erfahrung auch bestätigt, nie reiner Spiritus, sondern stäts mit Phlegma vermischt in die Vorlage übergehen müsse.

Anm. Die Haken und Ringe k k in Fig. 201 dienen dazu, um den durch den Mohrenkopf sehr schwer gewordenen Helm, vermittelst Ketten in die Höhe zu heben. Die Röhre f geht bis auf den Boden des Helms, um das kalte Wasser aus einer Zuflußröhre e, (welche letztere mit einem Hahn versehen ist,) von unten hinauf in den Mohrenkopf zu lassen. Damit das Wasser im Mohrenkopfe nicht überlaufe, dient die Rinne g, und um das Wasser ganz wieder abzulassen, ist die Rinne h (mit einem Hahn) angebracht. Bei i ist der Mohrenkopf am Halse des Helms befestigt.

In Altenhoffs Destillateur und Liqueuristen wird folgende vermeinte Verbesserung dieses Blasenhelms angegeben. Altenhoff behielt nämlich die hohe Gestalt des Helms Fig. 202, jedoch ohne Mohrenkopf, um deswillen bei, damit die kalte Luft von außen diesen Helm desto stärker umgeben, und sein innerer Raum desto eher erkältet werden könne. (Ein unrichtiges Vorurtheil.) Oben sowohl als unten am Helme sind Röhren c und d, welche bei e in eine einzige zusammen laufen; dadurch sollten sämmtliche im Helme sich anlegende Dämpfe theils durch die Traufrinne b und die kleine Röhre c, theils als Dämpfe durch die obere Röhre d abgezogen werden.

Herr Neuenhahn meint hierüber mit Recht, daß wenn diese Einrichtung nur bei kleinen Destillationen auf Kohlen gebraucht würde, sie vielleicht eine schleunige und gute Destillation bewirken dürfte; allein bei größern Destillationen würde mehr Phlegma als Spiritus in die Vorlage übergehen.

Ist die mehrgedachte Traufrinne in der bisher beschriebenen Art auf einem so kurzen Helmhalse angebracht: so kann sie auch noch den Nachtheil bewirken, daß bei dem mindesten Aufkochen, z. B. des Meisches, solcher in die Traufrinne steigt und aus selbiger mit in die Vorlage übergeht. Um diesem Nachtheil abzuhelfen, ließ Herr Neuenhahn einen längern Hals an seinen Helm machen; dies erfüllte zwar den oben erwähnten Zweck, allein da das Uebertreiben des Phlegma's beim Anfeuern der Blase dennoch nicht verhindert wurde: so mußte auch dieser Blasenhelm verworfen werden.

Nach diesen und mehrern andern Versuchen und Erfahrungen, welche sämmtlich anzuführen hier zu weitläufig seyn würde, ist bisher die alte Form der Helme, mit einigen wenigen Abänderungen, die ich nach Fig. 203 anführen will, für die beste befunden worden.

Daß sich die Größe und Höhe eines Helms nach der Größe der Blase richten müsse, versteht sich von selbst. Zu einer Blase von drei bis vier Scheffeln, wie ich solche S. 244 u. f. angenommen, würde der Hals an der Blase selbst ungefähr 4 Zoll hoch und 2 Fuß (oder beinahe die Hälfte des Durchmessers der Blase) weit, der Hals des Helms von der Decke der Blase bis unter die Abzugsröhre, ungefähr 18 Zoll hoch, der ganze Helm in der Mitte bis in seine Wölbung 25 Zoll hoch, und von außen bis an seinen obern Rand 21 Zoll hoch seyn müssen; auch dabei oben in seiner größten Ausdehnung ungefähr 28 Zoll im Durchmesser erhalten.

Damit sich die Dämpfe nicht im Helme selbst verdichten, sondern als Dämpfe in die Kühlröhre übergehen, muß die Abzugsröhre, welche am Helm selbst gefertigt wird, der Masse der Dämpfe angemessen, und in dem vorgedachten Falle wenigstens 7 Zoll im Durchmesser groß seyn. Weiter herunter nach dem Kühlfasse hin kann selbige nach und nach und auf ihrer Länge von ungefähr 29 bis 30 Zoll am Ende bis auf einen Durchmesser von 3 Zoll enger werden.

Anm. Herr Chaptal sagt in dem vorgedachten Werke: „Ich lasse die Seitenflächen, so wie sie sich erheben, et„was erweitern, und oben sich einander wieder etwas „nähern, so daß der Durchmesser der obern Oeffnung „der Blase dem des Bodens gleich wird. Diese Gestalt „gewährt den Vortheil, daß der obere Theil der Blase „eine Art von Brüstung erhält, gegen welche die Auf„wallungen sich brechen und gegen die Mitte der Blase „zurück geworfen werden.

Wenn, wie vorgedacht, die Flüssigkeit in der Blase nicht zu leicht in die Kühlröhre übergehen soll: so muß die Abzugsröhre so nahe als möglich an der Decke des Blasenhelms sich befinden.*) Da aber wegen der großen Weite der Abzugsröhre am Helme, und um selbige nicht weniger als 18 Zoll über die Blasendecke zu entfernen, der Helm sehr hoch werden müßte: so schlägt Herr Neuenhahn vor, die Abzugsröhre nicht zirkelrund, sondern breiter als hoch zu machen, wodurch aber die Durchflußöffnung nicht verengt werden darf.

*) Herr Neuenhahn erwähnt eines Beispiels, wo die Abflußröhre in der Decke des Helms angelegt worden, erzählt aber nichts weiter von dem Nachtheil oder Vortheil desselben. Hiernächst führt derselbe an, daß ein Brenner im Eichsfelde an seinem Helme zwei Ableitungsröhren, die eine rechts, die andere links, und jede in ein besonderes Kühlfaß angelegt habe, welche die geistigen Dämpfe gewiß hinlänglich abführen, und daher Beifall verdienen.

Ob die Blasen und Helme inwendig verzinnt seyn sollen, darüber ist vielfältig gestritten worden. Daß eine Verzinnung mit reinem englischem Zinn sehr gut, und der Bereitung eines gesunden Getränks ganz angemessen sey, kann nicht in Abrede gestellt werden. Wenn man aber erwägt, daß erstlich eine Verzinnung von nicht ganz reinem englischem Zinne noch schädlicher als Kupfer zu diesem Behuf ist; zum andern, daß jede Verzinnung, sie sey von welcher Art sie wolle, wegen des öftern Scheuerns der Blase nicht von Dauer ist: so kann das Verzinnen der Blasen nicht als zweckmäßig betrachtet werden; es ist aber meinem Bedünken nach auch ganz unnöthig, weil erstlich die Flüssigkeit in der Blase nicht erkaltet, und zweitens die Blase nach jedesmaligem Brennen rein ausgescheuert wird, mithin keine Veranlassung verhanden ist, wodurch sich die Schädlichkeit, nämlich der Grünspan, erzeugen könnte.

Eine gleiche Beschaffenheit könnte man vielleicht auch von den Kühlröhren behaupten, da die uralten kupfernen Kühlröhren und ihre Brauchbarkeit erst vor wenig Jahren in Zweifel gezogen worden; allein diese Maschine kann ganz von Zinn gegossen und so auch der vermeintliche Nachtheil füglich vermieden werden.

Anm. Die Königliche Churmärkische Kriegs- und Domainenkammer erließ unterm 14. September 1803 ein Publikandum, nach welchem sämmtliche Branntweinbrenner aufgefordert wurden, ihre Kühlröhren künftighin weder von Kupfer, noch aus gewöhnlichem, mit Blei und Wismuth vermischtem Zinn, sondern nur aus reinem englischen Zinn machen zu lassen, weil erstere Röhren dem Branntwein eine der Gesundheit nachtheilige Eigenschaft mittheilen. Zugleich wurde ein chemisches Verfahren angewiesen, vermittelst dessen man die Güte des englischen Zinns untersuchen könne.

Herr Neuenhahn sagt hierüber: incidit in Scyllam qui vult vitare Charybdin! indem das Zinn, besonders da man es selten ganz rein erhält, ein Gift, nämlich mit Arsenik und Kupfer vermischt ist, und setzt hinzu, daß das Malacker-Zinn besser seyn würde.

In dem Journal für Fabrik und Manufaktur, Junstück 1810, wird von einem Herrn Bindheim aus Moskau ein Firniß für kupferne und eiserne Küchengeschirre angegeben, welcher ein übertreffender Stellvertreter der gewöhnlichen und besten Verzinnung seyn soll. Die Mischung und der Gebrauch desselben ist folgender:

„Man nimmt 4 Unzen weißen und klaren Kopal, „zerpulvert und schüttet ihn in einen Topf, der den In- „halt von 1 Pfund Wasser faßt, deckt ihn zu, und setzt „ihn auf Kohlen. Der Kopal wird bald anfangen zu „rauchen und zu schäumen. Wenn er mit braungelbem „Schaum bis an den Rand des Topfes gestiegen ist: so „erhält man ihn so lange in diesem Grade der Hitze, bis „man sieht, daß er fallen will. Darauf rührt man die „Materie mit einem heißen eisernen Spatel um, und „läßt sie so lange schmelzen, bis sie als ein Oehl ohne „kleine Stückchen vom Spatel abfließt. Der Kopal ist „sich zwar nicht immer gleich, hierzu aber taugt er im- „mer, wenn man blos beobachtet, daß der härtere eine „stärkere und längere Hitze zum Schmelzen erfordert, „und sich hütet, daß er nicht verbrenne."

„Den wohl geschmolzenen Kopal nimmt man nun- „mehr vom Feuer, läßt ihn erkalten, gießt 8 Unzen „weißes reines Terventhinöhl (nicht etwa unreines gel- „bes Kienöhl) darauf, und läßt es verdeckt bei gelin- „dem Feuer kochen. Die Auflösung erfolgt bald, und „wird nach dem Erkalten abgeklärt. Nun raucht man „recht feines unverfälschtes Leinöhl über dem Feuer so „lange ab, bis es kalt eine Syrupsdicke zeigt. Von „diesem Leinöhl und dem aufgelößten Kopal mischt man „gleiche Theile, läßt beide ein paar Minuten gelinde „kochen und seihet es durch Leinwand. Diesen ganz fer- „tigen Firniß kann man in Flaschen aufbewahren, so „lange man will."

„Will man nun z. B. ein kupfernes Gefäß überfir- „nissen oder glasiren: so reibt man das sehr rein ge- „machte Metall an der innern Fläche mit Essig, oder „man macht es auch dadurch weich, daß man es mit „Branntweinschlamm oder einem andern sauern Brei „gefüllt, einige Stunden stehen läßt, wäscht es dann „ab und trocknet es. Nach dieser Vorbereitung er- „wärmt man das Gefäß und überstreicht die innere „Seite mit dem oben beschriebenen Firniß mittelst eines

„Pinsels

„Pinsels ganz dünn und sehr gleich. Wenn der Ueberstrich trocken ist: so wird es auf gleiche Art zum zweiten, auch wohl zum dritten, ja selbst zum vierten Male wiederhohlt. Ist dann auch der letzte Anstrich in gelinder Wärme recht trocken geworden: so erhitzt man das Gefäß so stark, daß der aufgestrichene Firniß zu rauchen anfängt und dunkelbraun wird. Hiermit hält man so lange an, bis der Firniß auf dem noch heißen Metall nicht im geringsten mehr an die Finger klebt, und fest genug ist, keinen Eindrücken mehr nachzugeben."

„Es erfordert Aufmerksamkeit und Uebung, nicht nur den Firniß recht gleich und dünn aufzustreichen, sondern auch, und zwar noch mehr, um zu verhüten, daß er nicht in zu starker Hitze austrockne, zusammen fließe, oder Blasen werfe; besonders aber, daß bei dem letzten starken Trocknen, welches man ein Einbrennen nennen könnte, kein Fehler im Grade der Hitze vorgehe. Hierin ist am leichtesten zu fehlen."

Letzteres ist mir (dem Herausgeber) eine aus anderweitiger Erfahrung entspringende Besorgniß, wenn ich auch, ohne Erfahrung, mich von der Zweckmäßigkeit dieser Firnissirung überzeugt halten wollte.

Meines Wissens sind seit mehrern Jahren viele Kühlröhren von reinem englischen Zinn (welche freilich viel kostbarer als kupferne sind) gemacht worden; ehe ich aber über ihre Anfertigung etwas sage, will ich zuvor einiges über die verschiedenen Ideen in Absicht ihrer Form erwähnen.

Schon vor mehr als 800 Jahren kannte und gebrauchte man die sogenannten Schlangenröhren in den Kühlfässern; nachher versuchte man die geraden oder in Ecken gebogenen Röhren in Kühlfässern. Ferner, ohne Kühlfaß ließ man den Dampf an 16 Fuß hoch steigen, und im Ganzen über 120 Schritt weit leiten, welches letztere aber weniger Beifall als die Röhren in Kühlfässern gefunden hat.

Die im Kühlfaß eckigt gezogenen Kühlröhren sind nicht leichter als die runden zu reinigen, und mithin kann ich ihnen keinen Vortheil zugestehen; vielmehr gewährt eine dergleichen hier ausgeführte Anlage, wo die in geraden Winkeln gezogenen Kühlröhren in einem viereckigen Gefäße sich befinden, daß dies Gefäß niemals recht wasserdicht ist, weil es nur mit eisernen Reifen gebunden, und des mangelnden Platzes wegen nicht mit hölzernen Jochen umzogen ist. Die eisernen Reifen schneiden sich an den Ecken des Gefäßes in das Holz ein, während sie an den langen Seiten ausbauchen.

Die in einem gewöhnlichen runden Kühlfaß rund gezogenen Röhren werden, sie mögen von Kupfer oder Zinn seyn, nach Fig. 204, vermittelst dreier kupferner Stützen oder Füße, in ihren Kreisen erhalten, und stehen mit den Füßen der drei Stützen auf dem Boden des Fasses fest, indem ihr oberes und unteres Ende, welche durch die Seiten des Fasses selbst hindurch gehen, sie gegen ein Verschieben nach der Rundung sichern. Die erwähnten drei Füße werden außerhalb des Schlangenröhrs dicht gegen selbiges gestellt, und mit sogenannten Lappen von Kupferblech, welche, nach Fig. 204, an ihrem Orte die Schlange umfassen, mit zwei Nieten an die kupfernen Füße befestigt.

Die alten Kupferröhren haben gewöhnlich drei, vier bis fünf Windungen; und wenn die Weite der Kühlfässer sich nach der Größe der Blasen richtet: so wird dadurch ein ungefähres Verhältniß erhalten, so daß ihre Länge z. B. bei einer vier Scheffel-Blase etwa 30 bis 36 Fuß Länge erhält. Bei eckig gezogenen Röhren in gleich großen viereckigen Kühlfässern kann die Länge nicht so groß seyn, weil ihnen wegen der Ecken mehr Gefälle gegeben werden muß. Eben daher aber, weil man dann die Blase mäßiger heitzen muß, und dadurch einen wohlschmeckenden Branntwein erhält, werden von einigen die eckigen Röhren vorgezogen.

Zeither machte man die runden Kühlröhren oben ungefähr $1\frac{1}{2}$ Zoll breit (als so enge sich das Rohr am Blasenhelme auch verjüngen mußte) und unten etwa 1 Zoll. In der sehr gegründeten Rücksicht aber, daß nicht nur die weitern Kühlröhren mehr Oberfläche, welche vom Wasser abgekühlt wird, gewähren, sondern auch ein Pressen der Dämpfe, ehe sie zu Tropfen geworden, darin weniger zu befürchten sey, macht man selbige gegenwärtig mehrentheils 3 Zoll im Lichten weit, besonders die zinnernen Kühlröhren.

In dem Journal für Fabrik und Manufaktur, Januarstück 1809, giebt Herr Professor Lampadius eine sogenannte Kühlscheibe folgendermaßen an: „In einem gewöhnlichen runden Kühlfaß geht quer und schräg „durch dasselbe eine gerade kupferne Röhre, welche innerhalb, von ihrem Eingange in das Faß bis zum „Ausgange aus demselben, in eine weite Linsenform „nach der Breite des Fasses sich ausdehnt; und da die „Dämpfe innerhalb dieser von einer großen Menge kalten Wassers umflossenen Linse sich leichter verdicken „sollen: so wird diese Anstalt, als vorzüglicher vor den „gewöhnlichen Schlangenröhren, angepriesen." Herr Lampadius erwähnt hierbei, daß er die Anwendbarkeit dieser Kühlanstalt bei einer nur kleinen Destillirblase erprobt habe; allein dies ist es eben, was mir von der Anwendbarkeit derselben bei größern Branntweinbrennereien, wegen des zu kurzen Laufs des Spiritus durch das Kühlfaß, noch einige Zweifel übrig läßt.

Ferner giebt der hiesige geheime Rath und Chemiker, Hermbstädt, noch eine andere Kühlanstalt in dem Bülletin aller neuen Erfindungen an, nach welcher zwei kupferne hohle Cylinder in einander geschoben in einem Kühlfasse stehen. Der Raum, den der innere und äußere Cylinder zwischen sich lassen, ist oben und unten dergestalt verschlossen, daß der Spiritus darin eingeschlossen fließen und dennoch beide Cylinder aus einander genommen werden können, um den erwähnten Zwischenraum leicht zu reinigen.

In diesen beschriebenen Zwischenraum fließt oberhalb der Spiritus aus dem Blasenkopfe, durch eine sehr breite und nicht hohe Röhre, ein, und unterhalb desselben wieder heraus. Der Spiritus läuft also durch den Raum zwischen beiden Cylindern; und da der innere Cylinder inwendig, und der äußere auswendig von dem kalten Wasser im Kühlfasse (welches mittelst eines schon früher beschriebenen sogenannten Wolfs von unten nach oben beständig erneuert oder erfrischt werden muß) umflossen werden: so soll diese Kühlanstalt vor den bisherigen sehr viele Vorzüge besitzen.

In so fern der Blasenhelm und die ganze Destilliranstalt in der Art beschaffen sind, daß der Spiritus noch als Dampf den Raum zwischen beiden Cylindern anfüllt, scheint mir, ungeachtet der mangelnden Erfahrung, diese Anstalt allerdings sehr zweckmäßig zu seyn. Sollte aber der Spiritus aus irgend einer andern Ursach schon tropfbar-flüssig in den Zwischenraum der beiden Cylinder eintreten: so würde derselbe nur an einer Stelle des Zwischenraums herab träufeln, und so der übrige kalte Zwischenraum wenig Nutzen gewähren.

Uebrigens giebt der von einem so erfahrnen Chemiker hier aufgestellte Apparat den Grundsatz abermals klar zu erkennen, daß das Tropfbar-flüssig-werden der spiritußsen Dämpfe eigentlich erst im Kühlfasse und nicht schon in dem Blasenhelme beabsichtigt werden müsse: der vorgedachte Mohrenkopf also um so weniger zweckmäßig sey.

Die kupfernen Schlangenröhren werden aus Streifen von Kupfertafeln, wovon der Quadratfuß ungefähr 4 Pfund wiegt, mit sogenanntem Schlageloth zusammen gelöthet, und mehrere solcher Endenröhren, die etwa 4 Fuß lang sind, zu einer ganzen Kühlschlange ebenfalls mit Schlageloth zusammen gesetzt.

Anm. Das Schlageloth hierzu besteht aus einer Mischung von einem Pfund Messing und 10 Loth Zink, welches zusammen geschmolzen, und in Wasser an einen Besen gegossen wird, wodurch es in Staub und kleine Körner gerinnt. Soll es zum Löthen gebraucht werden: so werden die noch etwas zu großen Körner klein gestoßen, in die zu löthende Fuge Borax, und auf selbigen das feine Schlageloth gelegt, welches dann im Feuer mit Hülfe des Borax sehr fest löthet. Der Name Schlageloth rührt daher, weil diese Löthung so fest halten muß, daß die zusammen gelötheten Stücken Kupfer, so als wenn es ein Stück wäre, getrieben oder geschlagen werden können.

Jede einzelne zu einer Kühlschlange zusammen zu setzende Röhre wird, nach Maßgabe der Weite des Kühlfasses, rund gebogen. Dies geschicht, indem die Röhre entweder voll Blei gegossen, oder voll feinen trockenen Sand geschüttet, und im letztern Falle an beiden Enden fest zugepfropft wird. Ist dies geschehen: so wird die Röhre in die verlangte Rundung gebogen, hernach der Sand wieder herausgeschüttet, oder das Blei herausgeschmolzen, dann die einzelnen Röhren um etwas in einander geschoben, mit Schlageloth gelöthet, und so zu einer ganzen Kühlschlange zusammen gesetzt. Der Preis derselben läßt sich nach obiger Annahme (der Quadratfuß Kupferplatten zu vier Pfund, und das Pfund nach den jetzigen Preisen, zu Kühlröhren verarbeitet, 19 Groschen gerechnet) ungefähr bestimmen.

Die zinnernen Kühlröhren wurden bisher stückweise, und zwar jedes Stück seiner Länge nach aus zwei Hälften, in der verlangten Ründung gegossen, und dann zusammen gelöthet; jetzt hat man aber allhier den gelungenen Versuch gemacht, diese Röhren sogleich vollständig in geraden Enden von ungefähr 2 Fuß Länge auf einen sehr glatten eisernen Kern zu gießen;*) welche dann gebogen und zu einer ganzen Schlange zusammen gelöthet werden. Im Fleische sind sie gewöhnlich $\frac{1}{4}$ Zoll stark; und wenn jeder Kubikzoll Zinn zu $8\frac{3}{4}$ Loth, und das Pfund solcher Röhren gegenwärtig allhier 18 Groschen kostet: so läßt sich daraus leicht ein verlangtes Schlangenrohr veranschlagen.

*) Wenn Zinn oder Blei auf einen Kern von Lehm oder in Formen von Lehm gegossen wird: so erhält dasselbe eine rauhe Oberfläche voller Blasen.

Die kupfernen Helme, so wie der Boden und die Decke der Blasen, werden getrieben, und zwar letztere aus Einem Stücke, gewöhnlich schon auf dem Kupferhammer, weil die Kupferschmiede selten so große Feuer haben. Die Seiten der Blasen bestehen aus einzelnen Blechen, deren Höhe gern im Ganzen gewählt, in der Rundung aber sowohl als mit der Decke und dem Boden ungefähr in derselben Art, wie bei der Braupfanne gezeigt worden, vernietet werden, und zwar werden die Seiten der Blase von den Rändern des Bodens und der Decke nach Fig. 205 umfaßt, und gewöhnlich nur mit Einer Reihe Nägel vernietet.

Da des Vernietens wegen einer der Kupferschmiede innerhalb der Blase sich befinden muß: so folgt daraus von selbst, daß die obere Oeffnung der Blase schon aus diesem Grunde nicht zu klein seyn darf, auch kleinere Blasen, wie z. B. solche, welche die Landleute in ihren Stubenöfen eingebauet haben, eben deshalb entweder aus dem Ganzen getrieben, oder doch nur mit einem angesetzten Boden gemacht werden können. Letztere kleine Blasen werden innerhalb verzinnt, weil die Flüssigkeit zuweilen kalt darin wird.

An dem obern Rande der Branntweinblase, und zwar ungefähr 3 Zoll unter dem obern Rande, werden, nach Verhältniß ihrer Größe, drei, auch vier eiserne

Haken gegen die Seiten, jeder mit drei oder vier kupfernen Nägeln, angenietet (siehe Fig. 205), mit welchen sie auf dem Rande ihrer Ummauerung ruhen.

Um den Hals der Blase, welcher sich in der obern Oeffnung befindet, wird ein Ring von starkem Kupfer gelegt und angenietet. Der Helm steckt mit seinem Halse passend in dem Halse der Blase, weshalb auch der Helm allemal konisch noch oben weiter gearbeitet seyn muß, um nicht tiefer in den Blasenhals zu versinken, als erfordert wird. Die Fuge, welche auf solche Art beim Aufsetzen des Helms am Blasenhelme entsteht, wird mit Lehm verstrichen.

Die Ansetzung des Abflußrohrs am Helm ist aus der Zeichnung Fig. 205 (in welcher die Blase nebst Helm und Rohr zur Hälfte durchschnitten vorgestellt ist) zu ersehen. Es wird nämlich das besonders gearbeitete Abzugsrohr von dem Helme aus heraus gesteckt, an welchen letztern es innerhalb mit einem Ansatze oder sogenannten Lappen anschließt. Ueber die dadurch entstehende Fuge wird außerhalb noch ein Rand von Kupfer gepaßt, und selbiger mit dem Kupferblech des Helms und der Ableitungsröhre zusammen genietet.

Dicht über dem Boden der Blase wird gewöhnlich eine Oeffnung von etwa 3 bis $3\frac{1}{2}$ Zoll im Durchmesser weit gemacht, und in selbige eine kupferne Röhre (welche so lang seyn muß, daß sie durch die Ummauerung der Blase reicht, dabei etwas Abhang nach außen erhält, und sich nach außen ein wenig verjüngen kann) in ähnlicher Art, wie oben von der Abzugsröhre am Helme gesagt worden, angepaßt und festgenietet; nur braucht über die durch die Ansetzung des Rohrs enstehende Fuge kein besonderer Kupferstreifen nach außen herum angenietet zu werden, weil sie daselbst nur wasserdicht, und nicht so wie der Helm auch luftdicht zu seyn braucht, auch in einer Meischblase der Meisch selbst alle innere Fugen sehr bald verdichtet.

Daß die Blase mit einigem wenigen Abhang nach dieser Zapfröhre hin eingesetzt wird, ist schon früher erwähnt worden. Die Besorgniß aber, daß z. B. der Meisch in einer Meischblase sich in dieser Röhre, ohne umgerührt werden zu können, ansammeln und anbrennen, auch dadurch das Kupfer selbst verletzen könne, hat Einige vermocht, diese Abflußröhre ganz wegzulassen, und das Flüssige oder den Meisch mit einer Schöpfkelle heraus zu schöpfen, welches aber wiederum nicht nur sehr langweilig, sondern auch wegen des öftern Aufstoßens mit der Kelle auf den Boden, der Blase schädlich werden kann.

Wird eine solche Abflußröhre angebracht: so kann außerhalb entweder ein ordentlicher Hahn, oder auch nur ein hölzerner Pfropf eingesteckt werden.

Wird eine Pfanne oder Blase mit Braunkohlen oder sehr schwefelreichen Steinkohlen gefeuert: so findet sich, daß der Boden dieser Gefäße sehr dadurch leidet; und, da sonst bei Holzfeuerung eine gute Blase, welche täglich und sehr stark gebraucht wird, über zwanzig Jahre hält: so wird selbige bei diesem schwefeligen Brand in vier bis fünf Jahren schadhaft werden.

Anm. Norberg giebt an (in seiner Beschreibung neu erfundener und verbesserter Destillirgeräthe, Stockholm 1800): um den Boden einer Blase gegen die frühe Zerstöhrung durch die Spitze der Flamme zu sichern, lege man unter denselben eine eiserne, in ihrer Mitte etwas nach unten gebogene Platte, und fülle den Raum zwischen der Platte und dem Boden der Blase sehr dicht mit Thon aus.

Die durch Sprödigkeit des Kupfers oder heftigen Brand entstehenden kleinen Löcher und Schäden können, wenn sie nicht so bedeutend sind, daß die Blase deshalb heraus genommen und geflickt werden muß, mit folgendem Kitt reparirt werden: das Wässerige von in Essig geronnener Milch wird mit Eiweiß und ungelöschtem Kalkstaub zu einem weichen Teig melirt: oder feines Ziegenmehl, fein gestoßenes und gesiebtes Glas und ungelöschter Kalkstaub, alles zu gleichen Theilen mit Oehlfirniß auf einem Reibestein gut melirt, und zuletzt mit fein geschnittener Wolle verdickt. Mit einem von diesen Kitten die Fugen oder kleinen Löcher so gut und so lange als möglich zu verstreichen, ist besser, als wenn man schon genöthigt ist, Flicken aufsetzen zu lassen, weil letztere sehr leicht zum Anbrennen des Meisches Gelegenheit geben.

Zur Veranschlagung oder ungefähren Vorherbestimmung des Gewichts der Blasen kann folgende Regel dienen: Durch Vergleichung der Größe und des Gewichts verschiedener Blasen ergiebt sich, daß z. B. zu einer vier Scheffel-Blase auf jeden Quadratfuß Bodenfläche etwa $9\frac{1}{6}$ Pfund, auf jeden Quadratfuß Decke (wobei die obere Oeffnung nicht in Abzug gebracht wird) etwa $8\frac{1}{2}$ Pfund, auf jeden Quadratfuß Seitenfläche ungefähr $4\frac{1}{3}$ Pfund, und für Nägel auf jeden Fuß Wechsel (da nur Eine Reihe Nägel gemacht wird) $1\frac{1}{4}$ Pfund gerechnet werden können.

Der Helm zu einer solchen Blase von 25 Zollen in der Mitte hoch, oben 28 Zoll und unten 2 Fuß im Durchmesser, dabei mit einer ungefähr 30 Zoll langen, oben 7 Zoll und unten 3 Zoll weiten Röhre, muß nicht viel weniger als 80 Pfund wiegen.

Die Stärke des Kupfers ergiebt sich aus diesen Maaßen und Gewichten und dem bekannten specifischen Gewichte, und es ist hierbei dasselbe zu beobachten, was vorhin von den Pfannen gesagt worden, nämlich, daß größere Blasen stärker, und kleinere Blasen etwas schwächer im Kupfer seyn können, jedoch so, daß immer das vorgedachte Verhältniß der Stärke des Bodens zu dem der Seiten und Decke zu beobachten ist, und die Stärke des Bodens, selbst unter einer ein Scheffel-Blase, nicht weniger als $\frac{1}{4}$ Zoll seyn muß.

Anm. Die bisher beschriebenen Destillirgeräthe sind die bekanntesten und gebräuchlichsten, worüber indeß, ungeachtet sie in einer mit Sachkenntniß und Klugheit geführten Brennerei ihrem Zwecke vollkommen entsprechen, schon mancherlei vermeintliche Verbesserungen in Vorschlag gebracht worden sind. Diese hier sämmtlich zu berühren, würde theils viel zu weitläufig, theils dem Zwecke dieses Werks nicht angemessen seyn. Unter den in vielen Schriften beschriebenen Destillirgeräthen scheinen mir aber keine von der gewöhnlichen Methode mehr abzuweichen, als die in der vorgedachten Norbergschen Schrift beschriebenen. In der Hauptsache besteht die Abweichung darin, daß ohne eigentlichen Helm, nur mit einer Röhre aus dem Halse der Blase destillirt, und in einem besonders großen und eigens eingerichteten Kühlfasse abgekühlt wird, wobei Dampfkühler, Wärmemesser, Siedewächter, Thermometer rc. angebracht sind. Uebrigens ist aber für diese complicirten Geräthe die Beschreibung so kurz und unzulänglich, daß diese Schrift nur eine Ankündigung, aber nicht eine Abbildung und Beschreibung derselben genannt werden kann.

Ferner in Anton Marchand's neuer Theorie der Gährung (Mannheim 1787 bei Schwan) ist eine, wiederum in ganz anderer Art von den gewöhnlichen, verschiedene Blase angegeben. Sie besteht aus einer vollständigen Kugel mit einem sehr hohen und schmalen Halse, auf welchem der ebenfalls kugelförmige Helm steckt. Bei einer eigens veranstalteten Gährung soll aus solcher Blase, ohne zuvor läutern zu dürfen, sogleich der reine Branntwein abgetrieben werden können, und dergleichen mehr.

§. 185.

Von Anlage der Braupfannen-Feuerungen.

Die Verschiedenheit der Feuerungs-Anlagen, unter denen die Braupfannen einen wichtigen Platz einnehmen, ist sehr groß. Es würde zu weit führen, wenn ich auch nur alle diejenigen der Braupfannen hier anführen wollte, welche von ihren Verfertigern und Besitzern als einzig zweckmäßige Anlagen gerühmt werden. Es gehört unstreitig eine vorurtheilsfreie Beurtheilung dazu, um über das, was dieser hier und jener dort über diese oder jene Anlage behauptet, nach allen den vielen hierbei obwaltenden Rücksichten zu prüfen. Daß viele Feuerungs-Anlagen auffallend schlecht und Holzverschwenderisch sind, ist längst bewiesen; allein dieserhalb die Verbesserungen derselben zu wahren Künsteleien zu machen, ist in der Regel eben so fehlerhaft, als mit Verwerfung aller Verbesserungen nur aus Gewohnheit, Vorurtheil oder Eigensinn eine auffallend schlechte Anlage vertheidigen zu wollen. Wie überall, so auch hier, ist die goldene Mittelstraße, meiner Meinung nach, die rechte und vorzüglichste.

Der Zweck aller Feuerungs-Anlagen ist, die aus dem Brennmaterial durch den Verbrennungsprozeß sich entwickelnde Hitze zu der vorhabenden Absicht möglichst viel zu benutzen; oder mit andern Worten, mit dem wenigst möglichsten Brennmaterial den vorhabenden Zweck zu erreichen. Um nun zu beurtheilen, ob diese oder jene Feuerung diesem Zwecke entspricht, muß man von folgenden Prinzipien ausgehen. Der Verbrennungsprozeß ist eine chemische Zerlegung der Brennmaterialien mittelst der Zersetzung der atmosphärischen Luft. Ohne freies Hinzuströhmen frischer Luft kann kein Feuer brennen. Das Hinzuströhmen der frischen Luft muß aber nur von Einer Seite her zum Feuer geschehen, folglich nicht dem Abzuge des Rauchs entgegen kommen, oder denselben in seinem Abzuge hindern, oder ihn daselbst zu früh erkalten; wi-

gleichfalls muß die Rauchröhre unterhalb des Orts, wo der Rauch aus der Feuerung in dieselbe tritt, abgeschlossen werden. Das Feuer muß mittelst Kanäle so lange innerhalb der Feuerung oder unter und um das zu erhitzende Gefäß herum geführt werden, daß der Rauch da, wo derselbe die Feuerung verläßt, nur noch Wärme genug hat, um aufzusteigen, und durch den Schornstein zu entweichen. Ein Mehreres hierin zu thun, nämlich den Rauch in noch längern Kanälen bis beinahe zur Erkaltung in der Feuerung herum zu leiten, ist schädlich, indem die letzten Kanäle dadurch zu leicht verschlammen. Am Ende der Kanäle aber müssen jedesmal Schieber zum Verschließen derselben befindlich seyn, um hiernächst auch die Kohlenhitze benutzen zu können.

Bei den Braupfannen-Feuerungen insonderheit ist ferner zu beobachten, daß das Feuer nicht an einem einzelnen Orte seine Hitze zu stark äußere, als wodurch das Gefäß daselbst zu leicht verbrennt, vielmehr müssen die Kanäle vom Heerde aus sogleich getheilt, und an den Seiten des Gefäßes nicht höher geleitet werden, als bis so weit die zu kochende Flüssigkeit in dem Gefäße steht, weil sonst gleichfalls die Seitenwände des Gefäßes zerstöhrt werden.

Weil aber bei den Braupfannen und allen ähnlichen Anstalten, wo innerhalb offener Gefäße die Flüssigkeit durch Kochung verdunstet und concentrirt wird, die Flüssigkeit Anfangs hoch und zuletzt nur niedrig darin steht: so müssen da, wo Seitenkanäle sich befinden, selbige so angelegt seyn, daß sie, wenn es nöthig ist, verschlossen, und das Feuer durch andere tiefer herunter befindliche Kanäle fortgeleitet werden kann.

Bei den Kochungen in verschlossenen Gefäßen, als z. B. bei den Blasen, ist diese Rücksicht weniger wichtig, weil innerhalb derselben sich vieles von der Feuchtigkeit in Dampf auflöset, und so die Seitenwände befeuchtet erhält. Bei den Braupfannen aber hat man an einigen Orten, um in Absicht der Schonung der Seitenwände noch sicherer zu seyn, lieber die Feuerkanäle nur unter dem Boden der Pfanne herumgeleitet, und die Pfanne bloß, ohne Einmauerung ihrer Seitenwände, über die Feuerung gestellt.

Ferner ist bei zweckmäßiger Anlage einer jeden Feuerung auch auf die Art der Brennmaterialen Rücksicht zu nehmen. Z. B. trocknes Holz verlangt den wenigsten, feuchtes Holz einen mehrern, Torf und Steinkohlen aber den stärksten Luftzug, und dieser muß der Länge der Kanäle angemessen seyn; denn wenn die Kanäle bei mangelndem Luftzuge zu lang sind: so wird der Rauch, anstatt mit einem ihm nöthigen Wärmegrad durch den Schornstein zu entfliehen, im Ausgange der Kanäle sich verdicken und selbige verschlammen.

Um dem Feuer den ihm nöthigen Luftstrohm recht zweckmäßig zuzuführen, ist ein Rost nöthig, worauf das Feuer brennt, wo dann der Luftstrohm, mit Verschließung der Einheitzthür, nur durch den Rost von unten herauf sich dem Feuer mittheilt. Um den Zug bei einer Feuerung mit Torf und Steinkohlen zu verstärken, muß der Schornstein, in welchen der Rauch aus der Feuerung einströhmt, unterhalb mit einer dicht schließenden eisernen Thür verschlossen werden. Um den Luftstrohm, bei einer Feuerung mit trockenem Holze, etwa zu verschwächen, kann die Klappthür im Schornstein geöffnet werden, damit die flammende Hitze von dem letztern Brennmaterial nicht zu schnell in den Schornstein gejagt werde.

Anm. Bei den Kochungen findet auch oft darin eine Holzverschwendung und ein Ruin der Kochgefäße und der Feuerkanäle statt, daß ein überflüssig großes Feuer fortwährend unterhalten wird. Man sollte doch nur immer von dem bekannten Grundsatze ausgehen, daß eine zum Grade der Siedehitze gebrachte Flüssigkeit keinen höhern Grad der Hitze annehmen kann, wie ein Versuch mit einem eingetauchten Thermometer sehr leicht beweiset. Das, was Einige hiergegen zu ihrer Vertheidigung sagen, daß nämlich, wenn die Flüssigkeit Wellen schlage, sie in den Wellen eine größere Oberfläche zur Verdunstung darbiete, scheint, wenn auch etwas daran wahr wäre, wenigstens nicht den erwähnten Verlust zu vergüten.

Daß sich mit mehrerer oder weniger Beobachtung dieser Haupt-Grundsätze eine sehr große Mannigfaltigkeit von Vorschlägen zu Feuerungs-Anlagen bilden lasse, leuchtet sehr bald ein. Es sind auch dergleichen Vorschläge in vielen Schriften, von den simpelsten bis zu den complicirtesten und sinnreichsten hinauf, erschienen, ja selbst schon ausgeführt, und dennoch scheint man keinesweges darüber einig zu seyn, welcher Anlage man den Vorzug geben soll. Freilich kann es, schon nach dem bisher Gesagten, keine Universal-Anlage dieser Art geben, und noch weniger ist es deshalb möglich, weil viele der Nebenumstände sich jedesmal nach der Lokalität richten müssen; allein mit Kenntniß und Umsicht und sorgfältiger Beobachtung der vorher aufgestellten Grundsätze muß es leichter werden, für jeden speciellen Fall eine zweckmäßige Feuerung anzulegen.

Nach dieser allgemeinen Einleitung will ich nun einige Feuerungs-Anlagen der Braupfannen beschreiben.

Der hiesige Feuer-Bau-Inspektor, Herr Jachtmann, hat in seinen bekannten Werken über Feuerungs-Anlagen sich ein großes Verdienst erworben; nur macht man hie und da diesen Anlagen noch den Vorwurf, daß sie zu complicirt und zu kostspielig sind. In wie fern dieser Vorwurf gegründet sey oder nicht, wird sich aus Folgendem ergeben. Um nicht zu unnützen Wiederhokungen Anlaß zu geben, will ich also zuerst die Feuerungs-Anlage einer Braupfanne aus des Herrn Jachtmanns Abhandlung über Brau-, Branntweinbrennerei- und Malzdarren-Feuerungen rc. (zweitens Heft, Berlin 1794 beim Verfasser) entlehnen, und dann einige andere Anlagen mit derselben vergleichen.

Fig. 206 A ist die Anlage dieser Feuerung unmittelbar über dem Fundamente, und zwar nach dem Durchschnitte der Linie A B in Fig. 206 D, E, F und G. Darin ist a der Aschenbehälter unmittelbar unter dem Roste, dessen Thür sich bei e f befindet; b eine Unterwölbung, blos um Mauerwerk zu ersparen, und um weniger Erdfeuchtigkeit anzuziehen. Fig. B ist ein Grundriß nach dem Durchschnitte der Linie E F in Fig. D unmittelbar über dem Heerde. Es ist darin b der Rost, welcher auch in Fig. D mit den zirkelförmig gestalteten Mauerstufen dahinter zu sehen ist; die Einheitzthüre befindet sich bei c g. Fig. D ist ein Durchschnitt nach der Linie I K in A B C. Fig. G der Durchschnitt nach der Linie L M in B; ferner Fig. E der Durchschnitt nach der Linie P S in B, Fig. F der Durchschnitt nach der Linie P Q in B und Fig. H der Durchschnitt nach der Linie T U in Fig. B.

Wenn nun das Feuer auf dem Roste b in Fig. B und D brennt, während dem die Einheitzthür c g verschlossen und die Aschenfallthür e f in A offen gehalten wird: so dringt die Luft aus dem Raume a in A hinauf durch den Rost b in das Feuer; letzteres muß nun zur Absetzung seines Rauchs einen andern Weg suchen. Von den runden Mauerstufen (siehe Fig. B und D) sowohl, als durch die übrigen Seitenwände des Heerds, welche an beiden Seiten vom Roste an (nach Fig. E) rund herauf gemauert sind, wird das Feuer möglichst gegen den Boden der Pfanne gedrängt, geht von da nach hinten, woselbst es durch die Zunge d Fig. B in zwei Theile oder in zwei Kanäle e e getheilt wird, von da etwas hinauf und nach den Kanälen m m Fig. B und G, an den beiden Seiten der Pfanne steigt. Durch diese schmalen und hohen Kanäle läuft es wieder zurück nach vorne, fällt daselbst in den Kanälen g g Fig. B und G herab, steigt in den Kanälen h h wieder hinauf, und geht so (nach Fig. H) in den gemeinschaftlichen Schornstein g, welcher daselbst bei z mit einer eisernen Thür abgeschlossen ist.

Da, wenn die Pfanne Anfangs sehr hoch mit Würze angefüllt ist, die Seitenkanäle m m Fig. G die Seiten der Pfanne beinahe in ihrer ganzen Höhe sehr vortheilhaft erwärmen: so würde gegentheils das Kupfer der Seiten verbrennen, wenn die Würze hiernächst bis zur Hälfte ihres vorigen Inhalts verkocht ist, oder wenn der Hopfen in der Pfanne geröstet werden sollte. Dieserhalb werden dann die Kanäle e e Fig. B, C und F mit eisernen Schiebern verschlossen, und die Hitze muß sodann die Kanäle r r Fig. F hinab steigen, in den Kanälen s s Fig. A zurücklaufen, und nahe bei der Einheitzung durch die Kanäle t t Fig. H hinauf in den Schornstein q steigen.

Sollen die Seitenwände der Pfanne vermittelst der Kanäle m m geheitzt werden: so bleiben während der Zeit die Schieber w w in den Kanälen t t Fig. H geschlossen; und soll, wie zuletzt gedacht, nur der Boden der Pfanne geheitzt werden: so werden die Schieber w w geöffnet, und wie vorerwähnt, die Schieber e e Fig. C und v v Fig. H geschlossen. Soll aber die Hitze von dem ausgebrannten Feuer noch zum Nachkochen benutzt und sämmtliche Kanäle verschlossen werden: so geschieht dies durch die Schieber v v, w w in Fig. H; und wenn man das Feuer mitten im Brennen dämpfen will: so

dürfen

dürfen nur die Schieber v v und w w geschlossen, dagegen die Einheitzthür und die Schornsteinklappe z geöffnet werden.

Eine zu große Complication ist dieser Feuerungsanlage wohl nicht vorzuwerfen: und daß sie ihren Zweck nur zu sehr erfülle, davon zeugen selbst die Abweichungen, welche man mit derselben gemacht hat. Nämlich, man hat gefunden, daß die Seitenwände der Pfanne zu sehr von der Hitze leiden, welches aber vielleicht nur darin seinen Grund hat, daß die Schieber e e nicht zu rechter Zeit zugeschoben worden sind. Auch finden es Einige unbequem, daß der Brauer wegen der wenigstens 10 Zoll starken Einmauerung der Seiten der Pfanne, beim Schöpfen in und aus derselben, zu weit von der Pfanne stehe. Alles dies hat zu der in Fig. 207 A, B und C vorgestellten, hier in einer bedeutenden Brauerei ausgeführten Anlage der Feuerung Veranlassung gegeben. Nach derselben steht die Pfanne mit ihren drei Seiten ganz frei; und da also nur der Boden derselben geheitzt wird: so muß das Feuer unter demselben sogleich in die Kanäle (r r Fig. 206 F) abwärts fallen, wo es dann seinen Weg weiter, wie vorgedacht, nimmt.

Wo das Feuer gar nicht nach den Seiten hinauf steigen, sondern nur herunter fallen darf, da werden zu dem Ende die Kanäle r r Fig. 206 F oben bei e e etwas weiter als unten gemacht.

Das Fallen des Feuers wird von Einigen als der Natur desselben entgegen, angesehen, jedoch leistet es in dem beregten Falle die besten Dienste, indem sonst die Hitze mit einer zu großen Schnelligkeit durch den verschlossenen Schornstein verfliegen würde.

Der von dem Geheimen Ober-Baurath Herrn Eytelwein in seiner hier S. 236 benannten, Schrift gemachte Vorschlag, stimmt mit der vorgedachten Anweisung des Herrn Jachtmann beinahe überein, außer daß Herr Eytelwein die Kanäle an den Seiten der Pfanne weniger hoch reichen, dagegen aber die abfallenden Kanäle unter dem Heerde wegfallen läßt.

Nehmen wir an, daß die in Fig. 207 vorgestellte Einrichtunng, wie die Erfahrung lehrt, zweckmäßig sey: so muß es die Einrichtung des Herrn Eytelwein's dem Anscheine nach um so mehr seyn, da durch dieselbe die Seiten der Pfanne eben so sehr geschont und nicht zugleich erkältet werden; nur darf dann der Hopfen nicht in der Pfanne geröstet werden, welches aber nach Fig. 207 wohl thunlich ist. Die Unbequemlichkeit, welche die in Fig. 206 angegebene 10 Zoll starke Mauer an den Seiten der Pfanne beim Schöpfen ꝛc. verursacht, kann nur bei sehr breiten Pfannen Erwägung verdienen. Dagegen aber sind die Vortheile der Anlage Fig. 207 und der des Herrn ꝛc. Eytelwein's in derselben vereinigt und nach Belieben anzuwenden.

Herr Jachtmann, den ich einst um eine Simplification seiner Feuerungs-Anlangen ersuchte, antwortete mir: „Wenn eine Braupfanne auf Holzer„sparung eingemauert werden soll: so kann ich keine „andere oder einfachere als die im zweiten Hefte meiner „Anweisung ꝛc. geben; denn sonst würde das nicht ge„leistet werden können, was man nächst der Holzer„sparung wünscht, nämlich die Erhaltung des Kupfers; „denn was würde man zu einer Holzersparung von „etwa jährlich zwei Haufen Holz sagen, wenn man da„gegen in einigen Jahren eine Pfannen-Reparatur vor„nehmen müßte, die doppelt so groß als der Gewinn „wäre: und dies ist bei allen einfachern Anlagen zu er„warten, oder man muß die Pfanne stumpf auf die „Mauer setzen, und dann ist es die alte Leier.“

„Will man die Kosten des Eisens nicht daran wen„den: so kann allenfalls der Rost von Steinen gemacht „und sämmtliche Schieber und Kapseln durch Steine er„setzt werden: und dann sehe ich nicht ein, warum man „diese Methode nicht befolgen sollte, da der Nutzen hin„länglich bewiesen worden. Glaubt man, sie sey für „den Maurer zu künstlich: so wird es auch jede andere „seyn, die von dem alten Schlendrian abweicht."

„Die in Fig. 208 A und B vorgestellte Anlage „möchte vor der alten, wo die Pfanne gemeiniglich „stumpf auf die Mauer aufgesetzt ist, noch etwas zum „voraus haben; allein da die Seiten der Pfanne hier„bei auch, wenn nur wenig Flüssigkeit darin ist, der „Glut ausgesetzt sind: so kann sie nicht mit Sicherheit „empfohlen werden, *) zumal da die Brauer sehr oft „unvorsichtig damit umgehen, wenn ihnen die Sachen „nicht eigenthümlich gehören. Wollte man aber denn „doch diese Anlage der bessern vorziehen, wo man ver„mittelst der Schieber das Feuer völlig in seiner Gewalt „hat: so würde die Anlage folgende seyn."

„Man mauere einen Rost a von Steinen, auf „einigen eisernen quer liegenden Stäben ruhend, einen „Fuß breit und so lang als die Pfanne ist. Dann gebe „man dem Mauerwerke über dem Roste, worauf die „Pfanne an allen Seiten etwa 4 Zoll sicher aufruhen „muß, eine elliptische Form, und in demselben auf bei„den Seiten von 10 zu 10 Zoll Einschnitte c c, jeden „5 Zoll breit zur Spielung des Feuers um die Seiten „der Pfanne. Diese Spielung c Fig. B um die Seiten „braucht nur 3 bis $3\frac{1}{2}$ Zoll breit zu seyn, und zieht sich „nach der Stirnseite der Pfanne in zwei senkrechte Ka„näle b b, welche durch eine Zunge getrennt sind, her„ab, unter dem Heerde zurück und vorn durch die

„Kanäle dd wieder herauf nach dem verschlossenen „Schornstein."

„Beim Holzbrande muß diese Pfanne 15 bis 18 „Zoll hoch über dem Rost stehen, beim Torfbrande aber „nur 1 Fuß. Einheitzung und Aschenfall müssen mit „eisernen Thüren versehen seyn."

*) Um hierbei das Verbrennen der Seiten der Pfanne möglichst zu verhindern, dürften die Einschnitte oder Kanäle an den Seiten nur so hoch reichen, als die Flüssigkeit in der Pfanne gewöhnlich steht.

Sollte diese Anlage noch mehr vereinfacht werden: so müßten auch die herab führenden Kanäle wegfallen, und das Feuer aus den Seitenkanälen könnte dann nur in zwei Kanäle zusammen gezogen, und unmittelbar in den Schornstein geführt werden, welches freilich immer noch besser seyn würde, als da, wo das Feuer unmittelbar von dem Heerde hinweg nach hinten in den Schornstein fährt. Welche Verschwendung der Hitze und des Brennmaterials hierbei obwaltet, braucht wohl nicht näher nachgewiesen zu werden. Freilich werden die Einfältigen es immer noch bequemer finden, wenn sie sich um Oeffnung und Verschließung der Schieber nicht bekümmern dürfen, sondern, wenn es hiernächst an Hitze mangelt, sie zu allen Zeiten und ohne besorgt zu seyn, daß die Hitze der Feuerung Schaden thue, immer nur nachlegen können. In der Natur ist es aber nun einmal so: nur durch mehrere Kraft kann eine größere Last gewältigt, nur durch mehrere Mühe können mehrere Vortheile erzielt werden.

*) Es ist mir gar wohl bekannt, daß mancher Gutsbesitzer mit dem besten Willen, die Holzersparung hierin zu befördern (aus Eigensinn oder Unwissenheit derjenigen Leute, die mit den Feuerungen umgehen müssen) nicht vermag. Für solche Besitzer wäre die letztere Manier zur Anlegung

der Braupfannen-Feuerung leider sogar anzurathen, weil sie sonst die Widersetzung gegen den gedachten Eigensinn oder Dummheit ihrer Leute auf mancherlei andere Art würden büßen müssen.

Das, was Herr Jachtmann in seinem Werke über die Kosten einer solchen Einrichtung sagt, ist auch ein wesentlicher Vorwurf, den man diesen Anlagen macht. Ganz ist dieser Vorwurf nicht abzulehnen; allein, wenn im schlimmsten Falle dadurch nur an Brennmaterial erspart, und beinahe dasselbe wieder auf den Bau und die Unterhaltung der Anlage verwendet werden müßte: so würde es erst noch darauf ankommen, welche Art von Ersparung, ob Geld oder Holz, die vorzüglichste sey. Bei dem fast überall immer mehr und mehr herrschend werdenden Holzmangel wird diese Frage, wenigstens dem Patrioten, leicht zu beantworten seyn. Wenn indeß noch die Schieber und der Rost von gebrannten Steinen gemacht werden: so wird von den hier in Rede stehenden Braupfannen-Feuerungen auch die künstlichste derselben nicht zu kostbar werden.

Außer den mancherlei andern Vorschlägen, welche über diesen Gegenstand bereits erschienen sind und noch erscheinen, wird jeder einzelne Vorschlag dadurch wenigstens verzwiefacht, wenn man einmal, so wie vorstehend, die Einheitzung unter der Schornsteinröhre, und zum andern, wenn man die Einheitzung an dem der Schornsteinröhre entgegen gesetzten Ende der Pfanne anlegt, welches, wie schon früher gedacht, von Einigen für bequemer gehaten wird

Wollen wir diese Abänderungen auf die bisher angegebenen Figuren anwenden: so wird z. B., wenn in Fig. 206 B bei I die Einheitzung und bei K die Schornsteinröhre stehen sollte, das Feuer zuerst wie vorhin vom Heerde an durch die Kanäle mm nach den Seiten herum und zurück, dann durch die Kanäle g g hinab fallen, und unter dem Heerde hinweg nach der Seite k hin, bis zum Schornstein laufen müssen. Ferner, das durch die Kanäle e e herab fallende Feuer (wenn nämlich blos der Boden der Pfanne geheitzt werden soll) würde dann nur um eine Zunge herum sich wiederum in die Höhe wenden, und ebenfalls an der Seite K wieder herauf in den Schornstein steigen. Dieser letztere Gang des Feuers ist auch in Fig. 207 (wenn nämlich auch darin die Feuerung am entgegen gesetzten Ende angelegt werden soll) die einzige Abänderung.

Bei einer gleichen Abänderung des Einheitzungsorts in Fig. 208 würde das in den Kanälen b b herab fallende Feuer, (anstatt solches vorhin unter dem Heerd zurück nach und in den Kanälen d d herauf stieg,) dann unten nur um eine Zunge herum sich wenden und in zwei andern Kanälen herauf in den Schornstein steigen.

Noch giebt es einige wenige Fälle, wo der Bequemlichkeit und des Raums im Brauhause wegen, die Feuerung an einer der langen Seiten der Pfanne angelegt wird. Aus den bisher angeführten Beispielen ersieht man leicht, daß eine solche Anlage, wenn gleich ausführbar, doch möglichst zu vermeiden ist. Soll es aber geschehen: so kömmt es zuerst darauf an, wo der Schornstein gegen den Ort der Einheitzung liegt.

Soll der Rost und der Heerd überhaupt nicht zu breit werden, wodurch nämlich erreicht wird, daß dann nicht verschwenderisch untergefeuert werden kann: so würde, wenn das Feuer von hinten sogleich nach den Seiten der Pfanne hinauf steigen sollte, der Boden derselben auf einer zu großen Mauerfläche aufliegen, und daselbst nicht hinlänglich geheitzt werden. Es würde alsdann besser seyn, nach Fig. 209 das Feuer vom Roste a an durch die Kanäle b b zurück, und, je nachdem die

Pfanne lang oder kurz ist, im ersten Falle durch die Kanäle dd noch unter dem Boden der Pfanne, oder im letztern Falle, (wenn nämlich die Pfanne nur kurz ist,) in den Kanälen cc hinauf steigend, und in den Kanälen dd an den Seiten der Pfanne, nach den Röhren ee zu leiten.

Da es unmöglich seyn würde, alle, sowohl durch die örtliche Lage, als auch durch andere Umstände zuweilen herbei geführte Abänderungen anzugeben: so will ich hiermit von der eigentlichen Anordnung der Feuerungen abbrechen, und nur noch der beim Bau derselben zu beobachtenden Dimensionen und Constructionsregeln mit wenigem erwähnen.

Daß bei allen vorgedachten Anlagen (und überhaupt wo es auf einen guten Zug ankommt, besonders also da, wo unmittelbar von der Brauerei aus, geheitzt wird, folglich der Schornstein der Einheitzung gegenübersteht) der Schornstein völlig abgeschlossen seyn muß, ist schon bemerkt worden, und als eine Hauptregel zu beobachten.

Was die Dimensionen der Kanäle ꝛc. betrifft, so will ich solche aus des Herrn Jachtmanns erwähntem Werke entlehnen, welche auch für die übrigen Fälle das nöthige Verfahren angeben.

Die Größe der ganzen Anlage z. B. Fig. 206 A wird nach Verhältniß der Größe der Pfanne angegeben. Nehmen wir nun eine etwa 6 Fuß lange und 4 Fuß breite Pfanne an: so muß, wenn mit Steinkohlen gefeuert wird, der Rost in Fig. B 4 Fuß lang 2 Fuß breit; bei Torffeuerung eben so, bei Holzfeuerung nur 3 Fuß lang 18 Zoll breit, und so verhältnißmäßig bei größern oder kleinern Pfannen groß seyn.

Anm. Es bezieht sich dies darauf, was bereits S. 317 über den verschieden nöthigen Luftzug durch den Rost, bei Torf oder Holz gesagt worden.

Wird der Rost von Gußeisen gemacht: so besteht derselbe nach Fig. 210 A aus drei starken so genannten Rostbalken a a a, welche in Fig. B nach der Länge aufrecht liegend vorgestellt sind. In die Ausschnitte b b b Fig. B werden die einzelnen Stäbe c c c dergestalt gelegt, daß oberhalb alles eine gerade Fläche bildet. Die Höhe der Stäbe c c ist ungefähr 3 Zoll, ihre Breite $1\frac{1}{2}$ Zoll, die Höhe der Rostbalken a a 6 Zoll, und ihre Breite 3 Zoll. Dabei werden die Stäbe nach Maaßgabe des verkohlten Feuerungsmaterials mehr oder weniger, gewöhnlich aber nur $\frac{1}{2}$ Zoll aus einander gelegt, so daß in einen 2 Fuß breiten Rost ungefähr 12 Stäbe zu liegen kommen.

Soll der Rost wohlfeiler, nämlich von gebrannten Steinen seyn: so kann derselbe nach der Fig. 51 bis 54 im ersten Theile dieses Werks gegebenen Anweisung gemacht werden.

Die in Fig 206 B mit q r bezeichneten drei Linien sind gemauerte Stufen, welche in Fig. D als solche nach hinten aufsteigen, von den Seiten aber vom Roste an, sich rund in die Höhe bis unter den Boden der Pfanne wölben, wie in Fig. E zu sehen ist. So schreibt Herr Jachtmann dies vor. Zur Vereinfachung dieser Arbeit aber hat man anstatt der Heraufwölbung gewöhnliche Stufen nach Fig. 207 A, sowohl von hinten als an den Seiten gemauert, welche gleich gute Dienste leisten, und von ungeübtern Maurern eher zu machen sind.

Die Anlage dieser Wölbung oder der Stufen richtet sich danach, daß die Pfanne mit ihrem Boden an allen vier Seiten um 3 Zoll auf dem den Heerd umfassenden Mauerwerke (wie aus der Fig. 206 C und Fig.

B hervor geht) ruhen muß. Die Höhe des Bodens der Pfanne über dem Roste ist, wie schon erwähnt, bei Holzfeuerung 15 Zoll, bei Torf- und Steinkohlenbrand aber nur 1 Fuß. Eben so hoch kann dann auch nur die Einheitzthür, dabei aber 15 Zoll breit werden. Da nun der Boden der Pfanne unmittelbar über der Thüröffnung kein Auflager erhält: so muß zur Unterstützung der Pfanne auf beiden Seiten der Thür innerhalb nach Fig. 206 B ein Absatz n n, 5 Zoll vorspringend, gemauert werden, auf welchem der Boden der Pfanne ruht. Hier muß auch die Pfanne dicht gegen die Mauer angestoßen werden, weil, wenn ein luftiger Zwischenraum daselbst verbliebe, die Kante der Pfanne verbrennen würde.

Der Aschenfall erhält genau die Länge und Breite des Rostes, und es müssen auf dem, den Aschenfall umgebenden Mauerwerke die eisernen Roststäbe ruhen. Die Höhe des Aschenfalls ist ziemlich gleichgültig; gewöhnlich wird derselbe bis zur Oberfläche des Rostes 2 Fuß hoch gemacht, und da, wo die Thür ist, dergestalt überwölbt, daß die Unterkante der Einheitzthür mit der Oberfläche des Rostes eine gerade Fläche bildet, wonach sich also die Größe der Thür richtet.

Die gedachte von oben nach unten bis auf die Länge und Breite des Rostes zusammen gezogene Form des Heerds, hat den Nutzen, daß das Feuer nur auf dem Roste liegen und mit den Brennmaterialien nicht verschwenderisch umgegangen werden kann, und, da das Feuer mehr concentrirt wird, die Wirkung desselben vortheilhafter ist.

Wenn nun das Feuer von dem Heerde nach den Kanälen m m Fig. 206 B steigen soll, und es ist der Heerd nach Fig. E an beiden Seiten herauf gewölbt: so wird der Ausgang des Feuers nach den Kanälen m m, wie in Fig. E bei o o zu sehen, mehr beschränkt, als dies bei stufenförmiger Aufmauerung des Heerdes Fig. 207 B der Fall ist, mithin wird im letztern Falle die Kante der Pfanne mehr geschont.

Die zum Herunterfallen des Feuers bei e e Fig. 206 B und C befindlichen Kanäle r r in Fig. F, sind bei ihrer Einmündung ungefähr 12 Zoll lang und 6 Zoll breit; mehr herunter aber werden dieselben, wie in Fig. F zu sehen, bis auf 5 Zoll Länge und 5 Zoll Breite zusammen gezogen; und unter dem Heerde hinweg (s s in Fig. A) so wie weiter hinauf zum Schornstein, (t t in Fig. H,) sind selbige überall 10 Zoll hoch oder lang und 5 Zoll breit. Der Pfeiler d in Fig. B, auf welchem der Boden der Pfanne wenigstens 3 Zoll breit aufruht, theilt also das Feuer in zwei gleich große Kanäle.

Die zum Hinaufsteigen des Feuers an den Seiten der Pfanne bei m m Fig. 206 B und G befindlichen Kanäle, sind $4\frac{1}{2}$ bis 5 Zoll breit, und vom Boden der Pfanne an, (wenn nämlich auf eine, mit Flüssigkeit jedesmal voll gefüllte Pfanne gerechnet wird,) so hoch, daß nur noch oben am Rande der Pfanne 5 Zoll Mauer diese Kanäle decken und sich gegen die Pfanne anschließen. Sollten die abwärts führenden Kanäle r r Fig. F nicht vorhanden seyn: so würden dagegen die Seitenkanäle m m Fig. G nur höchstens halb so hoch, als die Pfanne ist, geführt werden dürfen, um bei nieder gekochter Würze die Seiten der Pfanne nicht zu verbrennen.

Da, wo die Seitenkanäle m m in die Brandmauer hinein gehen, wie in Fig. G zu sehen, sind selbige eben so hoch und breit, wie vorgedacht; dann aber, sowohl beim Niederfallen als Wiederhinaufsteigen (g g und h h in Fig. B, G und H) sind solche nur 10 Zoll und 5 Zoll weit und breit.

Das Niederfallen des Feuers bewirkt einen Aufenthalt der Hitze, welche ihrer Natur nach allemal in die Höhe steigt. Dieserhalb müssen die Schieber, welche zu der mehr erwähnten Zeit die Oeffnungen e e Fig. B und F verschließen sollen, von halbzölligem geschmiedetem oder gegossenem Eisen seyn. Herr Jachtmann sagt hierüber: Anfänglich ließ ich diese Schieber so einrichten, „daß sie in einem mit einem Falze versehenen Rahmen zu „liegen kamen, um sie desto gewisser hin und her schieben „zu können. Allein der Erfolg hat gezeigt, daß diese Ein„richtung nicht die beste war, ob sie gleich theurer zu „stehen kam; denn die Schieber warfen sich leicht durch „die große Hitze, und konnten mit aller Gewalt nicht „bewegt werden. Viel wohlfeiler und dauerhafter ist „demnach, zu dem Rahmen, worauf die Schieber lau„fen, $1\frac{1}{4}$ Zoll starkes Stabeisen in einem Viereck, dessen „hintere Seite fehlen kann, in die Mauer dergestalt „einzulegen, daß etwa nur $\frac{1}{2}$ Zoll desselben von der „Mauer in die Kanalöffnung hervor steht, welcher Vor„sprung zum Falze dient, worauf die $\frac{1}{2}$ Zoll starken „Schieber, welche genau die Größe des Kanals haben, „sicher und ungehindert laufen. Die Schieber v v und „w w Fig. H aber, so wie die (nachher zu beschreiben„den) Stürzen zu den Oeffnungen der Kanäle, brau„chen nur von ordinairem Sturzbleche zu seyn."

Alle Kanäle, bei einer solchen Feuerung, müssen so angelegt seyn, daß sie mit einer an einem langen Stocke oder starken Drath befindlichen Bürste bequem vom Ruß gereinigt werden können. Wie dies in der erwähnten Anlage Fig. 206 geschehen kann, ist aus den Zeichnungen zu ersehen. In Fig. A befinden sich in t t zwei Oeffnungen oder Fortsetzungen der Kanäle, durch welche sowohl die horizontalen Kanäle s s, als die hinauf steigenden Kanäle r r in Fig. F gereinigt werden können. Die entgegen gesetzten Oeffnungen u u der Kanäle s s in Fig. A sind auch in Fig. H mit u u bezeichnet, und es werden durch dieselben die aufwärts steigenden Kanäle t t Fig. H und C bis in die Schornsteinröhre q hinein gereinigt.

In Fig. B und C dienen die Oeffnungen x x dazu, um die Kanäle m m zu reinigen. Die entgegen gesetzten Oeffnungen dieser Kanäle befinden sich bei p p in Fig. A und G; und wie durch selbige die perpendikulairen Kanäle g und h Fig. B gereinigt werden können, ist aus Fig. G deutlich zu ersehen.

Alle diese Oeffnungen werden mit genau passenden eisernen oder thönernen Kapseln fest zugesetzt und mit Lehm verschmiert, da die Reinigung der Kanäle nur selten nothwendig ist.

Um den Heerd von der Flottasche und die hintersten Kanäle bei e e Fig. B dann und wann zu reinigen, können jedesmahl einige Roststäbe heraus genommen werden, wo man dann durch die Aschenfallthür bequem unter die Pfanne gelangen kann.

Der Schornstein q Fig. H ist bei z mit einer eisernen Fallthür verschlossen, welche, wenn der Schornstein selbst gekehrt werden soll, geöffnet wird; und zwar muß diese Thür sich niederwärts öffnen, um den Ruß herunter zu schütten, auch so groß seyn, daß ein Schornsteinfeger bequem hindurch steigen kann.

Die vorhin gedachten Kanalöffnungen x x Fig. B dienen zugleich dazu, um zur Abkühlung der Pfanne und der Schieber auf die Kanäle e e frische Luft hinein zu lassen.

Bei den eben gedachten Schiebern ist schon vorhin erwähnt worden, daß durch das Herabfallen des Feuers selbige sehr erhitzt werden, und daß aus gleicher Ursach auch die Hitze in den übrigen Kanälen sehr gepreßt, dadurch aber eben so gut benutzt wird. Die gepreßte Hitze wirkt zugleich auf das von ihr zunächst betroffene Mauerwerk sehr zerstörend, so daß, bei nicht gehöriger Vorsicht, manche Steine in kurzer Zeit erneuert werden müssen. Auch der Boden der Pfanne leidet da am mehrsten von der Hitze; indeß ist dies nicht zu ändern. Ein wesentliches Erforderniß ist es daher, dergleichen Feuerungen von den besten feuerfesten Steinen, und, wie sich von selbst versteht, mit Lehm aufzumauern, besonders aber solche feste Steine zum Heerde und seiner nächsten Umgebung, so wie zu dem Pfeiler d Fig. B und in der Gegend der Schieber e e anzuwenden. Die hiesigen sogenannten Porzellansteine, welche aus sehr feinem Thon und zerstoßenen Porzellankapseln gemacht werden, leisten hierzu die besten Dienste; denn, ungeachtet das Tausend allhier 25 bis 30 Thaler kostet, machen sie sich dennoch wegen ihrer großen Dauerhaftigkeit gegen sonst kostspielige Reparaturen sehr gut bezahlt.

Noch ist anzumerken, daß die Wange, welche die Kanäle m m Fig. B vom Heerde trennt, oberhalb 3 Zoll breit ist, worauf die Pfanne steht. Die Breite der Kanäle m m von 5 Zoll, und deren äußere Einschließungswange von 5 Zoll, machen die ganze Mauerstärke von 10 Zoll zu beiden Seiten der Pfanne. Die Stirnmauer, in welcher die 6 Zoll weiten Kanäle e e liegen, und mit einer 10 Zoll starken äußern Einschließungsmauer umgeben sind, ist überhaupt also 16 Zoll stark. Gegen die Brandmauer steht die Pfanne dicht an; da aber ihr eiserner Ring und die Umlegung ihres Randes ungefähr 2 Zoll von der Mauer abträgt: so ist das Mauerwerk um eine jede Pfanne, welche auf diese Art mit Seitenkanälen eingemauert ist, allemahl 20

Zoll breiter und 18 Zoll länger, als die Pfanne im Lichten ist.

Die Höhe der Pfanne über dem Fußboden des Brauhauses richtet sich, wie auch schon vorher bei den Blasen bemerkt worden, darnach, ob die Feuerung von außen oder im Brauhause selbst geschieht, und im letztern Falle, ob der Aschenfall in den Fußboden versenkt, oder mit demselben in die Waage gelegt wird. Beides geht sehr füglich an; wenn aber der Aschenfall versenkt in den Fußboden angelegt wird, welches jedoch nicht tiefer, als bis höchstens zur Oberfläche des Rostes geschehen darf: so muß vor demselben eine eben so tiefe und hinlänglich geräumige Oeffnung sich befinden, um nach dem Aschenfall gelangen zu können; diese Oeffnung wird am besten mit einer gegossenen eisernen Platte bedeckt.

Wenn aber die Heitzung der Pfanne von außen geschieht: so kann die Pfanne ziemlich niedrig gegen den Fußboden des Brauhauses zu stehen kommen. Dessen ungeachtet wird in der Höhe bis zum Boden der Pfanne ein 16 bis 18 Zoll breiter Tritt oder Banquet um die drei freien Seiten der Pfanne angelegt, nicht allein, um beim Gebrauch der Pfanne bequem darauf stehen zu können, sondern um dem Heerde an allen Seiten eine hinlängliche Resistenz zu geben. In Fig. 206 dient aber diese Verstärkung noch besonders dazu, um für die Leitung der herab fallenden Kanäle r r Fig. F die nöthige Mauer zu erhalten.

Endlich ist noch anzuführen, daß, wenn mehrere Feuerungen, als z. B. in Fig. 183 A die der Pfannen und die der Darre, unter einem Schornstein liegen: so muß, bei der vorhin beschriebenen Feuerungsanlage, von jeder Feuerung ein besonderer Schornstein, der an und für sich, wie vorgedacht, verschlossen ist, hoch genung in den allgemeinen Schornstein hinauf gehen, um gegen den Rauch gesichert zu seyn. Besser aber ist noch, den allgemeinen Feuerraum fest oder dicht zu überwölben, über dem Gewölbe einen allgemeinen grossen Schornstein aufzuführen, die kleinern Schornsteine der einzelnen Feuerungen durch das Gewölbe in den allgemeinen Schornstein einzuleiten, und in der Mitte des Gewölbes eine eiserne dicht-passende herunterwärts sich öffnende und zum Einsteigen hinlänglich große Thür anzulegen.

§. 186.

Von Anlegung der Blasen-Feuerungen.

Bei Beschreibung der Blasenfeuerungen muß ich gleichfalls die von dem Herrn ꝛc. Jachtmann in dem erwähnten Hefte angegebene Anweisung zuerst nehmen, nicht allein, weil sich ihr Gebrauch vollkommen gut bestätigt hat, sondern weil sich aus derselben, ohne Vervielfältigung der Zeichnungen, auch viele der davon abweichenden Methoden schildern lassen.

Fig. 211 B zeigt die Lage des Rostes b, welcher gewöhnlich von Eisen gemacht wird, sonst aber zur Ersparung auch wohl von gebrannten Steinen gewählt werden kann.

Die Größe der Roste giebt Herr Jachtmann verschieden an, und zwar bei Holzbrand:

zu einer	2	Scheffel-Blase	2 Fuß	lang	18 Zoll	breit
=	=	$1\frac{1}{2}$	=	=	18 Zoll	=	18 = =
=	=	1	=	=	18 =	=	12 = =

Zum Torfbrande:

zu einer	2	Scheffel-Blase	2 Fuß	lang	2 Fuß	breit
=	=	$1\frac{1}{2}$	=	=	2 =	=	18 = =
=	=	1	=	=	18 Zoll	=	18 = =

und so auf und ab.

Freilich muß sich die Größe des Feuerraums, und folglich die Größe des Rostes, nach der Größe der Blase richten; indeß kommt es hierbei wiederum auf das vorgedachte Verhältniß des Durchmessers zur Höhe der Blase an, wenn die stufenförmige Erhöhung des Heerds statt finden soll; und es ergiebt sich sonach aus obigen Maaßen der Roste, daß auch Herr Jachtmann für große Durchmesser gegen ihre Höhen sich erklärt.

Den Aschenfall a Fig. 211 A unter dem Roste, welcher in der Länge und Breite mit demselben gleich ist, macht man, wenn es die Umstände erlauben, gern 18 Zoll, wenigstens aber 1 Fuß hoch, weil die Thür des Aschenfalls unter der Einheitzthür noch überwölbt seyn muß, und sonst die Aschenfallthür zu niedrig werden würde.

Von dem Roste an erheben sich vier stufenförmig gemauerte Erhöhungen c c in Fig. B und D, welche (als vier Schichten Steine über einander) die Höhe des Heerds, oder vielmehr die Entfernung des Bodens der Blase von dem Roste bestimmen, welche bei Holzbrand 15 Zoll, bei Torf- oder Steinkohlenbrand aber nur auf 1 Fuß angenommen wird.

Auf der obersten dieser runden Stufen ruht die Blase; und da die Blase nur ungefähr 2 Zoll mit ihrem Boden aufruhen muß, der Boden derselben aber von ihren Seiten an sich etwas rundet, also mit den Seiten keine scharfe Kante bildet: so richtet sich hiernach, und nach der zu erhaltenden Höhe des Heerds, der innere Durchmesser der obersten Stufe.

Die Steine zur Anfertigung eines solchen Heerds, vorzüglich aber die zur obersten Stufe, müssen vorzüglich gut und feuerfest seyn, weil, wenn letztere leicht ausbrennen, das Feuer in den Kanal steigen würde,

ohne

ohne den ihm vorgeschriebenen Gang zu nehmen. Zu mehrerer Vorsicht, daß das Feuer, wenn ja die Fugen da, wo die Blase aufsteht, etwas ausbrennen sollten, nicht in den Kanal kommen könne, drückt man Dachziegel in steifen Lehm in den Kanal bei d Fig. D herum, und streicht den Boden des Kanals mit einem Pinsel und weichem Lehm recht glatt.

Wenn nun während der Feuerung die Einheitzthür k verschlossen, und die Aschenfallthür offen gehalten wird: so dringt das Feuer vom Heerde in die Oeffnung g Fig. B und D, woselbst es nach Fig. C in den Kanal h tritt, in demselben um die ganze Blase läuft, bis solches bei i ankommt; daselbst fällt es (Fig. B und E) in den Kanal i perpendikulair hinab, läuft unter dem Heerde in den Kanal m, Fig E und A, nach vorn, steigt durch den Kanal n Fig. E wiederum perpendikulair in die Höhe, und so in den verschlossenen Schornstein.

Die Oeffnung g Fig. B. muß zwischen den Ecken e f der obersten Stufe ein Drittheil des Durchmessers der Blase breit seyn.

Anm. Herr Jachtmann giebt in seiner vorerwähnten Schrift für die bemerkte Breite dieser Oeffnung g folgende Dimensionen an: Wenn der Kanal h um die Blase herum 5 Zoll breit ist: so soll die Oeffnung g nur 6 Zoll breit seyn, und wenn der Kanal h nur 3 Zoll breit ist: so soll die Oeffnung g 8 Zoll breit seyn. Durch Erfahrungen hat man indeß das oben bemerkte Maaß von ⅓ des Durchmessers für zuträglicher gefunden, weil bei kleinern Maaßen derselben das Feuer mit einer zu großen Heftigkeit in diese Oeffnung fährt, und daselbst die Bodenkante der Blase zu schnell zerstört.

Der Kanal h um die Blase herum darf bei Holzfeuerung nur 3 Zoll, bei Torffeuerung 4 Zoll, und bei Steinkohlenfeuerung 5 Zoll breit seyn; seine Höhe ist aus Fig. E und D zu sehen, und richtet sich nach der Höhe der Blase.

Anm. Der Umstand, diesen Kanal h, so wie vorhin bei der Pfanne, zuweilen zu verschließen, und das Feuer gleich vom Heerde unter demselben hinweg zu leiten, ist, wie schon früher gedacht, bei den Blasen nicht nothwendig, da solche als stets verdeckte Gefäße beständig von den Dämpfen inwendig feucht gehalten werden.

Die Oeffnung g Fig. B und C kommt dem Einheitzloche gerade gegenüber, und der perpendikulair abfallende Kanal i dicht neben dieselbe; der Pfeiler e aber, welcher den Kanal in zwei gleiche Theile theilt, muß seine Stelle so erhalten, daß der horizontale Kanal m Fig. A von dem perpendikulairen Kanal i an, nach vorne, möglichst gerade gehen kann, und dessen ungeachtet die gemauerte Wange p Fig. A wenigstens noch 5 Zoll stark bleibt.

Den perpendikulairen Kanal i macht man etwa 6 Zoll breit und 5 Zoll weit; und wenn der Kanal h um die Blase herum nicht eben die Breite von 5 Zollen hat: so wird, Behufs des Kanals i, ein Pfeiler gegen die Blase gemauert; wie in der Nähe von i, Fig. A, B und C, zu sehen ist.

Den Kanälen m und n Fig. A und E giebt man gewöhnlich 6 Zoll Breite und 8 Zoll Länge; auch werden selbige bis über die Schornsteinklappe q Fig. D, und zwar innerhalb der Brandmauer, aufgeführt.

Dem Kanal n Fig. E giebt man, nach der Brennerei hinein, einen Schieber v, womit man das Feuer nach Belieben stimmen kann. „Man richtet nämlich, „sagt Herr Jachtmann, wenn die Blase in Gang „gekommen ist, das Auge nach dem laufenden Feuer„strahl, und schiebt den Schieber so lange zu oder auf, „bis das Feuer die Stärke hat, die man ihm geben

„will; alsdann hat man sich eine Zeitlang um nichts zu „bekümmern. Ist das Feuer etwa zu langsam: so öff„net man den Schieber, worauf es augenblicklich stär„ker läuft; hört es gar auf, im Fall auch der Schie„ber ganz gezogen wäre: so ist es eine Anzeige, daß „das Feuermaterial abgebrannt ist, und man noch eini„ge Stücke Holz oder Torf nachlegen müsse. 2c."

Zur Reinigung aller dieser Kanäle sind die erforderlichen Oeffnungen in der Zeichnung bemerkt: z. B. der runde Kanal wird durch die Oeffnungen s s und t in Fig. C gereinigt; durch die Oeffnung t kann zugleich der Kanal i Fig. E, und durch die Oeffnung u können die Kanäle m und n Fig. A und E gereinigt werden. Alle diese Oeffnungen werden mit passenden eisernen Thüren oder thönernen Kapseln, oder auch wohl nur mit Mauersteinen, mit Lehm verstrichen, fest zugesetzt; die Einheitz- und Aschenfallthüren sind am wohlfeilsten von Gußeisen, der Schieber v oben in dem Kanal n, Fig. E, aber von gutem Eisenblech zu machen.

Endlich sagt Herr Jachtmann, daß wenn die Feuerung mit schlechten Stein- oder Braunkohlen geschehen, das fallende Feuer aber den lebhaften Zug des Feuers etwas hemmen sollte: so setze man auf die Zugöffnung g Fig. B in die Mitte einen massiven Pfeiler, der den Zug um die Blase herum in zwei gleiche Theile theilt; lasse das Feuer zu beiden Seiten dieses Pfeilers durch zwei Oeffnungen bei g, jede von 6 Zoll breit, in die beiden Kanäle um die Blase steigen, vereinige beide Kanäle über der Einheitzöffnung in einen einzelnen, und lasse diesen, ohne noch einmal nieder zu fallen, bis über die Klappe im Schornstein in die Höhe führen.

Herr Neuenhahn, der mit seinem Blasenheerde so viele Versuche vorgenommen hat, beschreibt unter andern einen derselben, welcher mit den eben beschriebenen Zügen beinahe gleich ist, nur mit dem Unterschiede, daß kein Pfeiler bei g Fig. B die Flamme theilte, sondern letztere nach Gefallen rechts und links in die Kanäle um die Seiten der Blase fortlaufen konnte. Das Resultat dieser seiner Erfahrung ist, daß die Blase in der Gegend bei g Fig. B gebrannt hat, und er dadurch genöthigt worden sey, seine Blasenfeuerung wieder in folgender Art, Fig. 212, abzuändern.

Anstatt der stufenförmigen Mauer, Fig. B Fig. 211, wurde zu beiden Seiten, vom Einheitzloche an bis zur Hälfte des Zirkels, eine einzelne Stufe oder Kranz eingemauert, auf welcher die Blase mit dem Boden fest aufruhte; in der hintern Hälfte hatte die Blase diese Unterstützung nicht, sondern ruhete mit ihren obern Haken auf dem gemauerten Blasenmantel, welcher letztere nun der ganzen Blase einen freien Spielraum für das Feuer ließ.

Auf dem Heerde, in welchem ein Rost von der Länge des ganzen Heerdes, und ungefähr halb so breit, sich befand, war zu beiden Seiten des Rostes eine Mauer von 10½ Zoll hoch, rechts und links bis zum Blasenmantel aufgeführt, so daß also das Feuer hinten durch die Lücke a sowohl, als auch über die beiden Banquets b b hinweg, so weit der gemauerte Ring c es nicht verhinderte, hinauf in den Kanal um die Blase frei spielen konnte, worauf es dann über der Einheitzung seinen Ausweg in den Schornstein nahm.

Herr Neuenhahn fand diese Anlage, nach mancherlei Versuchen, für die beste; indeß ist es doch wohl nicht unwichtig, den Ursachen nachzuspüren, welche ihn veranlaßten, dieser Einrichtung gegen die vorigen den Vorzug zu geben, da doch die letztere noch weniger als seine erstere einer gehörigen Holzersparung angemessen ist.

Aus seiner ganzen Beschreibung geht hervor, daß Herr Neuenhahn nicht nur einen in Verhältniß viel größern Rost als die oberwähnten angelegt, und beständig mit Holz dergestalt gefeuert hat, daß mit einem einmaligen Einfeuern der Meisch oder Läuter hat zum Kochen gebracht, und von den Kohlen die ganze Destillation vollendet werden können. Natürlich hat also bei seiner erstern Anlage die außerordentlich große Flamme durch die Kanalöffnung aus dem Heerde nach dem Kanal um die Blase einen desto heftigern Zug gehabt, als das Feuer von da sogleich durch die Brandmauer nach dem Schornstein geströmt ist, während dem die übrigen Theile des Bodens der Blase nur von der Seitenhitze der Flamme erwärmt worden sind. Wäre das Feuer am Ende des Seitenkanals noch einmal herabfallend geführt worden: so würde die gesammte Hitze nicht allein auf den Theil des Bodens der Blase am Ausgange aus dem Heerde in den Kanal, sondern allgemeiner den Boden der Blase erhitzt haben, indem dann der Zug oder die Flamme, mit Hülfe der Schieber, mehr gepreßt worden wäre. Bei seiner nachherigen Anlage, Fig. 212, konnte freilich die Flamme nicht so rasch und auf eine Stelle des Bodens wirken, indem sie um den halben Boden zugleich nach allen Seiten der Blase wirken konnte; allein, wie viel Hitze ist bei diesem kurzen Laufe des Feuers nicht verloren gegangen. Freilich, es läßt sich bei dieser Anlage eben so gut und mit wenigerer Vorsicht kochen; wer aber genöthigt ist, die möglichste Holzersparung zu suchen, der wird (wie nicht bloße Spekulation, sondern wirkliche Erfahrung allhier zur Genüge beweiset) seinen Zweck nach der Anlage Fig. 211, zwar mit etwas mehr Vorsicht, aber desto vollständiger erreichen.

Das Feuer gleich anfangs fallend zu führen, veranlaßt ebenfalls, daß die Spitze der Flamme zu sehr auf den gepreßten Punkt wirkt, wie vorhin bei der Braupfanne von den Schiebern erwähnt worden. Um also die Hitze allgemeiner zu verbreiten, muß das Feuer entweder gar nicht durch eine einzelne Oeffnung anfangs getrieben, oder nicht eher als bei seinem Ausgange aus einem hinlänglich langen Kanal durch ein Niederfallen gepreßt werden.

Diesem allen ungeachtet muß ich aber auch hier wiederum bemerken, daß, so vortheilhaft alle Verbesserungen dieser Art auch seyn mögen, hierzu auch guter Wille bei nachheriger Behandlung der verbesserten Feuerung gehört.

Soll eine Blasenfeuerung, wie Fig. 211, von der Brennerei aus geheitzt werden: so ist dabei in Absicht der Züge nur die Abänderung zu machen, daß das Feuer, welches durch den Kanal m Fig. A nach vorne gezogen wird, nur in einem perpendikulairen Kanal neben dem Kanal i Fig. B wieder herauf gezogen werden darf. Die Einheitzung k bleibt dann, wo sie jetzt liegt. In solchem Falle muß dann ebenfalls der Aschenfall nicht tiefer in den Fußboden der Brennerei versenkt werden, als bis höchstens zur Oberfläche des Rostes; und die Vertiefung vor der Feuerung, um nach dem Aschenfall kommen zu können, wird mit einer gegossenen eisernen Platte dergestalt bedeckt, daß dennoch einige Oeffnung verbleibt, durch welche der Luftstrom nach dem Aschenfalle, und so nach dem Roste, seinen Zugang findet.

Die Ummauerung der Blase mit ihren Zügen, oder der sogenannte Blasenmantel vv Fig. 211 C, wird gewöhnlich nur einen halben Stein oder 5 Zoll stark gemacht, und reicht in hiesiger Gegend gewöhnlich nur bis an den Rand der Blasendecke; siehe Fig. D und E. Wer diesem Mauerwerke oberhalb, wo es sehr leicht beschädigt werden kann, mehr Dauerhaftigkeit geben will, läßt daselbst einen eisernen Ring um den ganzen Blasenmantel legen.

Aus dem Werke des Herrn Neuenhahn scheint hervor zu gehen, daß in Nordhausen die Einmauerung oder der Blasenmantel viel höher hinauf reiche, und von dem Blasenhalse bis zum äußersten Rande der Ummauerung ein Gefälle, welches mit Brettern abgedeckt ist, angelegt werde. In hiesiger Gegend findet man dies selten, indem hier die freie Blasendecke gewissermaßen als Thermometer gebraucht wird, an welcher der Brenner mit der Hand den Grad der Hitze in der Blase untersucht, und hiernächst, wenn auch der Helm und dessen Röhre heiß werden, den Anfang der Destillation dadurch wahrnimmt, daß er dann mit dem Nachfeuern aufhört und die Schieber in dem Kanal n Fig. E verschließt.

Daß die Aufmauerung der ganzen Blasenfeuerung mit reinem Lehm geschieht, versteht sich von selbst. Den Blasenmantel außerhalb mit Kalk abzuputzen, findet weniger Beifall als die Umkleidung desselben mit grober Leinwand, welche nur durch das Ankleben an einen schwachen Lehmabputz befestigt wird.

§. 187.

Von Anlegung der Darren.

Von dem Darren des zum Bier und Branntwein nöthigen Getraides ist schon Eingangs dieses Abschnitts Erwähnung geschehen. Außer den Darren, welche hiernach in jeder vollständigen Brau- und Brennerei erforderlich sind, giebt es auch, vorzüglich in Seestädten, Getraidedarren, auf welchen das zu verschiffende

Getraide stark getrocknet wird, weil es sonst während einer langen Seereise verderben würde. Ferner hat man Samendarren, und namentlich für Kienäpfel, desgleichen Flachs-, Obst- und mehrere andere Darren, welche mehrentheils nur dadurch, wie die zu darrenden Sachen darauf aufgeschüttet und behandelt werden müssen, unter einander verschieden sind.

Da die Obst- und Flachsdarren gemeiniglich mit den Backöfen verbunden sind: so soll das, was davon in diesem § noch übergangen werden muß, bei Beschreibung der Backöfen nachgeholt, und hier nur vorzüglich von Getraidedarren gehandelt werden.

Das Darren ist eigentlich eine Austrocknung der dem Getraide entweder absichtlich oder zufällig mitgetheilten, oder demselben natürlich beiwohnenden Feuchtigkeit, und geschieht bekanntlich auf dreierlei Art, entweder allein durch die Luft, oder durch den Rauch vom Feuer unter der Darre, oder durch eine vom Feuer hinlänglich erwärmte Luft, ohne Rauch. Die erstere, und auch eigentlich die letzte Art, geben das so genannte Luftmalz, die zweite Art aber das so genannte Rauchmalz. Von dem Darren blos an der Luft, soll in der Folge noch einiges vorkommen. Hier zuvörderst von den Darröfen.

Eine Darre ist zweckmäßig, wenn dabei die Hitze in einem gewissen zum Trocknen hinreichenden Grade, und zugleich dergestalt gleichförmig unter die Flächen der Darre (oder der so genannten Darrflacken, Horden 2c.) geführt wird, daß sie überall gleich stark auf das aufgeschüttete Getraide wirkt, und dazu das wenigst-mögliche Brennmaterial erfordert wird.

Wenn nicht nur die Hitze allein, sondern auch selbst der Rauch zum Darren des Getraides angewendet wird: so haben die unter der Darre geführten Kanäle an den Seiten Oeffnungen, durch welche die Hitze und zugleich der Rauch herauf und durch das Getraide zieht. Dergleichen Darren werden Rauchdarren genannt, und die Vorrichtung mit den offenen Kanälen heißt der Wolf.

Anm. Einige Brauer sind der Meinung, daß das Rauchmalz dem Braun-Biere einen nicht unangenehmen bitterlichen Geschmack gebe. Es mag auch wohl die Absicht seyn, diesen bitterlichen Geschmack mit Ersparung einer sonst erforderlichen größern Quantität von Hopfen hervor zu bringen. Sehr gründlich und umständlich handelt hiervon unter andern Herr Krünitz in seiner Encyklopädie im fünften Theile.

Die meisten Sachverständigen kommen indessen darin überein, daß es besser sey, nur die Hitze zum Darren zu benutzen, und den Rauch zum Schornstein hinaus zu führen. Auch da zum Rauchmalze, um demselben keinen widerlichen Geschmack beizubringen, nur mit eichenem oder gutem büchenen Holze, bei den übrigen Darren aber mit allen andern Brennmaterialien gefeuert werden kann: so wird durch die letztern Darren für manche Gegenden ein bedeutender Vortheil erhalten; und daß das blos durch die Hitze gedarrte Malz einen reinlichern Geschmack erhalten müsse, leuchtet von selbst ein.

Hiergegen ist aber auch nicht unbemerkt zu lassen, daß auf den, nach gewöhnlicher Art eingerichteten Rauchmalz-Darren täglich reichlich zweimal abgedarrt werden kann, wogegen gemeinhin auf den blos durch die Hitze getriebenen Darren zu jedem Male neun bis zehn Stunden Zeit erfordert werden, und daß, wenn nicht auch des Nachts gedarrt werden soll, täglich nur einmal abgedarrt werden kann.

Ehe ich weiter hierin fortfahre, muß ich zuvörderst anzeigen, wie die obere Darrfläche oder die eigentlichen Darrhorden (Flacken) auf sehr verschiedene Art gemacht werden, nämlich:

a) Drathhorden. Es wird die Oberfläche der Darre, und, wenn es eine so genannte Sattel-Darre (das heißt, wenn nach Fig. 213 C die Oberfläche a b c eine Spitze b bildet) ist, jede Seitenfläche der Länge nach in verschiedene gleiche Theile von 3 bis 4 Fuß Länge getheilt, und jeder Theil, welcher die Höhe a b oder c b Fig. C zur Breite hat, mit hinlänglich starken eisernen Rahmen (so daß solche die Last des Getraides zu tragen vermögen) eingefaßt, welche Rahmen der Länge der Darre nach ganz dicht gegen einander stoßen, unten bei a und c gegen einen hölzernen Balken oder besser gegen einen sandsteinernen Belag in einem Falze ruhen, und oben in der Spitze b scharf gegen einander stoßen, dadurch sich daselbst frei tragen, oder bei sehr breiten Darren unter der Mitte b noch besonders unterstützt werden.

In jedem solchen Rahmen liegen in der Richtung nach der Länge der Darre so viele starke eiserne Dräthe, daß die Zwischenräume kein Korn durchfallen lassen. Auf die Stärke dieser Dräthe kömmt es an, ob nach der Länge derselben viele oder weniger eiserne schmale Schienen nach der Richtung a b in jedem Rahmen unter den Dräthen zur Unterstützung liegen müssen. Diese Schienen werden auf die Rahmen gelegt, und vermittelst feinen Draths mit den gedachten starken Hordendräthen umflochten. Ist dies geschehen, und reicht der Hordendrath an beiden Seiten, so wie die schmalen Schienen oben und unten, etwas auf den Rahmen: so wird hiernächst ein zweiter eiserner Rahmen auf den erstern gelegt, und beide auf einander fest genietet, womit eine einzelne Drathhorde fertig ist. Beim Zusammenlegen dieser Horden auf die Darre, werden überall da, wo die eisernen Rahmen an einander stoßen, eiserne Blechstreifen zur Deckung der Fugen übergeheftet.

Herr Jachtmann rechnete in seinem vorerwähnten Werke im Jahre 1794 für den Quadratfuß Horden von Drath incl. der eisernen Rahmen ꝛc. einen Thaler.

Außer diesen Horden, welche in jedem Betracht die besten sind, hat man ferner:

b) Horden von durchlöchertem Eisenblech. Auf den Raum, welcher die Darrfläche ausmachen soll, werden eiserne Stangen zuerst nach der Breite, und quer darüber schwächere eiserne Stangen nach der Länge der Darre, und zwar letztere nicht weiter aus einander gelegt, als die Breite der darauf zu legenden eisernen Blechtafeln es erlaubt.

Die Bleche selbst werden mit einem etwa ½ Zoll breiten Meißel von unten herauf gleich einem Reibeisen durchschlagen, so daß selbst das kleinste Getraidekorn nicht durchfallen kann. Hierauf wird der Länge nach eine Tafel an die andere genietet, und diese Tafelstreifen auf das vorgedachte eiserne Gitterwerk dergestalt, daß ein Streifen ungefähr ½ Zoll über den andern deckt, mit eisernem Drath befestigt.

c) Horden von durchlörcheten thönernen Kacheln. Die zu machende Darrfläche wird auf beiden Seiten mit Sparren von eisernen 2 Zoll breiten Stangen, welche ungefähr 18 Zoll aus einander stehen, besetzt und in der Mitte der Darrfläche, wo die Sparren in eine Spitze zusammen laufen, mit einer längs liegenden eisernen Stange unterstützt. Hierauf werden thönerne Platten oder Tafeln, ungefähr 1 Zoll dick, eigends hierzu verfertigt; ihre Größe richtet sich nämlich darnach, daß sie wenigstens 1 Zoll auf jeder Seite auf den Sparren ruhen, und, mehrere neben und über einander gelegt, die halbe Breite einer Satteldarre hinauf bedecken. Ehe diese Kacheln gebrannt werden, werden mit einem Nagel oder dergleichen Eisen möglichst viele, ungefähr einen Strohhalm große Löcher, von unten aufwärts, hindurch gestochen.

Um die durch das Gegeneinanderstoßen der thönernen Platten entstehenden Fugen sorgfältig zu dichten, giebt Herr von Cancrin (in seiner Abhandlung über vortheilhafte Anlage der Brauereien, (Frankfurt am Main 1791 bei Hermann,) folgenden Kitt an: 1 Theil gut gebrannten feinen Gips, 1 Theil ungelöschten Kalk, 1 Theil feines Ziegelmehl, ¾ Theil feinen Hammerschlag: diese Dinge mit Ochsenblut oder Leinöhl, und mit etwas Kälberhaaren vermischt, sollen den erwarteten Dienst vollkommen leisten. Eigene Erfahrung hierüber besitze ich nicht, aber daß eine Mischung von Eiweiß, feinem ungelöschten Kalk, und sehr feinem Ziegenmehl, auch wohl noch etwas gepulvertem Tufstein, einen, selbst zur Verschmierung der Fugen an den Stubenöfen, sehr brauchbaren Kitt gebe, ist mir aus Erfahrung bekannt.

Nicht nur schlechter als diese, sondern auch feuergefährlich, sind folgende Horden, nämlich:

d) Horden aus geflochtenen Haselruthen. Es werden zu dem Ende hölzerne Rahmen auf den Darraum passend gemacht, und selbige mit den Ruthen ausgeflochten.

e) So genannte Darrbretter. Der Darraum wird nämlich mit passenden lindenen Brettern ganz belegt, und die Bretter mit möglichst vielen kleinen Löchern dergestalt durchbohrt, daß die Löcher nach unten etwas weiter als oben werden.

f) Die über ein leichtes hölzernes Gitter ausgespannten Pferdehaarenen Decken, deren Einige erwähnen, sind nicht nur der Vergänglichkeit zu sehr unterworfen, sondern es kann auf denselben das Getraide auch nicht füglich umgewendet werden.

Aus diesen kurzen Schilderungen leuchtet die Vorzüglichkeit der dräthernen Darrhorden von selbst ein; und was noch über die Anwendung der übrigen Horden anzuführen seyn dürfte, wird sich im Verfolg dieser Abhandlung ergeben, weshalb ich mich nun wieder zur Beschreibung der verschiedenen Feuerungen der Darren wende.

Die gemeinsten und in hiesiger Gegend gebräuchlichsten Darren sind die, welche in Fig. 213 und 214 vorgestellt sind, und einen so genannten Wolf d haben; nämlich einen Feuerkanal, welcher sich mitten unter der Darre befindet, und dessen Seiten von Mauersteinen aufgeführt sind, die nach Fig. 213 E bei h Löcher oder Oeffnungen zwischen sich haben, um die Hitze durchzulassen. Oben ist der Kanal oder Wolf mit Dachziegeln dicht bedeckt, um zu verhindern, daß die Flamme nicht die Horden a b c Fig. 213 C berühren könne.

Dies sind die eigentlichen Rauchdarren; das Feuer wird entweder unmittelbar durch die Einheitzung e unter dem Wolf gemacht, oder, wenn die Darre sich im zweiten Stockwerk befindet, unten in einem dazu angelegten Heitzkamin gefeuert, oder es wird das Feuer im Souterrain angemacht, und die Hitze steigt nach einigen Wendungen der Flamme durch Kanäle unter die Darre, oder, es wird das unter den Blasen oder Pfannen befindliche Feuer, vermittelst eines Schiebers im Schornstein, unter die im obern Stockwerk befindliche Darre geleitet,

Anm. In diesem letztern Falle würde es eben nicht gerathen seyn, das Feuer vermittelst mehrerer Kanäle zu lange unter den Blasen rc. aufzuhalten, wenn nicht der Rauch zu kalt unter der Darre ankommen soll: und so würde denn, was bei der Darre erspart werden soll, bei der Blasenfeuerung vielleicht doppelt verschwendet werden.

Da der Wolf in diesen Darren blos dazu dient, daß das in denselben brennende Feuer das Malz nicht erreichen soll: so wird derselbe gewöhnlich auch nicht durch die ganze Länge der Darre, sondern nur so lang angelegt, daß in demselben ein der Größe der Darre angemessenes Feuer gemacht werden kann.

Die kleinen Thüren ff dienen nur dazu, um den innern Darrraum von den durchgefallenen Körnern oder Keimen zu reinigen. Während der Feuerung bleiben diese Thüren fest verschlossen, wo dann der innere Darrraum von der aus dem Wolfe hervor dringenden Hitze und dem Rauche angefüllt wird, und letztere durch das auf der Darre liegende Malz ihren Ausweg nehmen.

Wenn z. B. die Feuerung, wie vorgedacht, unten, und die Darre im Stockwerke darüber sich befindet: so fällt, wie sich von selbst versteht, das Einheitzloch e Fig. A weg; der Wolf liegt dann unter der Mitte der Darre von allen Seiten frei im innern Darrraume, und in der Mitte des Wolfs endigt sich die von unten herauf kommende Feuerröhre, wo dann die Hitze und der Rauch aus dieser letzt gedachten Oeffnung sich im ganzen innern Darrraume verbreiten.

Was die Construction eines solchen Wolfs anlangt, so versteht es sich von selbst, daß, wenn in demselben unmittelbar gefeuert werden soll, ein guter Heerd darunter angelegt werden muß. Hiernächst werden nach Fig. E zwei Schichten Mauersteine g als Läufer auf einander, darauf die aufrecht stehenden Steine k, und zwar letztere in solchen Distanzen gemauert, daß die Decksteine i, welche eine einzelne Laufschicht ausmachen, überall mit ihren Enden ein sicheres Auflager finden. Zu diesem Ende können die Steine k entweder sämmtlich einzeln, oder, was dauerhafter ist, wenigstens jedesmal zwei an einander, und so zwischen zwei und zwei eine drei bis vier Zoll weite Lücke, angelegt werden.

Die obere dachförmige Abdeckung wird mit Dachstein in der Art gemacht, wie die Zeichnung deutlich angiebt. Daß alles mit Lehm gemauert wird, versteht sich von selbst.

In den Sattelbarren Fig. 213 liegt bei b in Fig. C ein Balken, oder besser, eine starke eiserne Stange, auf welcher die Horden in der Spitze zusammen stoßen. Ist die Darre sehr lang; so muß diese eiserne Stange an einem oder mehrern Orten unterstützt werden.

Bei den so genannten Pult- oder halben Darren Fig. 214, wird nach Fig. B oben in der Mauer eine ähnliche Vorrichtung zum Aufruhen der Horden gemacht.

Den eben beschriebenen Rauchdarren wird mit Recht der Vorwurf gemacht, daß das Feuer dem Malze zu nahe sey, sie mithin feuergefährlich, auch schwer zu reinigen wären. Der Königl. Kriegs- und Domainen-Baurath, Herr Dönring zu Marienwerder, theilte mir daher vor einigen Jahren seine mit gutem Erfolge angewendeten Abänderungen der Rauchdarren in folgender Fig. 215 gefällig mit.

Fig. A ist der Heerd, woselbst bei a das Feuer brennt, aus diesem $2\frac{1}{2}$ Fuß breiten und hohen Kanal nach b b sich in zwei Theile theilt, und vermittelst der in Fig. C gezeichneten schrägen Aufsteigung des Feuerkanals nach c c hinauf sich wendet. Die Oeffnungen c c, durch welche die Hitze und der Rauch aufsteigt, sind auch Fig. B $2\frac{1}{2}$ Fuß lang, 9 Zoll breit. Von da aus geht die Hitze und der Rauch durch den nach Fig. D in gewöhnlicher Art gemauerten Wolf unter die ganze Darre.

Selbst bei Horden von Reisern ꝛc. will man mit dieser Einrichtung nicht nur Feuersicherheit, sondern, nach der mir gegebenen Versicherung, auch Holzersparung gefunden haben.

Indeß sind die Rauchdarren nichts weniger als holzersparend, weshalb diejenigen Darranlagen, in welchen der Rauch durch den Schornstein abgeführt, und die Hitze durch mehrere Kanäle und Röhren unter dem Malze geleitet wird, außer dem, daß sie ein reinlicheres Malz liefern, auch die meiste Holzersparung bewirken, die vorzuglichsten sind.

Ueber letztere Darren sind in neuern Zeiten sehr viele Vorschläge und Erfindungen zum Vorschein gekommen.

Man hat nämlich Darren, wo unten ein mit Mauern eingeschlossener Raum vorhanden und mit einer eisernen Thür versehen ist. In diesem Raume befindet sich ein Ofen, dessen obere Decke oder auch wohl die Wände desselben aus eisernen Platten bestehen. Ueber diesem Raume ist oben im folgenden Stockwerke die eigentliche Darre, deren Horden entweder horizontal auf ebenem Fußboden über dem untern geheitzten Raume liegen, oder auch wie eine Satteldarre zusammen gestellt werden können.

Wird nun der Ofen geheitzt, so verbreitet sich die Hitze gleichförmig unter die Darre, und dies um so mehr, wenn aus diesem Ofen noch einige eiserne Cirkulierröhren angelegt und mit ihrem Ende in einen andern Kanal des Ofens geführt sind.

Auf dergleichen Darren, die besonders in einigen Gegenden Englands gebräuchlich sind, erhält man sehr

gutes

gutes Malz, und sie sind zugleich feuersicher, indem der Ofen aus seinem besondern Vorgelege geheizt wird, und der Rauch durch den Schornstein abzieht, also unter die Darre selbst weder Feuer noch Rauch, sondern nur die Hitze tritt; weshalb es auch der Feuersicherheit wegen nicht nöthig ist, dergleichen Darren zu überwölben.

Eine ähnliche Art Darren, welche hie und da in Preußen in Anwendung gekommen, ist in Fig. 216 vorgestellt. a ist der Darrofen, welcher nach Fig. B a von unten herauf 3 Fuß hoch, mit 1 Fuß starken Mauern umgeben ist, um beim Einfeuern nicht so leicht leiden zu können. Die pyramidal-aufgeführten Wände b b des Ofens bestehen aus Kacheln, wie eine derselben in Fig. C dargestellt ist; jede solche Kachel ist nämlich 7 Zoll lang und 3 Zoll im Quadrat weit. Eins der Enden dieser Kacheln ist offen, so daß jede Kachel einen an einem Ende verschlossenen Cylinder bildet. Diese Kacheln werden sämmtlich als Strecker vermauert, und zwar so, daß das offene Ende in den Ofen, und das verschlossene Ende nach außen reicht.*) Sind die Wände des Ofens aufgeführt: so wird die äußere Seite derselben 1½ Zoll dick mit Thon überzogen, damit dadurch zugleich die Fugen dicht verstrichen werden.

*) Sollte es nicht besser seyn, die hohlen Cylinder-Kacheln mit dem verschlossenen Ende nach innen, und mit dem offenen Ende nach außen zu legen? Es würden dadurch mehr aushauchende Außenflächen gebildet, mithin die Hitze vom Ofen besser ausgeströmt.

Ueber den Ofen hinweg liegt eine aus Eisenblech zusammengesetzte Röhre c, welche am hintersten Ende mittelst eines Knies an den Ofen, und mit ihrem anderen Ende durch die Giebelmauer über dem Thore x in den

Schornstein reicht. Wegen Reinigung dieser Röhre vermittelst einer Bürste, muß selbige ganz gerade gezogen werden.

Durch die Thür r geschieht die Einheitzung; und da der Ofen z. B. wie in dieser Zeichnung angenommen worden, schon sehr lang ist: so würde das Feuer nach hinten nicht lebhaft genug brennen, wenn nicht die beiden mit d d in Fig. A und B bezeichneten 3 Zoll ins Quadrat großen Oeffnungen so lange, bis das Feuer hell brennt, offen gehalten würden; hernach aber werden sie während der Darrung mit passenden Mauersteinen fest zugesetzt.

Die kleine Thür e, welche nur 3 Fuß hoch seyn darf, dient blos dazu, um nöthigenfalls in den geheizten Raum und nach dem Ofen kommen zu können.

Der zu heitzende Raum wird mit einem gewöhnlichen Kappengewölbe überwölbt, und zwischen den Gurtbogen oder in den Kappen viereckige Oeffnungen g von ungefähr 1 Fuß breit, und so lang als die Kappe breit ist, gelassen. Ueber jede dieser Oeffnungen wird von aufrecht stehenden Mauersteinen, die ungefähr 3 Zoll aus einander stehen können, eine Art von Krone oder Wolf h aufgemauert und oben mit Dachsteinen dicht und flach zugedeckt. Durch die gedachten Oeffnungen und die eben beschriebenen Wölfe dringt nun die Hitze hinauf bis unter die Darre, welche übrigens, so wie jede andere Darre, construirt seyn kann. Soll die Darre keine neue Hitze mehr von dem Ofen erhalten: so werden Brettchen p, welche hinten Knaggen als Stützen haben, um die Seiten der Kronen gesetzt, zu welchem Ende oben in einer der Umfassungsmauern der Darre, eine Thür vorhanden seyn muß; auch ist der Fußboden i mit Mauersteinen gepflastert.

Wenn nun die Darre geheitzt werden soll: so werden die Seiten der Kronen mit den gedachten Brettchen zugesetzt. Ist der Ofen recht gut durchgeheitzt, so daß sich in dem untern Gewölbe eine große Hitze angesammelt hat, und das Feuer beinahe ausgebrannt ist: so bringt man das Malz auf die Darre, nimmt die Brettchen von den Kronen weg, und macht eine etwa 3 Zoll große Oeffnung e Fig. B in der Giebelmauer der Darre entweder etwas oder ganz auf, je nachdem die Hitze stark ist. Nun wird der Ofen stark nachgefeuert, und das Malz auf der Darre drei bis vier Stunden ruhig liegen gelassen. Wenn das Malz gut und so durchgeschwitzt ist, daß es scheint, als wenn es mit Wasser begossen wäre: so wird es zum ersten Male gewendet, wobei aber der Mälzer sich in Acht nehmen muß, während des Wendens kein Holz in den Ofen zu legen, weil sonst der Ofen zerspringen könnte. Nach geschehenem Wenden wird wieder nachgefeuert, und wenn das Malz beinahe gut ist: dann wird der Ofen, dessen Rauchröhre, und auch die Luftröhre e verschlossen, wo denn das Malz noch ganz von der eingeschlossenen Hitze getrocknet wird.

Daß dergleichen Darren nicht zu den Holzersparenden Anlagen gehören, leuchtet dadurch von selbst ein, daß der untere Raum mit den ihn umgebenden massiven Mauern ganz mitgeheitzt werden muß.

Anm. Vielleicht ließe sich das einigermaßen verbessern, wenn die Umfassungsmauern der Heitzkammer von Luftsteinen aufgeführt würden, weil diese nicht so starke Wärmeleiter sind, als die Mauern von gebrannten Steinen. Es könnte sogar eine bloße Verblendung von dergleichen Steinen inwendig gemacht, und der Zwischenraum mit Sand oder Asche ausgefüllt werden, wodurch wenig oder gar keine Hitze an den Seiten abgeleitet würde, sondern sie sämmtlich unter der Darre wirken müßte.

Um daher die Hitze noch besser zu benutzen, und da es bei dem Darren nur auf eine mäßige Hitze zum Trocknen des Malzes ankömmt: so hat man, theils um die innerhalb der Darre befindliche Luft auf mehreren Stellen gleichförmig zu erwärmen und das Trocken des aufgeschütteten Getraides zweckmäßig zu bewirken, theils um einen verlängerten Feuergang zu erhalten, die Darren dahin verbessert, daß unmittelbar unter der Darre ein verschlossener gemauerter Wolf, worein das Feuer brennt, und von diesem aus, mehrere eiserne oder thönerne Röhren nahe unter den Horden hin und her geleitet werden, deren endliche Oeffnung in den Schornstein ausläuft.

Die eigentliche Anlage und Führung dieser Züge wird aber nach den verschiedenen Meinungen und Darstellungen von den Baumeistern sehr verschiedentlich angegeben und construirt, obgleich das Wesentliche der Sache immer dasselbe bleibt.

Unter mehrern Arten von Darren, wovon man unter andern in Krünitz Encyclopädie im 45sten Bande unter dem Artikel, Korndarre, viele derselben beschrieben findet, will ich nur einige wirklich im Gebrauch stehenden Darren der neuern Art hier anführen.

In Fig. 217 A bis E ist nämlich die in der Brauerei des Hallischen Pädagogii befindliche Malzdarre, welche daselbst schon seit 36 Jahren mit Nutzen gebraucht wird, vorgestellt. Das ganze überwölbte Darrzimmer ist 24 Fuß lang, 22 Fuß 9 Zoll breit, und 12 Fuß im Lichten hoch; die Darre selbst darin, Fig. A, 18 Fuß 10 Zoll lang, 9 Fuß 5 Zoll breit, und die Seitenmauern derselben (siehe Fig. C) über dem Pflaster 4 Fuß 9 Zoll hoch.

Bei a in Fig. A und B ist die Einheitzung, deren Thür 18 Zoll breit und 20 Zoll hoch ist. Unter dieser Thür ist eine kleinere, Behufs des Aschenfalls, welcher letztere im Lichten 3 Fuß lang, 18 Zoll breit und 14 Zoll hoch ist. Eben so lang und breit ist auch der darüber befindliche Rost von eisernen Stäben, der Wolf aber, worin das Feuer brennt, von der Mauer bei a an bis b Fig. A 6 Fuß lang, 1 Fuß 9 Zoll im Lichten hoch, und nach Fig. C überwölbt und oben dachförmig abgedeckt. Die Mauern auf beiden Seiten dieses Wofs sind jede 1 Fuß stark. Von dem Wolfe an bei b Fig. A theilt sich das Feuer in zwei Kanäle c c, deren drei Mauern jede 3 Zoll stark (also mit Mauersteinen auf der hohen Kante gemauert) und im Lichten so hoch als der Wolf ist; beide Kanäle mit ihren Wangen sind zusammen 2 Fuß breit, folglich jeder Kanal im Lichten $7\frac{1}{2}$ Zoll breit, und mit Dachsteinen dachförmig, wie schon vorher gezeigt worden, überdeckt.

An den Enden dieser gemauerten Kanäle bei n und o fangen eiserne Röhren an, welche an jeder Seite, zuerst nach p, von p nach q, von q nach r, und von r nach dem Schornstein d, jede einzeln (wie in Fig. C 217 vorgestellt worden) gehen, wobei die Röhren, die jede von außen $10\frac{1}{2}$ Zoll weit sind, überall nicht mehr als 1 Fuß unter dem Malze fortstreichen, und daher vorzüglich nur in ihren kurzen Enden steigen, übrigens aber mehrentheils horizontal liegen.

Da die Hitze am Ende abnimmt, folglich in den Röhren von r bis d um vieles geringer als am Anfange ist: so liegen letztere absichtlich über dem gemauerten Kanal, um von demselben wiederum erwärmt zu werden. Der ganze Röhrenlauf vom Rost bis zum Schornstein beträgt auf jeder Seite in allem 37 Fuß.

*) Der Brauer im Pädagogio war noch der Meynung, daß allenfalls die eisernen Röhren die in Fig. v gezeichnete Form erhalten möchten, um desto mehr zu bewirken, daß das durchfallende Malz oder die Keime noch eher von den Röhren herab auf den Fußboden fallen müßten. Diese Vorsicht scheint indeß wegen der innerhalb der Darren schwebenden Hitze überflüssig zu seyn.

Zur Reinigung der Röhren und Kanäle sind in denselben an den nöthigen Orten Schieber angebracht; und, um zu denselben gelangen zu können, ist eine der Drathhorden auf der Darre als eine Thür beweglich angebracht, durch deren Oeffnung man in die Darre selbst gelangen kann.

Um diese Darre von ihrem ganz kalten Zustande an zu heitzen, gehören 20 Stunden; wenn sie aber schon geheitzt gewesen ist: so kann in 12 Stunden einmal, und zwar 12 bis 14 Scheffel Malz, gut abgedarrt werden, wozu ungefähr ½ Klafter 3füßiges Eichenholz erforderlich ist. Im Schornstein Fig. C sind zwei Schieber angebracht, um das Feuer auf jeder Seite nach Gefallen regieren zu können; die darüber angebrachte Thür im Schornstein dient zur Reinigung der Röhre.

Anm. Diese seit so vielen Jahren in Halle mit Nutzen im Gebrauch stehende Darre, würde nach einer genauen Beschreibung zu Stettin in Hinterpommern nachgebauet, und der Unternehmer schrieb mir nach einiger Zeit, daß diese Darre einmal mehr Holz als die gewöhnlichen Rauchdarren koste; und daß zwar das Feuer sehr gut darin brenne, daß aber das Malz über der Mitte, zu stark und an den Seiten fast gar nicht trockene. Zu verwundern muß es unstreitig bleiben, daß eine genaue Nachahmung, besonders wenn das Feuer ebenfalls gut darin brennt, nicht eben die guten Dienste, wie im Hallischen Pädagogio, leiste; allein, wie mich dünkt, so liegt in der Erzählung der Mängel dieser Nachahmung auch zugleich das Mittel, dem auffallendsten Uebel abzuhelfen. Denn vorausgesetzt, daß das Feuer, bei einem verschlossenen Schornstein, nicht nur gut brennt, sondern auch über der Mitte zu stark darret: so werden unstreitig die ersten Röhren p q nicht in der gehörigen Entfernung, sondern zu weit von dem Malze entfernt gelegen haben. Um nun das nahe an den Seitenwänden liegende Malz zu darren, ist ein zu starkes Feuer nothwendig, und dadurch nicht nur die Hitze über der Mitte des gemauerten Feuerkanals zu groß, sondern auch eine unnütze Quantität Holz verbrannt, und dennoch nicht der gleichförmige Grad von Trockenheit erreicht worden. Was aber im Pädagogio sowohl als bei jeder treuen Nachahmung dieser Anlage wahrscheinlich eintreffen muß, ist, daß die Kanäle zu leicht von der Flugasche leiden, weil sie vom Heerd an zu wenig steigen.

Es ist unleugbar, und in der Natur der Sache begründet, daß alles, was auf Holzersparung abzwecken soll, eine künstlichere Anlage und eine sorgfältigere Behandlung während des Gebrauchs erfordert. Hierin liegt einzig der Vortheil der Holzersparenden, und dagegen die Bequemlichkeit und Simplicität der Anlage Holzverschwenderischer Einrichtungen, zugleich aber auch der Zweifel und Widerwille gegen erstere, indem, wenn dergleichen Gegenstände durch einfältige Bauhandwerker angelegt, oder durch nachlässiges Gesinde bewirthschaftet werden, allemal ein Nachtheil für die Herrschaft erfolgen, und letztere, wenn sie es entweder nicht besser versteht, oder mit ihrem Gesinde nicht durchsetzen kann, den Schaden der verbesserten Einrichtung zuschreiben wird.

Die von dem Feuer-Bauinspektor Herrn Jachtmann angegebene, und durch beglaubte Beweise der dadurch bewirkten Vortheile bestätigte Methode, die Darren, sowohl auf Holz als Torf- und Steinkohlenbrand einzurichten, sind in dessen vorgedachtem zweiten Hefte umständlich und deutlich beschrieben; der Vollständigkeit dieses Werks wegen darf ich aber solche hier um so weniger übergehen, als darauf noch andere vermeintliche und wirkliche Verbesserungen begründet werden.

Fig. 218 A stellt den Grundriß nach den in den Durchschnitten Fig. D E F G mit a b bezeichneten Linien, Fig. B den Grundriß nach den mit c d bezeichneten Linien, und Fig. C den Grundriß nach den mit e f g h i k bezeichneten Linien vor. Der Längendurchschnitt Fig. D ist aus den Linien l m vorgedachter Grundrisse, und Durchschnitte, desgleichen die Querprofile Fig. E aus der Linie n o, F aus p q und G aus r s der gedachten Grundrisse aufgetragen.

In Fig. A ist a der Aschenfall, welcher die Größe des darüber befindlichen Rostes, nämlich für die hier gezeichnete Darre von 25 Fuß Länge und 9 Fuß Breite, 3 Fuß Länge und 2 Fuß Breite im Lichten hat. Die mit b und y bezeichneten Räume sind nur zur Ersparung des Mauerwerks, und um die Feuchtigkeiten des Grundes von der Heitzung abzuhalten, auch wohl um Feuersgefahr zu verhindern, wenn die Darre in einem der obern Stockwerke angelegt werden sollte, im welchem Falle dann auch noch unter dem Aschenfalle ein hohler Raum x Fig. E gelassen wird. Die freie Communication, welche der Raum b in Fig. A, vermittelst der kleinen Thür c, mit der freien Luft hat, wird hiernächst erwährt werden. Die Höhen dieser Räume, so wie die Stärken der Mauern, sind aus den Profilen zu ersehen.

In Fig. C liegt der Rost und Heerd d, dessen Länge von e bis h 3 Fuß, seine Breite 2 Fuß, und seine Höhe Fig. E bei d gleichfalls 2 Fuß beträgt. Auf 6 Fuß Länge ist dieser Heerd Fig. D auf ½ Stein stark überwölbt; und damit dies Gewölbe bei den schwachen Widerlagsmauern nicht ausweichen könne: so sind an beiden Seiten einige Bögen t t Fig. B und E zur Haltung des mittlern Gewölbes angelegt.

Mitten, innerhalb des Heerds, steht ein Pfeiler h Fig. C und E, welcher den übrigen Theil der ganzen Darre zur Länge hat, und einen in sich ganz hohlen, an den Seiten und oben mit Mauerwerk von der geringsten Dicke eines Mauerziegels dicht umschlossenen Kasten bildet, in welchen die Heitzung nirgends eindringen kann. Die ganze Breite dieses Kastens beträgt ungefähr 14 Zoll, und daher die Breite des innern Raums etwa 6 bis 7 Zoll. Dieser innere Raum hat, vermittelst der viereckigen Oeffnungen i i Fig. C und D, Communication mit dem mit frischer Luft stäts gefülltem Raume b in Fig. A. Die stufenförmigen Absätze, durch welche das Feuer vom Roste bis über den Kasten hinauf steigen muß, sind aus Fig. D deutlich zu ersehen.

Die Grundfläche f Fig. C liegt mit dem Roste in der Waage, über welche der vorgedachte Kasten 16 Zoll in die Höhe steigt. In einiger Höhe über der Fläche f liegen von den Einfassungsmauern des gedachten Kastens bis zu den, einen halben Stein starken, Einfassungsmauern der ganzen Feuerung, und durch beide Mauern hindurch, 7 Stück hohle cylindrische Röhren l l, (siehe Fig.

DEFG), welche von Gußeisen, und zwar mit einer ungefähr 8 Zoll weiten innern Oeffnung, gemacht werden; diese Röhren sind an beiden Enden offen.

Anm. Diese Cylinder-Röhren können auch von gebranntem Thon gemacht werden. Dann aber darf die zunächst der Feuerung gezeichnete Röhre nicht statt finden, indem solche daselbst von der Stichflamme sogleich zersprengt werden würde. Auch die folgenden thönernen Cylynder-Röhren müssen mit Drath umflochten und mit Lehm gut umstrichen werden.

Der ganze Feuergang, vom Roste d an durch die Gänge ff und über den Kasten hinweg bis zu Ende der Darre, ist nach Fig. G mit eisernen Platten bedeckt. Am Ende der Darre theilt sich das Feuer noch mehr, als bis dahin schon durch den Einbau des Kastens geschehen ist. Es geht rechts und links, Fig. C, in die genannten Kanäle gg, von da in die aus gebranntem Thon oder Eisenblech — oder noch besser aus Gußeisen — bestehenden langen Röhren gg zurück, fällt daselbst durch die Kanäle vv hinab, und steigt durch die Kanäle ww wieder herauf, bis es sich über der Klappe z Fig. D im Schornstein zu einer gemeinschaftlichen Röhre vereinigt.

Wenn nun das Feuer die Gänge ff Fig. C entlang spielt: so erhitzt selbiges die Röhren ll. Durch diese Erhitzung nehmen sie viele atmosphärische Luft aus dem Kasten hii, erwärmen selbige, und hauchen sie in den Raum mm (Fig. C und F) aus; wodurch also das auf der Darre befindliche Malz nicht nur durch die Hitze der Röhren g und des mittlern großen Feuerkanals, sondern auch durch die erwärmte dichte Luftmasse unter den Horden, getrocknet wird.

Die Bedeckung des mittlern Feuerkanals mit gegossenen eisernen Platten geschieht allerdings wegen der

ihrer Ausbauchung der Hitze; da diese aber unter der Mitte zu heftig wirken würde, auch die herab fallenden Keime auf den heißen eisernen Platten einen übeln Geruch und Rauch verursachen möchten: so werden nach Fig. F und D. Steine x x mit Zwischenweiten, als eine Art von Sparren, schräg in die Höhe gemauert, und an beiden Seiten mit Dachsteinen dergestalt eingedeckt, daß die Dachsteine nicht dicht auf einander liegen, um die Hitze durchzulassen.

Anm. Wie die gemauerten (so genannten) Sparren, auf einer Chablone gemauert und mit Dachsteinen abgedeckt, auch wie die zurück gehenden Röhren unterstützt und mit Eisendrath an die untergelegten Schienen befestigt werden, ist aus der vergrößerten Fig. 219 B zu ersehen.

In den eisernen Deckplatten sind vier Schieber (siehe Fig. B) angebracht, welche mit einer eisernen Stange sämmtlich mit Einemmale geöffnet oder geschlossen werden, um, wenn das Feuer gänzlich ausgebrannt ist, die Hitze der Glut noch vortheilhafter zu benutzen.

Anm. Eine allhier ganz auf diese Art erbauete Darre, welche übrigens sehr ihrem Zwecke entspricht, hat ebenfalls solche Schieber, welche aber, ungeachtet ihrer Stärke, von der großen Hitze sich dergestalt gebogen haben, daß sie gar nicht mehr bewegt werden können. Auch ist diese Darre von der so eben beschriebenen darin verschieden, daß die eisernen Feuerröhren g g. nach Fig. 219, noch einmal hin und zurück unter den Horden gehen, mithin der Zug, ungeachtet die Darre nur ungefähr 20 Fuß lang ist, um vieles länger ist.

Die vorgedachten Platten, womit der Feuerkanal bedeckt ist, werden mit einem Kitt, welcher aus gestoßenem trockenem Lehm, feinen Feilspänen und Essig gemischt ist, zusammen gesetzt und verdichtet, welches durch die Erfahrung für sehr dauerhaft befunden worden ist.

Durch welche Hülfsthürchen die Kanäle und Röhren gereinigt werden können, ist aus den Zeichnungen deutlich zu ersehen. Auch die nach der Darre führende Einsteigethür, desgleichen alle nach dem Darrzimmer führende Oeffnungen, außer den Dunstzügen, müssen gut verschlossen gehalten werden, weil sonst der Luftstrohm den kürzern Weg durch diese Oeffnungen wählen und nach den Cylindern 11 Fig. C gehemmt werden würde, da dann die zunächst am Feuer liegenden Cylinder und Platten, aus Mangel an Luft zur Abkühlung, schmelzen könnten.

Herr Jachmann verlangt (nach seinen Zeichnungen), daß die eisernen Röhren g g ungefähr 2 Fuß mit Inbegriff ihres Durchmessers über dem Heerde, und nach ihrem Ausgange hinfallend, liegen sollen: letzteres, um desto mehr Hitze zurück zu halten. Spätere Erfahrungen haben aber gelehrt, daß es besser sey, die Röhren näher unter die Horden, und nur ungefähr 1 Fuß unter denselben, zu befestigen.

Daß die Kanäle w w Fig. C nahe beim Verschluß des gemeinschaftlichen Schornsteins mit Schiebern versehen werden müssen, sowohl um die Heftigkeit des Feuers zu stimmen, als auch die Hitze endlich zu verschließen, versteht sich aus dem, was darüber schon vorher in andern Fällen gesagt worden, von selbst.

Die Kostbarkeit der Anlage einer solchen Darre, und die durch unvorsichtigen Gebrauch leicht mögliche

Beschä-

Beschädigung des Mauer- und Röhrwerks derselben, ist unstreitig die Hauptursache, warum diese Anlage (die noch überall, wo sie gut ausgeführt worden, die besten Dienste geleistet hat) so wenig nachgeahmt wird; *) denn daß darin jedes Brennmaterial mit gleichem Vortheil gebraucht, und an den Kosten dafür gegen viele andere Darren erspart wird, ist erwiesen, und daß sie langsamer als eine Rauchdarre darrt, wird durch das reinlichere Malz wieder vergütet. **)

*) Eine allhier ausgeführte Darre dieser Art, von ungefähr 20 Fuß Länge, kostete, inclusive des Mauerwerks zum Fundamente derselben, über 1000 Thaler. Herr Jachtmann veranschlagt für eine solche Darre von 25 Fuß Länge nur (jedoch im Jahre 1794) 574 Thaler.

**) Bei der hier im Gebrauch stehenden Darre werden zu jedem Darrsatze 9 bis 10 Stunden Zeit erfordert, und zwar, wenn täglich gedarrt wird.

Um die Erbauungskosten für dergleichen Darren, Fig. 218, zu verringern, hat der Königliche Kriegs- und Domainen-Baurath, Herr Döhring zu Marienwerder, der, seinen gründlichen Versuchen und Erfahrungen zufolge, den vom Herrn ꝛc. Jachtmann angegebenen Darren-, Pfannen- und Blasenfeuerungen, in Absicht ihrer Nützlichkeit, volle Gerechtigkeit widerfahren läßt, den Versuch gemacht, den Rost von Mauersteinen, die Decke über dem Feuerkanal von Fliesen, und die Cylinder ll von gebranntem Thon zu machen, dabei, um die Röhren gg ganz zu ersparen, das Feuer am Ende der Kanäle ff sogleich hinunter zu führen, und unter die Räume mm Fig. C in Kanälen, welche gleichfalls nur mit Fliesen bedeckt sind, in die Gegend yy Fig. F und G zurück zu leiten, wo es dann vermittelst zweier Kanäle in der Gegend vv Fig. C wieder herauf bis in den verschlossenen Schornstein geht, und mit Schiebern versehen ist. Seiner mir hierüber gefälligst mitgetheilten Erfahrung zufolge, has aber diese Einrichtung nicht seinem Wunsche entsprochen, indem, seiner Meinung nach, die thönernen Röhren nicht Wärmeleiter genug sind. Ich würde allenfalls hinzu setzen, daß auch die massive Bedeckung des Hauptkanals die Hitze nicht genug abgiebt, und die neben dem Heerde zurück gehenden Kanäle zu tief unter den Horden liegen. Indeß hat die offene Mittheilung solcher Versuche, wenn sie auch nicht geglückt sind, doch den Vortheil, auf denselben zu andern Verbesserungen fortzuschreiten.

Anm. Eine der vervielfältigtsten Benutzungen eines Feuers, die ich je gesehen, ist folgende. Ueber dem Gewölbe einer Brennerei befinden sich mehrere neben einander horizontal liegende gemauerte Kanäle, die mit einem ganz dünnen Pflaster von flach liegenden Dachziegeln dicht bedeckt sind, und durch welche das Feuer von den unten stehenden Blasen nicht nur hindurch, sondern auch dann noch unter eine daneben stehende Rauchdarre geleitet wird. Auf dem Pflaster wird Malz zum Branntwein gedarrt, und das Malz von der Rauchdarre wird zum Bierbrauen gebraucht. Daß dergleichen, einer Spielerei ähnliche, Anlagen, wenn Orts- und andere Umstände es erlauben, auszuführen sind, beweiset diese Erfahrung; allein wenn man bedenkt, daß eines Theils das Feuer unter einer Blase weder beständig lebhaft fortgesetzt, noch weniger übertrieben werden darf, andern Theils aber der Rauch, wenn derselbe noch in der Rauchdarre seine Dienste leisten soll, seinen weiten Weg lebhaft hindurch getrieben werden muß: so folgt von selbst, daß das gesammte Darren entweder nicht ordentlich oder nicht hinlänglich in Verhältniß der Consumtion der Blasen, deren Feuerung benutzt wird, betrieben werden kann. Und wenn man erwägt, welche Masse von Mauerwerk das Feuer auf seinen Wegen unnütz mit zu erwärmen hat, und die Blasenfeuerung auf den Fall, daß nicht gedarrt wird, sehr holzverschwenderisch eingerichtet seyn muß: so wird eine solche Anlage schwerlich Nachahmung verdienen.

Sehr bequem und von besserer Nutzanwendung könnte eine solche Darre seyn, wenn unmittelbar unter derselben, zur Heitzung der horizontalen Kanäle, der Heerd angelegt würde.

Es ist schon Eingangs dieses §. erwähnt worden, daß das Getraide überhaupt, und besonders der Hafer, wenn derselbe weit verschifft und in den Schiffen hoch aufgeschüttet werden soll, vorher gedarrt oder vielmehr gut ausgetrocknet werden muß. In Seestädten, wo dergleichen Geschäfte mit Speculation getrieben werden, kommt es oft sehr auf die Kürze der Zeit an, um das Getraide schnell einschiffen zu können, und zu diesem Endzweck hat man daselbst folgende Art der sogenannten englischen Haferdarren.

Anm. Während des amerikanischen Krieges, wo viel Getraide aus Memel verschifft wurde, und die Fracht theuer war, machte der englische Konsul Durno die Speculation, daß er den Hafer darren, dann sogleich mahlen, und als Mehl in der Art verladen ließ, daß solches Schichtenweise mit einem schweren und festverschlossenen Wasserfasse gewalzt wurde, wo dann ein Schiff, welches nur 100 Last Hafer hätte laden können, 180 Lasten von diesem Hafermehl ladete. Gemachten Erfahrungen zufolge, würde sich ungedarrtes Hafermehl auf der See nicht so lange conservirt haben.

Sie besteht aus einem von unten nach oben sich erweiternden viereckigen Gemäuer, dessen untere Grundfläche z. B. 5 Fuß im Quadrat, und die obere 11 bis 12 Fuß im Quadrat im Lichten hat. Die Stärke der vier Umfassungsmauern ist etwa 1 Stein, und unten, nach Maaßgabe des sichern Standes derselben, 3 bis 4 Fuß, dabei vom Heerde 8 Fuß hoch, und einige Fuß in die Erde versenkt.

An einer der Seiten wird ein Eingang wie eine Art von Kellereingang mit einem besondern Dache darüber, angelegt; durch diesen geschieht die Einheitzung in dem vorgedachten Darrofen, auf dessen Oberfläche die blechernen Drathhorden in horizontaler Lage liegen. Um die Horden herum befinden sich niedrige Wände von Brettern, um das Getraide 2 bis 2½ Fuß hoch auf die Horden schütten zu können; über das Ganze ist ein Dach gebauet, und nach den Horden hinauf führt eine leichte Treppe.

Wird nun auf dem Pflaster innerhalb der vorbeschriebenen vier Mauern, oder mit andern Worten, auf dem versenkten Heerde des Darrofens, Feuer angemacht; so steigt der Rauch hinauf durch das Getraide. Es muß daher nur immer mit kleinem Holze gefeuert, und vorzüglich dahin gesehen werden, daß die Flamme das Getraide keinesweges erreicht, sondern daß, um den Zug zu vermindern, die Einheitzthür zu rechter Zeit verschlossen wird.

Werden alle diese und andere hierher gehörige Regeln sorgfältig beobachtet: so können auf einer Darre von vorbeschriebener Größe alle 4 Stunden 40 Scheffel Getraide, und in 24 Stunden 240 Scheffel mit 2 Klaftern 3 füßigen Holzes gut gedarrt werden, wobei sich von selbst versteht, daß das Getraide nicht so wie zu den Brau- und Brennereien angefeuchtet, sondern in seiner natürlichen Beschaffenheit ist.

Um noch mehr von der ordentlichen Feuerung überzeugt zu seyn, muß der Mensch, welcher das Getraide oben auf den Horden beständig umwendet, mit bloßen Strümpfen in demselben stehen, wo er dann durch sein Gefühl sehr bald den zu großen Grad der Hitze angeben wird.

Ehe ich diesen Gegenstand schließe, will ich noch mit wenigem der so genannten Kienäpfeldarren, die man zuweilen bei Forstgebäuden findet, erwähnen. Die Darrung der Kienäpfel geschieht ebenfalls auf zweierlei Art, nämlich entweder durch künstliche Wärme oder durch Luft und Sonnenschein. Was die erste Art, nämlich durch künstliche Wärme, betrifft, so ist die Anlage einer solchen Darre einer der bisher beschriebenen Darren ziemlich gleich: nämlich, ein Ofen in einem dicht umschlossenen Zimmer wird geheitzt, und die Decke des Zimmers besteht aus den Drathhorden, unter welchen eiserne Röhren aus dem Ofen, nach verschiedenen Richtungen umher, endlich den Rauch nach dem Schornsteine leiten. Zum bessern Zusammenhalten der durch die Horden herauf ströhmenden Wärme ist über dem gedachten untern Darrzimmer noch ein zweites mit Thüren und Fenstern, in welchem die Kienäpfel zum Darren behandelt werden, nothwendig.

Das Darren der Kienäpfel an der Luft und Sonne geschieht vermittelst eines in Fig. 129 ABC vorgestellten Gerüstes, welches mit seiner Vorderfronte gegen Mittag erbauet wird. Mehrere stufenförmig über einander gebauete Böcke, deren Oberstücke Fälze haben, in welchen Schubkasten b laufen, werden mit einem dahinter befindlichen schuppenförmigen Gebäude auf massiven Pfeilern, in der Art erbauet, daß die Schubkasten eine Reihe unter der andern hervor gezogen, und bei einfallendem Regen, sämmtlich unter den bedeckten Schuppen mit leichter Mühe geschoben werden können; zu welchem Ende die Vorderseite des Schuppens Fig. B bis auf die Schubkasten herunter mit Brettern verschlagen ist.

Anm. Es würde zu weit führen, wo nicht gar unmöglich seyn, den Zweck und die Verschiedenheit aller bereits existirenden Darren hier erschöpfen zu wollen, nicht zu gedenken der vielfältigen Abänderungen, die sich dann noch daraus angeben ließen; daher ich nunmehr diesen Gegenstand verlassen will, indem ich mir schmeichle, alles das, was zur Anlegung der im gemeinen Leben nothwendigsten Darren gehört, umständlich genug beschrieben und die verschiedenen Mängel und Vortheile, so weit es die vorgeschriebenen Grenzen erlauben, dargethan zu haben.

Nachbesserungen
zu
des III. Bandes erster Abtheilung.

S. 47. Z. 6. v. u. aus Figur D bei z zu. — S. 102. Z. 8. die Stamm-Enden des Strohes. — S. 116. Z. 6. Netzdistrict. — S. 120. Z. 20. erleichtert wird, als. — S. 152. Z. 14. nach auswärts auf. — S. 153. Z. 12. v. u. 2 Fuß, 10 Zoll breit. — S. 190. Z. 14. v. u. untern Reihen Fächer. — S. 217. Z. 5. Sehne a. b. Fig. 96 A giebt. — S. 259. Z. 7. v. u. von 54,360 Kubikfuß. — Ebend. Z. 6. v. u. ungefähr 372 Klafter. — S. 263. Z. 6. v. u. daß das Band d r und der Stiel e r. — S. 286. Z. 17. von $32\frac{1}{2}$ Fuß. — Ebend. Z. 5. v. u. von 6 Fuß. — S. 291. Z. 16. Länge und 36 Fuß. — S. 316. Z. 9. oberhalb angeschlagen sind, anbringen. — S. 331. Z. 15. $17\frac{1}{2}$ Fuß, besser. — S. 251. Z. 7. 3zölligen Bohlen. — S. 357. Z. 13. welche bei f in Fig. B einstehen. — S. 361. Z. 5. Hebels q Fig. B. — S. 386. Z. 17. Stäbe a und b in Fig. 132, welche.

Zweiter Abtheilung.

S. 62. Z. 7. Fig. 154 bis 158 sind. — S. 100. Z. 16. Tisch e. — S. 106. Z. 10. v. u. Die Gänge des Gebäudes, die entweder längs beiden Fronten, oder wie in Fig. 167 B nur längs einer Fronte liegen, können auch, nach Fig. 167 A in der Mitte. — S. 132 Z. 17. Rinne v Fig. 172 A. — S. 154. Z. 15. so wird vor dems. — S. 151. Z. 2. Ausbauchung hat, noch haben kann. — S. 164. Z. 11. welche in Fig. 170 mit n und. — S. 241. Z. 7. In Absicht der Brauerei. — S. 277. Z. 17. Durchschütteöffnung u. — S. 252. Z. 13. v. u. die in den Räumen a und q. — S. 276. Z. 6. v. u. Enden beim Eintrocknen des Bodens sowohl. — S. 284. Z. 3. ungefähr $10\frac{1}{2}$ Loth. — Ebend. Z. 19. nach Fig. 199. — S. 320. Z. 9. Schornstein q. — Ebend. Z. 7. v. u. die Schieber w w in Fig. G und H geöffnet. — S. 332. Z. 7. In Fig. B und G. — S. 343. Z. 16. v. u. die Schieber v in. — S. 363. Z. 7. v. u. nach Fig. 219 A.

Andere geringfügige Fehler wird der Sachkundige gern entschuldigen und selbst leicht verbessern. Außerdem muß noch bemerkt werden: daß in Fig. 172 A die Schwelle i nicht richtig liegt. Sie muß so liegen, wie der Grundriß B es angiebt. Auch muß im Profile 172 A die Rinne v an der Seite am Mittelgange steiler seyn, wie S. 132 beschrieben ist. — In Fig. 177 A ist a der Kutsch- und Reitpferdestall, und f der Gastpferdestall, wie auch hierauf S. 169. Bezug genommen wird.

von Fig: 141. bis 148.

Fig: 148.

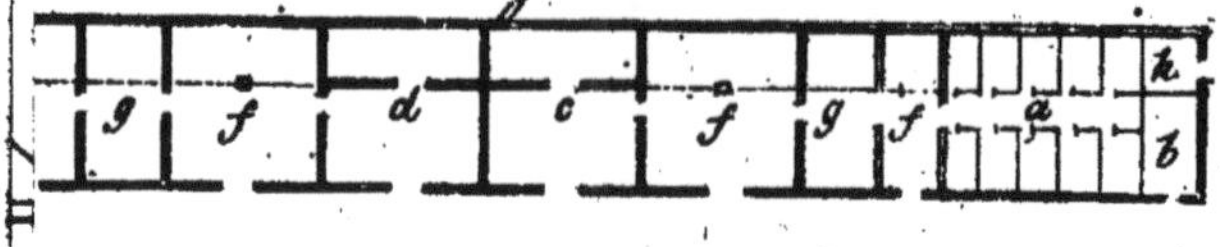

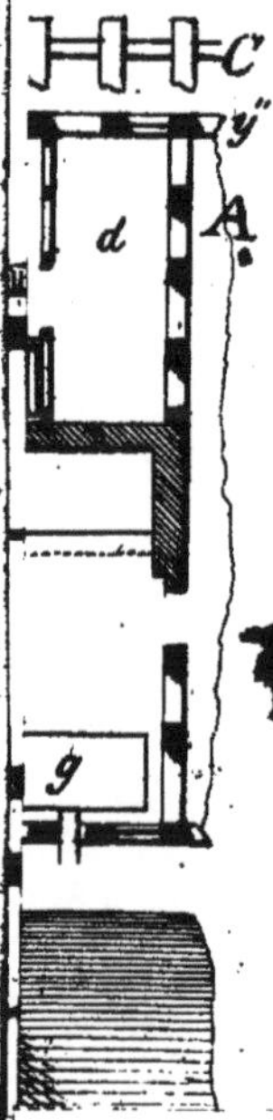

Fig: 147.

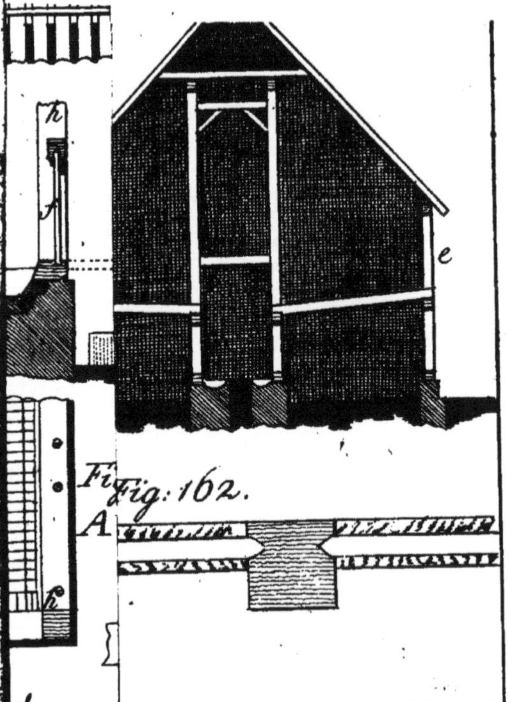

Fig: 162.

Gilly Handb. 3. Th.

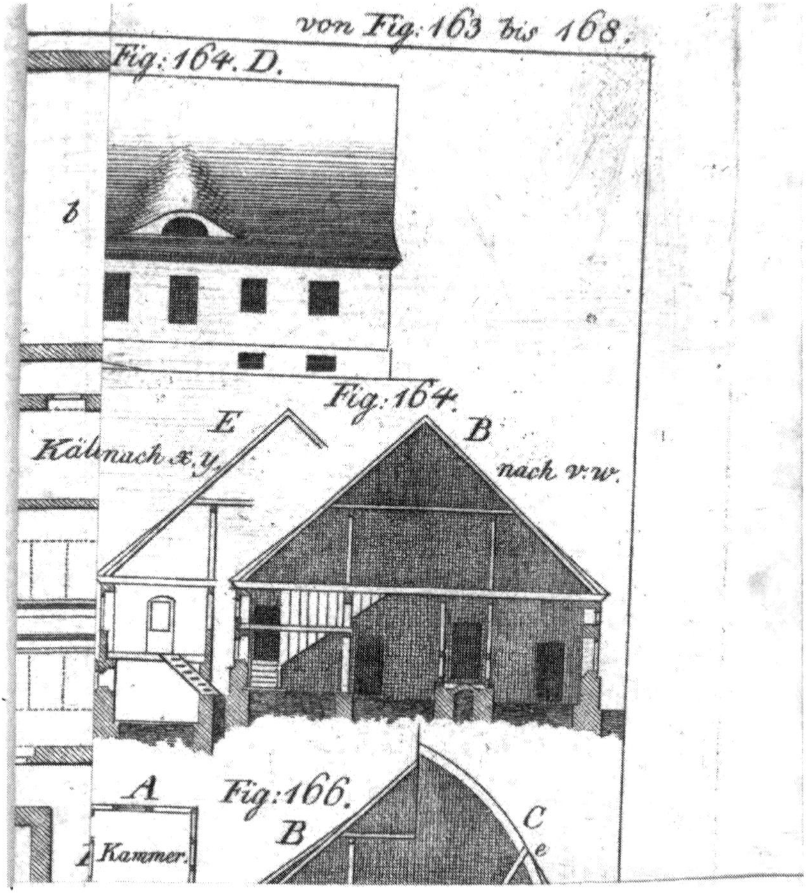

von Fig: 163 bis 168.
Fig: 164. D.
b
Fig: 164.
E
B
Kälınach x, y.
nach v.w.
A
Fig: 166.
B
C
e
Kammer.

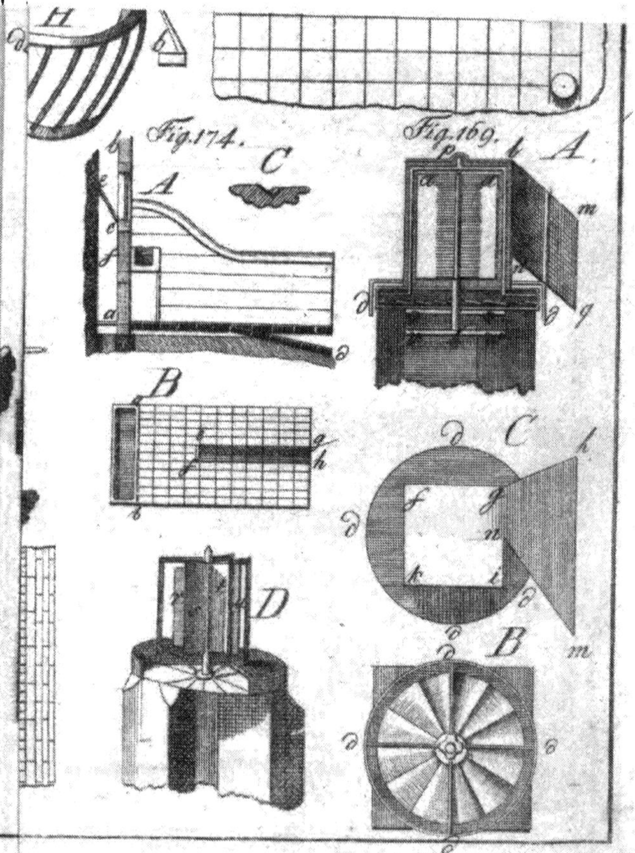
Fig.174.
Fig.169.

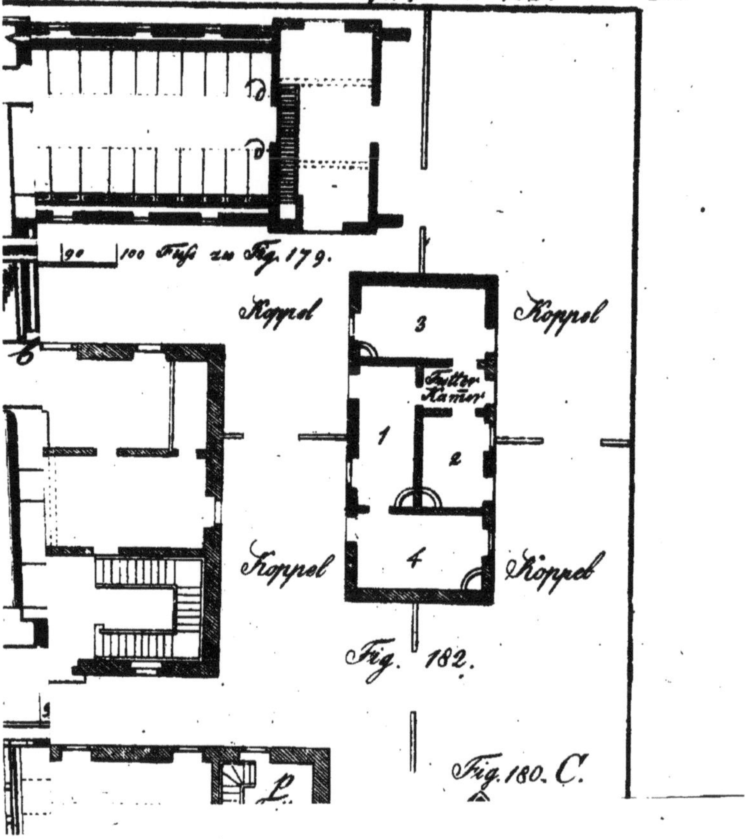

Fig. 182.

Fig. 180. C.

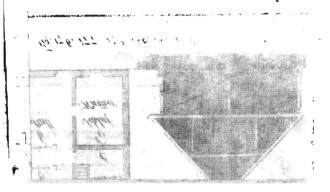

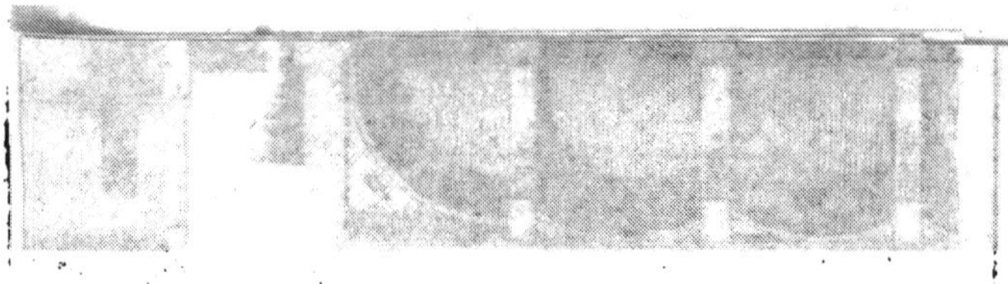

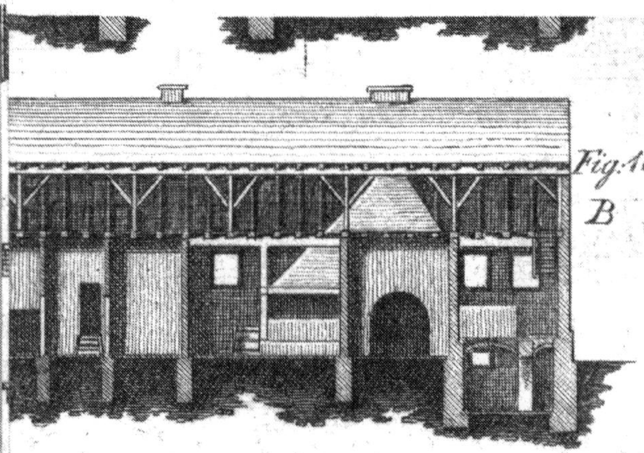

Fig. 184. B

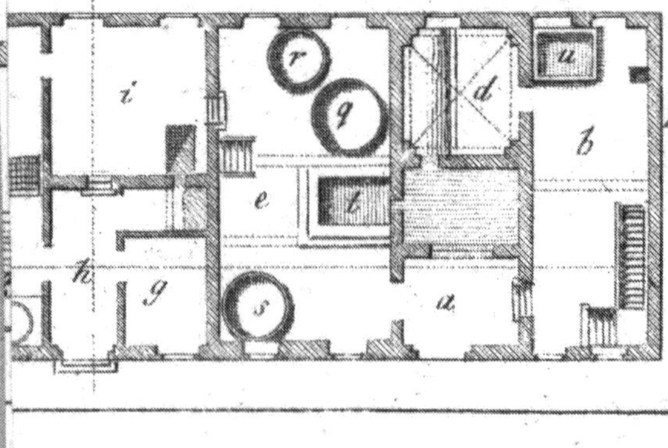

Fig. 184. A.

Liebe sc.

von Fig: 186 bis 193.

Fig: 192. B

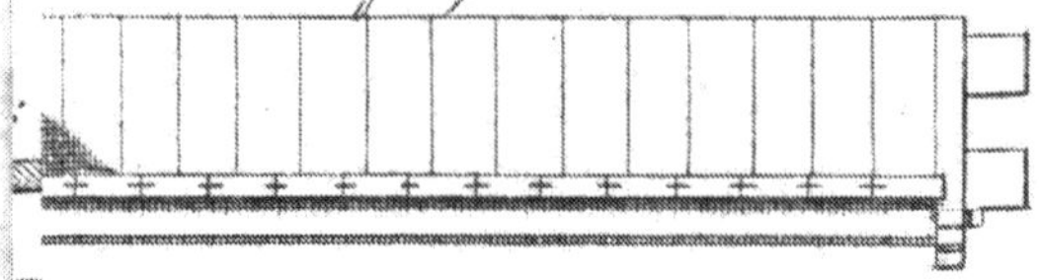

Fig: 192. A

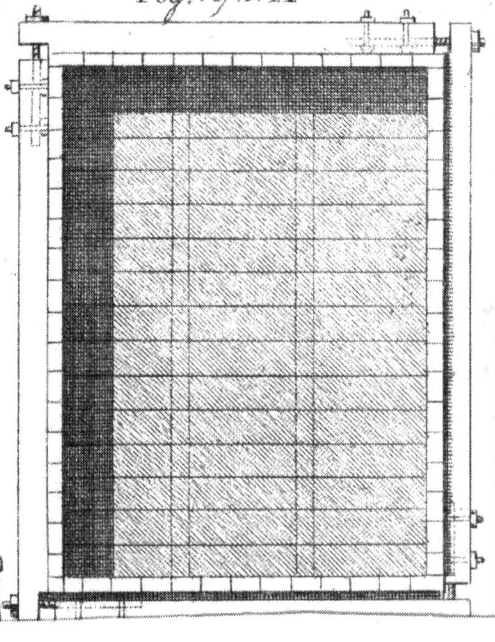

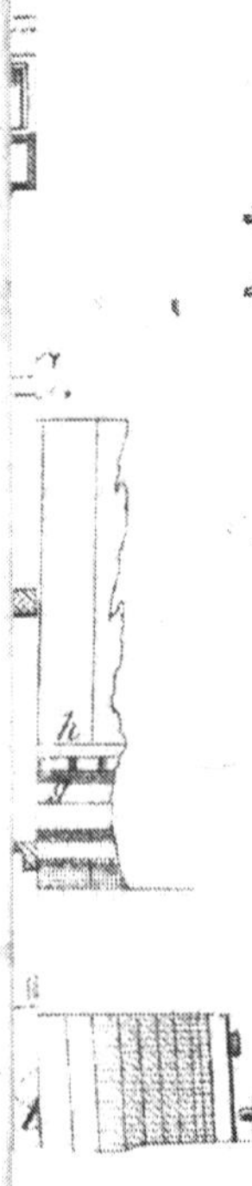

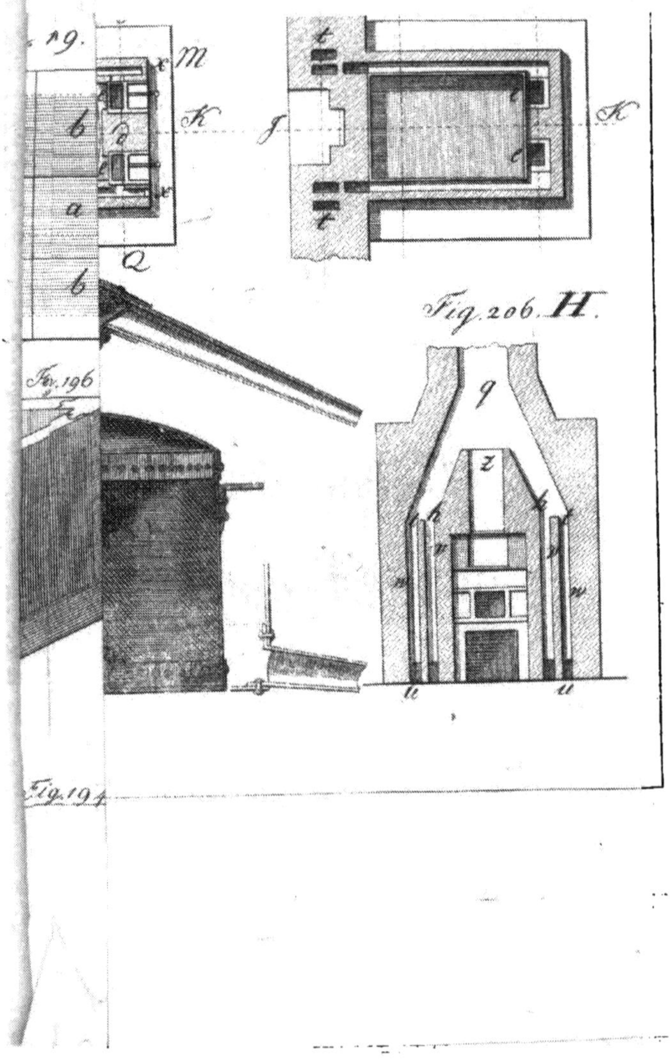

Fig. 206. H.
Fig. 196
Fig. 194

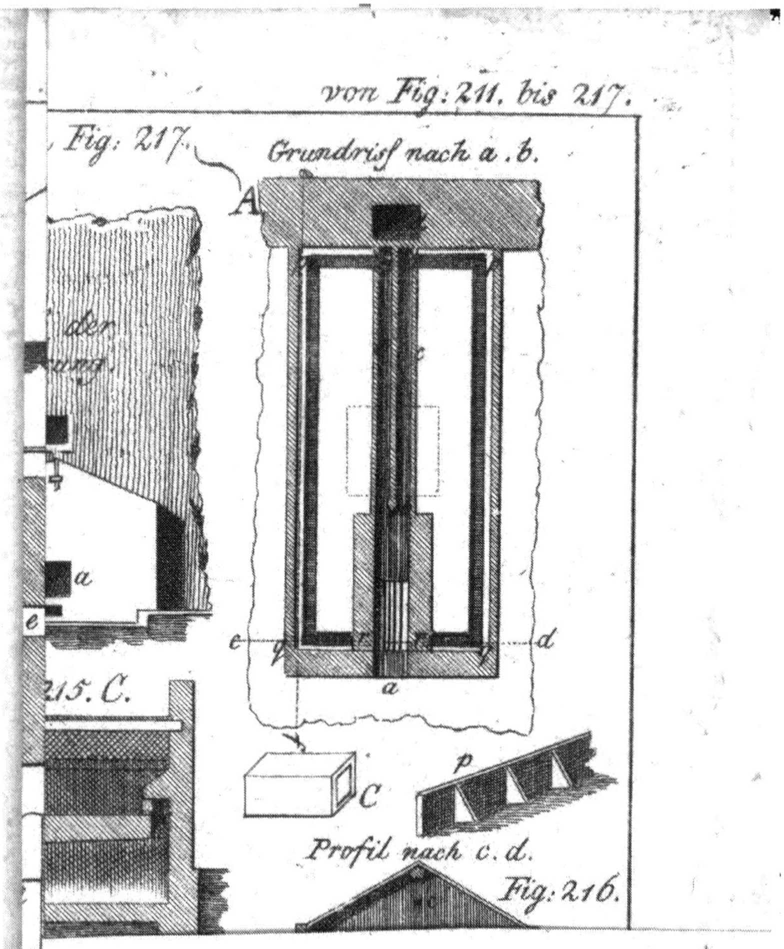
von Fig: 211. bis 217.
Fig: 217.
Grundrifs nach a . b.
215. C.
Profil nach c. d.
Fig: 216.

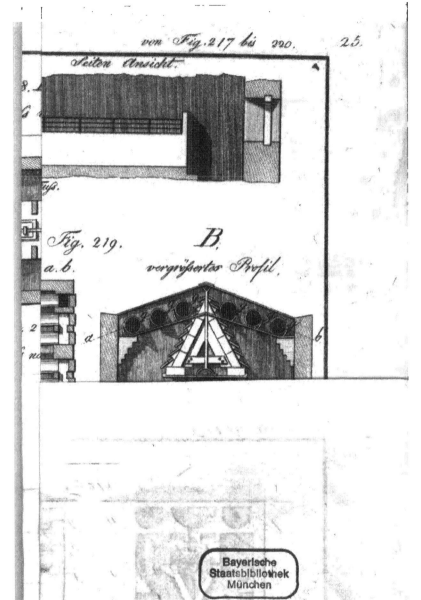

Seiten Ansicht.

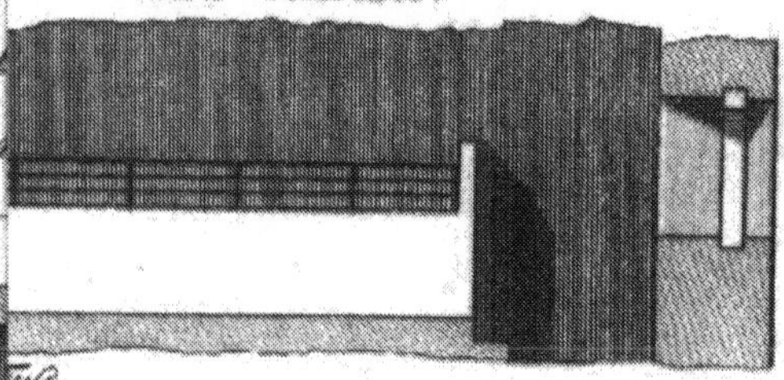

Fig. 219. B,

a.b. vergrößerter Profil,

Lightning Source UK Ltd.
Milton Keynes UK
UKHW020634260422
402052UK00003B/75

9 780353 844643